曾金渊　编著

税务行政法学

SHUIWUXINGZHENG FAXUE

安徽大学出版社
ANHUI UNIVERSITY PRESS

图书在版编目(CIP)数据

税务行政法学/曾金渊编著. —合肥:安徽大学出版社,2006.3(2007.7 重印)
ISBN 978-7-81052-984-6

Ⅰ.税... Ⅱ.曾... Ⅲ.①税务部门—行政执法—基本知识—中国②税法:行政法—基本知识—中国
Ⅳ.D922.220.4

中国版本图书馆 CIP 数据核字(2005)第 156564 号

税务行政法学 曾金渊 编著

出版发行	安徽大学出版社 (合肥市肥西路 3 号 邮编 230039)	**经　销**	新华书店
联系电话	编辑部 0551-5108348 发行部 0551-5107716	**印　刷**	中国科学技术大学印刷厂
		开　本	787×960 1/16
		印　张	23
电子信箱	ahdxchps@mail.hf.ah.cn	**字　数**	340 千
责任编辑	谈　菁	**版　次**	2006 年 3 月第 1 版
封面设计	安　福	**印　次**	2007 年 7 月第 2 次印刷

ISBN 978-7-81052-984-6 **定价 35.00 元**

目　次

第一章　税务行政法学的基本概念

第一节　行政

一、行政概说

行政一词是从英语单词 Administration 翻译来的，其字面有经营、管理和执行的意思，适用于小到私人管理活动，大到国家行为，但是在行政学里应当有它特定的含义。行政的概念是行政法学研究的逻辑起点，它决定行政法的特性、内容和范围，从历史的角度看，行政概念的内涵和外延是处于不断的变化和丰富之中的。因此对行政的界定也就五花八门，莫衷一是，有的是消极地将国家权力中属于非行政的部分加以剔除，剩余部分就是行政；有的认为行政的实质是实现国家公益的行为；有的认为行政只能描述，无法定义，等等。实际上，行政就是国家行政主体依法对国家和社会事务进行组织和管理的活动。

就行政法学意义而言，我们可以从以下五点来理解行政的特征：

第一，行政是国家行为。行政是国家对其应当管理的事务进行管理的活动，这就把行政和私人行为与企业行为区别开来；同时，国家行为包含立法活动和司法活动，所以国家行为不一定就是行政行为。

第二，行政主要通过行政主体的活动来体现国家的意图。国家是看不见、摸不着的，只有通过行政主体，国家的意志才能贯彻到相对人。

第三，行政行为必须依法进行。行政主体的行为具有执行性，是立法机关的宗旨、意识的贯彻落实，它的行为必须在法律、法规的允许范围内。

第四，行政的内容主要是国家和社会事务。行政主要是处理公共事务，服务社会生活，以促进国家目标的实现，所以行政行为繁杂，功能多样。

第五，行政具有强制性。国家行政以行政主体为依托，以强制力为保障，行政相对人只能服从、接受和协助，否则将被法律强制执行的手段所强制。

二、行政的种类

根据不同的分类标准，可以将行政划分为不同的类型：

1.根据行政的状态、内容和目标，可以分为干预行政、给付行政和计划行政。干预行政指的是干预公众权利，限制公众财产、自由，或对公众课以负担的行政活动。给付行政指的是政府为公众服务或其他利益的行政活动。计划行政指的是国家以计划的方式来实现管理目标的活动。

2.根据行政对象的不同，可以分为内部行政和外部行政。内部行政指的是行政主体的作为只在行政机关内部，而不触及行政相对人的活动。外部行政刚好相反，是行政主体对行政相对人的组织管理和施加影响的活动。

3.根据行政管理的领域，可以划分为组织行政、人事行政、教育行政、税务行政等等，本书旨在探讨税务行政的各项内容。

第二节　行政法

一、行政法的概念

行政法是指有关国家行政管理的各种法律规范的总和，是以行政关系为调整对象的一个仅次于宪法的独立法律部门，其目的在于保障行政权运行的合法性与合理性。

行政法是一个独立的法律部门，在大陆法系中属于公法领域，与民法、刑法并列，其地位仅次于宪法，是宪法在国家行政管理中的具体化，是宪法相关条文得到落实的保障。从历史上看，以商品经济的发展、权利本位观念的形成和权利保障的要求为标志的资产阶级革命的兴起，以“法治国”理念的出现、对政府存在目的的反思和对政府施政方式的研究为标志的启蒙思想的传播，和以自由市场经济制度的建立、有限政府政治体制的确立和司法监督机制的形成为标志的民主政治制度的建立，是行政法产生的社会历史背景。在内容上说，行政法首先是调整行政关系的，即调整行政管理关系、行政法制监督关系、行政救济关系和内部行政关系，其对象具有特定性；其次，国家行政管理涉及国家管理和社会管理，管理内容的广泛性决定了行政法内容的广泛性；再次，国家行政管理为适应快速变化的社会生活，其管理的内容也处在不断的更新变化之中，这也决定了行政法内容的易变性。

1. 行政法关注规范行政关系双方的权利和义务。行政法的基本内容包括行政组织法、行政行为法和行政监督、行政救济与行政责任法三方面，它不仅规定了行政主体行使职权行为所享有的权利、所必须履行的义务，而且对行政相对人在行政法律关系中所拥有的权利和应当履行的义务进行界定。同时，还明确规定行政相对人受到违法行政行为侵害可能提供的救济途径，以及行政主体及其工作人员对违法失职应当承担的法律责任。

2. 行政法关注的是行政权力的控制。政府必须强大到足以维持社会的稳定，社会才会有秩序，公众才能安居乐业；但是政府不能强大到企图使它自己的官员不受法律控制的地步，否则公众就会饱受暴政的摧残。行政法就是专门研究如何对行政权进行有效控制的法律规范，即通过明确行政权力的性质、授予目的及范围，合理规范行政的职责、职权；以立法权和司法权制约行政权，避免行政权力的单方面恶性膨胀；以行政相对人的权利制衡行政权，力求权利与义务基本对等，合法权利受到侵犯时有合理的救济途径。

3.行政法的目的在于依法行政。依法行政是行政法的根本原则和最终目标，它贯穿行政规范的核心。而要做到依法行政，国家机关就必须是：首先，所有权力都必须经过法律的赋予。因为国家行政机关是国家立法机关的执行机关，它的权力源自法律的授让，超出范围，就是越权。其次，所有的权力运用都必须有依据。由于行政权力是以国家的强制力为后盾的，它以国家行政机关为主导，以相对人的服从为前提，行政权一旦被滥用，公众的合法权利就得不到保障。最后，所有的权力运作都必须遵循法定的程序。程序的公正是实体公正的保障，这是不言而喻的。

二、行政法的调整对象

行政法的调整对象决定行政法的范围，是探讨行政法理论基础的一个起点。行政法的调整对象是广义上的行政关系，主要包括：

1.行政管理关系。行政管理关系是行政主体在行使行政职权过程中与行政相对人发生的各种关系。行政主体是指能以自己的名义实施国家行政权，并对行为效果承担责任的组织。行政相对人是指在具体行政法律关系中与行政主体相对应的另一方当事人，即权益受行政行为影响的单位和个人。在这种关系中，行政主体占主导地位，行政相对人只能服从、配合与协助。

2.行政法制监督关系。行政法制监督关系是行政法制监督主体在对行政主体、国家公务员和其他行政执法组织、人员进行监督时发生的各种关系。这里行政法制监督主体是指国家权力机关、国家司法机关和行政监察机关,该主体主要运用宪法、国家机关组织法、行政诉讼法和行政监察法进行监督。行政法制监督关系的另一方是行政法制监督的对象,其行为受监督主体的监督,并对所引起的法律后果承担法律责任。

3.行政救济关系。行政救济关系是行政相对人认为自身权益受到行政主体作出的行政行为的侵犯,向行政救济主体申请救济,行政救济主体对其申请予以审查,作出向相对人提供或不提供救济的决定而发生的各种关系。行政救济主体是指法律授权其受理行政相对人申诉、检举、控告和行政复议、行政诉讼的国家机关,它设在行政机关的内部,通常是作出被相对人申请复议的行为的行政主体所属的人民政府或上一级行政机关。

4.内部行政关系。内部行政关系是行政主体内部发生的各种关系,包括上下级行政机关之间的关系、平行行政机关之间的关系、行政主体与公务员之间的关系、行政机关与法律法规授权组织之间的关系等等。其中行政机关上下级之间的关系和行政机关与公务员之间的关系最为重要。

三、行政法的特征

大陆法系和英美法系的行政法具有鲜明的不同特征,即使是同属大陆法系的德国和法国在行政法的特性上也是大相径庭。行政法之所以呈现不同的特点,是由于各国历史背景和历史文化发展的差异,决定了行政法自身的不同;不同历史条件下行政法的发展以及行政法所表现的特点,又是行政法文化的体现;同时每一个特定国家的特定行政法制度具有不同的理论基础,所以如果行政法的特点是世界共同的那才是咄咄怪事。我国学者近年的研究表明,我们可以从形式、性质和内容等不同方面理解和把握行政法的特征。

1.行政法在内容上的特点。行政法调整的是行政关系,而行政关系涉及国家和社会的方方面面,这就导致行政法在内容上必然有其比民法和刑法独特的地方,概而言之,主要有:首先是内容的丰富性,举凡公共领域的所有行为都是行政法调整的范围,在行政法丰富的调整内容里,行政主体的优越性十分明显;其次是内容的变动性,这是由于社会生活日新月异,行政法的内容必须跟着变,但是不论行政法的内容如何变化,行政法中公共利益的优先性是永恒的主题;最后是行政法经常是集实体和程序于一身。

2.行政法在形式上的特点。行政法在内容上的特点使得它在形式上也有自己的与众不同之处。主要包括:首先是行政法不存在统一的法典,因为行政关系过于宽泛而且差别极大,部分行政关系不稳定,没有办法制定一部包罗万象的行政法典(但是行政法典化一直是学者们追求的目标);其次是行政法的成文主义原则,即行政法的很多领域都有较为统一的行政程序法典;最后是行政法律法规赖以存在的法律形式和法律文件数量之多居各部门法之首。

3.行政法在性质上的特点。行政法在性质上具有如下特点:首先是行政法的强制性,这是由于国家专政机器作为行政法执行的后盾,行政主体只能依据法定的规范行政,行政相对人只能服从行政主体的组织和管理;其次是程序的规范性,即行政主体必须按照法定程序作为,否则即便效果对行政相对人有利,也是瑕疵行为;最后是行政法的方针政策性,行政法执行的各项规定是国家的方针政策的体现,行政法是实施宪法确定的各项国家政策的主要法律。

四、行政法的作用

作为在法律体系中的地位仅次于宪法的行政法,除了和其他部门法律一样具有指引、评价、预测、教育和强制等规范作用以及通过法的规范作用实现对社会生活的整体影响外,还有与其他部门法律作用相区别的特点,概而言之,主要有:

1.维护社会秩序和公共利益。行政法是通过规范行政权力的来源、行政权力的行使方式和违反法定形式而必须承担的法律后果等方式以达到维护行政公正秩序、保障社会公共利益的目的。行政机关通过行政立法、行政执法和行政司法等各种手段,能够有效地规范、约束行政管理相对人的行为,促使其积极履行行政法律义务,制止危害他人利益和公共利益的违法行为,建立和维护行政管理秩序,确保行政机关充分、有效地实施行政管理,维护社会和公共利益。

2.保护公民法人和其他组织的合法权益。行政法保护公民、法人和其他组织的合法权益是法的公平、正义原则在行政法上的特殊要求。行政法对公民、法人和其他组织的保护是通过建立一系列的制度来实现的。它通过确认公民的行政权益,确定行政权限和行政职责、控制行政权等手段来实现行政法的这一目的;通过行政诉讼制度、“越权无效”原则、听证制度、暂缓执行制度、行政申诉制度、国家赔偿制度、行政复议制度等具体制度来保护行政相对人的合法权益。

3.监督行政主体,防止违法、滥用行政权力。行政法通过规定行政权力的行使范围、行使方式以及法律责任等方式,可以达到有效监督行政权力主体、防止违法滥用行政权力的目的。行政自由裁量权的扩大是行政权力自身具有膨胀性的特质所决定的，同时也是现代社会效率要求的必然结果，如果不对行政自由裁量权的使用予以规范，就有可能出现违法、滥用情况的发生。行政法通过行政复议、行政诉讼、国家赔偿、行政处罚等法律制度给行政机关超越职权、失职渎职、贪赃枉法、滥用职权、不当行政等行为安上闸阀，确保行政机关在法律、法规的轨道上运行。

五、行政法律关系

行政法律关系指的是受法律规范调控的因行政权行使而形成的行政关系。行政法律关系的主体是在具体行政法律关系中享受权利、承担义务的当事人，如国家行政机关、企业事业单位、公民或其他组织等。行政法律关系的客体指的是权利义务的指向目标，包括人身、行为和财物等。首先，行政法律关系是受法律调整或约束的一种社会关系。法律规范的调控，包括调控已经纳入法律规范调整的行政关系和通过法律规范促进新的行政关系的形成。其次，行政法律关系是因行政主体行使行政权力而引发的，国家行政权是行政法律关系的核心，也就是说，行政法律关系是因权力性质或者是因权力而引起的法律关系。再次，行政法律关系主要是行政主体和行政相对人之间构成的法律关系，其余包括行政主体之间的关系和行政与行政人之间的关系。最后，就内容上看，行政人对行政法律关系中的权利和义务不能自由处分；就双方当事人所处地位上看，行政主体处于主导地位，享有很大的优益权。

行政法律关系主要特点包括：第一，行政主体必定是行政关系的一方，这是由于行政主体是行政职权的承担者，而行政职权的行使是行政关系得以发生的前提。第二，行政法律关系中双方当事人的权利和义务由法律预先规定，这是因为在行政法律关系中，行政主体和行政相对人的权利和义务不能由双方当事人互相约定，也不能自由选择权利与义务，也不得任意放弃权利和义务，只能根据法律的约定享受权利和履行义务。第三，行政法律关系中当事人双方地位不对等，这是因为行政主体享有管理权、强制权和制裁权等，行政相对人处于被管理者地位，显示出单向性支配关系；行政主体可以单方面设立、变更法律关系。但是在行政程序法律关系中，行政主体是义务主体，而行政相对人是权利主体。第四，行政主体实体上的权利和义务是重合的，行政法上行政主体的权利与义务具有相对性，同一种行为在一种关系中是权利，而在另一种关系中则是义务，权利与义务的重合性要求双方当事人不能任意放弃权利或义务。最后，行政法律关系引起的争议的解决方式和程序具有特殊性，一般是由行政机关或行政裁判机关依据行政程序或准司法程序加以解决，行政程序解决不了的,由司法机关解决。

法律规范的存在是行政法律关系产生、变更和消灭的前提,一定法律事实的出现,是行政法律关系产生、变更和消灭的直接原因。

第三节 税务行政法学

一、行政法学

行政法学是以行政法以及与行政法相关的社会关系为研究对象的一门法律学科。其基本使命是通过探讨行政法规内在的原理,揭示行政法运行的客观规则,具体地说,就是通过研究行政法产生和发展的规律,行政法的本质、内容和形式,行政法的地位和作用,国家行政管理关系以及在这种关系中当事人的地位,由此建立行政法的规则、原理和理论体系。

随着行政法的产生,19 世纪法学家开始了行政法学的研究,到近代,行政法学研究的重点是行政裁判制度的意义。在法国、德国等大陆法系国家,行政最早从立法、司法中独立出来,并设立了发挥不同功能的专门的结构体系,设立了专门处理行政裁判案件的行政裁判机构,有关行政的判例法构成了特殊法体系,所以行政法完成了独立知识体系的构建。

当代的行政法学研究主张以“法关系论”为基础重新建立行政法学体系,以取代公权力优越性的传统行政法公法体系,注重行政法学的动态研究、行政法文化冲突与融合研究和行政法政策化趋势研究等。

我国的行政法学研究大致经历了四个阶段,即从新中国建立到 1957 年 5 月,介绍苏联的行政法学理论;1957 年 5 月到 1978 年 12 月,行政法学研究从受到全面破坏走向复苏;1978 年 12 月到 1989 年 4 月,行政法学研究得到恢复和发展以及进入以《行政诉讼法》的颁布为标志的行政法研究的新的发展阶段。

二、税务行政法学

税务行政法学是以税务行政立法、执法、司法以及与税务行政法相关的社会关系为研究对象的一门法律学科。可见,税务行政法学是行政法学的一个分支,是研究税务行政法现象的学科,同时,税务行政法学是采用综合性研究方法的学科。

第二章　税务行政法的法源

第一节　行政法的法源

法源即法的渊源，是指法的存在（或表现）形式。行政法的法源是指有关行政法的存在形式。一般认为，行政法的法源主要分为成文法渊源和不成文法渊源。以成文（法典）形式存在的行政法称之为成文法渊源，以不成文的形式存在的行政法称之为不成文法渊源。

一、行政法的成文法渊源

大陆法系行政法作为公法形成了独立的法律体系，行政法普遍采用成文法典的形式；英美法系行政法形式主要以判例为主，一般不采用行政法典形式。

1.宪法。采取行政法成文法渊源的国家首先以宪法作为行政法的基本渊源。宪法规定的有关国家制度的内容，涉及行政制度与行政权运行，自然就是行政法的渊源。其他如宪法中有关行政组织的规定、有关调整行政作用与公民权利关系的内容和有关行政救济等方面的规定等，都是行政法的法源，而且是行政法一切渊源中最具法律效力的渊源。

2.法律。根据法治行政原理，行政法经常性的表现形式是法律，所以法律是被公认的行政法渊源。当然，作为行政法渊源的法律必须与宪法相一致，同宪法的精神相抵触的法律是不具效力的。

法律作为行政法的法源，一般具有普遍性与抽象性。普遍性是指凡满足法律规定的构成要件的，都能普遍适用，这是法律适用平等原则的体现。抽象性是指法律原则上不可针对某些特定的对象而制定，也就是不可以为期待利益的特定或不特定对象制定法律，这就是个案法律禁止原则的体现。

3.行政命令。行政命令通常指行政机关行使公权力，单方面制定具有抽象性及一般拘束力的规范。法治国家原则上要求国家生活中的重要事情，特别是与基本人权的实现有关的重要事项，都必须有立法机关通过法律的形式予以确认，行政命令仅就未保留的次要事项予以规定。但是随着行政领域的扩大和专业程度的提高，人们开始认识行政立法的合理性，所以行政命令也成为公认的行政法渊源。

4.国际条约。国际条约中涉及国内的部分可以成为行政法的渊源。这是因为国际条约中涉及的国内条款与国内法律有同等的效力时，有关国内行政的部分，在其范围内表现为行政法的内容。

5.有关地方自治团体的条例、规则。地方自治团体的条例、规则是指有关地方自治团体在法律规定的范围内，依照法定程序所制定的具有抽象性以及一般拘束力的地方性法规或规章。这也成为行政法的渊源。

二、行政法的不成文法渊源

由于行政法的产生历史比较短，而行政法的发展速度又比较快，完全依靠成文法的形式难以解决行政法发展中的问题。尽管行政法有行政法治原则，但是行政惯例、判例和法的一般原理，在对依法行政方面起到协调与补充的同时，也就顺理成章地成为行政法的渊源。

1.行政习惯。行政习惯一般是指在行政领域中经过长期的实践，基于国民对法的确信或法的认识而得到公认的一种习惯法。一般认为，习惯法的产生应当具备三个要件，首先是在客观上，必须有长期的以及一般的习惯行为的存在；其次是在主观上当事人确信这项行为的合法性；最后是在形式上该习惯行为有作为法规的可能性，也就是它的内容充分明确特定。

行政习惯成为行政法的渊源并不以法院的承认为要件，也不是由国家立法活动产生的规则，而是在行政活动过程中自然形成的一种社会规则。

2.判例。判例作为行政法渊源的表现形式，已经得到各国的行政法学者的普遍公认。由于判例对于将来发生的同类事件有一般法律上的拘束力，所以具有法源的地位。判例不仅可以补充法律的不足，还可以统一法律条文的见解，维持法律秩序的稳定性。特别是在英美法系国家，由于采用判例法主义原则，上级法院作出的判决对下级法院处理类似的案件具有法的拘束性，也就是判例拘束性原理，所以判例成为行政法的渊源就是自然而然的事了。

3.一般法律原则与法理。行政法的一般法律原则与法理原则上适用于所有的行政法领域，而不仅限于特别的领域。行政法的一般法律原则来源于习惯法、宪法的具体化和现行法律规定的连接以及从法理当中推导而来。在众多的一般法律原则中,人性尊严的尊重与保护、平等原则、禁止恣意原则、行政行为可预测性和明确性原则、诚信原则、信赖保护原则、比例原则、期待可能性原则、禁止不当结合原则、效能原则和公益原则等等最为重要。

三、我国行政法的渊源

我国是成文法国家,行政法的渊源一般只限于成文法。从制定主体、效力层次、制定程序的差别来看,我国行政法的渊源主要有:

1.宪法。宪法是我国的根本大法,是所有法律的立法依据,宪法确立的行政法的规范和准则主要有:国家权力的来源和行使权力的基本原则、行政机关在国家机构中的法律地位和行政体制、行政组织的权限、公民基本权利和自由以及对这些基本权利和自由提供的保障等。

2.法律。法律是国家最高权力机关制定的规范性文件,其效力等级在宪法之下。其中关于行政法的内容主要有:关于行政权力的设定以及权限范围、关于行政权力的行使以及运用、关于对行政主体的监督和对行政相对人受到行政主体侵害后的救济等。

3.行政法规和部门规章。行政法规是国务院根据宪法和法律制定的行政管理的规范性文件的总称,部门规章是指国务院各部委制定的规范性文件。这些法规和规章成为行政法的渊源必须具备两个条件,其一是不得与宪法、法律相抵触;其二是按照法定的程序和方式制定与公布。

4.地方性法规、地方规章、自治条例、单行条例。依据权限和法定程序制定的地方性法规、地方规章、自治条例、单行条例(其中自治条例、单行条例必须报请上一级权力机关的批准后才能生效)在其辖区内是行政法的渊源。这些法规、规章和条例对研究中央行政和地方行政意义重大。

5.国际条约、协定和惯例。国际条约、协定和惯例是行政法的一个特殊渊源。这是因为国际条约、协定和惯例常常会涉及我国国内的行政管理,成为调整我国行政机关与公民、法人及其他组织,特别是与外国人、外国组织之间关系的准则,所以也是行政法的渊源之一。

6.法律解释。法律解释指的是有权机关就法律规范在具体适用过程中,为进一步明确界限或进一步补充,以及如何具体运用所作的解释,包括立法解释、司法解释、行政解释和地方解释等等。其中由最高人民法院发布的司法解释具有特别重要的地位。

第二节　税务行政法的法源

税务行政行为以国家的公权力为后盾，其强制力的后果是公民、法人和团体利益的减损，所以要求法律明确规定其要件，以便约束税务机关的行政行为。作为税务行政法的法源，主要有：

1.宪法。宪法是我国的根本大法，是立法、司法和行政的根据，国家行为的所有权利和义务都不能超越宪法所界定的范围，作为国家行政活动之一的税务行政行为当然也不例外。《中华人民共和国宪法》第五十六条规定："中华人民共和国公民有依照法律纳税的义务。"公民有纳税的义务，作为代表国家行使税收行政执法权的税务机关就有权监督纳税人的纳税情况，所以这是税务行政法的最基本法源。

但是宪法的这条规定能否作为追究纳税人履行纳税义务情况的依据呢？从理论上说是可以的。最高人民法院于 2001 年 8 月 13 日公布司法解释[2001]25 号《关于以侵犯姓名权的手段侵犯宪法保护公民受教育的基本权利是否应承担民事责任的批复》中指出，侵犯依据宪法规定所享有的基本权利，并造成具体的损害后果，应承担相应的民事责任。那么，拒绝履行依据宪法规定的必须履行的基本义务，并造成国家损失的，也必须承担相应的法律责任，这是毫无疑问的。问题是我国法律对公民的纳税义务有具体的规定，所以一般是在法律法规层面追究其应负的法律责任。

2.法律。我国行政法家族中关于税收业务内容的主要有全国人民代表大会及其常委会制定的各种法律，如规定税务机关及其工作人员、纳税人、扣缴义务人的权利和义务的《中华人民共和国税收征收管理法》，针对外资企业所得税的《外商投资企业和外国企业所得税法》，《中华人民共和国所得税法》和《中华人民共和国会计法》等。

另外和税收执法有关的法律还有《中华人民共和国行政许可法》、《中华人民共和国行政处罚法》、《中华人民共和国行政监察法》、《中华人民共和国行政复议法》、《中华人民共和国国家赔偿法》、《中华人民共和国行政诉讼法》等等。

3.行政法规。行政法规是由国务院根据宪法的授权制定的规范性文件。成为税收行政法渊源的行政法规主要有《中华人民共和国税收征收管理法实施细则》、《中华人民共和国企业所得税暂行条例》、《中华人民共和国消费税暂行条例》、《中华人民共和国营业税暂行条例》、《中华人民共和国发票管理办法》等等。

4.行政规章。由财政部或国家税务总局制定、发布的规章,如由国家税务总局制定的《中华人民共和国发票管理办法实施细则》,由财政部制定的《中华人民共和国企业所得税暂行条例实施细则》、《中华人民共和国消费税暂行条例实施细则》、《中华人民共和国营业税暂行条例实施细则》等。

5.地方性法规、自治条例和单行条例。包括根据宪法与地方各级人民代表大会和各级人民政府组织法的规定,由各省、自治区、直辖市人民代表大会及其常委会,省、自治区的人民政府所在地的市和经国务院批准的较大的市及经济特区市的人民代表大会及其常委会等权力机关制定的有关调整税收征纳关系的地方性法规,以及民族自治地方权力机关有权制定的涉及税收管征的自治条例和单行条例。

6.国际条约和协定。国际条约或国家间的协定涉及国内税收行政管理的,也是税务行政法的渊源,如《中华人民共和国与塔吉克斯坦共和国避免双重征税的协定》。

7.法律解释。法律解释包括立法解释、司法解释、行政解释和地方解释等,如1996年10月7日最高人民法院《关于适用〈全国人民代表大会常务委员会关于惩治虚开、伪造和非法出售增值税专用发票犯罪的规定〉的若干问题的解释》就是司法解释;1999年11月23日公安部《关于如何理解〈刑法〉第201条规定的“应纳税额”问题的批复》和国家税务总局《关于〈中华人民共和国税收征收管理法实施细则〉若干问题的解释》等,就是行政解释。

第三章　税务行政的基本原则

第一节　依法行政原则

依法行政原则是行政法的基本原则，它要求税务机关行使行政权力、管理税收事务必须由法律授权并依据法律的规定。它包含的意义主要有：首先，税务机关执行的法律必须是有权机关制定的。在我国，税务机关执法的主要依据是全国人民代表大会及其常委会制定的法律，国务院制定的行政法规，发布的决定和命令，以及财政部、国家税务总局依权限发布的命令、指示和规章。其次是法律优位，即在已有法律规定的情况下，任何其他法律规范，包括行政法规、地方性法规和规章，都不得与法律相抵触，同时，税务机关行政权的作用不得与法律法规和规章相抵触。再次是没有法律依据，税务机关不能使纳税人、扣缴义务人承担义务，或者是侵害纳税人、扣缴义务人的权利；没有法律的依据，不能免除特定纳税人、扣缴义务人应当承担的义务，或者为特定的纳税人、扣缴义务人设定权利。最后，在法律允许的范围内作出的行政自由裁量，也必须是合法、合理的。

税务机关依法行政的关键是严格行使权力机关为之设定的行政程序法。

一、以法律的形式规范税务机关必要的行政程序

税务行政机关的行政行为具有具体性、灵活性和时效性，立法机关不可能穷尽预设所有的程序来加以规范，现代社会发展的趋势是行政机关自由裁量权的扩张，但是这并不意味着可以让行政权力无拘束地发挥。特别是关系到行政相对人——纳税人、扣缴义务人的权利和义务时，更是要严格制定法定程序，具体应当包括：将与纳税人、扣缴义务人的合法权益直接相关的行政程序纳入法律规范的范围，从税务登记、纳税评估、税务稽查、违法处理，到行政复

议、诉讼、赔偿和补救,都必须以法律的形式给予界定;以法律的形式确认和设定告知、申请、听证和复议的程序,给纳税人、扣缴义务人提供参与的机会。

二、税务机关必须严格遵守、执行法定的程序

作为执法主体,是否严格遵守、执行法定程序,是衡量税务机关是否依法治税的标志。具体来说,就是税务机关必须在法律已经明确的法定的管辖范围内行使职权,既不能超越权限作为,也不能在应当作为时而怠于行使权力,在遇到管辖争议的时候,及时提请上级机关裁决;税务机关应当依法告知纳税人、扣缴义务人有关事宜,特别是要求纳税人、扣缴义务人作为或不为某种行为时应当告知其该行为的意义和法律后果;税务机关作出驳回纳税人、扣缴义务人的申请或限制纳税人、扣缴义务人权利的行为时,必须详细说明理由;除法律特别规定外,税务机关必须在通知纳税人、扣缴义务人之日起才能生效;税务机关在进行纳税检查时必须两人以上、有税务检查通知书和出示税务检查证,调取纳税人、扣缴义务人的账簿资料时必须有县以上税务局局长签字同意,开具清单,并在法定时限内完整归还;特别是在要求纳税人、扣缴义务人提供纳税担保,对纳税人、扣缴义务人实行税收保全和强制执行措施时,必须遵守严格的法定程序。

三、追究违反法定行政程序的税务机关和税务人员的责任

是否依据法定程序作为,是税务机关行政合法性的前提;对违反法定行政程序的税务机关和税务人员的责任追究,是一项救济性措施。对于税务机关行政行为出现的程序瑕疵,有四方面的防范措施,一是税务机关内部的监督制约机制,主要有上级机关的监督检查,如税收政策法规部门对下级税务机关的专业指导;同级机关部门之间的分工制约,如稽查局的选案、实施、审理和执行的分离制约。二是纳税人、扣缴义务人对具体行政行为不同意或不满意,通过行政复议手段对原来作出处理的程序提出异议,并要求复议机关作出决定。三是立法机关对税务部门的具体行政行为进行不定期的监督、审查,发现并纠正税务部门执法中的程序性错误。四是纳税人、扣缴义务人不服具体行政行为提起行政诉讼,进入司法审查程序,在该程序里,司法机关将对税务机关作出的具体行政行为的合法性进行审查,确认行为合法与否,对于违法的行政行为予以撤销或变更,或者责令税务机关重新作出决定或履行义务;对于违反法定原则造成纳税人、扣缴义务人合法权益受到损害的税务机关追究赔偿责任;属于税务工作人员主观故意造成的损失,依法追究相关人员的经济责任和法

律责任。

第二节　公平原则

公平原则又称自然公正原则，它源于自然法，是法治社会的基本原则，只要成文法没有排除或另有特殊规定，行政机关都要遵守——而且法院、一切其他行使权力的人或团体，在行使权力时都不能违背这一原则——这是最低限度的公正原则。它主要包括：

一、听取对方意见

这里是指税务机关在作出决定的时候，必须给予有利害关系的行政相对人——纳税人、扣缴义务人以发表自己意见的机会。在司法上，任何人不能未经审问就受到处罚，法官必须听取双方意见才能作出判决，这是公正程序的最低要求。无论裁决结果是否公正，首先必须在程序上实现公正。这一原则同样适用于税务机关的活动。税务机关在作出对纳税人、扣缴义务人不利的裁决时，必须事先告知税务机关的意图，听取纳税人、扣缴义务人的意见。纳税人、扣缴义务人必须有因蒙受不利而陈述意见的权利。具体包括：首先，纳税人、扣缴义务人有在合理的时间内要求得到通知的权利；其次，纳税人、扣缴义务人有了解税务机关观点和根据的权利；最后，纳税人、扣缴义务人有为自己辩护的权利。总之，税务机关必须用公正的手段达到公正的目的。

二、不能作为自己案件的法官

这里是指税务机关不得就与自己有利害关系的事实作出决定，以免偏私，从而导致有关回避及禁止单方沟通的程序规范的产生。纳税人、扣缴义务人在其权利和利益受到税务机关决定的不利影响时，有权为自己辩护，而且有权要求其意见必须由一个没有偏私的税务官员来决定。一个税务行政决定不得由与其有利害关系的税务官员作出，这是自然公正原则对税务行政程序的要求。比如稽查人员与被检查的纳税人、扣缴义务人有近亲属关系、利害关系或其他可能影响公正执法的关系，应当自行回避，被检查的对象也有权利要求他们回避。没有利害关系，包括自己及亲属没有财产利益和其他足以影响税务行政决定的非财产因素，如感情因素和精神因素。

第三节　合理原则

税务机关的行政行为在客观上可以分为羁束行为与自由裁量行为。羁束行政行为指的是行政法律规范已经作出具体、详细的规定，行政主体在处理行政事项作出裁断时，只能严格依据规定的行政行为。如对纳税人、扣缴义务人征收税款在适用税率时，税务机关就必须严格依照法律的规定执行。自由裁量行为是指法律只规定原则，授权行政主体在符合立法目的和法律原则的前提下，自主采取相应的措施，作出裁断的行政行为。如对纳税人、扣缴义务人偷税行为的处罚幅度规定在零点五倍到五倍之间，具体依据情节的严重程度、当事人的态度和同类案件的惩处力度，由税务机关作出决定。社会的发展客观上导致了行政自由裁量权的扩张，而行政自由裁量权的扩张就是对行政相对人权利的威胁，因此，控制行政自由裁量权的行政合理性原则就应声而出。

税务行政合理性原则应当包括以下三方面的内容：

1.适当性。它要求税务机关在执行一项税收法律的时候，只能使用那些适合于实现税法目的的方法，而且必须根据客观标准，不是按照税务机关及其工作人员的主观判断来决定某一项措施的适当性。适当性原则是贯穿税务行政始终的原则，如在纳税评估时，国家的经济景气指数、行业的经营状况、企业所处的地理位置、从业人员的状况，特别是国家对该行业采取经济杠杆手段实行扶持还是限制，在税收法律上予以体现，都必须作为税收执法的依据。作为适当性的反面，如人情、利益和好恶等，掺杂的是个人不合理甚至不良动机，它将导致对适当性的破坏，其结果必将是自由裁量权的滥用。

2.必要性。它要求税务机关在若干个适用于现实法律目的的方法中，只能选择使用那些对纳税人、扣缴义务人造成最小损害的措施。如在查处涉税违法犯罪行为时，纳税人、扣缴义务人有银行存款可以冻结的，不要查封和扣押其他财产，因为相形之下，不论是就生产经营，还是就社会形象而言，查封和扣押对当事人的影响更加严重。

不仅对具体的税务行政行为，而且对抽象的税务行政行为也要考虑必要性问题。比如国家为了遏止虚开增值税专用发票的违法行为，在税法、刑法上都作出了相应的严惩规定，表面上看这是对涉案人员采取最大损害的措施(可以判处死刑)，但是它的必要性体现在，不严惩不足以起威慑作用，最终可能导致摧毁税收体系的恶果；同时，对违法犯罪分子的打击正是对守法纳税人、扣缴义务人的合法利益的保护，也就是说，税务机关在作出该行为时，已经注意到纳税人、扣缴义务人的权利与义务、个人所受的损害与社会所获得的利益之间的平衡，其必要性不言自明。

3. 情理性。它要求税务机关作出的行政行为，必须符合客观规律和良俗公序。不能要求纳税人、扣缴义务人承担无法履行或违背情理的义务。如税法规定纳税人、扣缴义务人在月初的10天内申报上一个月的税收，逾期申报者将加收滞纳金，但是在纳税人、扣缴义务人遭遇不可抗力的情况下，经批准可以合理延长申报期限。对于税务机关工作人员要求纳税人、扣缴义务人违背情理履行义务的刁难和滥用职权的行为，税务机关必须依法予以惩处。

第四节　效率原则

为了有效保护纳税人、扣缴义务人的合法权利，作为行政主体的税务机关在实施行政行为时，特别是直接涉及行政相对方的合法权益的行为时，必须严格遵守法律规定的时间期限，以尽可能短的时间，尽可能低的经济耗费，完成必要的行政行为，包括行政主体相对方申请许可的审查期限、决定时限、送达时限，行政主体实施行政处罚时作出处罚决定的时限、送达处罚决定的时限、执行的时限等等。

一、税务机关行政行为的期限

在税务机关的行政行为中，效率原则要求每一环节和整个过程必须有一定的时间限度，在既不损害纳税人、扣缴义务人的利益，又不违背公共利益的情况下，尽可能保证行政效率的提高。时效本身包含着税务机关实施行政行为的时效和纳税人、扣缴义务人参与行政行为的时效。前者指税务机关完成某种特定程序的时间期限，如行政复议法规定，行政复议机关应当自受理申请之日起60日内作出行政复议决定（经过必要的程序可以适当延期）。为了确保税务机关的行政行为在法定期限内完成，提高执法人员的素质、精简税务机关的机构、简便并规范办事程序、积极运用现代科技手段等是基础。后者是指纳税人、扣缴义务人不服税务机关具体的行政行为而申请复议和提起行政诉讼的时效，它仅仅是纳税人、扣缴义务人的一项权利，超过法定时效不行使只是丧失了复议或诉讼的权利，并不带来其他的法律后果。

二、税务机关违反时效的法律后果

基于保护作为行政行为相对人的纳税人、扣缴义务人的合法权利的原则，法律重视并严格规定税务行政活动的程序和时限，当税务人员的执法行为违反了这些程序、时限时，法院可以应纳税人、扣缴义务人的申请，判决该执法行为无效，违法的还应当追究法律责任。至于税务机关的具体行政行为中的任意时效问题，属于税务机关的自由裁量权，就外国行政诉讼的发展历史来看，已经逐步摆脱了司法审查，如果自由裁量权不是运用到显失公正或令人不可容忍的地步，法院不应也不会对任意时效内的作为进行司法审查。

但是当税务机关违反时效规定产生了有利于纳税人、扣缴义务人的法律后果时，只要实体法的内容合法、合理，就不应当成为法院撤销该行政行为的理由。

效率原则是税务机关行政活动的生命，是实现行政管理目标的前提。但是过分强调行政效率，又有可能导致对程序的民主性产生不利影响。在确定效率原则时，不得以损害纳税人、扣缴义务人的合法利益为代价，也不能违反公平原则。

第四章　税务行政主体概述

第一节　行政主体

一、行政主体的概念和特征

行政主体是指能以自己的名义实施国家行政权，并对行为效果承担责任的组织。这说明行政主体首先是一种组织，它具有组织的全部要素，即具备依法、有效地管理国家事务、社会公共事务和行政组织内部事务的目标；根据组织目标对组织所要完成的工作任务、职责及其作用的总体规定的职能范围；承载权利的一系列特定的结构设置；组织中各个部门、层次、成员之间若干从属、并列等相互关系的确认权责体系；在组织内部对各种职位包括职级、职数、职责的确认的职位设置；作为组织主体的人员构成；一定的办事程序和信息流程的运行程序以及以规范性的文件等形式对组织建构、组织目标、职能、任务、内部分工、权责关系、活动方式、运作程序等进行严格规范的规章制度。其次，行政主体是实施国家行政权的组织。它是国家行政机关，有别于权力机关、司法机关和社会组织，是依据权力机关通过宪法、法律的授权而推行政务、实施公共管理职能的组织，是有权行使公权力的组织；值得注意的是，有一些社会组织，如高等学校，在获得法律法规的授权，也可以取得行政主体的地位。再次，行政主体是能以自己的名义实施行政管理的组织。行政主体主要是行政机关，但是国家行政机关不一定就是行政主体，其区别的关键就在于是否具备独立的意志和能否以自己的名义采取措施、实施管理和作出决定，如行政机关中的内设机构、派出机构，由于不能以自己的名义实施管理，就不属于行政主体。最后，行政主体能独立地承担自己的行为所引起的效果。行政主体有独立行使行政管理的权力，同时就必须有独立承担责任的义务。

二、行政主体与相关概念的区别

1.行政主体与行政法主体。行政主体必定是行政法主体,但是行政法主体未必就是行政主体。因为行政法主体包括组织和个人,而行政主体仅仅是组织。行政主体只是行政法律关系的一方当事人,只有在行政法律关系中才具有真正的法律地位。

2.行政主体与行政机关。行政机关是一种客观存在,没有自己的独立利益、独立地位且不能独立承担责任,它具有双重身分,当它行使行政职权时,它具有行政主体的身分;当它从事民事活动时,它则是以民事主体的身分出现的。而行政主体是使行政活动具有统一性和连续性的一种法律基石,是一个法学概念。

3.行政主体与公务员。行政主体与公务员的关系如此密不可分,以至于有人以为公务员就是行政主体。其实,公务员是属于自然人的个体,而行政主体则是一种组织。公务员是在国家机关依法行使公权力从事公共事务管理的人员。国家公务员能以行政主体的名义从事公共事务的管理,他们之间是一种职务委托关系,即作为自然人的个体的国家公务员,依靠行政组织法的规范,获得行政主体的授权,代表作为组织的行政主体从事管理活动,但是他行为的后果和责任要由行政主体来承担。没有国家公务员,行政主体就不可能行使职权发挥作用;不以行政主体的名义行使管理权,公务员的行为就只具备民事的意义;反过来说,在法律、法规授权组织中从事管理的人员,即使不具备公务员的身分,但是只要他代表所在行政主体进行管理,那么他所引起的后果也必须由所代表的行政主体来承担。

三、行政主体的类型

根据不同的划分标准,行政主体可以划分为不同的类型。

1.根据行政主体实施行政职权的范围划分,可分为外部行政主体和内部行政主体。外部行政主体是指有权按地域对社会上的行政相对方实施管理的组织,如省级人民政府以及该政府所属的具有对外管辖权的行政职能部门。内部行政主体是指对内部相对人实施管理的组织,它不能实施外部行政行为(同时具备外部主体的双重成分的行政主体除外),如国务院机关事务管理局。

根据“交错无效原则”,正确划分外部行政主体和内部行政主体,有利于确定行政主体行政行为的有效性以及在发生行政诉讼时确认被告的身分。

2.根据行政主体行政职权的产生方式划分,可分为职权行政主体和授权行政主体。职权行政主体是无须经过授权而是随着组织的成立而自然形成的行政主体,各级行政机关都是职权行政主体。行政职权不是因组织的成立而形成,而是来自于有权机关授予的管理主体,就是授权行政主体。

划分职权行政主体和授权行政主体的意义在于:首先是可以防止行政主体的越权行政;其次是可以审查行政主体的行政行为的合法性。

第二节　行政主体的资格

行政主体的资格是行政机关和有关组织以独立的法律地位和管理者的身分参加行政法律关系时所应当具备的条件。其构成要件有四:一是依法成立的组织;二是应当具备一定的组织机构和职位人员编制;三是拥有法定的独立职权与职责;四是能以自己的名义实施行政活动并承担法律责任。行政主体的法律地位具体表现为行政主体的行政职权、行政优益权和行政职责。如果某个组织、机关或机构具有行政主体资格,那么它就具有行政职权,享有行政优益权,必须履行行政职责,必须对违反职责的行为承担责任,可以用自己的名义实施行政行为、应当以自己的名义承受行政行为所引起的法律效果和可以用自己的名义参加诉讼活动等等。

一、行政主体资格的产生

行政主体资格的产生是指一个组织取得行政主体的资格。一个组织取得行政主体的资格的主要条件有:有法定设立的依据,由有权机关批准设立,拥有法定的职责权限,有法定的机构编制和人员编制,拥有独立的行政经费,拥有办公场所和必要的办公条件,经有关公报公告其成立。

二、行政主体资格的确认

行政主体资格的确认有助于明确一个组织的法律地位,有助于确认行政行为的效力,有助于确认行政诉讼的当事人,特别是有利于确认被告。确认行政主体资格的方法有两种:一是按行政职权确认。即核实行政职权的来源,特别是核实其产生职权的法律内容;对于授权主体,应当审查授权行为是否存在及其范围。二是按行为性质确认。行政机关不同的身分取决于其行为的不同性质,确认行政机关的行政主体身分,就在于看其行为是否属于行政行为。

三、行政主体的变更

行政主体的变更是指由行政主体的合并或分解而引起的行政主体资格在原行政主体与新行政主体之间的转移。行政主体的合并和分解都必须有法定的依据，拟新设的行政主体应当符合行政主体资格的取得条件。原行政主体在主体资格变更前实施的行政行为仍然具有约束力，其所产生的权利和义务由继受其行政主体资格的新行政主体来承受。如某市国税局 2001 年机构改革时推行一级稽查，在原有的市稽查局的基础上，合并四个区稽查局和涉外税收稽查局的职能，并接受了其中的大部分人员。这样，原来的区级稽查局作出的处罚决定中尚未入库而导致的欠税，由新组建的市局稽查局负责追缴入库。

四、行政主体资格的消灭

行政主体资格的消灭是指由于行政主体被撤销或授权被收回、授权届满等原因引起的行政主体资格的灭失。行政主体资格消灭以后，对原行政主体行使职权的行政行为承担法律效果的原则是，原行政主体实施的行政行为仍然有效，其所产生的法律效果，依法律、法规的规定灭失的，由法定机关或其主管机关承受；依有权机关的决定消灭的，由决定其消灭的有权机关承受。

五、行政主体之间的关系

行政主体之间的关系，是指由法律确定的行政主体相互之间和行政主体在行使行政职权、履行行政职责过程中所形成的关系。它包含四个方面的含义：一是行政主体之间的相互关系是由法律确定的；二是仅指行政主体与行政主体之间在行使职权的活动中形成的关系；三是行政主体之间在行政过程中形成的与其职务活动有关的关系；四是行政主体在行政过程中作为管理者而形成的关系。

行政主体之间的关系可以分为纵横两个类型。纵向关系是指以隶属关系为基础的行政主体之间的关系，通俗地说，就是上下级行政主体之间的关系。纵向关系按照性质又可以分为领导关系与指导关系。在领导关系中，作为领导方的行政主体对被领导方的行政主体有命令、指挥和监督的权利。我国的国家税务局系统是典型的领导关系，即纵向领导关系。在指导关系中，指导方行政主体对被指导方行政主体有指导权，但是没有指挥命令权，也就是无权直接改变和撤销后者的行为，后者拒绝服从前者的命令不引起法律责任问题，只涉及工作作风问题。

行政主体的横向关系是指没有隶属关系的行政主体之间的关系。值得注意的是，横向关系不必是同一等级的。在省以及省以下，国家税务局和地方税务局及其下属局就是横向之间的关系。

行政主体之间在行使职权过程中往往会出现管辖争议，这种争议往往表现为行政权限的争议，包括积极的权限争议和消极的权限争议。积极权限争议表现为两个行政主体都认为自己对某事享有管辖权，从而导致职权冲突。消极权限争议是指两个行政主体都认为自己对某事没有管辖责任。如某城乡结合部的纳税人可在市和区两级工商局进行登记，如果以属地管理，应当划归区国税局管理，如果以级别管理，有的应当归直属局管理。这就有可能在争夺大税源时，两家国税局都主张积极的权限；当出现上级发现漏征漏管的管辖“真空”时，互相推诿，主张消极权限，声称自己没有管辖责任。出现管辖争议时，可以请求共同的上级领导主体作出裁决。

第五章　税务机关

第一节　税务机关概述

一、税务机关

税务机关是指按照宪法和有关组织法的规定而设立的,依法行使国家税收行政权力,对国家税收事务进行征收和管理的国家机关。其含义有三:一是,税务机关是国家机关,是国家行政机关的组成部分,由国家设置。这是税务机关与权力机关、司法机关和党政社会团体的区别。二是,税务机关是行使国家税收的征收、管理职能的国家机关,这一点使它与政府的其他行政机关相区别,只有税务机关或经税务机关有权部门的委托的组织,才能行使国家对税收事务的征收、管理职能,即执行税收法律、法规和规章,管理税收事务。三是,税务机关是依宪法和行政组织法的规定而设置的行使国家税收事务征收、管理职能的国家机关。它是固定的、基本的行政主体,这使得它与法律法规授权的组织有明显的区别。

二、税务机关的性质

税务机关具有双重性,相对于国家的权力机关和决策机关,它是国家税收政策的执行机关;相对于纳税人、扣缴义务人,税务机关是行政主体。它代表国家行使行政权,管理国家的税收事务,有权对纳税人、扣缴义务人发布行政命令,实施行政行为;在必要时还可以向纳税人、扣缴义务人采取行政强制措施,课以行政处罚。纳税人、扣缴义务人对税务机关的具体行政行为不服,即使认为税务机关的行为明显不当甚至违法,也应当先予执行,然后再通过法定途径寻求救济,而不能直接加以抵制。这是由于税收的强制性和国家行政主体对于相对人的优越权所决定的,因为公权力的行使是以相对人的服从为前提的,公权力的背后是专政机器的支持。

税务机关在行使税收行政管理职能的时候是行政主体,在其他法律关系中,可以有其他的法律地位,如某市地方税务局在建造办公大楼时与乙方就工程款项的结算问题产生分歧,经协商无果后对方到当地的法院起诉,此时的税务机关在这一特定的民事关系中是作为民事主体的诉讼当事人出现在法庭上的。

三、税务机关的特征

(一)行使国家行政职权,管理国家税收事务

作为国家机关的组成部分,税务机关是执行国家税收法律、行使国家行政职权、管理国家税收事务的专门机构,它既有别于行使国家立法权并行使对其他国家机关进行监督的人民代表机关、行使审判权的人民法院和行使国家检察权的人民检察院,又和政府的其他职能部门,如公安局或土地局有实质性的区别:除了国务院另行制定农业税和海关代征的关税,国家的涉税事宜均由税务机关实施,其他机构无权参与;同时,税务机关只能行事国家行政职权,管理国家税收事务,而不能从事无关的工作,否则就是越权。

(二)税务机关在组织体系上实行领导——从属制

税务机关由于行使的是行政管理职权,管理的是国家税收事务,而税收是国家机器赖以生存和运转的命脉,所以对速度和效率就有特别的要求。而为了提高管理效率,在组织体系上实行领导——从属制就成了首选。目前国家税务局实行垂直领导,地方税务局在省以及省以下实行垂直领导。上级税务机关领导、监督下级税务机关,下级税务机关对上级税务机关负责。下级税务机关服从上级税务机关的领导,上级税务机关有权变更、撤销和否定下级税务机关作出的不合理或不合法的决定。

(三)税务机关在决策体制上实行首长负责制

税务机关由于是代表国家直接对纳税人、扣缴义务人实施管理,特别要求权限清楚、责任分明,所以在决策体制上要实行首长负责制。首长负责制是民主制和集体领导与个人负责制相结合的一种具体形式,重大事务在集体领导的基础上由行政首长定夺,具体的日常事务由行政首长决定,行政首长独立承担行政责任。

(四)税务机关的业务具有专业性、执行性和强制性

随着税收体制的进一步完善,我国已经初步建立起一套适应社会经济发

展的税收体系，税收的征管范围涉及社会的各行各业，以计算机网络为依托的现代科技手段在税收管征中得到初步的运用，税收业务专业性越来越明显；税务机关是执法机关，是代表国家根据法律的授权行使税收行政管理权力，也就是执行税收法律，是立法机关在税收管征领域中意志的体现，具有鲜明的执行性；税收是国家凭借强制力对纳税人、扣缴义务人财产的合法剥夺，税收的强制性决定了税务机关工作的强制性。

四、税务机关的分类

从机构的纵向分，可以分为国家税务总局、省（直辖市、自治区）、地（市、州盟）、县的国家税务局和地方税务局，以及作为其派出机构的基层税务所。国家税务总局是根据 1982 年 12 月 10 日第五届全国人民代表大会第五次会议通过的《中华人民共和国国务院组织法》第十一条规定“国务院可以根据工作需要和精简的原则，设立若干个直属机构主管各项专门业务”的精神设立的，属于国务院的直属机构，是税务业务的主管部门，主管全国的税收征收管理工作。

从税种管理的职能上分，省（直辖市、自治区）及其以下的税务机关分为国家税务局和地方税务局。根据 1994 年的分权、分税和分管的税制改革的精神，国家税务局系统负责划归中央财政的税种的管理、征收，即负责增值税；消费税；进口产品消费税、增值税，直接对台贸易调节税（委托海关代征）；铁道、各银行总行、保险公司集中缴纳的营业税、所得税和城市维护建设税；中央企业所得税；地方和外资银行及非银行金融企业所得税；海洋石油企业所得税、资源税；证券交易税；对境内外商投资企业和外国企业的各项税收以及外籍人员（华侨、港澳台同胞）缴纳的个人所得税（按税种分别入中央库和地方库）；出口产品退税的管理；集贸市场和个体户的各项税收（按税种分别入中央库和地方库）；中央税的滞补罚收入；按中央税、共享税附征的教育附加费（属于铁道、银行总行、保险总公司缴纳的入中央库，其他入地方库）的管征工作。地方税务局系统负责划归地方财政固定收入的税种的管理、征收，即负责营业税、个人所得税、土地增值税、城市维护建设税、车船使用税、房产税、屠宰税、资源税、城镇土地使用税、固定资产投资方向调节税、地方企业所得税（包括国有、集体、私营）、印花税、筵席税、地方税的滞补罚收入和按地方营业税附征的教育附加费等的管征；而对由中央和地方按一定方式分享的税种，由国家税务局和地方税务局共同管理、征收（国务院办发[1993]87 号文）。但是根据国家的发展情况，国家税务系统和地方税务系统的管征范围一直在调整当中，如

2001 年 12 月 31 日国发[2001]37 号发布的《所得税分享改革方案》对企业所得税和个人所得税收入实行中央和地方按比例分享。

各级税务机关有所属内部机构，这些内部机关不具有行政主体地位，它们除非有法律法规的特别授权，不能以自己的名义，而只能以所在部门税务机关的名义对外行使职能，其行为也不由其本身而由所在部门行政机关对外承担法律责任。

从税务机关内部的分工来看，有分别负责税款征收的税务征收局，负责日常管理、稽核与评估的税务管理局，以及专司打击偷、逃、骗、抗税的税务稽查局。如果进一步细化，职能还可以分解，如稽查局可以分成选案、实施、审理和执行四个互相制约的环节。

税务机关还有派出机构，即基层的税务所。税务所不是独立的行政主体，它不能以自己的名义行为对自身的行为负责，而只能以派出机关即税务局的名义行为，并由税务局对其行为负责。但是法律、法规的专门授权除外，如《中华人民共和国税收征收管理法实施细则》规定，税务所可以对纳税人、扣缴义务人处以 2000 元以下的罚款。

第二节　税务机关的职责、职权与管理手段

一、税务机关的职责

作为国家行政机关的组成部分，税务机关有行政机关一般职责中的共性，如维护社会秩序，保障和促进经济、文化发展，在客观上促进保障社会福利、改善人类的生活环境和生态环境等。由于税务机关的工作具有专业性，这种专业性主要体现在其职责的独特性上，具体包括：

(一)加强税收的征收管理

税收的征收管理是税收行政管理的组成部分。税收行政管理是国家以法律为依据，根据税收的特点及其规律，对税收参与社会分配活动的全过程进行决策、计划、组织、协调和监督控制，以保证税收职能作用得以实现的一种管理活动。税收征收管理是属于执行性的管理活动，它是指税法制定之后，税务机关组织、计划、协调、指挥税务人员，将税法具体实施的过程。具体包括税务登记管理、纳税申报管理、税款征收管理、减税免税及退税管理、税收票证管理、

纳税检查和税务稽查、纳税档案资料管理等。

（二）规范税收的征收和缴纳行为

税务机关应当按照法律、法规和规章规定的征收管理范围和预算级次征收税款和上缴国库，不得违反法律、行政法规的规定，擅自作出开征、停征、多征或少征税款的决定。税务机关可以采取查账征收、查定征收、查验征收、定期定额征收和经过确认委托代征资格后委托有关单位代征零星税款等方式征收税款。

税务机关应当确保纳税人在法律、法规规定或者主管税务机关按照法律、法规的规定确定的申报期限之内到指定的税务机关办理纳税申报；确保扣缴义务人在法律、法规规定或者主管税务机关按照法律、法规的规定确定的申报期限之内，向税务机关报送代扣代缴、代收代缴的税款报告表及其他资料。

（三）保障国家税收收入

税收是国家得以履行其政治职能、社会职能和经济职能的物质基础，也是满足公共需要如国防、司法、治安、消防、公共设施的前提，而为了确保国家的税收收入，就必须有专门的职能部门来保障它能连续、固定和均衡地充实到国库，这个专门的职能部门就是税务机关。

税收是国家依据公权力以强制的手段无偿征收的，税收的增加就意味着纳税人、扣缴义务人可支配财产的减少。尽管宪法规定公民有依法纳税的义务，纳税人、扣缴义务人必须在法律、法规规定或者主管税务机关按照法律、法规的规定确定的申报期限之内主动到税务机关申报纳税，但是也不排除有逃避纳税义务的现象存在，而为了打击偷、逃、骗、抗税的行为，法律赋予税务机关在必要的时候可以采取强制力以确保税款的及时、足额入库。

（四）保护纳税人的合法权益

和手握公权力、有专政机关作后盾的税务机关相比，纳税人、扣缴义务人处在弱势地位，为此，2002 年 10 月 15 日实行的新修订的《中华人民共和国税收征收管理法》突出了纳税人、扣缴义务人的合法权力，主要有税收减免申请权、申诉权、延期办理纳税申报权、检举权、税务代理权、缓交税款权、信息知情权、回避权和保密权等，如在采取税收强制执行措施时必须考虑纳税人、扣缴义务人必要的生活条件。

为了保护纳税人、扣缴义务人的这些合法权益，法律、法规在程序上作了细致的规定，避免执法的随意性，税务机关必须依法履行，否则就必须承担法律责任。

(五)促进经济和社会发展

税务机关征收的税款上缴国库后,国家进行科学、合理的分配,把资金投入到关系国计民生的公共项目、环保项目和需要重点扶持的行业、地区,确保国家经济健康、高速发展。可以说,没有税收,经济发展就成了无源之水、无本之木。

由于税收具有强制再分配功能,税务机关的税收管理征收行为客观上发挥了税收对社会的稳定器作用,避免了贫富悬殊导致的两极分化,避免引发社会动乱。

二、税务机关的主要职权

税务机关为了履行职责,必须拥有相应的职权。税务机关的职权主要有:

(一)行政立法权

税务机关的行政立法权是指税务机关依照法定权限和法定程序,制定、修改、补充和废止有关国家税收管理方面的规范性文件的活动,即国家税务总局可以根据法律和国务院的行政法规、决定、命令,在本部门的权限范围内,制定规章。税务机关的立法权是准立法权,行使该权力必须有法律的依据,它的内容不得与国家立法机关创立的法律和国务院的法规相抵触。税务机关立法的法定程序主要依据《国务院组织法》、《立法法》和《行政法制定程序暂行条例》。税务机关必须根据法律的原则、精神和规定,制定规范纳税人、扣缴义务人行为的规范性文件。国家税务总局的规章制定的事项应当属于执行税法或国务院的行政法规、决定、命令的事项。

(二)行政许可权

税务行政许可权是指税务机关根据纳税人、扣缴义务人的申请,经过依法审查,准予其从事特定活动的行为。税务行政许可是一种赋权行为,是税务机关赋予纳税人、扣缴义务人一定的权力和利益,免除其一定义务的行为,它与行政限权、行政确认、行政裁决和行政救济有本质的不同。税务行政许可以"禁止义务"的存在为前提,其内容是直接赋予纳税人、扣缴义务人从事某种活动的权利和资格,当然,它是依纳税人、扣缴义务人的申请的行政行为。

(三)行政命令权

税务行政命令权是指税务机关依法要求纳税人、扣缴义务人进行一定的作为或不作为的意思表达行为,是一种行政限权行为。税务行政命令只能由税务机关依法或依职权作出,其实质是课以纳税人、扣缴义务人一定的义务,为纳税人、扣缴义务人设定具体的行为规则,而不是赋予纳税人、扣缴义务人以权力的行为;如果纳税人、扣缴义务人不遵守,将可能导致对其不利的制裁。

税务行政命令有通告、通令、布告、规定、通知、决定和命令等形式。

(四)行政处理权

税务机关的行政处理权是指税务机关实施行政管理,对涉及特定的纳税人、扣缴义务人权利、义务事项作出处理的权力。它包括税款征收、行政给付和前面所谈的税务行政许可等。税务行政处理权是税务机关的主动行为,必须有法律的设置,必须以自己的名义决定对纳税人、扣缴义务人的表达,必须是具有独立地位的行政主体作出的。是直接发生法律效果的单方的、对特定具体事件的公法行为。税务行政处理权是税务机关实施行政管理,履行行政职责中最经常使用的一种行政权力。

(五)行政监督权

税务行政监督是指税务机关为保证行政管理目标的实现而对纳税人、扣缴义务人遵守税收法律、法规,履行纳税义务和代扣代缴、代收代缴义务情况进行检查监督的权力。税务机关通过纳税评估、案头稽核、表报分析、发票管理、日常检查、专项检查和专案检查等手段,确保纳税人、扣缴义务人自觉依法进行纳税申报,履行纳税义务。同时税务行政监督权还体现在对税务机关、税务人员的监督,这属于内部行政监督。

(六)行政强制权

税务机关的行政强制权是指税务机关在实施行政管理过程中,对不依法履行纳税义务或代扣代缴、代收代缴义务的纳税人、扣缴义务人采取财产的强制措施,迫使其履行相应的义务的权力。法律赋予税务机关有对纳税人、扣缴义务人采取税收保全、冻结存款、查封、扣押财产、拍卖财物和通知边境部门阻止出境等强制措施的权力。

税务行政强制权涉及纳税人、扣缴义务人的财产权利,为了避免税务机关对纳税人、扣缴义务人合法权益的侵犯,法律对税务机关实施这些权力的程序作出了严格的规范,并且明确只要程序违法,税务机关采取的强制措施在法律上就是无效的。

(七)行政处罚权

税务机关的行政处罚权是指税务机关在实施行政管理过程中,为了维护公共利益和社会的秩序,营造公平的纳税环境,保护其他纳税人、扣缴义务人的合法权益,对违反税收法律、法规的纳税人、扣缴义务人进行制裁的权力。法律赋予税务机关对违反规定的纳税人、扣缴义务人进行罚款、取消一般纳税人资格、取消出口退税资格和没收非法所得等权力。

法律、法规对税务机关行使行政处罚权有严格的限制，目的是要避免税务机关滥用职权造成对纳税人合法权益的损害。

三、税务机关的主要管理手段

税务机关的主要管理手段是税务机关职权行使的表现形式，从现实情况来看，税务机关主要采取如下的管理手段：

(一)制定规范和发布命令、禁令

制定规范和发布命令、禁令是税务机关最常用的行政管理手段之一。制定规范包括采取创制立法形式的规章和发布行政决议、行政决定等规范性文件等，这些规范通常不针对特定的纳税人、扣缴义务人，而且可以反复适用。税务机关的命令适用于依照有关法律规定宣布施行重大强制性行政措施、奖惩有关人员和撤销下级税务机关不适当的决定等，禁令是命令的反面限制，如国家税务总局制定的税务人员“十个不准”。

(二)编制和执行税收计划、规划

税收计划是税务机关根据国民经济计划指标、现行税收政策以及税源发展变化情况，对一定时期税收收入的预算、规划和控制。税收计划是国家预算的重要组成部分，对国家预算平衡的实现具有重要意义，所以税务机关通过执行税收计划来指导税收的征收、管理，确保年度税收任务的完成。

实行社会主义市场经济以后，税收计划已经从指令性计划向指导性计划转移，尽管计划的强制性和指令性成分逐渐降低，但是税收计划仍然是税务机关行政管理的重要手段。

(三)实施税务行政许可

税务机关通过行政许可制度，可以设定限制某些纳税人、扣缴义务人某种行为的条件，如经过严格审查，有的运输企业可以自行印制运输发票，没有通过审查的企业就不具备实施该行为的条件；税务行政许可可以设定标准，使符合条件的纳税人、扣缴义务人享受有利的待遇，如规定账务是否健全和营业额的底线，限制一些纳税人不能获得一般纳税人资格。

税务行政许可制度除了规定许可申请者必须具备一定条件外，通常还规定获得许可的纳税人、扣缴义务人在其后必须遵守一定的规则和要求。税务机关可以随时对持有许可证的纳税人、扣缴义务人进行监督检查，发现有违反规定者，可以吊销其许可证。

(四)税款征收与减免(包括加收滞纳金)

宏观上看，税务机关执行法律、行政法规的规定，对特定区域、行业、领域、行为和产品的税收实施开征、停征，以及减税、免税、退税、补税，通过税收政策鼓励或抑制、促进或减缓经济的发展。微观上看，税务机关针对具体的纳税人、扣缴义务人的纳税义务履行情况和实际情况，在税款征收上依规定予以延缓或减免；对未按规定履行纳税义务的纳税人、扣缴义务人进行补税并依法加收滞纳金。

（五）采取行政强制措施

税务机关对不履行纳税义务、代扣代缴、代收代缴义务的纳税人、扣缴义务人采取强制措施，迫使其履行义务，也是一种重要的行政手段。税务强制措施包括税务行政预防措施、税务行政制止措施和税务行政执行措施，具体有强制检查、查封、扣押和冻结财产、强制履行等手段。

税务机关采取行政强制措施是不得已而为之，是在法律、法规规定的特殊情形出现并且确实没有其他的手段可以实现相应的行政管理目标的时候，才能采取的手段。

（六）实施税务行政制裁

《中华人民共和国宪法》规定公民有纳税的义务，《中华人民共和国税收征收管理法》规定纳税人、扣缴义务人必须按照法律、行政法规或者税务机关依照法律、行政法规的规定确定的期限，缴纳或者解缴税款。国家制定的税收法律、法规有赖于纳税人、扣缴义务人的自觉遵守与理性的配合，通过税务机关的指导、宣传，使得纳税人、扣缴义务人履行纳税义务内化为自觉的行动。

但是社会上总有一些纳税人、扣缴义务人不自觉遵守税法，不履行应尽的纳税义务，这就使得税务机关采取制裁手段成为必需，否则税收征收管理秩序就无法维持，公平的纳税环境就不可能实现，社会公益和其他纳税人、扣缴义务人的权益就无法得到保障。

当然税务机关还可以采取行政指导、发布信息等手段进行行政管理。

第六章　税务人员

税务机关是一种组织，它的行政行为依靠个人来实施、进行。这种代表税务机关实施税务管理行为的个人，就是税务人员。税务人员是行政职权人，其主体是国家公务员，他与国家之间是公职关系。

第一节　作为行政职权人的税务人员

一、行政职权人概述

(一)行政职权人

行政职权人(行政管理人，行政人)是指代表国家并以行政主体的名义，实施行政行为，其行为效果归属于行政主体的个人。其特征是：首先，行政职权人是个人，而不是组织。行政主体和行政职权人互为依存，没有行政职权人，行政主体就无法实施其行政行为；没有行政主体，行政职权人的行为就是民事行为。其次，行政职权人是实施行政行为的个人。不是所有的个人都是行政职权人，只有具备依法行政的资格并代表国家实施某种行政行为的个人才是行政职权人。再次，行政职权人实施的行政行为必须也只能以行政主体的名义进行。行政职权人与行政主体之间是委托代理关系，所以只能以行政主体的名义实施行政行为。最后，行政职权人实施的行政行为所引起的效果由所属行政主体承担。即行政职权人所实施的行政行为引起的赔偿由行政主体承担(当然行政职权人的主观故意或重大过失，行政主体在对外承担赔偿责任以后可以进行追偿)，引起的诉讼由行政主体当被告。

行政职权人行使职权可以基于他的职务自然发生的，例如税务局长的职权由组织法规定，谁担任局长，谁就依法享有局长的职权；也可以经由授权而行使职权，即他可以不处于一定的行政职位，不属于国家公务员，但是他一旦经有权机关的授权，就享有一定的行政职权。例如税务系统内的助征员、临时人员或事业编制人员，经过税务机关的考核、聘用，可以从事相应的税收征收、管理工作。

(二)行政职权人的法律地位

行政职权人的法律地位是指行政职权人在各种法律关系中的权利和义务的综合体现。行政职权人是行政主体和行政相对人之间的中介，即只有通过行政职权人，才能把行政主体的意志表达到行政相对人身上。

行政主体和行政职权人之间的法律关系是基于某人获得公务员资格或者经有权机关的委托而享有行使职权的资格而发生的，这种关系一旦形成，就表明：行政主体的职权、职责、权限和优益权一概朔及行政职权人，行政主体的职权成了行政职权人的职权，行政主体的优益权同时成了行政职权人的当然权利。行政职权人在分享行政主体的职权、优益权和分担行政主体的职责、权限时，行政主体有权对行政职权人的权限进行再分配。行政职权人实施行政管理活动，在形式上必须以行政主体的名义，在实质上必须按行政主体的意志来进行；行政职权人在这种形式和实质条件下所引起的法律后果由行政主体承担。行政主体对行政职权人的过错行为承担连带责任，即在行政主体对行政相对人承担过错责任后，根据行政职权人的过错性质、程度，追究行政职权人的责任或进行追偿。行政主体在法律范围内规定行政职权人的纪律，行使监督权和奖惩权，确保行政职权人按照自己的意志活动。

在行政职权人与行政相对人的关系中，行政职权人有权以行政主体的名义对相对人实施管理，并依法采取各种强制手段(当然也有义务履行职责，保护相对人的合法权益)；相对人有服从和协助行政职权人实施国家行政管理活动的义务，同时享有建议、批评、控告、申诉、复议和诉讼的权利。

二、作为行政职权人的税务人员

税务人员是指依法代表国家并以税务机关的名义实施税收征收、管理行为，其行为效果由税务机关承担的个人。

在税务机关，税务人员主要由国家公务员组成(具体在第二节论述)，但是还有一些属于事业编制的人员和属于临时编制的助征、临时人员，这些人虽然不具备公务员的资格，但由于获得了税务机关的授权，也在一线从事对纳税人、扣缴义务人的管理工作，在征收一线从事税款征收工作，有的事业编制人员还具备执法资格，从事税收检查工作。他们在实际工作中以税务机关的名义对纳税人、扣缴义务人采取税务管征行政行为，贯彻税务机关的意志，履行税务机关的职责并接受税务机关的监督,其行为的后果也由税务机关承担。

税务系统中公务员以外的税务人员,经税务机关的委托,可以行使税务行政管理职权(以所授职权为限),并因而享受行政职权人的法律地位。当然并不是任何人都可以被授权为税务机关的行政职权人的,要成为税务机关的行政职权人必须具备一些条件,包括基本条件和特殊条件。基本条件有该自然人必须是我国公民,年满 18 周岁以上且具备行为能力。当然被剥夺政治权利的人和被判管制、徒刑或缓刑的人不能成为税务机关的行政职权人。特殊条件主要是指从事税收管征所必须具备的道德水准、知识结构、业务技能和法律意识等。当他死亡、失去行为能力或与税务机关的税务行政职权的委托关系被解除之后,其行政职权人的资格就丧失了。

三、税务机关中的国家公务员

(一)国家公务员

国家公务员是指国家依法定方式任用的,在中央和地方各级国家行政机关工作,依法行使国家行政权、执行国家公务的人员。首先,国家公务员是经过法定方式和程序任用的人员。这里的法定方式主要是指选任、考任、聘任和调任四种。法定程序主要是指根据 2006 年 1 月 1 日起施行的《中华人民共和国公务员法》的规定对公务员进行录用、考核、职务升降、职务任免、交流、回避、辞职辞退和退休等。其次,国家公务员是指中央和地方国家行政机关的工作人员。也就是说,立法机关、司法机关、事业单位、企业单位和社会团体中的工作人员都不属于公务员。最后,国家公务员是指行政机关中依法行使国家行政权力、执行国家公务的人员。即国家公务员不包括国家行政机关中的工勤人员,因为这些人虽然在国家机关工作,但不具备依法行使国家权力的资格,不能执行国家公务,所以不是公务员。

公务员代表国家行使行政权力,其行为的法律后果由行政主体承担。

(二)国家公务员的义务和权利

作为国家机关中的工作人员,公务员既是自然人,又是行政主体意志的实施者,在这种关系中,公务员必须履行其应尽的义务和享有法定的权利。《中华人民共和国公务员法》中规定公务员的权利和义务体现的基本特点是:权利与义务是一致的,他有权利执行公务,同时必须在法律、法规规定的范围内行使权力;他既是国家意志的执行者,又必须接受监督;他既可以享受与其职务和所发挥的作用相称的待遇,又必须是只能得到他应得的部分等。在公务员系列中,所有公务员的权利和义务都是平等的,每个公务员都平等地享受法定的权利,平等地履行其应尽的义务,不存在因职务的高低而出现只享受权利而不履行义务的特殊公务员,或只履行义务而得不到法定权利保障的公务员。

1.国家公务员必须履行的义务。公务员的义务指的是法律关于公务员对国家和社会必须作出一定行为或不得作出一定行为的约束,是公务员不能放弃的责任。具体包括:第一,遵守宪法、法律和法规。守法是法治国家对普通公民的基本要求,也是公民的最起码的责任。作为行使国家权力的公务员,毫无疑问首先必须是守法的典范。第二,依照国家法律、法规和政策执行公务。公务员必须依法行事,包括法律、法规和政策规定该作为的要积极主动作为,不该作为的不能作为,前者是积极行政,后者是防止滥用职权。第三,密切联系群众,倾听群众意见,接受群众监督,努力为人民服务。这一条的表达有瑕疵,“群众”、“人民”都不是法学用词,准确的表达应当是倾听行政相对人的意见,接受行政相对人的监督,努力为行政相对人服务。更重要的是这不能算是义务。第四,维护国家的安全、荣誉和利益。公务员是国家公务员,行使的是国家行政权力,当然就必须维护国家的利益。第五,忠于职守,勤奋工作,尽职尽责,服从命令。国家行政机关根据职务分类,设置国家公务员的职务和等级序列,每个公务员依岗责体系的划分行使职权。只有每个岗位上的公务员尽职尽责,忠于职守,才能发挥整个公务员系统的作用。行政领导就是行政主体意志的贯彻,公务员以服从命令为天职。第六,保守国家秘密和工作秘密。由于公务员是代表行政主体行使国家的公权力,在其职责范围内有可能接触到国家的秘密和了解到行政相对人的商业秘密、个人隐私等,公务员有保守秘密的义务。第七,公正廉洁,克己奉公。公务员行使行政权力,防止行政腐败和司法腐败是建设健康社会结构的根本,而公务员的公正廉洁是行政公正的核心。第八,宪法和法律规定的其他义务。主要是指公民的义务和公务员所从事的工作上的经法律确认的特别要求。

2.国家公务员享有的权利。公务员的权利指的是国家法律对公务员可以享受的某种利益或作出某种行为的许可的保证。尽管公务员可以代表行政主体对行政相对人行使国家公权力,行使公权力是单向的,和行政相对人相比,公务员处在有利地位;但是公务员的行为是而且只能是行政主体意志的体现,和行政主体相比较,公务员又是处于劣势地位。为了防止公务员合法权利被侵犯,法规有了明确的规定:第一,非因法定事由和非经法定程序不被免职、降职、辞退或者行政处分。《条例》具体规定了两个降职法定事由、六个免职法定事由、五个辞职法定事由和十四个处分法定事由,并对行政机关采取这些措施的程序作出了规定,目的是防止行政主体侵犯公务员的合法权益。第二,获得履行职责所应有的权力。公务员代表国家行使权力，国家就必须给予公务员为达到某种要求而实现某种行为的合法手段与可能条件；公务员是否运用这些合法手段与可能条件来实现某种行为，完全由公务员自己决定，而且，这种合法手段与可能条件受法律保护，任何个人和行政主体不得侵犯。第三，获得劳动报酬和享受保险、福利待遇。获取合法的收入和应得的待遇是公务员履行职责的前提，更是吸纳优秀人才到公务员行列、确保公务员队伍素质的有效措施，所以要从法律的高度表明任何单位和个人不得随意扣减公务员的工资及各种津贴，不得剥夺公务员享受各种保险、福利待遇的权利。第四，参加政治理论和业务知识的培训。参加培训，提高素质，不仅是公务员的权利，也是提高整个公务员队伍执法水平的关键。但是公务员参加培训涉及用人单位工作繁忙、经费紧缺等客观因素，所以有必要从法律的高度来保证公务员的岗前培训、职务晋升、专门业务和知识更新得到落实。第五，对国家行政机关及其领导人员的工作提出批评和建议的权力。宪法赋予每个公民对国家行政机关及其领导人员的工作提出批评和建议的权力，公务员当然具有这一权力。公务员处在国家行政管理第一线，对行政管理的问题有最直接的了解，所以也最具备发言权；同时，各级公务员之间没有人身依附关系，大家在政治上、工作上都是平等的，对工作提出批评和建议也就是正常的。第六，提出申诉和控告的权力。公务员管理过程中的录用、考核、奖惩、任免、升降以及回避、工资、福利等都有可能对具体公务员的权利造成侵害，赋予公务员以提出控告和申诉的权利，是公务员权利自救的措施，也是实现公务员自身权益保障的重要途径。第七，依条例的规定辞职。从业自由是公民的基本权利，公务员也是社会职业的一种，当然应当允许其按法律规定辞职。第八，宪法和法律规定的其他权利。主要包括人身自由、政治权利、宗教信仰、平等权利、社会经济权利等等。

四、税务职业对公务员的特别要求

《中华人民共和国公务员法》在对公务员的权利和义务进行要式列举时，分别在第八条和第九条规定："宪法和法律规定的其他权利"和"宪法和法律规定的其他义务"。宪法规定的权利和义务是中国公民所具备的，当然更是公务员所享有的；而法律、法规规定的其他权利和义务，对于从事国家税收管征工作的公务员有其特定的含义。

（一）税务系统公务员的义务

1. 必须作为的义务。税务系统的公务员必须无偿地为纳税人、扣缴义务人提供纳税咨询服务；必须依法受理纳税人、扣缴义务人的税务登记、纳税申报和其他涉税事项，依法征收税款和进行税务检查；其余还包括一些程序性的规范，如进行税务检查时必须出示税务检查证，对纳税人、扣缴义务人进行笔录时必须征求意见是否要求回避等。

2.不得作为的义务。从事税收管理征收工作的公务员不得违反法律、行政法规的规定，擅自作出税收开征、停征以及减税、免税、退税、补税和其他同税收法律、行政法规相抵触的决定。税务人员不得索贿受贿、徇私舞弊、玩忽职守，不得滥用职权或者故意刁难纳税人、扣缴义务人；在执行法律时不得超越合理范围，如对纳税人个人及其所抚养家属维持生活所必需的住房和用品不得予以查封、扣押；不得勾结、唆使或协助纳税人、扣缴义务人进行偷、逃、骗、抗税活动。

3.保持操守的义务。税务系统的公务员在执行税法过程中必须秉公执法，忠于职守，清正廉洁，礼貌待人，文明服务，尊重和保护纳税人、扣缴义务人的权利。必须不断提高政治业务素质。即保持操守的核心有四方面：首先是能严格按照法律、法规的规定和程序执法；其次是以优良的态度服务纳税人、扣缴义务人；再次是具备高效工作的素质；最后是廉洁奉公。

4.具体化公务员的相关义务。税务机关的公务员征收税款和查处税收违法案件，与纳税人、扣缴义务人或者税收违法案件有利害关系的，应当回避。应当为纳税人、扣缴义务人的情况和检举违反税收法律、法规行为的检举人保密。其执行法律、行政法规和廉洁自律准则的情况受到监督检查。

(二)税务系统公务员的权利

1.有依法行使法律赋予的与其职位相当的许可权、征收权和检查权，包括审查税务登记，监督纳税人、扣缴义务人的发票管理使用情况，核定应纳税额，采取税收保全措施和强制执行措施，罚款，加收滞纳金等等。

2.税务机关公务员对欠缴税款的纳税人因怠于行使到期债权，或者放弃到期债券，或者无偿转让财产，或者以明显不合理的低价转让财产而让人知道该情形，对国家税收造成损害的可以行使代位权和撤销权。

五、税务系统公务员的级别

税务系统公务员职务与级别的对应关系是：

1.国家税务总局局长：部级正职，三至四级。

2.国家税务总局副局长：部级副职，四至五级。

3.国家税务总局司长、国家税务总局稽查局局长、各省(直辖市、自治区)国家税务局局长、地方税务局局长、巡视员：厅级正职，五至七级。

4.国家税务总局副司长、国家税务总局稽查局副局长、各省(直辖市、自治区)国家税务局副局长、地方税务局副局长、四个经济特区及经济计划单列市的国家税务局局长、地方税务局局长、助理巡视员:厅级副职,六至八级。

5.国家税务总局处长、国家税务总局稽查局处长、各省(直辖市、自治区)、四个经济特区及经济计划单列市的国家税务局副局长、处长、地方税务局副局长、处长、调研员:县级正职,七至十级。

6.国家税务总局副处长、国家税务总局稽查局副处长、各省(直辖市、自治区)、四个经济特区及经济计划单列市的国家税务局副处长、地方税务局副处长、各地(市、州、盟)国家税务局副局长、地方税务局副局长、助理调研员:县级副职,八至十一级。

7.各省(直辖市、自治区)及其以下的国家税务局、地方税务局的科长、县级国家税务局局长、地方税务局局长、主任科员:乡级正职,九至十二级。

8.各省(直辖市、自治区)及其以下的国家税务局、地方税务局的副科长、县级国家税务局副局长、内设科科长和基层分局长、地方税务局副局长和基层分局长、副主任科员:乡级副正职,九至十三级。

9.各级国家税务局、地方税务局科员:九至十四级。

10.各级国家税务局、地方税务局办事员:九至十五级。

以上是基本情况。但是有的地方在当地有高套的情况,特别是经济开发区里面的税务机构及人员配备比较不规范,这里不一一列举。

六、税务系统公务员的责任

(一)行政责任

根据《中华人民共和国公务员法》第五十五条规定,公务员有违法违纪行为,尚未构成犯罪的,或者虽然构成犯罪但是依法不追究刑事责任的,应当给予行政处分。行政处分分为警告、记过、记大过、降级、撤职和开除六个档次。警告是对国家公务员轻微违纪行为的一种申戒;记过和记大过是属于实质处分,通过记录过错使得当事人承担物质和精神上的后果;降级是将公务员从现有级别降落至较低级别的行政处分,是一种直接丧失一定利益同时丧失晋升机会的惩戒责任;撤职是撤销国家公务员先行职务的一种行政处分,它表现为现行利益的丧失,包括丧失现任职务及职务利益,在受处分期间,失去可能利益,不得晋升职务、级别和工资档次,并且承担因撤销产生的附带效果,即受撤职处分的同时降低级别工资和职务工资;开除是指将现职公务员从税务系统序列中除名,使之不具有国家公务员身分的一种行政处分,这是行政处分中最严厉的手段，一般是对那些被判刑、剥夺政治权利、品行恶劣或逃避兵役等违纪行为足以证明不再适合具备公务员资格的人。

《中华人民共和国税收征收管理法》列举的税务机关的公务员在违法行政管理过程中有可能要承担行政责任的情况有：

第一是税务人员违反规定，擅自改变税收征收管理范围和税款入库预算级次的，直接负责的主管人和其他直接责任人员将受到依法降职或者撤职的行政处分。

第二是税务人员查封、扣押纳税人个人及其所抚养家属维持生活必需的住房和用品的，责令退还，依法给予行政处分。《实施细则》进一步细化：税务人员私分扣押、查封的商品、货物或者其他财产，尚不构成犯罪的，依法给予行政处分。

第三是税务人员与纳税人、扣缴义务人勾结，唆使或者协助纳税人、扣缴义务人有《中华人民共和国税收征收管理法》第六十三条、第六十五条、第六十六条规定的行为，尚不构成犯罪的，依法给予行政处分。

第四是税务人员利用职务上的便利，收受或者索取纳税人、扣缴义务人财物或者谋取其他不正当利益，尚不构成犯罪的，依法给予行政处分。

第五是税务人员徇私舞弊或者玩忽职守，不征或者少征应征税款，致使国家税收遭受重大损失，尚不构成犯罪的，依法给予行政处分。

税务人员滥用职权，故意刁难纳税人、扣缴义务人的，调离税收工作岗位，并依法给予行政处分。

税务人员对控告、检举税收违法违纪行为的纳税人、扣缴义务人以及其他检举人进行打击报复的，依法给予行政处分。

税务人员违反法律、行政法规的规定，故意高估或者低估农业税计税产量，致使多征或者少征税款，侵犯农民合法权益或者损害国家利益，尚不构成犯罪的，依法给予行政处分。

第六是违反法律、行政法规的规定提前征收、延缓征收或者摊派税款的，由其上级机关或者行政监察机关责令改正，对直接负责的主管人员和其他直接责任人员依法给予行政处分。

第七是违反法律、行政法规的规定，擅自作出税收的开征、停征或者减税、免税、退税、补税以及其他与税收法律、行政法规相抵触的决定的，除依照《中华人民共和国税收征收管理法》的规定撤销其擅自作出的决定外，补征应征而未征的税款，退还不应征收而征收的税款，并由上级机关追究直接负责的主管人员和其他直接责任人员的行政责任。

第八是税务人员在征收税款或者查处税收违法案件时，未按照《中华人民共和国税收征收管理法》的规定进行回避的，对直接负责的主管人员和其他直接责任人员，依法给予行政处分。

《中华人民共和国发票管理办法》规定：税务人员利用职权之便，故意刁难印制、使用发票的单位和个人，或者有违反发票管理法规行为的，依照国家有关规定给予行政处分。

（二）刑事责任

税务机关的公务员违反其法定的义务，因刑事法律而应受刑罚制裁的责任。1995 年 1 月 1 日起实施的《中华人民共和国国家赔偿法》第十四条规定：

赔偿义务机关赔偿损失后，应责令有故意或者重大过失的工作人员或者受委托的组织或者个人承担部分或者全部赔偿费用。

对有故意或重大过失的责任人员，有关机关应当依法给予行政处分；构成犯罪的，应当依法追究刑事责任。

《中华人民共和国税收征收管理法》对税务机关的公务员违法行使职权可能导致的后果和必须承担的法律责任作了详细的规定：

第一是税务人员徇私舞弊，对依法应当移交司法机关追究刑事责任的不移交，情节严重的，依法追究刑事责任。

第二是税务机关的公务员查封、扣押纳税人个人及其所抚养家属维持生活必需的住房和用品的，责令退还，依法给予行政处分。构成犯罪的，依法追究刑事责任。《实施细则》进一步规定：税务人员私分扣押、查封的商品、货物或者其他财产，情节严重，构成犯罪的，依法追究刑事责任；尚不构成犯罪的，依法给予行政处分。

第三是税务人员与纳税人、扣缴义务人勾结，唆使或者协助纳税人、扣缴义务人有《中华人民共和国税收征收管理法》第六十三条、第六十五条、第六十六条规定的行为，构成犯罪的，依法追究刑事责任。

第四是税务人员利用职务上的便利，收受或者索取纳税人、扣缴义务人财物或者谋取其他不正当利益，构成犯罪的，依法追究刑事责任。

第五是税务人员徇私舞弊或者玩忽职守，不征或者少征应征税款，致使国家税收遭受重大损失，构成犯罪的，依法追究刑事责任。

税务人员对控告、检举税收违法违纪行为的纳税人、扣缴义务人以及其他检举人进行打击报复的，依法给予行政处分；构成犯罪的，依法追究刑事责任。

税务人员违反法律、行政法规的规定，故意高估或者低估农业税计税产量，致使多征或者少征税款，侵犯农民合法权益或者损害国家利益，构成犯罪的，依法追究刑事责任。

第六是税务人员违反法律、行政法规的规定，擅自作出税收的开征、停征或者减税、免税、退税、补税以及其他与税收法律、行政法规相抵触的决定的，除依照本法的规定撤销其擅自作出的决定外，补征应征而未征的税款，退还不应征收而征收的税款，并由上级机关追究直接负责的主管人员和其他直接责任人员的行政责任；构成犯罪的，依法追究刑事责任。

《中华人民共和国发票管理办法》规定：税务人员利用职权之便，故意刁难印制、使用发票的单位和个人，或者有违反发票管理法规行为的，依照国家有关规定给予行政处分；构成犯罪的，依法追究刑事责任。

（三）民事责任

《民法通则》第一百二十一条规定："国家机关或国家机关工作人员在执行职务中，侵犯公民、法人的合法权益造成损害的，应当承担民事责任。"

税务机关公务员的民事责任是指公务员因为职务上的行为，如故意滥用职权、重大过失或者不作为导致纳税人、扣缴义务人的合法利益受到损害而应负的赔偿责任。《中华人民共和国国家赔偿法》第十四条规定：赔偿义务机关赔偿损失后，应责令有故意或者重大过失的工作人员或者受委托的组织或者个人承担部分或者全部赔偿费用。

我国行政赔偿制度中公务员不具有独立的行政赔偿义务的主体资格，公务员的行政侵权行为的法律后果是由国家承担的。在行政赔偿的法律关系中，权利主体是行政赔偿的请求人，义务主体是国家机关，公务员不能与外部直接发生法律关系。但是国家机关赔偿之后可以依法责令有故意或重大过失的公务员承担部分或全部费用。这是一种税务机关（国家机关）对负有责任的公务员的追偿权，是属于附带责任（或称随附责任）。在行政追偿中公务员的责任是财产责任，是严格的过失责任，是行政连带责任。当然在实施追偿权的时候必须注意：首先，必须是由于主观故意或者重大过失；其次，必须考虑公务员承担赔偿责任的实际能力；最后，追偿的金额与所犯的过失在程度上能大致相当。

另一种情形是税务机关的公务员与行使职权无关的行为，这是纯民事责任，不在此讨论范围。

第二节　公务员与税务机关之间的国家职务关系

一、国家职务关系

公务员的职务指的是公务员在行政机关中的工作难易程度和责任大小大致相同的同一类职位的称谓，如局长、处长、科长等。公务员通过担任国家公职、执行国家公务与国家行政机关构成一定的职务关系，就是国家职务关系。这说明公务员代表国家，以其所属的行政机关的名义行使行政权，作出行政行为，其行为的法律后果由行政机关承担；同时，公务员必须依法履行责任，否则国家可以追究其法律责任。

具备国家职务关系的公务员的行为并不一定是行政行为。因为公务员具有双重身分，他基于国籍，享有公民的法律地位；基于国家职务关系，具备公务员的法律地位。当公务员以所属行政主体的名义作为，属于行政行为，以自己的名义作为的，属于个人行为；公务员的行为是执行行政主体的命令或委托，是行政行为；公务员的行为是在其职责范围内作出的，是行政行为，如果是自作主张越权行事，则属于个人行为。

税务人员中的公务员与国家之间的职务关系就其表现来看，体现在与税务机关之间的关系上。这是因为公务员与国家之间产生的职务关系是从税务机关得到体现的，税务机关既是直接的主体，又是国家主体地位的代表。

二、国家职务关系的产生

国家职务关系的产生指的是公民获得担任国家公职，依法可以行使行政权力的资格，其标志是成为国家公务员。也就是说，公民成为国家公务员，就意味着国家职务关系的产生。在我国，公民成为国家公务员的渠道有三条：

（一）公务员的考试录用

我国公务员的考试录用专门是指国家行政机关从公务员系统以外录用担任主任科员以下的非领导职务的公务员。考试录用公务员有程序性的规定，目的是要贯彻公开、平等、竞争、择优的原则，以确保把德才兼备的优秀人才招收到公务员队伍中来。具体程序包括发布招考公告，对报考人进行资格审查，对审查合格的进行公开考试，对考试合格的进行考核，根据考试、考核结果择优试用,试用期满合格的正式录用。

税务机关虽然实行垂直管理,但录用的公务员也要参加地方政府人事部门的统一笔试。一般是由税务机关的人事管理职能部门把拟招收录用的具体岗位和该岗位需要的人才类型细化成报名条件,报送给政府人事部门。政府人事部门负责从发布招考公告到笔试结束的全部事项。笔试的内容分公共科目和专业科目,公共科目的内容全国统一,专业科目的内容由录用单位的主管机关决定。笔试成绩合格后,获得参加面试的资格。面试的内容和方法由税务机关规定。

(二)公务员的调任

公务员的调任指的是国家行政机关以外的工作人员调入国家行政机关担任领导职务或助理调研员以上的非领导职务。根据《中华人民共和国公务员法》第三十一条规定,录用特殊职位的公务员,可以简化程序。

尽管可以通过调任的途径进入公务员队伍,但是对拟调任的人员必须进行严格的考核,考核的内容主要包括拟任职务所要求的政治思想水平、工作能力和相应的资格条件。就资格条件来说,一般要考虑相当的级别或者是具有职称、专长等因素。

虽然经过调任的公务员没有规定必须进行考试,但是很多的地方也在进行公开选拔的尝试,取得了良好的效果。

对税务机关而言,调任还有从政府其他行政部门调入担任领导职务或助理调研员及其以上职务的情况。

(三)公务员的选任

公务员的选任指的是按照国家有关法律程序产生的各级政府的组成人员,他们既不是通过考试,也不是通过调任的渠道获得公务员的身分。《中华人民共和国公务员法》第三十八条规定,公务员职务实行选任制和委任制。

通过选任获得公务员身分比通过考试和调任的程序更加严格,一般是通过人民代表大会的代表选举产生的(个别是通过公民直接选举产生的)。例如《宪法》第一百零一条规定:地方各级人民代表大会分别选举并且有权罢免本级人民政府的省长和副省长、市长和副市长、县长和副县长、区长和副区长、乡长和副乡长、镇长和副镇长。

由于国家税务总局是国务院的直属机构,国家税务局系统是实行垂直领导的,所以没有选任的情况。地方税务局的局长则有经过人大选举和任命的程序。

三、国家职务关系的变更

公民通过合法的途径成为一名公务员以后，在国家行政机关的公务员队伍中可能由于杰出的表现获得职务上的晋升、由于渎职而被降职或由于工作的需要转任其他职务等，这种职务关系内容的变化就是公务员与国家之间职务关系的变更。国家职务关系变更的基本情况有：

（一）晋升

晋升是指公务员经由有权机关的合法程序从某一职位转任高一级或经批准高两级（即越级）的职位。晋升是行政机关对公务员能力和成绩的肯定，是赋予公务员更大权力和更重责任的体现，所以有严格的条件和程序。公务员晋升一般需要行政机关有职数，公务员本身有在下一级两个以上职位的任职经历和德才兼备等条件。程序上要求包括预选对象的产生、资格条件的审查、考核以及由任免机关领导集体讨论确定人选。

近几年来，税务机关公务员职务的晋升在引进竞争激励机制方面进行了有效的探索并积累了宝贵的经验，目前从副科级到副厅级的各级领导职务都有一部分进行公开竞聘，为税务系统优秀人才的脱颖而出创造了有利的环境。

（二）降职

降职是指公务员经由有权机关的合法程序从某一职位转任低一级的职位。降职是由于公务员本身的原因造成的，《中华人民共和国公务员法》第四十七条规定，公务员在年度考核中被确定为不称职的，或者不胜任现职又不宜转任其他职务的，就必须按照规定的程序予以降职。降职虽然不是惩戒，但由于对当事人的权利和义务产生了变化，特别是导致了权力的缩小，所以当事人往往会产生抵触情绪。

（三）转任

转任又称转职，是指公务员因为工作需要或者其他正当理由，在国家行政机关内部同一级别的不同职位任职，属于平级调动。转任包括本单位不同岗位、跨部门跨行业和跨地区的调动。转任的具体情形主要有：因为工作的需要，有组织、有计划、有目的地抽调人员充实或加强某一方面的工作；根据工作需要与合理使用人员的原则，通过转任对公务员进行职位调整；对超编人员的调整和空缺的补充；对用非所长、专业不对口、人际关系紧张等情况的调整和对如出现两地分居的具体困难照顾等的调整。转任不仅有利于公务员在不同岗位得到历练，也有利于避免由于长期在一个岗位造成的对工作的惰性，更有利于避免由于长期任职而与行政相对人互相勾结导致吏治的败坏，可谓一举多得。

（四）撤职

撤职是指取消公务员现任职务及其职责，但保留其作为公务员的最基本的权利和义务的关系。撤职是行政处分中的一种，在撤销公务员的职务的时候，同时降低级别和职务工资。

由于撤职具有惩戒性质，所以其程序、效力和救济途径应当明确，但是现行的《中华人民共和国公务员法》规定不具体，容易给故意规避者和恶意利用者留下余地。

四、国家职务关系的管理

行政机关对公务员与国家之间的职务关系的管理，宏观上看，包括《中华人民共和国公务员法》各章的规定，主要有职务分类、录用、考核、奖励、纪律、职务升降、职务任免、培训、交流、工资保险福利、辞职辞退、退休、申诉控告和管理与监督。微观上看，主要是指人事管理关系和特别劳动关系。

（一）人事管理关系

行政机关对公务员的管理主要包括考核、奖励、惩戒、晋升和回避等。考核是国家行政机关按照管理权限对公务员的德、能、勤、绩进行全面考察、审核，作为该公务员是否能胜任现职和决定其职务晋升、降职和待遇给付的依据。奖励是国家行政机关对在工作中表现突出，有显著成绩和贡献的以及有其他突出事迹的国家公务员予以物质上的奖赏和精神上的鼓励，包括嘉奖、记三等功、二等功、一等功和授予荣誉称号。惩戒是行政机关对违反政纪的公务员通过行政处分给予惩罚或戒勉的制度。晋升是指公务员经由有权机关的合法程序从某一职位转任高一级或经批准高两级（即越级）的职位。回避是指行政机关为了保证公务员公正执行公务，而确保某种类型的公务员在某种情形下不得在某种岗位任职的规定。

（二）特别劳动关系

特别劳动关系包括工资、保险和福利。工资是公务员的基本劳动报酬，主要由职务工资、级别工资、基础工资和工龄工资构成，同时享受地区津贴和其他津贴。公务员的福利主要指行政机关为公务员提供的各种物质待遇和便利，如住房、交通补贴，培训和各种法定休假等。公务员的保险主要包括养老、医疗、待业、生育、伤残、死亡等各类内容，投保的资金主要由国家财政支付。

五、国家职务关系的消亡

公务员与国家机关之间的国家职务关系依据一定的法律事实而消亡。

(一)公务员的辞职

公务员的辞职指的是国家行政机关的公务员根据本人的意愿,在一定条件下,辞去公务员职务,解除其与所在部门或单位职务关系的行为或事实。《中华人民共和国公务员法》第十三条第七款规定,公务员有辞职的权力。由于它是公务员的一项法定的权力,所以有法定的辞职待遇。但是辞职的主体有法律的限制,如未到法定的最低服务年限,涉及国家安全、重要机密的特殊岗位等的公务员不得辞职。在公务员提出辞职申请后三个月的审批期限内,不得擅自离开岗位。同时,辞职必须经过一定的法律程序。违反者将给予开除的处分。

(二)公务员的辞退

公务员的辞退指的是国家行政机关根据法律规定,在一定条件下解除与某个公务员职务关系的行为或事实。它无需征得被辞退公务员的同意,而是行政部门在一定条件下依法作出的一种行政行为。即辞退公务员是国家行政机关的法定权力。尽管行政机关有辞退公务员的权力,但是辞退必须是基于一定的法律事实,只有当符合法律规定的条件或事由出现时,行政机关才能终止其与公务员之间的关系;必须遵循必要的法定程序,因为法律程序既是公务员权利的有效保障,也是对行政机关自由裁量权的必要限制。同时,被辞退的公务员享有法定的待遇,如待业保险等。

(三)公务员的开除

公务员的开除指的是国家行政机关强制让违反政纪的公务员退出国家公职系统的行为或事实。开除是行政机关对公务员最严厉的行政处分措施,所以在实行当中,必须经由必要的批准程序,以避免滥用职权或公报私仇情况的出现。被开除的公务员不享受保险等待遇。

(四)公务员的退休

公务员的退休指的是国家行政机关的公务员达到一定的年龄和工龄,或因丧失工作能力而根据国家的规定办理离开工作岗位的行为或事实。国家对公务员的退休方式、条件、待遇、审批和安置都有制度性安排。退休分应当退休和自愿退休。应当退休指的是公务员如果出现年龄达到男满 60 周岁、女满 55 周岁或丧失工作能力的情况,就必须退休;自愿退休是指男满 55 周岁、女满 50 周岁且工作年满 20 年的,或者工作年满 30 年的,本人提出申请,经任免机关批准,可以退休。公务员退休以后的政治待遇、养老保险和其他待遇得到法律的保障。

(五)公务员的死亡

在职公务员因为各种原因死亡,作为自然人已经不存在,他与国家行政机关之间的公职关系自然也就消亡了。

第七章　纳税人、扣缴义务人

第一节　税务行政相对人

在行政法学中，和行政主体相对应的学理概念是行政相对人。

一、行政相对人概念及特征

行政相对人指的是在具体行政法律关系中与行政主体相对应的另一方当事人，也就是处于被管理地位的组织或者个人。行政相对人是一个学理概念，它有如下特征：

1.行政相对人是指处于具体行政法律关系中的组织或者个人。我们知道，行政法律关系是经过行政法调整之后形成的法律关系，由于是法律参与的结果，所以代表着国家的意志。这就意味着和行政主体一样，行政相对人在这一关系中有为行政法所确认和保护的权利与义务，因为在行政法律关系中，既没有无权利而只有义务的行政相对人，也不存在只有权利而不用履行义务的特殊行政相对人。同时，这是在行政管理过程中针对特定的人或事采取的某种行政措施，时间上只对当时的行为或事件有效，而不是抽象行政法律关系。最后，行政相对人是具体行政法律关系中的当事人，而不仅仅是指个人。因为受行政法律关系调整的既有自然人，也包括法人或者其他社会组织。

2.行政相对人指的是在具体行政法律关系中处于被管理一方的当事人。在具体行政法律关系中，行政主体和行政相对人的法律地位是不一样的，行政主体代表国家行使职权，它以国家专政机器为依靠，可以行使法律赋予的强制执行权力和在必要时候对行政相对人进行包括财产罚、行为罚等内容的惩处；而作为具体行政法律关系中另一方的行政相对人，只能服从管理、依法履行义务。即使权利受到侵害，也只能通过行政复议、行政诉讼等方式寻求救济，而不能直接抵制,更不能抵抗。行政机关或法律、法规授权的组织在行政法律关系中属于行政主体,但是在具体的行政法律关系中有可能成为其他行政主体调整、管理的对象,成为行政相对人。

3.行政相对人是行政复议的申请人、行政诉讼的原告。根据《中华人民共和国行政复议法》第九、十条的规定,行政相对人即在具体行政行为中其合法权益受到侵害的公民、法人或者其他组织,可以提起行政复议,也就是根据规定提起行政复议的行政相对人就是申请人。《中华人民共和国行政诉讼法》第二条规定,行政相对人即在行政机关和行政机关工作人员的具体行政行为中合法权益受到侵害的公民、法人或者其他组织,有权向人民法院提起行政诉讼。行政相对人在行政诉讼中只能作为原告。

当然,行政相对人是相对的、有条件的,比如在税收征纳关系中,税务机关是行政主体。当税务机关需要征地修建办公楼而到国土资源局申请土地时,税务机关就成为行政相对人了。在我国,可以成为行政相对人的个人和组织有:公民、社会组织、国家组织、外国人和外国组织。根据不同的标准,可以把行政相对人进行不同的分类,如内部行政相对人和外部行政相对人、组织类行政相对人和个人类行政相对人、法人类行政相对人和非法人类行政相对人、国内行政相对人和国外行政相对人等。

二、行政相对人的分类

根据不同的标准,我们可以对行政相对人做不同的分类。

(一)内部行政相对人与外部行政相对人

行政主体管理其内部行政事务的行政行为是内部行政行为,内部行政行为调整的具体行政法律关系的当事人就是内部行政相对人。如国家机关接受任用、考核、培训和奖惩的工作人员,就是内部行政相对人。内部行政相对人如果权益受到侵害,只能根据公务员管理条例进行申诉,而不能提起行政诉讼。

行政主体依法管理社会公共事务的行为属于外部行政行为,外部行政行为调整的具体行政法律关系的当事人就是外部行政相对人。如民政局对民政福利企业的管理,民政福利企业就是外部行政相对人;交通警察制止违章司机压双黄线,该司机就是外部行政相对人。

(二)个人类行政相对人与组织类行政相对人

根据行政相对人的组织状态,可以分为个人类行政相对人与组织类行政相对人。国家行政机关、其他国家机关、企业、事业单位、社会团体、其他非法人组织、在中国境内的外国机构或者组织等都属于组织类行政相对人。

我国公民、在我国境内的外国人等都属于个人类行政相对人。需要注意的是，个人类的行政相对人不一定只指个人，有时候可以是一群人，只要这一群人在具体行政法律关系中不是一个组织，彼此之间没有组织关系，他们就永远是个人类的行政相对人。

个人类行政相对人与组织类行政相对人都可以作为行政诉讼的原告，但是有些行政行为只能针对个人类行政相对人，如行政拘留等。

（三）授益行政相对人与侵益行政相对人

行政主体的具体行政行为对行政相对人产生有利的直接结果，就是授益性行政行为，通过行政行为赋予某种权益的相对人就是授益行政相对人。一般来说，获得行政许可、行政给付的相对人都是授益行政相对人，如获得消防部门颁发许可证经营液化气的业主，获得交通部门许可在专线上营运的公交车司机等。

行政主体的具体行政行为对行政相对人产生不利的直接结果，就是侵益性行政行为，通过行政行为剥夺某种权益或者课以义务的相对人就是侵益行政相对人。一般说来，接受行政主体的行政处罚或者行政强制的行政相对人就是侵益行政相对人，如由于制造假烟被烟草专卖局罚款的个体户、被税务局从银行户头强制划款缴纳所得税的建筑公司等。

但是，给某特定的行政相对人授益有可能是对另一个行政相对人的侵益，如对某个特定行政相对人进行处罚，这是典型的侵益行政行为，但是对另一个行政相对人或许是授益，比如他们之间恰好是生意上的竞争对手。

其他还可以从是否具有法人资格分为法人类行政相对人和非法人类行政相对人；从当事人的涉外因素可以分为国内行政相对人和国外行政相对人；从行政主体行政行为影响其权益是否产生实际效果分为抽象行政相对人和具体行政相对人；从行政相对人与行政主体行政行为的关系分为直接行政相对人和间接行政相对人；从影响行政相对人权益行政行为的方式分为作为行政行为的行政相对人和不作为行政行为的行政相对人等等。

三、行政相对人的权利和义务

虽然行政相对人是行政主体的管理对象，但它同时又是行政行为的参与人，在行政管理的系统中，行政相对人与行政主体是在彼此依存中互动的双方，任何一方的缺失都会导致行政行为的不存在，所以研究作为行政关系中的行政相对人的权利和义务就有实在的意义。

(一)行政相对人的权利

1.行政许可申请权。行政相对人有权依法向行政主体提出实现其法定权利的各项要求。《中华人民共和国行政许可法》第二条称,公民、法人或者其他组织可以向行政机关提出申请,行政机关经依法审查,准予其从事特定活动的行为,就是行政许可。行政相对人属于公民、法人或其他组织,也就有权提出行政许可申请。

2.行政参与协助权。行政相对人有主动参与、协助国家行政管理的权利。行政相对人可以通过参加讨论、听证等方式参与行政法规、规章和政策的制定,参与和自身利益相关的具体行政行为的相应程序;可以主动向行政机关报告应当让行政主体知道并由行政主体处理的事项;可以让行政人员制止违反行政法规的行为等。

3.行政批评建议权。我国的宪法赋予公民、法人或其他组织对国家行政工作具有监督的权利,行政相对人是公民、法人和其他组织的组成部分,理所当然可以对国家行政机关的工作进行建议和批评,对行政主体中的工作人员的违法行为进行投诉、举报,对具体行政行为可以申请行政复议和提起行政诉讼。

4.行政信息知情权。国家行政主体的主要职责是进行公共事务的管理,目标是维护公众的利益。作为公众利益受益方的行政相对人有权了解行政主体的行政行为,这不仅是保护行政相对人合法权利的需要,也是确保行政主体依法行政的需要。民治政府的特点就是民意的表达,而表达的前提是对相关信息的了解。实际上政府信息的原则是公开,保密仅仅是例外。

5.行政保护请求权。行政相对人享有受行政保护的法定权利,一是宪法、法律和法规规定的行政相对人所享有的权利,如对不正当竞争的禁止和制裁;二是行政主体违法或不当行政致使行政相对人的合法权益受到侵犯时,行政相对人有权请求排除侵害,其中包括不合理行使行政自由裁量权;三是行政主体故意不作为不履行应尽职责,行政相对人有权提起行政诉讼。

6.其他法定的权利。行政相对人对行政主体及其工作人员的不公正行为有申诉、控告和举报权;对与自己切身利益相关的具体行政行为有陈述、申辩权;行政相对人有权要求行政主体对自己的商业秘密、个人隐私和其他不便对外公开的资料保密;对行政主体的具体行政行为不服的,有权依法申请复议或行政诉讼;其合法权利遭受行政主体的侵犯并造成损失的有权请求行政赔偿或行政补偿。

(二)行政相对人的义务

行政相对人在享受法定的权利时,也必须履行法定的义务,因为在法律上,没有不享受权利的义务,也不存在不履行义务的权利。

1.遵守法律、法规的义务。行政法调整、规范行政主体和行政相对人之间的关系,行政相对人有义务遵守这些行政法律秩序,包括在请求行政主体实施某种行为时,向行政主体提供真实准确的信息,遵守法定的时限、程序,接受行政主体包括检查、审查、检验、鉴定、登记、统计和审计在内的各项行政监督。

2.服从行政管理的义务。行政主体在行政关系中代表国家行使行政权力,通过发布法律、法规和其他规范性文件表达国家对某一行政事项的意志,以公权力进行贯彻和实施,达到管理国家公共事务的目的。行政相对人必须服从行政主体的管理,执行行政主体的命令,履行法定的各项义务。

3.协助行政管理的义务。行政主体的行政行为虽然具有单向性,以一方的管理和另一方的服从为前提条件,但是行政主体每一项政策的实施都离不开行政相对人的配合与支持,特别是行政主体在实施牵涉面广、关系公众利益的工作时,行政主体的单方行为往往显得力不从心,因此法律、法规和规范性文件在相关领域如人口普查、城市建设规划等对行政相对人的协助行政管理义务作出了规定,行政相对人对行政主体及其工作人员的行政行为必须主动予以协助。

三、纳税人、扣缴义务人

根据《中华人民共和国宪法》第八十九条第六款规定,国务院领导和管理经济工作;第一百零七条规定县以上各级人民政府依照法定权限管理本辖区内的经济,那么,从事经济活动的单位成为行政相对人是毫无疑义的。在税务行政法律关系中,税务机关是行政主体,纳税人、扣缴义务人就是行政相对人。根据《中华人民共和国税收征收管理法》第四条规定,法律、行政法规规定负有纳税义务的单位和个人为纳税人。法律、行政法规规定负有代扣代缴、代收代缴税款义务的单位和个人为扣缴义务人。

第二节　纳税人、扣缴义务人的范围

在行政法律关系中,行政相对人可以是国家组织,社会组织,也可以是个人;可以是外国组织,也可以是外国人。在税务行政法律关系中,行政相对人是纳税人、扣缴义务人。不同的税收法律、法规确定不同的税务行政法律关系,不同的税务行政法律关系确定不同的纳税人、扣缴义务人,也就是有不同的行政相对人。在税收法律关系中,行政相对人的确定关系重大,主要体现在:一是关系到公民权利的保护问题。我国宪法规定公民有纳税的义务,但是什么样的收入、什么样的行为应当纳税,必须依靠具体的税收法律、法规明晰化。根据税收法定主义,必须是法律、法规有明确规定的收入、行为国家才能征税,否则依靠公权力的税务机关就容易侵犯公民的合法财产权。税收法定,就包括法定税务行政相对人,即纳税人、扣缴义务人。二是税务行政相对人的确定关系到税务行政主体管理权限、范围的确定,也关系到中央与地方财政的分成。由于我国实行中央与地方不彻底的分税制,税务行政相对人的划分关系到中央财政集权的程度。三是税务行政相对人的确定关系到国家税收的基础,而税基不仅关系到国家的财政收入,而且关系到社会、经济的协调发展,如什么对象、什么行为列入征税范围,什么行业要通过税收的杠杆手段给予扶持,不同的税收政策,可以抑制或者鼓励行业的发展。四是税务行政相对人的确定关系到税务行政复议、诉讼当事人资格的确认,如只有合法权益被具体税务行政行为侵犯的税务行政相对人,才能向作出具体行政行为的税务机关的上级机关提起行政复议。

由于我国目前有数十个税种,而每个税种调整的行政相对人都不相同,下面就四个不同的具体税收法律关系中的行政相对人进行举例说明。

一、增值税税收法律关系中的行政相对人

增值税是对我国境内销售货物或者提供加工、修理修配劳务以及进口货物的单位和个人,就其取得的货物或者应税劳务销售额,以及进口货物的单位和个人,就其进口货物金额计算税款,并实行税款抵扣制的一种流转税。根据《中华人民共和国增值税暂行条例》第一条规定,在中华人民共和国境内销售货物或者提供加工、修理修配劳务以及进口货物的单位和个人,为增值税的纳税义务人(以下简称纳税人)。在这里,单位是指国有企业、集体企业、私有企业、股份制企业、其他企业和行政单位、事业单位、军事单位、社会团体及其他单位。个人,是指个体经营者及其他个人。

国家税务总局在法定权限内,对一些特殊的经营活动是否属于增值税法律关系的行政相对人作了进一步的明确,如企业租赁或承包给他人经营的,以承租人或承包人为纳税人。对承租或者承包的企业、单位和个人,有独立的生

产经营权，在财务上独立核算，并定期向出租者或者发包者上缴租金或承包费的，应作为增值税纳税人按规定缴纳增值税。

境外的单位或个人在境内销售应税劳务而在境内未设有经营机构的，其应纳税款以代理人为扣缴义务人；没有代理人的，以购买者为扣缴义务人。

如果交割时采取由期货交易所开具发票的，以期货交易所为纳税人；交割时采取由供货的会员单位直接将发票开给购货会员单位的，以会员单位为纳税人。

如果是进口货物，以收货人或者办理报关手续的单位和个人为进口货物增值税的纳税义务人。

从中我们可以看出，不论是国有企业，还是社会团体，不论是军事单位，还是个人行为，只要在中国境内销售货物或者提供加工、修理修配劳务以及进口货物，在税务行政法律关系中就处于被管理的地位，就成为行政相对人——即使是作为我国行政主体主要承担者的国家机关也不例外。

但是国家权力机关、检察机关、军事指挥机关和国家审判机关不可能成为税务行政关系中增值税条例调整的行政相对人，因为这些国家组织有各自的权限范围，不允许以法人的身分从事生产或者经营活动，即从事国内销售货物或者提供加工、修理修配劳务以及进口货物工作，所以它们不可能成为税务行政关系中增值税条例调整的行政相对人。

二、消费税税收法律关系中的行政相对人

消费税是1994年税制改革时候在流转税制中增设的一个税种，目的是保证国家税收收入，调节产业结构，引导消费方向。而为了实现这些目标，慎重选择税目是关键，科学地确定消费税税务行政关系的行政相对人也是至关重要。根据《中华人民共和国消费税暂行条例》第一条规定，在中华人民共和国境内生产、委托加工和进口消费税条例规定的消费品的单位和个人，为消费税的纳税义务人（即纳税人），应当缴纳消费税。在这里，“单位”，是指国有企业、集体企业、私有企业、股份制企业、其他企业和行政单位、事业单位、军事单位、社会团体及其他单位。“个人”，是指个体经营者及其他个人。“中华人民共和国境内”，是指生产、委托加工和进口属于应当征收消费税的消费品的起运地或所在地的境内。委托加工的应税消费品，由受托方在向委托方交货时代收代缴税款。委托加工的应税消费品，委托方由于连续生产应税消费品的，所纳税款准予按规定抵扣。

需要说明的是，国家对社会团体（包括人民群众团体、社会公益团体、文艺

工作团体、学术研究团体和宗教团体等）没有直接的领导关系，但是在对社会团体的审批、监督等方面发挥着管理作用，所以从广义上说，社会团体是行政法律关系的行政相对人。而社会团体有生产、委托加工和进口消费税条例规定的消费品的行为，就成为消费税税收法律关系中的行政相对人。

三、营业税税收法律关系中的行政相对人

营业税是对提供商品或者劳务的全部收入征收税款，是一个十分古老的税种，根据《中华人民共和国营业税暂行条例》规定，在中华人民共和国境内提供应税劳务、转让无形资产或者销售不动产的单位和个人，为营业税的纳税义务人。这里的“单位”指的是国有企业、集体企业、私有企业、股份制企业、外商投资企业、外国企业、其他企业、行政单位、事业单位、军事单位和社会团体等。“个人”是指个体工商户以及其他有经营行为的中国公民和外国公民。

特别需要指出，中央铁路运营业务的纳税人是铁道部。这表明，在营业税行政法律关系中，作为国务院组成单位的铁道部也成了税务机关的行政相对人。合资铁路运营业务的纳税人是合资铁路公司。地方铁路运营业务的纳税人是地方铁路管理机构。基建临管线的铁路运营业务的纳税人是基建临管线管理机构。

企业租赁或承包给他人经营的，以承租人或承包人为纳税人。这里承租人或承包人是指有独立的经营权，在财务上独立核算，并定期向出租者或发包者上缴租金或承包费的承租人或承包人。

值得注意的是，该条例具体阐述了外国公民在税务行政法律关系中的地位，即他们也是营业税税务行政法律关系的行政相对人，他们也必须接受该法律关系的约束和税务行政主体的管理，这是对我国宪法第三十二条第一款的保护境内外国人合法权力和利益，同时境内外国人必须遵守中国法律的具体化，如果外国公民有在中华人民共和国境内提供应税劳务、转让无形资产或者销售不动产的，就必须履行缴纳营业税的义务，就必须接受作为行政主体的税务机关的管理。

营业税的扣缴义务人主要有七类：一是委托金融机构发放贷款的，其应纳税款以受托发放贷款的金融机构为扣缴义务人；二是建筑安装业务实行分包或者转包的，其应纳税款以总承包人为扣缴义务人；三是境外单位或者个人在境内发生应税行为而在境内未设有机构的，其应纳税款以代理人为扣缴义务人；四是单位或者个人举行演出，由他人售票的，其应纳税款以售票者为扣缴义务人；五是分保险业务，其应纳税款以初保人为扣缴义务人；六是个人转让

专利权、非专利技术、商标权、著作权、商誉的，其应纳税款以受让者为扣缴义务人；最后是财政部规定的其他扣缴义务人。

四、企业所得税税收法律关系中的行政相对人

企业所得税指的是国家对境内生产、经营所得和其他所得依法征收的一个税种。这是统一了国营企业所得税、集体企业所得税和私营企业所得税三个税种后于 1994 年 1 月 1 日起实行的，它克服了原来按照企业所有制性质、对不同的行政相对人采取不同的征收环节和税率的缺点，统一税制，使税务行政相对人在同一起点上公平竞争。

根据《中华人民共和国企业所得税暂行条例》第二条规定，实行独立经济核算的企业或者组织，包括国有企业，集体企业，私营企业，联营企业，股份制企业，有生产、经营所得和其他所得的其他组织，都是企业所得税的纳税义务人（简称纳税人）。这里所称的国有企业、集体企业、私营企业、联营企业、股份制企业，是指按国家有关规定注册、登记的上述各类企业。有生产、经营所得和其他所得的其他组织，是指经国家有关部门批准，依法注册、登记的事业单位、社会团体等组织。独立经济核算的企业或者组织，是指纳税人同时具备在银行开设结算账户、独立建立账簿、编制财务会计报表、独立计算盈亏等条件的企业或者组织。

如果企业全部或者部分被个人、其他组织、单位承租经营，但未改变被承租企业的名称，未变更工商登记证，并仍然以被承租企业名义对外从事生产经营活动，不论被承租企业与承租方如何分配经营成果，均以被承租企业为纳税义务人。

企业全部或者部分被个人、其他企业、单位承租经营，承租方承租后重新办理工商登记，并以承租方的名义对外从事生产经营活动。其承租经营取得的所得，应以重新办理工商登记的企业、单位为纳税义务人。

在企业所得税税收法律关系中的行政相对人，只能是企业或者组织——中华人民共和国境内的企业，除外商投资的企业和外国企业外，应当就其生产、经营所得和其他所得（企业的生产、经营所得和其他所得包括来源于中国境内、境外的所得），缴纳企业所得税——是法定的税务行政相对人，是税务机关行政行为的调整、管理的当然对象。

第三节　纳税人、扣缴义务人法律地位

传统税收理论的基础是税收的强制性、无偿性和固定性，这“三性”强调了税务机关的权利，而没有体现纳税人的权利，使纳税人很容易产生这样的误解：国家有权征税，税款必须无偿交给国家，征税行为不产生相应的义务。我国目前对纳税人权利的规定多散见于不同的法律法规中，由于我国没有一部税收基本法典，所以作为税务行政法律关系中的行政相对人，纳税人、扣缴义务人的法律地位主要是在税收实体法中得以确认的。在行政法律关系中，税务机关是行政主体，纳税人、扣缴义务人是行政相对人，他们之间的法律地位是不平等的，税务机关是管理者，纳税人、扣缴义务人是被管理对象，他必须服从税务机关的管理，否则就会受到税务机关以法律的名义进行的制裁。

但是作为行政主体，税务机关的行为必须是由法律规定的，其实施的活动必须有法律上的依据。如果超越了法律的授权，税务机关的行为就是违法的。所以对税务机关的行为进行细致的规定，本身就是对纳税人、扣缴义务人权利的保护。修订后于 2001 年 5 月 1 日起实施《中华人民共和国税收征收管理法》以及后来颁布的实施细则，在对纳税人、扣缴义务人课以义务的同时，注重对纳税人、扣缴义务人权利的保护，体现了“法律上的利益”，具体而言：

一、纳税人、扣缴义务人的权利

现行的税收法律法规在对纳税人、扣缴义务人义务方面的规定已基本全面，但在纳税人权利方面的规定还不够系统。根据新《税收征管法》、《行政处罚法》、《行政复议法》、《行政诉讼法》、《国家赔偿法》和其他有关税收法律法规的规定，纳税人享有以下十二项权利：

（一）选择纳税申报方式和税务代理的权利

纳税人、扣缴义务人可以就法律赋予的行为方式进行选择，如一是选择纳税申报方式。新《税收征管法》第二十六条规定：纳税人、扣缴义务人可以直接到税务机关办理纳税申报或者报送代扣代缴、代收代缴税款报告表，也可以按照规定采取邮寄、数据电文或者其他方式办理上述申报、报送事项，从而赋予了纳税人、扣缴义务人可以根据需要自由选择纳税申报方式的权利。二是选择申诉方式。根据新《税收征管法》第八十八条规定：对税务机关的处罚决定、

强制执行措施、税收保全措施不服的，可以申请行政复议，亦可以直接向人民法院起诉。

（二）有申请延期申报、缓交税款和减免税款的权利

纳税人、扣缴义务人有权依法向税务机关提出实现其合法权利的各种申请，具体包括：一是纳税人享有税收减免申请权。《中华人民共和国税收征收管理法》第八条第三款规定："纳税人依法享有申请减税、免税、退税的权利。"第三十二条第一款规定："纳税人可以依据法律、行政法规的规定书面申请减税、免税。"第五十一条规定："纳税人超过应税税额缴纳的税款，税务机关发现后应当立即退还；纳税人自结算缴纳税款之日起三年内发现的，可以向税务机关要求退还多缴的税款。"即纳税人可以根据自己的情况，结合税法减免税的具体规定，向税务机关提出书面申请，要求适当减免或者退还自己应缴或者应退的税款。二是纳税人享有申请缓交税款的权利。根据旧的《税收征管法》第二十条规定，纳税人在法定纳税期限内，因自然灾害的影响、意外事故的发生、三角债或者债务链造成的短期货款拖欠等，纳税确有困难的，可以向税务机关提出书面申请，呈报省级税务局长批准，可以延期缴纳税款，但延期的期限最长不得超过3个月。值得注意的是，在批准缓解税款期限内，不得向纳税人加收滞纳金。三是纳税人享有延期办理纳税申报的权利。在现实生活中，纳税人、扣缴义务人时常因不可抗力或者财务处理上的特殊原因不能按期办理纳税申报。对于这些特殊情况应与故意找理由拖缴税款行为在适用法律规范方面有所区别，以保护纳税人、扣缴义务人的合法权益，维护纳税人正常的生产经营秩序。为此，新《税收征管法》在第二十七条第一款继续规定：纳税人、扣缴义务人不能按期办理纳税申报或者报送代扣代缴、代收代缴税款报告表的，经税务机关核准，可以延期申报。

（三）要求保密的权利

纳税人、扣缴义务人有权要求税务机关对自己的个人隐私、商业秘密以及与行政法律关系无关但又不希望被第三人知悉的情况保守秘密。新《税收征管法》第八条第二款规定"纳税人、扣缴义务人有权要求税务机关为纳税人、扣缴义务人的情况保密。税务机关应当依法为纳税人、扣缴义务人的情况保密。"如果纳税人属于公民，那么凡涉及该公民及其家庭的重大隐密事项，或者虽不重大却为该公民竭力掩饰而不愿被他人知道的某些内容，都属于情况保密的内容。税务机关因税收征管的需要，知道该公民上述情况的，则税务机关应当承担保守秘密的义务，不得外传、公开，否则视为侵权。如果纳税人属法人或者其他经济组织，那么凡与该法人或者其他经济组织的生产经营或者其

他重要事项密切相关的，事关其生存与发展问题的经济信息、经营管理秘密以及其他重要的、核心的、关键的商业秘密，都属于情况保密的内容。税务机关因税收征管需要，不得已了解或者知悉了该情况，也应承担保密职责。税务机关违反情况保密的义务，则应承担相应的法律责任。

（四）了解有关情况的权利

纳税人、扣缴义务人有权完整、准确、具体、清楚地了解与其纳税有关的税收法律、行政法规以及其他与纳税程序有关的情况。1965 年、1976 年美国先后制定了两部涉及知情权的重要法律:《情报自由法》和《阳光下的政府法》。根据这两部法律，除了明确列举的几项例外，政府掌握的所有文件、记录，在申请人要求时，都必须公开；实行委员会制的行政机关举行会议必须事先通告，并允许公众列席和取得会议资料。这两部“政府公开法”被纷纷效仿，迄今已有二十来个国家制定了类似的法律。但是我们国家还没有信息自由法案，行政相对人的知情权还没有从法律上进行系统的界定。纳税人、扣缴义务人有权依法完整、准确、具体、清楚地了解与其纳税有关的税收法律、行政法规以及其他与纳税程序有关的情况，以便更好地履行纳税义务。据此，根据新《税收征管法》的规定:纳税人、扣缴义务人有权向税务机关了解国家税收法律、行政法规的规定以及与纳税程序有关的情况。这就在法律上赋予了纳税人享有知情权。同时，纳税人、扣缴义务人在申诉中也享有知情权。在申请税务行政复议过程中，可以查阅被申请人作出的书面答复，作出行政决定的证据、依据和其他有关材料；向人民法院起诉的，庭审后经批准可以查阅庭审材料。

（五）要求有关人员回避的权利

纳税人、扣缴义务人认为税务机关、人民法院承办税务事宜的人员与已有直接利害关系的，可要求其回避。《征管法》第十二条规定，税务人员征收税款和查处税收违法案件，与纳税人、扣缴义务人或者税收违法案件有利害关系的，应当回避。征管法实施细则第八条规定，税务人员在核定应纳税额、调整税收定额、进行税务检查、实施税务行政处罚、办理税务行政复议时，与纳税人、扣缴义务人或者其法定代表人、直接责任人有夫妻关系、直系血亲关系、三代以内旁系血亲关系、近姻亲关系或者可能影响公正执法的其他利害关系的当中一种情况的，都应当回避。

（六）拒绝不规范执法的权利

纳税人、扣缴义务人可以抵制税务机关明显违法或者重大违法的行政行为，如一是拒绝非税务人员征收或者参与征收税款。新《税收征管法》在第二十九条特地增加了以下规定:除税务机关、税务人员以及经税务机关依照法律、行政法规委托的单位和人员外，任何单位和个人不得进行税款征收活动。该法在第七十八条还同时规定未经税务机关依法委托征收税款的，责令退还收取的财物，依法给予行政处分或者行政处罚，致使他人合法权益受到损失的，依法承担赔偿责任；构成犯罪的，依法追究刑事责任。二是可以拒绝无税务检查通知书的检查。为了规范税务检查程序，保护纳税人的合法权益，新《税收征管法》第五十九条规定，税务人员进行税务检查除了要出示税务检查证外，还应出示税务检查通知书，检查证和通知书要同时出示，否则，纳税人有权拒绝检查。三是拒绝多征税收权。税务机关提前或其他无依据地要征收税款，如不出具省级税务机关统一制发的收据，可拒绝缴纳。

(七)对税务人员不法行为检举、控告的权利

纳税人、扣缴义务人有权对税务机关及其工作人员的违法行为进行举报，包括违反拘束性条款行使职权、在进行自由裁量时明显不当和应当履行职责时故意不作为等，新《税收征管法》在第八条第五款明确作了如下规定：纳税人、扣缴义务人有权控告和检举税务机关、税务人员的违法违纪行为。同时，新《税收征管法》第十三条规定："任何单位和个人都有权检举违反税收法律、行政法规的行为。收到检举的机关和负责查处的机关应当为检举人保密。税务机关应当按照规定对检举人给予奖励。"表明除了税务机关要为检举人保密外，其他国家机关凡收到检举和负责查处的，也都要为检举人保密。这样修改更贴近实际，更有利于保护检举人的利益。

(八)维护自身利益进行申诉的权利

纳税人、扣缴义务人可以依法对自己认为不当或者不公的问题进行申诉，这是现行《行政诉讼法》、《行政复议法》、《行政处罚法》、《国家赔偿法》等法律、法规规定的当事人享有的权利，新《税收征管法》在第八条第四款也作了重申：纳税人、扣缴义务人对税务机关所作出的决定，享有陈述权、申辩权；依法享有申请行政复议、提起行政诉讼、请求国家赔偿等权利。值得一提的是，按照现行法律规定，税务机关不得因纳税人申诉而加重处理纳税人。申辩不受加重处罚。税务机关作出行政处罚决定之前，应当允许当事人陈述申辩，即使陈述申辩的事实、理由不能成立，也不得加重处罚。相反，未经陈述申辩，作出的行政决定无效。申诉不缴费用。凡要求听证和申请复议的，组织听证和复议的税务机关不得收取任何费用。要求税务机关赔偿而向法院起诉的，法院不得收取任何费用。

(九)要求举行听证的权利

税务机关对单位处一万元、个人处一千元以上罚款，在处罚决定作出之

前，当事人如有异议，可以要求听证，可与案件调查人面对面地进行辩论，可以质证，并可提出有利于自己的意见和主张。申辩的理由和事实成立的，税务机关应当采纳。税务行政处罚听证，法院审理税务行政诉讼案件，如涉及个人隐私的，纳税人、扣缴义务人可以要求不公开举行。

（十）依法申请复议的权利

纳税人、扣缴义务人、纳税担保人不服税务机关的征税行为，必须先依照税务机关的决定缴清税款和滞纳金，然后才可以申请行政复议，将清缴税款作为申请复议的前置条件。对此，新《税收征管法》予以肯定，保留了原有规定的内容。但是，为了更好地保护纳税人的合法权益，降低复议前置的"门槛"，新《税收征管法》在第八十八条第一款又同时规定，纳税人、扣缴义务人、纳税担保人同税务机关在纳税上发生争议时，必须先依照税务机关的纳税决定缴纳或者解缴税款及滞纳金或者提供相应的担保，然后可以依法申请行政复议；对行政复议决定不服的，可以依法向人民法院起诉。当事人对税务机关的处罚决定、强制执行措施或者税收保全措施不服的，可以依法申请行政复议，也可以依法向人民法院起诉。

（十一）遭受损害获得赔偿的权利

纳税人超过应纳税额缴纳的税款，税务机关发现后应立即退还。纳税人自结算缴纳税款之日起三年内发现的，可以向税务机关要求退还多缴的税款并加算银行同期存款利息，税务机关及时查实后应当立即退还。根据新《税收征管法》第三十九、四十三条规定，税务行政赔偿的范围有：税务机关采取税收保全措施不当；纳税人在限期内已缴纳税款，税务机关未立即解除税收保全措施；税务机关滥用职权违法采取税收保全措施；税务机关滥用职权违法采取强制执行措施；税务机关采取强制执行措施不当。税务机关采取税收保全措施和强制执行措施时，个人及其所扶养家属维持生活必需的住房和用品不在上述措施范围之内，不得查封、扣押。凡属税务机关采取税收保全措施不当；纳税人在限期内已缴纳税款，税务机关未立即解除税收保全措施；税务机关滥用职权违法采取税收保全措施；即对税务机关滥用职权违法采取强制执行措施和税务机关采取强制执行措施不当导致的后果，均须作出赔偿。

其他还有诸如索取完税凭证权，即税务机关征税，必须给纳税人开具完税凭证；委托税务代理权，即可委托税务代理人，以自己的名义代办涉税事宜；拒绝接受代扣代收税款权，即依法不负有代扣代收税款义务的纳税人，可拒绝接受税务机关的委托；印制购买使用发票权，即生产经营需要的发票，可向税务机关申请印制或购买；外出经营证明权，出县（市）经营的，可向当地税务机关申请领取《外出经营税收管理证明单》,即为合法经营;取得增值税一般纳税人资格权的,即符合税法规定的认定增值税一般纳税人条件的,可申请认定;弥补以前年度亏损权,即以前年度有亏损,可在以后的五年内用实现的利润弥补;超过追诉期不再受处罚权,即违反税收法律、法规应当给予行政处罚的,在五年内未被发现的,不再给予处罚;拒绝税务机关自行收集证据权,即申请复议或向人民法院起诉后,被申请人或被告不得再向当事人补充收集证据;少缴税款超过追缴期免缴权,即因计算错误等失误少缴税款,税务机关在三年内可以追征,特殊情况追征期可延长五年,超过上述两个时限的不再追征;使用民族文字记账权,即民族自治地区,可用本民族文字记账;使用一种外文记账权,即中国境内外国企业,可使用一种外国文字记账;依协定、条约办理纳税事宜权,即与境外客商的贸易往来,可按我国政府与外国政府所签的双边贸易税收协定和条约办理税务事宜;委托他人代为申诉权,即对税务机关的行政行为不服,可以委托律师、注册税务师代理听证、复议或诉讼和免加滞纳金权,即因税务机关的责任少缴税款的,只补税不得加收滞纳金。补偿多缴税款利息的权利。新《税收征管法》在第五十一条规定:纳税人超过应纳税额缴纳的税款,税务机关发现后应立即退还。纳税人自结算缴纳税款之日起三年内发现的,可以向税务机关要求退还多缴的税款并加算银行同期存款利息,税务机关及时查实后应当立即退还等等。

较诸以前,在保障纳税人、扣缴义务人的权利上有了不少进步,但是在权利与义务和权利与救济的对等性上还有不少差距,还应加强税收法律制度的建设,以法律的形式明确纳税人的权利。美国曾于1988年颁布、1996年又重新颁布了《纳税人权利法案》,加拿大也曾于1985年发表了《纳税人权利宣言》,他山之石,可资借鉴。根据《中国税务报》消息,《税收基本法》起草组第一次会议暨起草组成立会于2004年3月23日在北京人民大会堂举行。《税收基本法》起草项目已被列入十届全国人大常委会五年立法规划,确定由全国人大财政经济工作委员会、全国人大常委会预算工作委员会会同国务院有关部门共同起草。这标志着《税收基本法》起草工作的正式启动。《税收基本法》是一部国家税收活动的基本法律,对其他税法具有统领和指导作用。制定《税收基本法》是我国政治经济生活中的一件大事,这对于纳税人、扣缴义务人的权利保护、规范税务行政行为意义重大。

二、纳税人、扣缴义务人的义务

纳税人义务是指国家通过税法规定纳税人实施某种行为的必要性,通俗地说就是国家要求纳税人必须作出某种行为或者禁止作出某种行为。

(一)按期进行税务登记、变更或注销的义务

从事生产、经营的纳税人自领取营业执照之日起30日内,必须持有关证件,向税务机关申报办理税务登记。从事生产、经营的纳税人,税务登记内容发生变化的,自工商行政管理机关办理变更登记之日起30日内或者在向工商行政管理机关申请办理注销登记之前,必须持有关证件向税务机关申报办理变更或者注销税务登记。

(二)按期提供必要的信息资料的义务

一是纳税人、扣缴义务人和其他有关单位应当按照国家有关规定如实向税务机关提供与纳税和代扣代缴、代收代缴税款有关的信息。二是从事生产、经营的纳税人应当按照国家有关规定,持税务登记证件,在银行或者其他金融机构开立基本存款账户和其他存款账户,并将其全部账号向税务机关报告。三是从事生产、经营的纳税人的财务、会计制度或者财务、会计处理办法和会计核算软件,应当报送税务机关备案。四是纳税人必须依照法律、行政法规的规定或者税务机关依照法律、行政法规的规定确定的申报期限、申报内容如实办理纳税申报,报送纳税申报表、财务会计报表以及税务机关根据实际需要要求纳税人报送的其他纳税资料。扣缴义务人必须依照法律、行政法规的规定或者税务机关依照法律、行政法规的规定确定的申报期限、申报内容如实报送代扣代缴、代收代缴税款报告表以及税务机关根据实际需要要求扣缴义务人报送的其他有关资料。

(三)按期申报、缴纳税款的义务

纳税人必须依照法律、行政法规的规定或者税务机关依照法律、行政法规的规定确定的申报期限、申报内容如实办理纳税申报,报送纳税申报表、财务会计报表以及税务机关根据实际需要要求纳税人报送的其他纳税资料。纳税人、扣缴义务人按照法律、行政法规的规定或者税务机关依照法律、行政法规的规定确定的期限,缴纳或者解缴税款。

(四)接受依法检查的义务

纳税人、扣缴义务人必须接受税务机关依法进行的税务检查,如实反映情况,提供有关资料,不得拒绝、隐瞒。

其他还有如安装、使用税控装置的义务;在纳税期限内预缴延期申报的税款的义务;向抵押权人、质权人说明欠税情况的义务;依法缴纳重组企业税款的义务;欠税人向税务机关报告其处分大额财产的义务和在复议和诉讼期间不停止履行税务行政处罚决定的义务等。

第八章　税务行政行为概说

税务行政行为在税务行政法学中具有重要的地位,可以说,税务行政法学理论的各个方面都是围绕税务行政行为理论而展开的,这是因为税务行政行为和行使国家税收管理职能的税务机关有着密切的联系,它不仅对纳税人、扣缴义务人产生影响,而且受到上级行政机关、权力机关和司法机关的监督和制约。本章将从行政行为这一概念入手,着重探讨税务行政行为的内容、税务行政行为的分类和模式、税务行政行为的构成要件和合法要件以及税务行政行为的效力等。

第一节　行政行为

一、行政行为

行政行为是行政法律行为的简称,具体是指国家行政机关(或依法受委托组织)及其工作人员代表国家行使行政权、履行国家行政职能所实施的一切具有法律效力的行为。首先,行政行为是行政主体作出的行为,也就是由国家行政机关(或依法受委托组织)及其工作人员作出的行为。这意味着如果没有获得行政机关的合法委托,任何社会团体、企事业单位和个人因为不具备行政主体的资格,其所作出的行为,就不是行政行为。其次,行政行为是行政主体行使行政职权、履行国家行政职能的行为。也就是说,行政行为是公务行为,而不是私人行为,是行政活动,而不是民事活动。行政机关也有民事活动,如租赁办公场所的行为就是民事行为。只有在行使行政职权、履行行政职责的时候,才是行政行为。最后,行政行为具有法律功能。行政行为的目的具有产生一定的法律效果的作用,主要表现在依法赋予或剥夺权利,规定或免除义务或证明与确认关系等等。

二、行政行为的特征

行政行为具有自身的特征，具体表现在：

1.行政行为的从属法律性。行政权来源于宪法、法律，和权力机关、司法机关不同，行政机关是执行法律的机关，行政机关的执法行为必须在宪法和法律所赋予的权限框架之内。尽管行政机关也可以进行行政立法，如行政法规和行政规章等，但是这是准立法行为，是为执行法律规范而制定的规范，是从属性规范。

2.行政行为的效力先定性。效力先定性指的是行政行为一经作出，就首先假定其符合法律规定，在没有被国家权力机关宣布为非法之前，对行政机关本身和相对方以及其他国家机关都具有拘束力，任何个人和团体都必须遵守和服从。所以赋予行政主体这种特权，它源于人们确信行政行为是为了维护公共秩序和公共利益的——尽管现实中行政主体损害行政相对人的现象比比皆是。

3.行政行为的强制性。行政行为是行政主体代表国家，以国家的名义实施的行为；为了实施职权范围内的行政行为，国家赋予行政机关相应的管理权力和手段，行政行为的实施无须事先与行政相对人商量，取得对方的同意，行政相对人无权拒绝行政主体依法和依职权的行为，因为行政主体的行政行为是以国家的强制力为保障的；行政行为是行政主体根据法律法规的授权作出的行为，所以其行为一般会引起直接或间接的法律后果。

4.行政行为的单方性。行政主体依职权的行为一般表现为行政机关依照自己单方意志作出决定的行为，无须征得行政相对人的同意或者认可；行政主体依申请的行为也是单方意志的体现，因为该行政行为虽然需要以相对人的申请为前提，但是是否许可仍然是由行政机关单方决定的，相对人并没有决定权。当然行政合同总体上讲是行政主体和行政相对人双方意思表达一致的行为，但在缔结、履行、变更和解除方面也有许多与民事合同不同的特点。

5.行政行为的裁量性。政府面对的是不断变化的社会，法律、法规有相对稳定性的特点，立法机关即使再积极作为，也不可能和社会发展同步；即使是已经出现的事物，法律也不可能面面俱到详细规定，世界上还没有哪个国家的立法机关可以为所有的行政主体的行政行为预先设计具体的路线、途径和行事方式，行政主体只要按图索骥就可以了；况且行政行为主要是面向未来的，让立法机关事事作出前瞻性预置是不现实的，所以客观上法律、法规就给行政主体以自由裁量的空间。当然行政主体的自由裁量权是在法定的幅度范围内作出的。

6.行政行为的服务性。尽管行政主体是代表国家行使权力，其行为具有单方意志性，国家机器支持行政主体可以采取它认为必要的强制手段，但是随着行政民主化的发展，行政相对人的参与成为行政管理模式发展的主流，信任行政相对人，服务协助相对人，争取行政相对人的接受、采纳、认同和参与，变消极被动为积极主动，把行政主体的意志转化成为行政相对人的意志，不仅可以提高行政效率，也是行政管理中人文关怀的体现。

三、行政行为的方式

行政主体的行政行为必须通过必要的媒介、采取一定的方式来表达，行政相对人才有可能接受。

1.书面方式。这是行政主体最常用、最普遍的方式，书面方式指的是行政主体以书写工具为载体、以文字的形式来表达其行为意思的一种方式。以书面方式表达行政主体的意识具有准确、易于存档和不容易更改等优点，是法律行为的最重要的表达方式。

2.口头方式。口头方式是行政主体以声音传播为载体、以语言表达为方式的意思传达过程。口头方式具有简便、易懂、直接、迅速的优点，但是有随时间消失而不留痕迹的缺点。常用的有口头宣布命令、召开电话会议等。

3.画面、声音和文字方式。这是现代科技的产物，主要指行政主体采用电视会议或互联网会议进行行政行为的方式，既有图像，又有声音，还可以同步展播字幕。这种方式不仅直接、迅速，而且有利于保存，结合了口头与书面的优点，是当今行政主体实施行政行为的主流方式之一。

4.动作方式。动作方式指的是行政主体以肢体语言为载体来表达行政意思的一种方式。这是行政主体行为的特殊表达方式，一般是针对特殊对象、在特殊场合运用的，如民政局官员对聋哑人、交通警察在现场指挥交通等。

5.默示方式。这是行政主体对行政相对人的行为不作为的一种方式，即对于行政相对人的行为既不肯定，也不否定；对于行政相对人的申请既不表示同意，也不表示不同意。但它实际上是对行政相对人行为的认可。

第二节 税务行政行为

一、税务行政行为及其内容

顾名思义,税务行政行为是指税务机关(或依法受委托组织)及其工作人员代表国家行使税收管理、征收权力,履行国家赋予的税收管征行政职能所实施的一切具有法律效力的行为。这里需要注意的是:第一,由于税收管理征收是国家的专属权力,税务机关是税收行政行为的最主要的行政主体,《中华人民共和国税收征收管理法》第三条规定:任何机关、单位和个人不得违反法律、行政法规的规定,擅自作出税收的开征、停征以及减税、免税、退税、补税和其他同税收法律、行政法规相抵触的决定。第二,税务机关以及税务人员只有代表国家行使税收管理、征收权力,履行国家赋予的税收管征行政职能的行为才是行政行为,这就表明税务行政行为的内容具有特定范围,如税务机关与当地的驻军进行文明共建、税务人员没有获得授权并在执法条件缺失的情况下对纳税人、扣缴义务人敲诈勒索,就只能是民事行为或者刑事行为而不是行政行为。最后,税务机关及税务人员实施的行为是具有法律效力的行为,它必须对自己作出的行为承担法律责任。

二、税务行政行为的内容

税务行政行为的内容主要是指税务机关行政行为的作出对纳税人、扣缴义务人的权利、义务产生的影响。税务行政行为的内容主要包括:

(一)设定权利和设定义务

设定权利又称赋权行为,是指税务机关赋予纳税人、扣缴义务人某种法律上的权利。设定权利包括增加纳税人、扣缴义务人权利,维持纳税人、扣缴义务人已经获得的权利和变更纳税人、扣缴义务人的权利。如新修订的《中华人民共和国税收征收管理法》增加了纳税人、扣缴义务人享有知情权,增加了纳税人、扣缴义务人享有情况保密权,新增了纳税人、扣缴义务人可以选择纳税申报方式的权利,增加了无税务检查通知书纳税人、扣缴义务人可拒绝检查的权利。设定义务是指税务机关要求纳税人、扣缴义务人履行一定义务或不履行一定义务。具体包括增加纳税人、扣缴义务人义务,维持纳税人、扣缴义务人已经存在的义务和变更纳税人、扣缴义务人的义务。如新修订的《中华人民共和国税收征收管理法》增加了纳税人、扣缴义务人持税务登记证件开立银行账户的义务；向税务机关报告全部银行账号的义务；安装、使用税控装置的义务；提供与纳税有关信息的义务；非从事生产、经营的纳税人、扣缴义务人也应按照财税管理规定设置账簿、向税务机关报送会计核算软件的义务；在纳税期限内预缴延期申报的税款的义务；向抵押权人、质权人说明欠税情况的义务；向税务机关报告企业合并、分立的义务；依法缴纳重组企业税款的义务；欠税人向税务机关报告其处分大额财产的义务和在复议和诉讼期间不停止履行税务行政处罚决定的义务等。

(二)撤销权利和免除义务

撤销权利指的是税务机关依法剥夺纳税人、扣缴义务人某种既得或已经设定的权利。如规定纳税人以假报出口或者其他欺骗手段，骗取国家出口退税款的，税务机关可以在规定的期间内停止为其办理出口退税，剥夺该纳税人已经享有的获得出口退税的权利。《中华人民共和国发票管理办法》规定印制发票的企业按照税务机关的统一规定，建立发票印制管理制度和保管措施。发票监制章和发票防伪专用品的使用和管理实行专人负责制度。如果违反该规定，税务机关有权取消其印制发票的资格。免除义务指的是税务机关废止纳税人、扣缴义务人负有作为或不作为的义务。如国家规定生产型企业出口产品采取先征后退的方式免除纳税人缴纳增值税的义务；又如税务机关根据《中华人民共和国所得税暂行条例》第八条和《中华人民共和国税收征收管理法》第三十三条规定，对民政部门举办的福利生产企业可以减征或者免征所得税。

(三)确定法律事实或者法律地位

确定法律事实指的是税务机关认定或证明某种法律事实的存在与否，即税务行政行为对纳税人、扣缴义务人现存状态的确认。如增值税一般纳税人可以凭进项发票的抵扣联进行抵扣，由于出现虚开、代开专用发票的涉税犯罪行为，抵扣机关要求开具抵扣联的企业提供当地的税务机关确认其为合法、真实的证明，税务机关确认发票真伪的行为就是确定法律事实行为。税务机关的这种确认成为纳税人、扣缴义务人享有某种权利或者承担某种义务的依据，是产生法律后果的行为。

确认纳税人、扣缴义务人法律地位成为税务机关确定某种法律关系是否存在的主要形式。如《中华人民共和国增值税暂行条例》第十四条规定，纳税人会计核算健全，能够准确提供税务资料的，税务机关可以认定该纳税人为一般纳税人，税务机关认定纳税人是属于一般纳税人或者是小规模纳税人的行为，就是确认纳税人法律地位的行为。

需要说明的是，一个税务行政行为可能同时具备多种内容，产生不同结果，这说明税务行政行为的内容并不是互相排斥的。

三、税务行政行为的分类

由于税务行政行为的内容极其丰富，对于税务行政行为的分类方法也可以多种多样，结合税务工作主要可以分为以下几类：

(一)抽象行政行为和具体行政行为

抽象行政行为指的是税务机关针对不特定的纳税人、扣缴义务人，制定和发布具有普遍约束力的行政法律规范的行为。具体包括财政部制定有关税收内容的税务行政规章行为、国家税务总局(或与其他部、委联合)制定税务行政规章的行为、各级税务机关制定和发布具有普遍约束力的决定和命令的行为。抽象税务行政行为有三个特点，首先是它具有普遍的约束力。它并不针对特定的纳税人、扣缴义务人或特定的行为，而是针对一类的事或一类的人，所以具有普遍的效力。如1998年10月20日国家税务总局发布的《国家税务总局企业所得税汇算清缴管理办法》，它对企业缴纳所得税的行为具有普遍的约束力。其次是抽象税务行政行为可以重复适用，也就是说，税务机关制定的法律规范可以针对不同的纳税人、扣缴义务人的行为或事件。再次是具有往后效力，即抽象行政行为适用于发布以后的行为和事项，法律另有规定的除外。最后是抽象行政行为不在行政复议和行政诉讼的受案范围内。

具体行政行为指的是税务机关在税务行政管理活动过程中针对特定的纳税人、扣缴义务人或事件采取某种行政措施的活动。如税务管理部门同意纳税人购买发票的行为、税政部门以所在局的名义书面答复某一纳税人政策咨询的行为、某局经审核后拒绝某纳税人的退税申请和某稽查局对某一纳税人进行纳税检查的行为等。具体行政行为具有如下特点，首先是它只针对特定的纳税人、扣缴义务人，不具有普遍的效力；其次在时间上只对已经发生的事件或行为有效；最后是具体行政行为是行政复议和行政诉讼的受案范围。《中华人民共和国行政诉讼法》第二条规定，公民、法人或者其他组织认为行政机关和行政机关工作人员的具体行政行为侵犯其合法权利，可以提起行政诉讼。

(二)税务行政立法行为和行政执法行为

税务行政立法行为指的是国家税务总局制定普遍性规则、规范的行为。如1993年12月28日国家税务总局制定《中华人民共和国发票管理办法实施细则》,就是典型的税务行政立法行为。必须说明的是,税务行政立法行为的主体可以是国家税务总局,可以是财政部,也可以是国务院。国务院制定和颁布的行政法规叫条例、规定和办法,财政部、国家税务总局制定的是规章。

税务行政执法行为指的是税务机关执行公务与特定的纳税人、扣缴义务人之间形成单一的对应关系时,就是税务行政执法行为。如税务稽查局根据举报人的举报对某一纳税人某一年度增值税纳税情况依法进行检查的行为就是税务行政执法行为。税务行政执法行为的根据是行政法规,实施的行为是具体的、单方面的、能直接产生行政法律效果的行政行为。针对不同的情况,可以采取不同的手段,包括涉及税务的行政处理、行政处罚、行政处分、行政检查、行政监督和行政强制执行等。

这是根据实施行政行为时所产生的法律关系的不同而划分的税务行政行为的类型,依据这种分法,还有税务行政司法行为、税务行政决策行为和税务行政补救行为等。

(三)税务羁束行政行为和自由裁量行政行为

根据税务机关主观意志参与程度的不同,可以分为税务羁束行政行为和自由裁量行政行为。

税务羁束行政行为指的是在法律、法规对行为条件有明确规定的条件下,税务机关严格依照法律作出的行政行为。如《中华人民共和国税收征收管理法》第四十七条规定,税务机关扣押商品、货物或者其他财产时,必须开付收据;查封商品、货物或者其他财产时,必须开付清单。在这里,税务机关开具收据和清单的行为就是羁束行政行为。又如《中华人民共和国营业税暂行条例》第六条第四款规定,学校和其他教育机构提供的教育劳务,学生勤工俭学提供的劳务免征营业税,这条规定对税务机关有羁束作用,税务机关不得作为的规定也是羁束行政行为。

税务自由裁量行政行为指的是法律、法规对税务机关行为的内容、形式、方法等没有具体、详细的规定,或者只规定了一个幅度,需要税务机关在实施时根据实际情况自由裁量的行政行为。如《中华人民共和国税收征收管理法》第六十三条规定,纳税人伪造、变造、隐匿、擅自销毁账簿、记账凭证,或者在账簿上多列支出或者不列、少列收入,或者经税务机关通知申报而拒不申报或者进行虚假的纳税申报,不缴或者少缴应纳税款的,是偷税。对纳税人偷税的,由税务机关追缴其不缴或者少缴的税款、滞纳金,并处不缴或者少缴的税款百分之五十以上五倍以下的罚款。在这里,对纳税人的处罚幅度,由税务机关视具体情况而定,这就属于税务机关的自由裁量行政行为。

尽管税务机关有自由裁量行政权力，但是在行使该权力的时候必须注意，一是不得超越自由裁量的幅度，二是不得违反合理原则。

(四)依职权的税务行政行为和依申请的税务行政行为

依职权的税务行政行为指的是税务机关依据法律、法规赋予的职权，无须纳税人、扣缴义务人请求而主动实施的行政行为。如《中华人民共和国税收征收管理法》第二十八条规定，税务机关依照法律、行政法规的规定征收税款。税务机关依法征收税款的行为就是典型的依职权的行政行为。税务机关大量的行为是属于依职权的行政行为，包括行政管理、行政立法、行政检查和行政处罚等。

依申请的税务行政行为指的是税务机关必须针对纳税人、扣缴义务人的申请、声明或要求而实施的行政行为。如《中华人民共和国税收征收管理法》第三十三条规定，要享受减税、免税的优惠待遇，纳税人必须依照法律、行政法规的规定提出书面申请，否则税务机关不会主动让纳税人获得减税、免税的待遇。

一般来说，税务机关为了实现公共利益，保障国家税收收入，要求纳税人、扣缴义务人履行义务而作出的行政行为，法律规范大多确定为依职权的行政行为；税务机关授予特定纳税人、扣缴义务人权利，免除某种义务，一般由纳税人、扣缴义务人提出申请，法律规范大多确定为依申请的行政行为。

(五)要式税务行政行为与不要式税务行政行为

要式税务行政行为指的是税务机关必须具备法律规范所要求的特定形式或必须遵守特定程序，才能产生法律效果的行政行为。这就是说，要式税务行政行为要求税务机关必须遵守法律、法规对其形式上的要求，否则就会构成形式违法，因为即使行政内容合法，也有可能由于形式违法而导致对纳税人的合法权利造成损害。如《中华人民共和国税收征收管理法》第三十八条规定，如果纳税人不能提供纳税担保，税务机关可以采取包括书面通知纳税人的开户银行或者其他金融机构冻结纳税人的金额相当于应纳税款的存款；或扣押、查封纳税人的价值相当于应纳税款的商品、货物或者其他财产的税收保全措施，但是该行为必须经县以上税务局(分局)局长批准。这就是《征管法》规定的用书面形式、由税务机关担任特定职务的公务员签署才合法的要式税务行政行为。

不要式税务行政行为指的是税务机关不需要具备特定形式或遵守特定程序，只需要行政主体自由选择适当的方式将意思表示公布于外界即可以产生法律效果的行政行为。从形式上来看，税务机关的不要式行政行为属于自由裁量性规定，税务机关有一定的选择余地，一般不会因为形式问题导致违法，但是有可能导致不合理或不公正，所以税务机关在采取不要式行政行为时应当注意四方面因素，一是是否符合公共利益和效率，二是是否简单方便，三是是否公正与合理，四是是否有助于税务行政目标的实现。如税务检查人员对纳税人进行检查时发现有账外经营资料，纳税人准备强行销毁，税务人员在请求协助的警察赶到之前，采取适当方式保护这些资料的行为就是不要式行政行为。

(六)税务内部行政行为和外部行政行为

税务内部行政行为指的是税务机关在内部行政组织管理过程中所作的只对税务机关内部产生法律效力的行政行为。如税务机关对税务人员的任用、考核、培训和奖惩，上级税务机关对下级税务机关的行政命令等。税务机关的内部行政行为是有权机关可以采取措施的行为，其行为依据可以是法律法规，也可以是规范性文件，这些行为不适用于行政复议程序和提起行政诉讼；如果内部行政行为违法或失当，主要依赖行政机关自身的救济手段。

税务外部行政行为指的是税务机关在实施税务行政管理过程中针对纳税人、扣缴义务人作出的行政行为。如《中华人民共和国税收征收管理法》第三十五条规定，纳税人擅自销毁账簿或者拒不提供纳税资料的，或者虽设置账簿，但账目混乱或者成本资料、收入凭证、费用凭证残缺不全，难以查账的，税务机关有权核定其应纳税额。税务机关核定其应纳税额的行为就是外部行政行为。需要注意的是，外部行政行为必须根据法律、法规所规定的方式和手段来进行，采取行为的必须是法律严格规定的具备主体资格的税务机关，其行为引起的法律后果，纳税人、扣缴义务人有权提起行政复议和行政诉讼。

除此之外，税务机关的行政行为还可以划分为作为行政行为和不作为行政行为、主行政行为和从行政行为、可诉行政行为与不可诉行政行为、终局行政行为和非终局行政行为、单一行政行为和共同行政行为、合法行政行为和违法行政行为、实体行政行为和程序行政行为等等。

三、税务行政行为的构成要件

不是税务机关及其工作人员的行为肯定不是税务行政行为；由税务机关的工作人员作出的行为不一定就是税务行政行为。税务行政行为构成要件研究的是具备哪些条件的行为才是税务行政行为。判断一个行为是否属于税务行政行为，主要看其是否具备如下要件：

(一)主体要件

税务行政行为是税务机关通过税务人员采取的行为。但是必须注意的是,如《中华人民共和国税收征收管理法》第二十九条规定的,除税务机关、税务人员以及经税务机关依照法律、行政法规委托的单位和人员外,任何单位和个人不得进行税款征收活动。这就意味着在对纳税人进行税款征收时,可以是税务机关、税务人员,也可能是其他人,即经税务机关依照法律、行政法规委托的单位和人员,这些人的行为由于符合行政主体资格,所以也是税务行政行为。因为《中华人民共和国税收征收管理法》第四条规定,法律、行政法规规定负有代扣代缴、代收代缴税款义务的单位和个人为扣缴义务人。扣缴义务人必须依照法律、行政法规的规定缴纳税款、代扣代缴、代收代缴税款。

(二)对象要件

税务行政行为是针对特定对象作出的,这个特定对象可以是税务机关的工作人员(内部行政行为),也可以是纳税人、扣缴义务人(外部行政行为);既可能是针对财物,如税务人员的工资福利,也可能是纳税人、扣缴义务人的财物,即税款或罚款;也可能是某种行为,如纳税人、扣缴义务人的履行纳税义务情况等。

(三)内容要件

任何税务行政行为都是有一定内容的,要么设定权利,要么撤销权利;要么设定义务,要么免除义务;要么确定法律事实,要么确定法律地位。如《中华人民共和国税收征收管理法》第六十六条规定,纳税人骗取国家出口退税款的,税务机关可以在规定期间内停止为其办理出口退税。这种停止为其办理出口退税就是税务机关的行为的内容。

(四)形式要件

税务行政行为的内容总是通过一定的形式表现出来的,具体包括口头形式,书面形式,画面、声音和文字形式,动作形式和默示形式。如果法律对某种行为的表现形式有具体的规定,税务机关在执行的时候就必须根据规定的形式作为,否则该行为就存在瑕疵。

(五)依据要件

税务行政行为在严格意义上是执行法律、法规的行为,所以必须有法律的依据,其基本要求是法律、法规适用要准确;同时,税务机关的行为必须有事实的依据,其基本要求是事实确凿,理由充分。

四、税务行政行为的合法要件

是行政行为不一定是税务行政行为，是税务行政行为不一定是合法的税务行政行为，因为构成合法的税务行政行为有其必备的条件，具体包括：

（一）行为主体合法

税务行政行为要产生法律效力，必须是拥有行政主体资格的税务机关里的税务人员作出的行为。这有两层含义，一是要求行为主体应当具备主体资格，《中华人民共和国税收征收管理法》规定具有主体资格的税务机关是指各级税务局、税务分局、税务所和按照国务院规定设立的并向社会公告的税务机构。《中华人民共和国税收征收管理法实施细则》进一步明确《税收征管法》第十四条所称按照国务院规定设立的并向社会公告的税务机构，是指省以下税务局的稽查局。也就是说，各级税务局、税务分局、稽查局和税务所是税务行政行为的合法主体。二是实施税务行政行为的税务人员必须具有合法的身分。即代表税务机关实施税务行政行为的税务人员必须是合法取得公职人员身分（包括通过授权或委托取得实施税务行政行为资格）的人员。

（二）行为权限合法

实施税务行政行为的主体必须具备法定的权限，其行为才是合法的。如《中华人民共和国税收征收管理法》第七十四条规定，行政处罚罚款额在二千元以下的，可以由税务所决定。这意味着税务所的处罚权限定在二千元以内，税务所在实际工作中即使是罚款超过一分钱，也是超越权限，而超越权限的行政行为是无效的行为。又如该法第五十五条规定税务机关要查询从事生产、经营的纳税人、扣缴义务人在银行或者其他金融机构的存款账户，要凭全国统一格式的检查存款账户许可证明，该证明必须经县以上税务局（分局）局长批准。而税务机关在调查税收违法案件时，要查询案件涉嫌人员的储蓄存款，必须经设区的市、自治州以上税务局（分局）局长批准。没有经过批准或者是不具备法定资格的人批准，就说明是不具备法律效力的行为。

（三）行政相对人合法

行政相对人合法要求税务机关实施行政行为的相对人必须具有接受该行政行为的法律效果的合适资格。如一般纳税人销售货物或者提供应税劳务，应纳税额为当期销项税额抵扣当期进项税额后的余额。但是并不是所有的纳税人都可以获得一般纳税人资格的。《中华人民共和国增值税暂行条例》第十四条规定，主管税务机关在对小规模纳税人申请认定为一般纳税人资格的时候，该纳税人必须是会计核算健全，能够提供准确税务资料的，才能批准为一般纳税人。

(四)行为内容合法

行为内容合法指税务行政行为内容无瑕疵,它首先要求税务行为是可以确定的,也就是行为具有事实依据,意思表达完整准确;其次是要求税务行为是适当的,不仅羁束行政行为要符合法律的规定,自由裁量行政行为也必须在适当的范围内,否则就有可能背离公平、公正的立法意图;最后是税务行政行为必须具备法律的依据,包括在法律规范的范围内作为和适用法律法规的正确。

(五)行为的程序合法

税务行政行为的程序合法,实体不一定合法;但是程序违法,实体必定违法。税务行政行为之所以要注重程序,一方面,是因为程序是对滥用职权的一种预防,税务机关的程序义务在很多情况下会影响纳税人、扣缴义务人的实体权利,为了避免纳税人、扣缴义务人的合法权利受到侵害,就必须规定税务机关的行为只能依据预置的程序作为。另一方面,税务行政行为大多体现为税务执法行为,而为了体现税务执法行为的严肃性,有必要让税务机关根据程序行为。

(六)行为的形式合法

税务行政行为中的要式行政行为有其特殊的形式要求,也就是必须符合法律、法规要求的形式。如《中华人民共和国税收征收管理法》第五十九条规定,税务机关派出的人员进行税务检查时,应当出示税务检查证和税务检查通知书,未出示税务检查证和税务检查通知书的,被检查人有权拒绝检查。又如《中华人民共和国税收征收管理法实施细则》第六十三条规定,税务机关执行扣押、查封商品、货物或者其他财产时,应当由两名以上税务人员执行,并通知被执行人。在这里,出示税务检查证和税务检查通知书的行为和通知被执行人等都是形式合法的具体要求。

五、税务行政行为的法律效力

税务行政行为的法律效力指的是税务行政行为发生的法律上的效果和作用。也就是税务机关作出的行为有效成立,生效后对纳税人、扣缴义务人以及税务机关本身所产生的影响。一般而言,税务行政行为的效力体现在:

1. 公定力。税务行政行为的公定力指的是税务机关的行政行为即使是违法的,在有撤销权限的部门撤销该行为以前,纳税人、扣缴义务人、税务机关的上级机关,甚至是法院,都不能否定该行为的效力。这就是行政学上讲的税务行政行为的公定力。比如，纳税人、扣缴义务人、纳税担保人对税务机关确定的纳税主体、征税对象、征税范围、减税、免税及退税、适用税率、计税依据、纳税环节、纳税期限、纳税地点以及税款征收方式等具体行政行为有异议而发生争议时，必须先依照税务机关的纳税决定缴纳或者解缴税款及滞纳金或者提供相应的担保，然后才可以依法申请行政复议；对行政复议决定不服的，才可以依法向人民法院起诉。也就是说，即使税务机关的行为有可能是错误、显失公正甚至是违法的，但是纳税人、扣缴义务人、纳税担保人还是必须执行，即先依照税务机关的纳税决定缴纳或者解缴税款及滞纳金或者提供相应的担保，才能启动行政复议程序。

税务行政行为公定力的意义在于，它有利于维护税务机关的权威，有利于提高税务行政执法的效率，有利于确保税款的及时、足额入库。

2. 执行力。税务行政行为的执行力指的是在违反纳税人、扣缴义务人的意愿时，税务机关凭借自身的力量能够实现税务行政行为内容的效力。即纳税人拒绝履行纳税义务、扣缴义务人拒绝履行代扣代缴义务时，法律赋予税务机关权力可以采取包括责令提供纳税担保，查封、扣押商品，冻结银行存款，拍卖商品所得抵缴税款，划拨相当于税款的银行存款缴纳税款，加收滞纳金、罚款和通知边防部门阻止法人出境等措施。欠缴税款的纳税人因怠于行使到期债权，或者放弃到期债权，或者无偿转让财产，或者以明显不合理的低价转让财产而受让人知道该情形，对国家税收造成损害的，税务机关可以依照合同法第七十三条、七十四条的规定行使代位权、撤销权。也就是说，税务机关在法定范围内要实现自己的行为不需要依靠警察或法院的力量，依靠自身的力量就可以达到目的。

税务行政行为的执行力不仅有利于税务行政目标的实现，客观上也减轻了法院的负担。

3. 不可争力。税务行政行为的不可争力指的是拒绝争议的效力，即纳税人、扣缴义务人一旦超过对税务机关的具体行政行为提起行政复议或行政诉讼的期限，纳税人、扣缴义务人就不得对该行政行为提起争议，这种效力就称为税务行政行为的不可争力。《中华人民共和国行政复议法》第九条规定，除了不可抗力或其他正当理由经过批准，或者是法律另有规定的，申请行政复议的期限是行政相对人自知道该具体行政行为之日起 60 日内提出行政复议申请。而《中华人民共和国行政诉讼法》第三十八条规定，除了法律的特别规定，行政相对人不服行政机关的复议决定的，在收到复议决定书之日起 15 天内向人民法院提起诉讼。如果复议机关在收到申请人的复议申请两个月内不作出决定的，在满两个月之日起15天之内可以向人民法院提起行政诉讼。如果超过了行政复议法和行政诉讼法的期限，纳税人、扣缴义务人就没有再提起行政复议或行政诉讼的权利。也就是说，只要没有特别规定，纳税人、扣缴义务人一旦错过复议或诉讼的期限，由税务机关所形成的或变动的法律关系，从形式上就得到确定。

4.拘束力。税务机关行政行为的拘束力指的是已经生效的税务行政行为所具有的约束和限制税务机关和纳税人、扣缴义务人行为的法律效力。税务机关行政行为的拘束力首先是对纳税人、扣缴义务人的拘束力，对于已经生效的行政行为，纳税人、扣缴义务人必须严格遵守、服从和执行，完全履行税务机关作出的包括办理税务登记、依据规定设立账户、按时进行纳税申报、接受依法进行的税务检查等行政行为的内容和设定的义务，如果拒绝执行，将承担被税务机关进行惩处的法律后果。另一方面，税务机关行政行为的拘束力也体现在对税务机关及税务人员本身的拘束力上，包括已经生效的法律、法规中对内部行政行为的约束性规定，如《中华人民共和国税收征收管理法》中关于税务人员必须遵守的各项制度，也包括税务机关对纳税人、扣缴义务人的行政行为，不论是作出该行为的税务机关还是其他行政机关。之所以税务机关的行政行为不仅是针对纳税人、扣缴义务人，同样税务机关及税务人员也要受到约束，是因为契约社会对政府诚信有基本的要求，也是税务机关行政行为严肃性的体现。

5.不可变更力。税务机关行政行为的不可变更力指的是税务机关对纳税人、扣缴义务人的具体行政行为生效时，自己不能推翻原来的决定。即使是税务机关在作出决定之后又发现新的证据，也不能声明原决定无效而对同一对象的同一行为重新作出决定。税务行政行为的不可变更力有利于保护纳税人、扣缴义务人的合法权利，避免出现因为纳税人、扣缴义务人的态度或配合等问题而遭受更重的处罚；也有利于税务机关及其工作人员的廉政建设，避免请托、人情或关系而改变以往的决定，从而减轻应当受到惩处的纳税人、扣缴义务人逃避法律制裁的后果，所以不可变更力又被称为行政机关的自缚力。只有经过合法的途径，如纳税人、扣缴义务人提出行政复议，作出决定，税务机关的上级机关才可以对不当行为、显失公正或违法行为作出变更或撤销的决定，或者经由行政诉讼程序后，司法机关可以改变原税务机关的行政行为。

六、税务行政行为的时间效力规则

税务行政行为的效力可以分为时间效力、空间效力和对人的效力。一个税务行政行为要对纳税人、扣缴义务人产生法律效力，总是在一定的时间内产生，又在一定的时间内终止的，对哪些行为具有溯及力等，这就是税务行政行为的时间效力规则问题。

（一）税务行政行为的生效时间

税务行政行为的生效时间主要有四种规则，具体包括：

1.即时生效。指税务行政行为一经作出即具有法律效力，一般来说，税务机关的依申请的具体行政行为，往往是即时生效的。如经审核同意某纳税人为一般纳税人，那么该纳税人自税务机关核准之日起获得一般纳税人资格，并依法享有一般纳税人的权利，同时也必须履行一般纳税人的义务。而抽象的行政行为如果没有附加生效时间或未注明自发布之日实施的，以公布之日为生效时间。如1993年12月23日中华人民共和国财政部第6号令发布的《中华人民共和国发票管理办法》，就是自发布之日起生效的。大部分是附有生效时间的，如2001年4月28日第九届全国人民代表大会常务委员会第二十一次会议修订通过了《中华人民共和国税收征收管理法》，同一天国家主席签署公布，2001年5月1日起实施，即在2001年5月1日起生效。

2.告知生效。指税务机关的行政行为必须告知纳税人、扣缴义务人以后才能生效。告知有口头和书面等形式。口头告知往往是针对具体的纳税人、扣缴义务人，如税务人员针对纳税人的纳税申报资料问题责令提供完整的报表的行为方式，就属于口头告知。书面告知一般针对多数的纳税人、扣缴义务人或联系地址不明确的纳税人、扣缴义务人而采取的形式，主要包括函件邮寄、发布通告、通报、公报或布告等，如《国家税务总局关于山东省和大连市增值税一般纳税人停止开具手写版增值税专用发票的公告》。法律、法规以及重大事项的出台，一经公报，即为生效的标志，不以个别纳税人、扣缴义务人不知道为例外，可以免除法律责任。告知生效强调的是税务机关的告知行为，是行政主体的主动行为。

3.受领生效。受领包括行政相对人的接受、知悉和领会，受领生效指的是税务机关的行政行为必须经过纳税人、扣缴义务人受领以后才能生效。如果是口头告知，即当面告知纳税人、扣缴义务人，告知之时即为纳税人、扣缴义务人受领之时。如果是文书告知，以纳税人、扣缴义务人的法人代表签收或其他适格人员（如获得授权的财务主管、有民事行为责任的其他家庭成员或法人的收发室等）代签之时为纳税人、扣缴义务人受领之时，也就是该行为生效之时；如果纳税人、扣缴义务人拒绝签收，以证明人证明的送达时间为受领时间。如果是采取公报、公告等手段告知的，以公告、公报注明的时间为纳税人、扣缴义务人的受领时间。

4.附条件生效。如果税务行政行为的作出附有条件，则以该条件得到满足之时为该行政行为生效之时。特别是抽象行政行为，如制定法律、法规等，由于是事先能够确定或预定的，因而在该行为中明确注明时间。《中华人民共和国税收征收管理法实施细则》第九十四条规定，该细则自2002年10月15日起生效，就是附条件生效。

（二）税务行政行为的失效时间

税务行政行为丧失法律效力的原因有被变更、宣告无效、撤销或废止等，而不同原因的失效时间也不相同。

被变更的税务行政行为，其中未变更的部分根据原来生效的时间依旧具有法律效力，而变更部分自变更之日起丧失法律效力。被宣告无效或者撤销的税务行政行为，应当是从作出该行为之日起就不具备法律效力，而不是被宣告无效或撤销之日起才丧失法律效力的（涉及国家利益或者重大公共利益的除外）。被废止的税务行政行为从废止之日起丧失法律效力，如《中华人民共和国发票管理法》第四十五条宣布财政部1986年发布的《全国发票管理暂行办法》和原国家税务总局1991年发布的《关于对外商投资企业和外国企业发票管理的暂行规定》同时废止，但是废止之前的法律效力不受废止行为的影响。

七、税务行政行为的无效、撤销与废止

税务行政行为的无效、撤销和废止都将导致税务行政行为法律效力的终止。

（一）税务行政行为的无效

1.税务行政行为无效的条件。税务行政行为在缺乏证据支持、程序违法、适用法律错误或者超越权限的情况下，都将导致无效。通俗地说，如果具备如下情形，纳税人、扣缴义务人可以视为无效行政行为，作出该行为的税务机关的上级机关可以宣布该行为无效。

(1)税务行政行为具有特别重大或明显的违法情形。如1997年某计划单列市的地方税务局出台一个通知，让基层税务局把企业所得税的税种变换成个人所得税征收入库，以谋取15%的手续费提成。《中华人民共和国税收征收管理法实施细则》第三条规定，任何部门、单位和个人作出的与税收法律、行政法规相抵触的决定一律无效，税务机关不得执行。该行为明显违反法律规定，所以是无效的行为。

(2)行政主体不明确或者明显超越该税务机关职权的行政行为。如某县国家税务局稽查局在对一家生产床上用品的公司进行检查时,发现该纳税人有逃避纳税义务行为,并有明显的转移、隐匿其应纳税的商品、货物以及其他财产或者应纳税的收入的迹象,此时县局局长正好在省局开会,稽查局长下令,扣押、查封纳税人的价值相当于应纳税款的床上用品,采取税收保全措施。但是《中华人民共和国税收征收管理法实施细则》第三十三条规定税务机关采取税收保全措施必须经县以上税务局(分局)局长批准,稽查局长的行为明显是超越了职权范围,所以该行为无效。

(3)税务机关受胁迫作出的行为。如 2002 年某市为了加快工业化进程,专门开辟了一个工业开发区,要求相关部门都出台优惠政策,垂直管理的部门如果不执行该规定,市里将派纪检人员查领导的经济问题。其中该市国家税务局无奈之下只好规定在工业区落户的企业两年免征所得税,而《中华人民共和国税收征收管理法》第三十三条明确规定,免税的申请须经法律、行政法规规定的免税审查批准机关审批。违反法律、行政法规规定,擅自作出的免税决定无效。

(4)税务行政行为的实施将导致犯罪。如某地方税务局的税务所为了完成镇政府的预算任务,根据镇政府的口头意思,开办学习班,把辖区内六户不同意预缴税款的法人代表集中进行封闭式的培训,想通了可以回去,想不通的学习到想通为止。这是变相的限制人身自由,纳税人有权拒绝履行。

(5)没有可能实现的税务行政行为。某市国家税务局为了应付市委文明办的检查,要求基层税务分局、税务所在一周内做到“五个一”,即有一个服务台、一间党团员活动室、一个花圃、一个食堂和一间文体活动室。实际上有的税务所只有一名正式的税务人员、一间租赁的办公场所,要达到市局的要求根本是不可能的,所以该行政行为也是无效的行为。

2.税务行政行为无效的法律后果。

(1)如果是税务机关的内部行政行为,下级税务机关一是拒绝执行,二是及时向上级税务机关报告。《中华人民共和国税收征收管理法实施细则》第三条明确规定,任何部门、单位和个人作出的与税收法律、行政法规相抵触的决定一律无效,税务机关不得执行,并应当向上级税务机关报告。第六条规定,上级税务机关发现下级税务机关的税收违法行为,应当及时予以纠正;下级税务机关应当按照上级税务机关的决定及时改正。下级税务机关发现上级税务机关的税收违法行为,应当向上级税务机关或者有关部门报告。

(2)如果是税务机关的外部行政行为,属于纳税决定的,纳税人、扣缴义务人或纳税担保人应当先履行然后提起行政复议;对行政复议决定不服的,可以提起行政诉讼;属于处罚决定、强制执行措施或税收保全措施的行为,可以申请行政复议,也可以直接提起行政诉讼。《中华人民共和国税收征收管理法》第八十八条规定,纳税人、扣缴义务人、纳税担保人同税务机关在纳税上发生争议时,必须先依照税务机关的纳税决定缴纳或者解缴税款及滞纳金或者提供相应的担保,然后可以依法申请行政复议;对行政复议决定不服的,可以依法向人民法院起诉。当事人对税务机关的处罚决定、强制执行措施或者税收保全措施不服的,可以依法申请行政复议,也可以依法向人民法院起诉。

(3)对无效税务行政行为的赔偿。税务机关通过相应无效的行政行为所给予纳税人、扣缴义务人的一切权益,应当收回;滥用职权导致纳税人、扣缴义务人合法权益受到损害的,应当给予赔偿;属于税务人员主观故意或造成重大后果的,应当追究相关直接人员的责任。如《中华人民共和国税收征收管理法》第七十六条规定,税务机关违反规定擅自改变税收征收管理范围和税款入库预算级次的,责令限期改正,对直接负责的主管人员和其他直接责任人员依法给予降级或者撤职的行政处分。

(二)税务行政行为的撤销

税务行政行为的撤销指的是已经发生效力的税务行政行为,因为税务机关的行政行为不当或者行为违法(或欠缺合法要件),由有权的国家机关或经过争讼由司法机关宣布其无效或不再有效。税务行政行为撤销的前提有三:一是该税务行政行为已经对相对人,即纳税人、扣缴义务人发生法律效力。不产生效力的行为不存在撤销问题,因为撤销的正是该行为的效力,也就是说,在有权机关对税务行政行为作出撤销之前,该行为对纳税人、扣缴义务人始终有拘束力,尽管有权机关的撤销有可能追溯到税务具体行政行为作出之时。二是税务行政行为不当或是欠缺合法要件。税务行政行为不当主要是指显失公正、不合情理、有违良俗公序、有违决策程序或者在不该作为的时候作为等等;欠缺合法要件又称合法要件缺损,指的是该税务行政行为不符合主体合法、内容合法和程序合法的要求,也就是只要主体、内容或者程序中有一方面存在瑕疵,该税务行政行为就具备撤销的条件。三是必须经过有权国家机关的决定,才有可能撤销其效力,也就是首先要有权机关才能决定,这个有权机关包括作出该行政行为的税务机关的上级机关、国家权力机关、介入诉讼的人民法院等;其次必须经过一定的符合法定程序的形式,才能撤销其效力,如复议机关经过复议后决定撤销或者法院判决撤销等。

税务行政行为的撤销包括依职权撤销和争讼撤销两种。

税务行政行为依职权撤销的主要形式有：由国家权力机关行使监督权予以撤销；经由行政复议机关作出复议决定予以撤销；由上级税务机关或专门行政监督机关行使监督权予以撤销或者因为发现明显错误，由作出该行政行为的税务机关自己予以撤销。

税务行政行为争讼撤销指的是按照争讼程序，经由人民法院判决，撤销税务行政行为的法律责任实现方式。它包括不服行政复议机关的决定，在收到复议决定书之日起 15 日内向法院提起的诉讼和在知道作出具体税务行政行为之日起 3 个月内提起的诉讼。这里需要特别说明的是，如果纳税人、扣缴义务人、纳税担保人同税务机关是在纳税上发生争议时，必须先依照税务机关的纳税决定缴纳或者解缴税款及滞纳金或者提供相应的担保，才能提起行政复议，不服复议的，才能提起行政诉讼。争讼撤销本质上是一种法律救济制度，根据《行政诉讼法》的规定，其申请人是“认为具体行政行为侵犯其合法权益的公民、法人或其他组织”，但是内部行政行为和抽象行政行为不在复议、诉讼范围内。

税务行政行为往往会对纳税人、扣缴义务人的权利产生影响，税务行政行为的撤销同样会引起纳税人、扣缴义务人权利的变化，而权利的变化往往会导致不同的法律后果，这时需要区分是谁的责任。

如果是纳税人、扣缴义务人的责任，比如没有按照税务机关的要求提供完整的账册和其他必要的资料，税务机关取消了该纳税人的一般纳税人资格，在提起行政复议的时候这些材料已经齐全，上级税务机关经过复议，认为该纳税人已经符合一般纳税人的条件，同意认定该纳税人为一般纳税人。该纳税人在复议期间由于没有专用发票使用权而导致几笔大的交易无法成交，损失只能由该纳税人自己承担。

如果是税务人员和纳税人互相勾结作出的税务行政行为被撤销，纳税人不仅要承担该撤销导致的不利后果，而且通过该税务行政行为获得的好处要收回；如果国家因为该撤销的税务行政行为遭受损失的，纳税人应当赔偿其应当承担责任的部分，税务人员也要承担内部的行政责任，情节严重的，还要承担法律责任。如《中华人民共和国税收征收管理法》第六十六条规定，以假报出口或者其他欺骗手段，骗取国家出口退税款的，由税务机关追缴其骗取的退税款，并处骗取税款一倍以上五倍以下的罚款；构成犯罪的，依法追究刑事责任。同时，第八十条还规定，税务人员与纳税人、扣缴义务人勾结，唆使或者协助纳税人、扣缴义务人有本法第六十六条规定的行为，构成犯罪的，依法追究刑事责任；尚不构成犯罪的，依法给予行政处分。

如果是税务机关的过错导致税务行政行为撤销的，税务机关承担由于撤销引起的法律后果，如税务机关经过批准可以对纳税人采取税收保全措施，但是个人及其所抚养家属维持生活必需的住房和用品，不在税收保全措施的范围之内。《中华人民共和国税收征收管理法》第七十九条规定，税务机关、税务人员查封、扣押纳税人个人及其所抚养家属维持生活必需的住房和用品的，责令退还，依法给予行政处分；构成犯罪的，依法追究刑事责任。

（三）税务行政行为的废止

税务行政行为的废止指的是已经发生法律效力的税务行政行为，由于不能适应新的情况而依据法定程序宣布终止，使其失去法律效力。

税务行政行为废止的原因主要有三：

一是法律、法规、规章或政策被修改、废止或撤销。修改的如 2001 年 4 月 28 日第九届全国人民代表大会常务委员会第二十一次会议修订、2001 年 5 月 1 日起施行的《中华人民共和国税收征收管理法》第九十二条规定，本法施行前颁布的税收法律与本法有不同规定的，适用本法规定。又如 1994 年 1 月 1 日起施行的《中华人民共和国企业所得税暂行条例》宣布废止 1984 年 9 月 18 日发布的《国营企业调节税征收办法》。

二是作出税务行政行为所依据的法律、法规、规章或国家政策发生变化，使税务行政行为失去法律依据。如 2001 年 12 月 11 日财政部令第 11 号公布，废止 1997 年下发的《关于印发〈关于运用关税手段促进轻型客车国产化的暂行规定〉的通知》，如果辖区内的税务机关还在执行该文件，其具体行为自然应当废止。

三是税务行政行为已经达到预定目的、完成原定的目标，没有必要继续的行政行为。这类的废止是税务行政机关主动的行为。

一般说来，税务行政行为的废止，其效力自废止之日起失效。废止以前的行为结果仍然有效，即纳税人、扣缴义务人由于原来的税务行政行为获得的利益不能因为该行为的废止而收回或剥夺，同样，纳税人、扣缴义务人由于原来的税务行政行为而履行的义务不能因为该行政行为的废止而要求税务机关予以赔偿。

第九章　税务行政立法

第一节　行政立法概说

行政立法指的是国家行政机关根据法定的权限和法定的程序，制定、修改、发布和废止行政法规和行政规章的活动。

一、行政立法的特征

和其他行政行为以及权力机关的立法行为相比较，行政立法有其自身的特征，主要有：

第一，行政立法的主体是有立法权的行政机关。《中华人民共和国宪法》第八十九条规定，国务院有权根据宪法和法律，规定行政措施，制定行政法规，发布决定和命令。第九十条规定，国务院各部、委员会根据法律和国务院的行政法规、决定、命令，在本部门的权限范围内，发布命令、指示和规章。可见，行政立法是行政机关的行为，而且只能是得到授权的行政机关的行为。

第二，行政立法是行政机关根据法定的权限和法定程序的行为。国务院制定法规，国务院各部、委及其直属机构等制定规章的权力源自于宪法，行政立法是权力机关立法的延伸和具体化，受权力机关的制约和监督。可见行政立法行为既不同于权力机关的立法活动，又不同于行政机关的具体行政行为。同时，行政立法还必须遵守法定的程序，包括起草、征求意见、讨论、通过和公布等程序，主要是根据《国务院组织法》、《地方组织法》、《立法法》和国务院自行颁布的《行政法规制定程序条例》等进行。

第三，行政立法是行政机关制定行政法规、行政规章的抽象行政行为。由于行政法规、行政规章具备抽象行政行为所具有的普遍的适应对象、持续的效力，是不可诉的准立法行为等特征，所以属于抽象行政行为。

二、行政立法的种类及名称

行政立法包括制定行政法规和行政规章。

行政法规指的是国务院为领导和管理国家各项行政工作，根据宪法和法律，并且按照《行政法规制定程序条例》的规定制定的政治、经济、教育、科技、文化、外事等各类法规的总称。行政法规的名称有条例、规定和办法三种。对某一方面的行政工作作出比较全面的、系统的规定，称为“条例”；对某一方面的行政工作作出部分的规定，称为“规定”；对某一方面的行政工作作出比较具体的规定，称为“办法”；国务院根据全国人民代表大会及其常委会的授权决定制定的行政法规，称“暂行条例”或“暂行规定”。

行政规章指的是国务院主管部门、地方省级人民政府、省政府所在地的市政府和经国务院批准为较大的市的市政府，根据并且为了实施法律、行政法规、地方性法规，在自己权限范围内依法制定的规范性行政管理文件。行政规章的名称主要有：办法、暂行(试行)规定、规则、实施办法、实施细则、决定、通告、布告和命令等。

第二节　税务行政立法的性质、分类

税务行政立法指的是有权的国家行政机关依照宪法、法律和有权机关的授权而制定税收行政法规和行政规章的活动。税务行政立法是行政立法的一项内容，它具有行政立法的共有特性，即主体是行政机关、是获得授权的抽象行政行为，税务行政立法具有立法地位上的从属性、形式上的多样性、程序上的简易性和内容上的适应性等特点。同时，它又具有特殊性，即是专门针对税收管理、征收业务的行政立法行为。

一、税务行政立法的性质

和权力机关制定税收法律的立法活动相比较，税务行政立法行为既有立法性质，又有行政性质，是立法性质和行政性质的有机结合。具体而言：

(一)税务行政立法的立法性质

税务行政立法的立法性质主要体现在：

1. 税务行政立法是有权国家行政机关以国家的名义创制有关税收管征行

政法律规范的行为，它是得到权力机关的授权，以国家的名义制定人们必须普遍遵守的涉税行为规则的活动，具有公共权威性和严肃性。

2. 税务行政立法所制定的税收行政管理规范具有普遍性、规范性、强制性和无偿性等法的基本特征，它的实施得到国家强制力的保障，纳税人、扣缴义务人只能服从和遵守，因为它具有完整的法律效力。

3. 税务行政立法必须遵循相应的立法程序。如税务行政法规的制定，必须经过起草、征求意见、审查、通过、签署和公布等符合《中华人民共和国立法法》和《中华人民共和国国务院组织法》规定的程序。同样，税务行政法规的修改和废止也必须遵循相应的程序。

(二)税务行政立法的行政性质

税务行政立法的行政性质主要体现在：

1. 税务行政立法的主体是特定的国家行政机关。包括国务院、财政部、国家税务总局、各省级人民政府、省会所在地的市人民政府以及经国务院批准的较大市的人民政府，可以制定税收行政法规或者税收行政规章。

2. 税务行政立法所调整的对象主要是税收行政管理事务以及与税收行政管理事务密切关联的事务。如 1994 年 1 月 1 日起施行的《中华人民共和国营业税暂行条例》，就是专门调整中华人民共和国境内营业税纳税义务人的行政管理事务的。

3. 税务行政立法的目的是实施宪法和法律关于税收的规定，实现税务行政管理职能。由于我国还没有统一的税收法典，税务机关管理、征收的依据主要是《中华人民共和国宪法》第五十六条规定："中华人民共和国公民有依照法律纳税的义务"和《中华人民共和国税收征收管理法》，但是如何实施宪法、法律的意图，如具体的税种、税率、税基以及管征手段等等，无不需要税务行政立法加以具体和落实，否则就不可能实现税务行政管理的目标。

税务行政立法在行为主体的特定性、行为结果的稳定性、程序的严肃性和不可诉性方面，与其他的税务行政行为有明显的差别。

二、税务行政立法的分类

按照不同的分类标准，税务行政立法可以有不同的分类方法。

1. 根据税务行政立法的立法权渊源的不同，可以划分为职权行政立法和授权行政立法。

税务职权行政立法指的是行政机关根据宪法和组织法赋予的权限，就职权管辖范围内的事项制定税收行政法规和行政规章的活动。它表明，税务职权立法不得超出宪法和组织法规定的权限范围，也不得与宪法、法律相抵触；税务行政立法权与有权的行政机关同时产生，同时存在；税务行政立法权可以自主运用。根据《宪法》第八十九条，国务院可以根据宪法和法律，规定税收行政措施，制定税收行政法规，发布有关税收方面的决定和命令，如国务院 1993 年 11 月 26 日通过的《中华人民共和国增值税暂行条例》。根据第九十条第二款的规定，财政部、国家税务总局可以在自己的权限范围内发布关于税收方面的命令、指示和规章，如 2002 年 2 月 1 日国家税务总局第 1 号令公布的《税务部门规章制定实施办法》。根据《地方组织法》第五十一条第一款规定，各省、自治区、直辖市以及省、自治区的人民政府所在地的市和经国务院批准的较大市的人民政府，根据法律和国务院的行政法规，可以制定有关税收行政规章。

税务授权行政立法指的是根据宪法和组织法以外的法律、法规或授权而进行的立法活动。税务授权行政立法受到法律、法规的严格制约，必须遵循授权法律、法规规定的标准、范围、内容和原则的限制。根据《中华人民共和国立法法》第九条规定，全国人民代表大会及其常委会可以授权国务院根据实际需要制定有关的行政法规，如 1993 年 12 月 13 日公布的《中华人民共和国消费税暂行条例》。另一种是根据法律、法规的专门条款进行税务行政立法的，如根据《中华人民共和国增值税暂行条例》第二十八条规定，财政部制定了《中华人民共和国增值税暂行条例实施细则》并于 1993 年 12 月 25 日公布。

2.根据税务行政立法内容、目的的不同，可以将税务行政立法分为执行性税务行政立法、补充性税务行政立法和自主性税务行政立法。

执行性税务行政立法指的是为了执行税收法律、法规，行政主体根据授权制定的实施办法或实施细则。如国务院制定颁布的《中华人民共和国税收征收管理法实施细则》是根据《中华人民共和国税收征收管理法》第六十三条的授权的结果。同样，根据《中华人民共和国发票管理办法》第四十四条的授权，国家税务总局于 1993 年 12 月 23 日制定了《中华人民共和国发票管理办法实施细则》。国务院发布实施的车船使用税、房产税等暂行条例都授权省、自治区、直辖市人民政府可以根据条例制定实施细则。必须注意的是，执行性税务行政立法不得与授予其权力的法律、法规相抵触，它不能创设新规则，增加新规定。

补充性税务行政立法指的是在法律、法规或上级机关制定的税务规范性文件较为原则时，为了使该原则更加具体化，使不明确的规定更明确、更具有执行性而授权制定的规范性文件。如国家税务总局为了进一步增强征管法及其实施细则的可操作性，于 2003 年 4 月 23 日颁布了《关于贯彻〈中华人民共和国税收征收管理法〉及其实施细则若干具体问题的通知》，就税务登记代码、减免税管理和滞纳金的强制执行等问题进行了具体规定。又如2004年2月1日起实施的《税务登记管理办法》，将征管法中的税务登记管理各个环节作了全面细致的规定。

自主性税务行政立法指的是行政主体为了填补法律和法规的空白，或者变通法律或法规的个别规定以实现税务行政职能而进行的立法。像《中华人民共和国营业税暂行条例》、《增值税专用发票使用规定》这类由行政部门制定的、没有引用《中华人民共和国税收征收管理法》或者其他法律作为立法依据的，都属于自主性税务行政立法。这是由于我国对于税收的基本问题，如国家征税范围、各级政府的税权划分、纳税人的权利义务等，在宪法中没有明确规定，又没有专门的税收基本法的原因造成的。

需要说明的是，根据"统一税法"的原则，我国不允许进行试验性的税务行政立法。

3.根据税务行政立法主体的不同，可以将税务行政立法分为中央行政立法和地方行政立法。

中央税务行政立法指的是国务院、财政部和国家税务总局根据职权或授权制定税收法规、规章的活动。它调整的是全国范围内的普遍性问题和必须由中央作出统一规定的重大问题。如1993年2月23日发布的《中华人民共和国发票管理办法》、1995年12月8日颁布施行的《税务稽查工作规程》等。

地方税务行政立法指的是具有一定行政立法权的地方人民政府制定涉及税收方面的行政规章的活动。如城市维护建设税、车船使用税和房产税等，各省、自治区、直辖市的人民政府可以根据条例制定实施细则。地方性税务行政立法所制定的行政规章，只能在本行政区域内发生法律效力。

第三节 税务行政立法的主体及权限

1982年修订宪法时确定我国行政立法体制是多层次、分等级的统一体，各层次的主体和权限都有明确的规定。

一、国务院制定税务行政法规

国务院是我国最高权力机关的执行机关，是我国的最高行政机关，根据

《宪法》第八十九条第一款，国务院可以根据宪法和法律，规定税收行政措施，制定税收行政法规，发布有关税收方面的决定和命令，如《中华人民共和国所得税暂行条例》；根据《立法法》第五十六条，如果全国人民代表大会和全国人民代表大会常务委员会有授权，本来应当由法律规定但是还没有立法的事项，先由国务院制定税务行政法规；国务院可以为执行税收法律的规定需要制定税收行政法规，如《中华人民共和国税收征收管理法实施细则》；国务院可以在宪法和法律规定的范围内批准税收行政法规，这包括两种情况，一是财政部或者国家税务总局依据法定职权制定，经国务院批准或者批转发布的，如《中华人民共和国发票管理办法》是 1993 年 12 月 12 日经过国务院 174 号文批准，同年 12 月 23 日以中华人民共和国财政部第 6 号令发布的，在这里，国务院是实质性立法主体，财政部是形式立法主体。二是以国务院办公厅的名义发布的，由于国务院办公厅是国务院的综合办事机构，其拟订、发布的法规性文件具备行政法规效力，如 1993 年国务院办公厅第 87 号文关于实行税制改革的办法等。

国务院制定的税收行政法规，其效力低于《中华人民共和国税收征收管理法》，但高于财政部、国家税务总局制定的税务行政规章以及各省、自治区、直辖市制定的地方性税收规章。

二、财政部、国家税务总局制定税务行政规章

2000 年 3 月 15 日九届全国人民代表大会第三次会议通过《中华人民共和国立法法》赋予像国家税务总局这样的国务院直属机构以制定规章的权力，因此，财政部、国家税务总局都可以根据宪法、法律、行政法规的规定，在本部门权限范围内发布有关税收方面的命令、指示和规章，包括规定、办法、实施细则和规则等规范性文件。如 1998 年 10 月 20 日发布的《国家税务总局企业所得税汇算清缴管理办法》。财政部、国家税务总局可以根据法律、行政法规的特别授权而制定规章，如根据《中华人民共和国企业所得税暂行条例》第十九条的规定，财政部制定了《中华人民共和国企业所得税暂行条例实施细则》。根据《中华人民共和国发票管理办法》第四十四条的规定，国家税务总局制定了《中华人民共和国发票管理办法实施细则》。如果是跨部门立法，必须与相关部门协商，取得一致后共同发布，如中华人民共和国对外贸易经济合作部、中华人民共和国科学技术部、国家工商行政管理总局、国家税务总局和国家外汇管理局 2003 年 2 号令发布的《外商投资创业投资企业管理规定》。

财政部、国家税务总局制定的税务行政规章只能针对涉及税收的相关事

项,不得超越法律、法规的范围,其法律效力低于国务院制定的行政法规。

三、地方行政机关制定地方税收行政规章

在我国,目前只有省、自治区、直辖市的人民政府有权对部分地方税种的暂行条例制定实施细则。这些细则只能在辖区范围内适用。

第四节　税务行政立法的原则、程序和效力

一、税务行政立法的原则

1.依法立法的原则。税务行政立法必须根据《宪法》、《立法法》、《组织法》和《税收征管法》等法律,在法定的权限内,就自身的管辖范围进行法规、规章的制定,所制定的行政法规不得与宪法、法律相抵触,行政规章不得与宪法、法律和行政法规以及上一级的行政规章相抵触;税务行政法规和税务行政规章的制定必须遵循法定的程序,即根据《立法法》、《国务院组织法》、《地方组织法》和国务院自行颁布的《行政法规制定程序条例》等规定实施。

2.民主立法原则。由于税务行政立法是对纳税人、扣缴义务人赋予权利或者课以义务,关乎民众的切身利益,所以必须注意立法的民主性。民主立法指的是行政机关在根据法律、法规进行税务行政立法时,应当通过适当的方式听取各方面的意见,保证民众广泛地参与税务行政立法。具体包括公开立法意图、公布立法草案、征求民众意见、修改草案、公布法规或者规章等,对特别重要的税务行政立法进行专门的咨询,并作为必经程序。

3.稳定性与适应性原则。税务行政法规、行政规章和其他税务规范性文件相比较,它是经过法定的程序而制定出来的,是适应某一时期社会、经济发展需要的,是具有法制威严的,所以有其稳定性的一面。但是和《税收征收管理法》相比较,它的制定程序又没有那么严格,调整的往往是针对某一时间、某一特定对象,随着客观条件的变化,税务行政立法也必须适应社会、经济的发展,废止不合时代要求的规定,增补新的内容,制定新的法规、规章,这正是税务行政法规和行政规章灵活性的体现。

4.提高效率与保障权益原则。税务行政注重效率,行政行为不受纳税人、扣缴义务人主张的拘束,行政机关不仅是税务行政立法的主体,也是实行税务

行政法规和税务行政规章的主体，所以为了提高税务行政的效率，赋予税务机关更大的行政执法的权力是自然的事情；但是税务行政立法必须注重对纳税人、扣缴义务人合法权利的保障，讲求公正，因为法治原则要求立法者本身首先必须是要能平等地对待行政主体与行政相对人权利与义务的分配的，所以，制定税务行政法规应当注意的有，一是在规定纳税人、扣缴义务人应当履行的义务时，应当规定其相应的权利和保障权利实现的途径；二是在赋予税务机关及其工作人员必要职权的同时，应当规定其行使职权的条件、程序和应当承担的责任。只有这样，才能做到提高税务机关的行政效率，同时又能切实保障纳税人、扣缴义务人的合法权益。

二、税务行政立法的程序

税务行政立法的程序指的是享有税务行政立法权的行政机关按照宪法、法律、法规的规定，制定、修改和废止税务行政法规、规章及其他规范性文件的方式和步骤。

(一)税务行政法规的制定程序

税务行政法规的制定程序主要根据2001年7月1日起实施的《中华人民共和国立法法》和2002年1月1日起施行的《行政法规制定程序条例》，大致可以分为以下九个步骤：

1.编制立法规划。国务院每年年初编制本年度的立法工作计划，其中包括在一定时期内拟对税务行政法规制定、修改、补充和清理废止等内容。

2.起草。一般来说，税务行政法规由财政部或国家税务总局负责起草，如果内容涉及其他部门，则由国务院法制办负责起草。如果涉及管理体制、方针政策等，应当报请国务院研究决定；送审草案必须报送相关材料，草案要有部门负责人的签字以示负责。

3.征求意见。由于税务行政法规往往直接涉及公民、法人或其他组织的切身利益，所以起草税务行政法规应当深入调查研究，总结实践经验，广泛听取有关人员的意见，可以采取召开座谈会、论证会、听证会等形式，把最广大的民意吸纳到草案当中。

4.审查。税务行政法规由国务院法制办负责审查。法制办不仅对税务行政法规的内容进行审查，而且对形式要求也逐一进行核对，有不符合规定的，可以缓办或者退回给起草部门。

5.审议表决。经过审查、修改后，国务院法制办的主要负责人将税务行政法规提请国务院常务会议审议，或者国务院审批。如果是国务院常务会议审议的，由国务院总理、副总理、国务委员和秘书长组成的国务院常务会议对税务行政法规草案进行讨论、审核与表决。

6. 签署。税务行政法规经过国务院常务会议审议通过或者经过国务院审批后，需要经过国务院总理的签署。

7. 发布。税务行政法规签署后，必须及时在《国务院公报》和《人民日报》上全文刊载，国务院法制办汇编出版税务行政法规的国家正式版本。发布是税务行政法规生效的必要条件，发布的意义在于让人们知晓必须遵守和执行。

8. 施行。税务行政法规一般在正式公布以后的 30 日后施行。但是也有自发布之日起施行的，如《中华人民共和国税收征收管理法实施细则》第八十六条规定，"本细则自发布之日起施行。"

9. 备案。税务行政法规在公布后的 30 日内由国务院办公厅报全国人民代表大会常务委员会备案。备案的目的在于将已经发布的税务行政法规上报法定机构令其知晓，并在必要时以备查询。

(二)税务行政规章的制定程序

税务行政规章主要由财政部或者国家税务总局负责制定(只有一些地方税种的实施细则是由省、自治区、直辖市的人民政府制定)，制定税务行政规章的依据主要是《中华人民共和国立法法》和《规章制定程序条例》，国家税务总局在 2002 年 2 月 1 日以 1 号令形式公布的《税务部门规章制定实施办法》，是国家税务总局指导税务行政规章制定的实施性规范文件，下面以国家税务总局为例说明税务行政规章制定的程序。

1. 立项。国家税务总局的各司局及有关部门在每年的第一季度按照《规章制定程序条例》的要求报请立项。立项申请由政策法规司汇总。

2. 立项批准。总局政策法规司根据各司局及有关部门的立项申请，制定年度计划，报请局务会议批准。

3. 起草。税务行政规章由主管单位负责起草。如果内容涉及两个或者两个以上部门的，由局长指定主办单位负责起草，也可以由政策法规司起草。

4. 征求意见。如果税务行政规章调整的是税务内部行政行为，就必须征求总局内部其他单位和基层税务机关的意见；如果所制定的税务行政规章调整的是外部行政行为，特别是当内容直接涉及公民、法人或其他组织的重大切身利益时，应当将草案向社会公布，征求意见，必要时，应当公开举行听证会。

5. 审查。政策法规司负责税务行政规章草案的审查。审查主要包括三个方面：一是是否符合规章的形式要求和立法技术要求；二是是否与宪法、法律、行政法规和其他税务行政规章协调、衔接；三是是否依据要求征求了相关部门、组织或人员的意见等。经审查发现送审稿存在重大缺陷的,可以退回给起草部门。

6.审议。由局务会审议税务行政规章的草案和政策法规司的审查意见。

7.签署。税务行政规章的草案经过局务会审议通过后,由政策法规司起草国家税务总局令,由局长签署。如果是与其他部门联合制定的,由局长和其他部门首长共同署名。

8.发布。税务行政规章签署后,及时在《国家税务总局公报》和《中国税务报》上刊登,并以《国家税务总局公报》上刊登的税务行政规章文本为标准文本。

9.备案。税务行政规章发布起的30日内由政策法规司负责报送国务院备案,具体根据国务院制定的、2002年1月1日起施行的《法规规章备案条例》执行。

三、税务行政法规、规章的效力

税务行政法规、规章的效力指的是税务行政法规、规章对纳税人、扣缴义务人的拘束力、强制执行力和司法应用的适用力。

(一)税务行政法规、规章有效的要件

税务行政法规、规章必须符合一定的条件,才能产生法律效力。这些条件主要有:一是内容符合宪法、《中华人民共和国税收征收管理法》以及其他相关法律、法规和规章的内容;二是在法定的立法权限之内进行制定税务行政法规、规章活动;三是遵循法定的程序,严格按照《中华人民共和国立法法》、《行政法规制定程序条例》和《规章制定程序条例》的规定制定税务行政法规、规章;四是符合法律规定的行政立法形式,如名称、条款和签署等等。

(二)税务行政法规、规章的效力范围

税务行政法规、规章的效力范围包括空间效力、时间效力和对人或组织的效力。

1.税务行政法规、规章的空间效力。税务行政法规、规章的空间效力又称地域效力,指的是税务行政法规、规章在哪些地域范围内发生效力。由于立法主体的层级不同,所制定的税务行政法规、规章的空间效力也不同。国务院、财政部和国家税务总局制定的税务行政法规、规章效力的地域范围遍及全国,在全国范围内都具有约束力。而一些由省、自治区、直辖市的人民政府制定的地方税种的实施细则,属于地方规章,只能在其辖区内产生效力。

2.税务行政法规、规章的时间效力。税务行政法规、规章的时间效力指的

是税务行政法规、规章的有效期限，即什么时候生效、什么时候失效。根据2001年11月16日国务院公布的《行政法规制定程序条例》和《规章制定程序条例》规定，税务行政法规、规章一般应在公布之日起30日后施行，但是也存在三种例外：一是在发布之日起生效的，如《中华人民共和国发票管理法》第四十五条规定，“本办法自发布之日起施行”；二是在指定日期生效，如1999年12月27日公布的《增值税专用发票使用规定》第二十条规定，“本规定自1994年1月1日起执行”；三是规章与其他法规一起施行，如1993年12月23日颁布的《中华人民共和国发票管理办法实施细则》第六十一条规定，“本实施细则自《中华人民共和国发票管理法》实施之日起实施。”

税务行政法规、规章的效力终止时间一般有三种方式：一是明文专项规定，新法实施之日就是旧法失效之时。如1994年1月1日起施行的《中华人民共和国企业所得税暂行条例》第二十条规定，“国务院1984年9月18日发布的《中华人民共和国国营企业所得税条例（草案）》废止”；二是对没有明文规定的，一般适用新法废止旧法原则，如2001年5月1日起施行的《中华人民共和国税收征收管理法》第九十二条规定，“本法施行前颁布的税收法律与本法有不同规定的，适用本法规定”；三是通过对税务行政法规、规章的清理，以专门行政文件撤销或废止旧法，如财政部2001年12月11日以财政部第11号令的形式废止1994年《摄录一体机国产化的关税优惠办法》。

3.税务行政法规、规章对个人或组织的效力。税务行政法规、规章对人的效力指的是税务行政法规、规章对哪些人或组织具有拘束力、适用力。税务行政法规、规章对人或组织的效力与地域效力密切相关，一般来说，国务院、财政部和国家税务总局制定的税务行政法规、规章对我国境内的纳税人、扣缴义务人都发生效力；由省、自治区、直辖市的人民政府制定的地方税种的地方税务行政规章，只对其辖区内的纳税人、扣缴义务人产生效力。税务行政法规、规章对人的效力还和税务行政法规、规章的内容有关，如国家税务总局1995年11月13日发布的《城市信用合作社财务管理实施办法》，只对城市信用合作社产生效力。

需要特别注意的是，税务行政法规、规章对税务机关同样具约束的效力。比如地方税务局是个人所得税的征收机关，但是地方税务局的税务人员同样要依法缴纳个人所得税，同样要受《中华人民共和国个人所得税法》的约束。税务机关必须执行税务行政法规和国务院、财政部和国家税务总局制定的税务行政规章，省、自治区、直辖市的人民政府制定的地方税种的地方税务行政规章不得与其冲突、矛盾。依法发布的税务行政法规、规章对其他国家机关如国家权力机关、司法机关同样具约束的效力，如人民法院在审理税务行政案件时，可以引用合法的行政法规，合法的税务行政规章也可以作为裁判案件的参照依据。

需要说明的是，根据《行政法规制定程序条例》和《规章制定程序条例》的规定，经过合法程序公布的税务行政法规、规章的解释与税务行政法规、规章有同等的效力。

（三）税务行政法规、规章的层级效力

由于税务行政法规、规章制定主体的不同，其法律效力也有不同的层级。

1.税务行政法规的法律效力低于《中华人民共和国税收征收管理法》，因为《中华人民共和国税收征收管理法》是权力机关制定的，国务院是权力机关的执行机关，其行政立法行为也是为了执行法律，所以从根本上说，其效力是从属于法律的。但税务行政法规的法律效力高于税务行政规章和地方性法规，《立法法》第七十九条规定，行政法规的效力高于地方性法规、规章。

2.由国务院、财政部和国家税务总局制定的税务行政规章，一般高于地方性法规和省、自治区、直辖市的人民政府制定的地方税种的地方税务行政规章的效力，因为国务院、财政部和国家税务总局制定的税务行政规章属于中央行政立法的范畴。

3.由财政部或国家税务总局制定的税务行政规章与地方性法规之间的效力关系，《立法法》第八十六条第二款规定，地方性法规和部门规章之间对同一事项的规定不一致，不能确定如何适用时，由国务院提出意见，国务院认为应当适用地方性法规的，应当决定在该地方适用地方性法规的规定；认为应当适用部门规章的，应当提请全国人民代表大会常务委员会裁决。

4.由省、自治区、直辖市的人民政府制定的地方税种的地方税务行政规章的效力低于地方性法规的效力。

第五节　税务行政立法的监督

行政机关制定的税务行政法规、规章，具有普遍的约束力和强制执行力，作为立法主体的行政机关，既是运动员（规则的制定者），又是裁判员（法律的执行者），如果一旦出现违法或者不适当，必将对纳税人、扣缴义务人产生严重的后果。为了避免税务行政法规、规章对公民、法人和其他组织的合法权利造成损害，对税务行政立法进行有力的监督就显得十分的必要。我国目前对税务行政立法的监督主要来自三个方面：

一、权力机关对税务行政立法的监督

根据《中华人民共和国宪法》第六十七条第七款规定，全国人民代表大会常务委员会可以撤销国务院制定的同宪法、法律相抵触的行政法规、决定和命令。这表明国务院制定的税务行政法规不仅在具体条文、规定上不能与宪法、法律相抵触，而且立法原则、思想也必须与宪法、法律相吻合。

另一方面，权力机关通过有限授权的方式对国务院税务行政立法进行监督。如根据《中华人民共和国行政处罚法》第十条第二款规定，国务院在对违纪税务人员或者纳税人、扣缴义务人作出具体的行政处罚规定时必须在《中华人民共和国税收征收管理法》给予行政处罚的行为、种类和幅度的规定范围内，因此税务行政立法如果对超出其授权范围的事项作出规定时，就是违法和无效的。

省、自治区、直辖市的人民政府制定的地方税种的地方税务行政规章受到同级权力机关的监督，因为根据《中华人民共和国宪法》第一百一十条规定，地方人民政府必须对本级人民代表大会负责并报告工作，因此权力机关对同级政府制定的税务行政规章也有审查权。

二、上级行政机关对下级行政机关税务行政立法的监督

《中华人民共和国宪法》第一百一十一条规定，地方各级人民政府对上一级国家行政机关负责并报告工作，这表明上下级行政机关之间是领导与被领导、监督与被监督的关系。根据《宪法》第八十九条规定，国务院有权改变或者撤销财政部、国家税务总局和各省、自治区、直辖市人民政府发布的不适当的税务行政规章。

同时，国务院对报送备案的税务行政规章进行审查，也是监督的一种手段。根据2002年1月1日起施行的《法规、规章备案条例》第十条规定，国务院对税务行政规章就是否超越权限、是否违反上位法规定、与地方性法规或者部门规章对同一事项的规定是否一致、是否违背法定程序等进行审查，发现有抵触的予以改变或者撤销。尽管这是属于事后监督，但对于确保税务行政规章的合法性还是具有重要意义。

三、审判机关对税务行政立法的监督

审判机关在审理税务行政案件、裁决税务行政争议的时候,可以参照税务行政法规或者税务行政规章的具体规定,根据《中华人民共和国行政诉讼法》第五十三条的规定,"人民法院审理行政案件,参照国务院部、委根据法律和国务院的行政法规、决定、命令制定、发布的规章以及省、自治区、直辖市和省、自治区的人民政府所在地的市和经过国务院批准的较大市的人民政府根据法律和国务院的行政法规制定、发布的规章。"但其前提是确定该行政规章是否合法有效,即该税务行政规章的制定是否符合法定程序、是否超越权限等。如果不是合法有效的税务行政规章,审判机关对该规章不予适用。审判机关审理具体税务行政案件在适用税务行政规章的条文时,如果发现与其他规章规定不一致的,由最高人民法院送请国务院作出解释或者裁决。

附:制定税务其他行政规范性文件的行为

制定税务行政法规、行政规章以外的其他规范性文件也是行政机关一项重要的抽象行政行为。税务其他规范性文件指的是各级、各类国家行政机关,为了实施税收法律、法规和规章,执行税收政策,在法定权限范围内制定的除税务行政法规、规章外的具有普遍约束力的决定、命令以及行政措施等。制定税务其他行政规范性文件虽然不属于税务行政立法的范畴,但其对于税务机关、税务人员,对于纳税人、扣缴义务人的约束力与税务行政法规和行政规章有很多相似的地方,所以也一并放在税务行政立法里,作简单叙述。

制定税务其他行政规范性文件具有其自身的特征,主要包括:第一,行为主体十分广泛。除国务院、财政部、国家税务总局和省、自治区、直辖市人民政府外,县和县以上的各级税务局以及其他有关行政机关也可以在各自的职权范围内制定税务其他规范性文件。第二,效力的多层次性和从属性。从国务院到县级税务局,各个层次的有权行政机关都可以制定税务其他规范性文件,由于制定税务其他规范性文件的行为主体的法律地位不同,其效力等级也从上到下呈递减状态。第三,税务其他行政规范性文件具有一定的规范性。税务其他行政规范性文件虽然不是税务行政法规、税务行政规章,但是在其效力范围内对下级税务机关、税务人员或者纳税人、扣缴义务人还是具有约束效力

的。这个效力体现为对纳税人、扣缴义务人具有拘束力和强制执行力，对税务机关本身具有确定力，对税务机关具体的行政行为具有适用力，同时，它还是税务行政复议机关审理税务复议案件的依据。

由于税务其他行政规范性文件制定的主体过宽，又缺乏统一的、严格的程序，所以出现这些文件彼此之间互相抵触，甚至超越法定权限，对税务机关，特别是对纳税人、扣缴义务人的合法权利造成损害，为此，专家认为必须在程序上对制定税务其他规范性文件加以规范，即制定税务其他规范性文件应当遵循包括起草、协商与协调、征求意见、审核批准和公布备案等必经程序，同时，各有权监督机关应加强对制定税务其他行政规范性文件工作的监督，尽量减少随意性和片面性。

第十章　税务行政许可

第一节　行政许可的概述

许可(license)的基本意思是准许、容许或者授权,在法律上指的是有权的一方准许另一方从事某项活动。之所以需要许可,是因为国家凭借公权力,对关系国计民生的稀缺资源,有关国家安全、公共利益或者必须具备特殊资质才能做好的行业予以一般性的禁止,在公众被普遍禁止的前提下,允许某一申请者的申请,被允许者就是获得许可。许可一般采取许可证制度进行管理。许可证制度是有关许可证的申请、审查、登记、颁发或拒绝、使用、暂停、效力、限制、修改、变更、撤销和废止方面的法律制度。

一、行政许可的概念和特征

行政许可指的是行政机关根据公民、法人或者其他组织的申请,经依法审查,准予其从事特定活动的行为。由此可见,行政许可行为具有以下特点:

一是行政许可是行政主体依职权的行为,即拥有许可权的行政主体基于行政管理的目的,按照法律的规定允许行政相对人从事某种行为的活动。非国家行政机关没有行政许可的权力,这是肯定的,即使是国家机关,也不一定就有行政许可的权力,这要看该行政主体是否获得法律的授权,如宗教事务管理局就不能颁发特种娱乐行业许可证,财政局无权许可企业从事易燃易爆物资的经营活动。

二是行政许可是行政主体依行政相对人申请的行政行为。在这里,行政主体是被动的,行政相对人是主动的行为者。行政机关不因行政相对人准备从事某项活动而主动颁发许可证或者执照,行政相对人提出申请,是行政主体颁发行政许可的前提条件。

三是行政许可是一种经依法审查的行为。行政许可并不是一经申请即可取得，而要经过行政机关的依法审查，行政主体根据法律的授权，对行政相对人是否符合法律规定的资质进行审查。这种审查的结果，可能是给予或者不给予行政许可。

四是行政许可是一种授益性行政行为。授益性行政行为的主要后果就是行政相对人因为行政主体的授权或者其他行为可以获得某种利益或者法律资格，行政许可与行政处罚和行政征收等行政行为不同，后者是基于法律对行政相对人权益的一种剥夺和限制，而前者是赋予行政相对人某种权利和资格，是一种准予当事人从事某种活动的行为。

五是行政许可的范围必须有法律的明确规定。行政主体从事行政许可的活动是在执行法律的规定，法律没有规定的，可能是不必经过许可，行政相对人就已经拥有的权力，也可能是不允许对行政相对人授权的禁止性领域，这些都不允许行政主体无依据地许可。

二、行政许可的作用

（一）行政许可的协调作用

在市场经济条件下，行政主体对行政相对人的经济活动采取要式行政行为方式进行管理，即凡是市场管得了的事，都交给市场去管理，行政主体只管那些市场管不了或者管不好的事情，这样，行政许可就成为行政主体管理的一种手段，它在一方面协调行政主体的行为与行政相对人的行为。

由于有一些基于行政管理、公益维护、社会秩序维护或者财政上的原因，必须对某些行业、领域进行一般性禁止，目的是使社会、经济朝良性、有序的方向发展，而采取行政许可正是经济社会协调发展的一个保证。

（二）行政许可的保护作用

行政许可的保护作用首先是体现在合理利用资源，对环境的保护上。公民、法人和其他组织在经济活动中本能地追求利益的最大化，为了避免对资源的掠夺性开发，就必须引入许可审批制度。其次是行政许可能够有效监管市场，对公共利益的保护。一方面明确规定了什么事项可以设定行政许可，什么事项不需要设定行政许可，凡是公民、法人和其他组织可以自主解决的问题就不要通过行政许可来解决；另一方面，被许可的行政相对人如果侵害公共利益，行政主体可以依法撤销许可，即以收回原来的授益行为使得行政相对人失去既得利益，迫使行政相对人不敢为所欲为。

（三）行政许可的调控作用

行政许可的调控作用一是体现在对政府行为的调控上。因为经过法律严格地控制行政许可设定权的行政许可，明确规定了行政许可事项的范围，这样就可以减少和限制不必要的行政审批和依法无据的事项，使行政机关抛弃了传统的管理模式，由过多地直接干预社会生活和经济生活，转向宏观调控和社会服务方向，行政许可法的制定，将有力地推进政府职能的转变。二是有利于发挥市场调节机制，促进社会主义市场经济的完善。如国家可以采取出口经营许可管理的方式，对商品进出口调控管理，保护国家利益。

（四）行政许可的促进作用

行政许可有利于促进对外开放和与国外规则接轨，其中很重要的一点是，我国的行政审批必须要公开透明、要规范。这有利于将我们国家参加缔结的国际条约和协定、要求实施的或者可以实施的许可事项转化为国内法加以落实，这样既可以与国际协调，也可以更好地维护我们国家的经济利益和安全。另一方面，国家可以采取行政许可的手段对需要扶持的行业、领域采取市场准入制度，促进行业发展。

但是行政许可的消极作用也是十分明显的，一是对竞争的抑制。行政相对人一旦获得从事某项活动的资格或者能力，就可以获得法律的保护，其他的人就不可能参与竞争，这样，即使已经获得许可的相对人做得再差，也没有危机感；相反，其他的人即使做得再好，由于许可数量的限制，也不可能获得许可，参与竞争。二是对未能获得许可的人的不公平。未能获得许可的行政相对人或许是由于名额的限制，或许是由于其他的原因，而不是资质不够，无法获得这种授益，就本质而言，对有些相对人的授益，就是对另一些相对人的侵益。

尽管行政许可有这样或者那样的不足，但是它在现代社会仍是必不可少的行政管理手段之一。实践证明，它是一般社会经济活动采取确立标准放任自主经营管理方式的必要补充。为了防止政府将行政许可当做把持资源、直接干预市场的借口，2003 年 8 月 27 日第十届全国人民代表大会常务委员会第四次会议通过了《中华人民共和国行政许可法》，该法是世界上以单行法形式颁布的第一部行政许可法。据了解，目前国际上还没有一个国家把行政许可的程序集中地写在一部法律中，但不是说他们不重视，只是他们把相关规范分散地写在各个法律中。我们国家的行政许可的制度和工作，问题十分突出，所以我们专门制定了一部法律，统一地对行政许可的设定和实施作出了严格的规范，统一的目的是要有章可寻，规范的结果是要能发挥行政许可的长处，而把它的副作用尽量降到最低点。

三、行政许可的种类

(一)一般许可与特殊许可

一般许可指的是对申请者没有特殊的限制,只要行政相对人提出申请,经行政主体审核,能符合法定条件的就直接发放许可证的许可,如工商局发放营业许可证。

特殊许可指的是在一般条件之外再作特别限制要求的许可,如德国对冬天打扫烟窗的申请人所作的特殊技能要求。

(二)排他性许可与非排他性许可

排他性许可以排除他人获得同类许可为前提,指的是个人或者组织对某项许可的独占权利,他人或者其他组织将不可能获得同样的许可审批。如发明创造中的专利许可。

非排他性许可指的是个人或者组织只要具备一定的条件,经申请即可获得的许可。如交通警察核发驾驶执照的行为就属于非排他性许可。

(三)独立的许可和附文件许可

独立的许可指的是在行政主体核发的许可证中已经规定行政相对人所允许从事的内容,而不需要其他文件说明的许可,如驾驶执照等。

附文件许可指的是必须附加文件予以说明被许可活动的范围、方式和时间等的行政许可,如商标许可等。

(四)权利性行政许可与附义务性行政许可

权利性行政许可指的是申请人获得行政许可后可以自由决定是否行使该许可所赋予的权利和资格而不必承担作为或者不作为义务责任的行政许可,如持枪证。

附义务性行政许可指的是行政相对人在获得行政许可后一段时期内必须同时承担从事该项活动的义务,否则就要承担一定法律责任的行政许可,如建设用地许可等。

除以上分类外,还有其他分类方法,如依行政许可目的等的分类等。

四、行政许可的范围

在市场经济条件下,政府管理社会公共事务的行政行为必须限定在一定的范围之内,也就是说,法律没有禁止的,行政相对人就可以作为,只有特殊领域或者行业,才需要进行一般禁止。目前我国被列为一般性禁止而需要设定行政许可的事项主要有：

1.直接涉及国家安全、公共安全、经济宏观调控、生态环境保护以及直接关系人身健康、生命财产安全等特定活动，需要按照法定条件予以批准的事项。

2.有限自然资源的开发利用和有限公共资源的有效配置以及直接关系公共利益的特定行业的市场准入等需要赋予特定权利的事项。

3.提供公众服务并且直接关系公共利益的职业、行业，需要确定具备特殊信誉、特殊条件或者特殊技能等资格、资质的事项。

4.直接关系公共安全、人身健康、生命财产安全的重要设备、设施、产品、物品，需要按照技术标准、技术规范，通过检验、检测、检疫等方式进行审定的事项。

5.企业或者其他组织的设立等需要确定主体资格的事项。

6.法律、行政法规规定可以设定行政许可的其他事项。

这些方面如果通过公民、法人或者其他组织能够自主决定的；市场竞争机制能够有效调节的；行业组织或者中介机构能够自律管理的；或者行政机关采用事后监督等其他行政管理方式能够解决或能够予以规范的，可以不设行政许可。

第二节　税务行政许可的主体、范围和分类

税务行政许可指的是税务机关根据纳税人、扣缴义务人的申请，经依法审查，准予其从事特定活动的行为。

税务行政许可是典型的授益性的要式行政行为，纳税人、扣缴义务人通过税务机关的行政许可可以获得直接或者间接的利益。

一、税务行政许可的主体

税务行政许可的主体指的是根据纳税人、扣缴义务人的许可申请，依法审批税务行政许可并对税务行政许可的实施过程进行监督管理的税务机关。

我国税务行政许可的主体包括从国家税务总局到县一级税务局的各个层级，不同的税务行政许可由不同层级的税务机关审批，如根据《中华人民共和国企业所得税暂行条例实施细则》第三十七条规定，省、自治区人民政府，根据

民族自治地方的实际情况，可对民族自治地方的企业加以照顾和鼓励，实行定期减税或者免税。这表明省一级的税务机关可以实施由纳税人申请的企业所得税的减税或者免税工作。而纳税人的税务登记工作则由县级税务局审批即可。因为国家税务总局根据《中华人民共和国税收征收管理法实施细则》第十条的规定，“税务登记的具体办法由国家税务总局制定”而制定的《税务登记管理办法》第三条规定，税务登记的主管税务机关是县区（含县区）以上的国家税务局（分局）、地方税务局（分局）。

二、税务行政许可的分类和范围

概而言之，税务行政许可的内容主要包括税务登记、资质认可、普通许可和核准四类。

（一）税务登记

登记适用于纳税人、扣缴义务人设立、变更、终止等的认定和确认。

根据《税收征收管理法》的规定，企业，企业在外地设立的分支机构和从事生产、经营的场所，个体工商户和从事生产、经营的事业单位，自领取营业执照之日起 30 日内，持有关证件，向税务机关申报办理税务登记。税务机关应当自收到申报之日起 30 日内审核并发给税务登记证件。税务机关审核并发给税务登记证件的行为就是非排他性的一般行政许可。

（二）资质认可

由于纳税人、扣缴义务人的一些行为与公共利益、社会经济秩序有直接关系，所以必须有税务机关认可的资质才允许从事该行为。如对增值税一般纳税人的认定，我国 1994 年实行的新税制规定，被认定为增值税一般纳税人的企业可以享受使用专用发票和进项抵扣的优惠条件，但是并不是所有的纳税人都能成为一般纳税人的。1994 年国家税务总局根据国务院的《中华人民共和国增值税暂行条例》精神，专门制定了《增值税一般纳税人申请认定办法》，要成为一般纳税人必须具备一些特殊条件，如有健全的财务制度、年营业额达到一定标准、经过县以上的国家税务局的批准等。

另外，获得自制发票等的许可也是属于资质认可。根据《中华人民共和国发票管理法》的规定，由国家税务总局指定企业印刷专用发票，如果企业具备国家税务局要求的条件，如具有专业电子计算机技术人员，具备通过电子计算机开具专用发票和按月打印进货、销货及库存清单能力等，经过税务机关的批准，就可以用电子计算机开具增值税专用发票，这是 1994 年实行税制改革时的规定。该法第二十四条说，使用电子计算机开具发票，须经主管税务机关批准,并使用税务机关统一监制的机外发票,开具后的存根联应当按照顺序号装订成册。此时纳税人获得使用电子计算机开具发票许可,是获得某种授益,但是随着电子计算机的普及,到 2003 年,手写版的专用发票已经不允许进行抵扣,所有一般纳税人都必须用电脑开票,那么,这种许可就自动取消了。2003 年地方税务局对部分信誉好、资质达到要求的运输企业进行允许自印发票的改革试点,也是同样性质的行政许可。

从许可的范围来看,税务机关批准一般纳税人的行为属于特殊许可,因为经过合法登记的从事生产、经营的经营者都可以成为纳税人,即小规模纳税人,但是必须具备一定条件以后才能被认定为一般纳税人。

(三)普通许可

普通许可指的是税务机关实行许可证管理规定事项,纳税人、扣缴义务人需要向税务许可机关申请许可证,在获得税务许可机关颁发的许可证后才能从事的事项。如纳税人申请领购发票的行为,就属于普通许可。根据《中华人民共和国发票管理办法》第十六条规定,申请领购发票的单位和个人应当提出购票申请,提供经办人身分证明、税务登记证件或者其他有关证明,以及财务印章或者发票专用章的印模,经主管税务机关审核后,发给发票领购簿。领购发票的单位和个人凭发票领购簿核准的种类、数量以及购票方式,向主管税务机关领购发票。

(四)核准

核准是纳税人从事一定行为需要报请主管税务机关同意的一种税务行政许可行为。如申请减、免和缓税的许可就属于核准许可。根据《税收征收管理法》的规定,纳税人、扣缴义务人必须按照法律、行政法规规定或者税务机关依照法律、行政法规的规定确定的期限,缴纳或者解缴税款。但是,纳税人因有特殊困难,不能按期缴纳税款的,经省、自治区、直辖市国家税务局、地方税务局批准,可以延期缴纳税款,但是最长不得超过三个月。如外商投资企业所得税可以享受两免三减半、民政福利企业一线人员安置残疾人达到半数可以免交企业所得税等,纳税人可以依照法律、行政法规的规定,书面申请减税、免税。减税、免税的申请须经法律、行政法规规定的减税、免税审查批准机关审批。根据《税收征收管理法》的规定,纳税人不仅依法享有申请减税、免税的权利,还可以依法享受退税的权利。

税务机关审批、核准缓税、减免税和退税的行为就是进行授益性、权利性行政许可。征管法实施细则同时规定,纳税人在纳税期内没有应纳税款的,也应当按照规定办理纳税申报。纳税人享受减税、免税待遇的,在减税、免税期间应当按照规定办理纳税申报。所以该项许可又具备附义务的性质，属于附义务的行政许可。

有一些行为虽是税务机关作出的审批或确认行为，但不属于对行政相对人的行政许可。如上级税务机关基于行政隶属关系对下级税务机关有关请示报告事项的审批。这种审查批准，是一种内部行政法律关系，是行政机关内部上下级领导关系的一种体现，不同于作为外部行政法律关系的行政许可。

第三节　税务行政许可的原则

税务行政许可的原则对税务行政许可的设定、实施和监督的整个过程起着指导作用，它对税务行政许可的主要过程和主要问题作出原则性的规定，对税务行政许可具有普遍的指导意义。

一、法定原则

税务行政许可的法定原则指的是税务行政许可在设定、施行和纠纷的解决方面都必须有法律的依据。2004 年 7 月 1 日起施行的《中华人民共和国行政许可法》（以下简称《许可法》）第四条规定，设定和实施行政许可，应当依照法定的权限、范围、条件和程序。首先，税务行政许可的设定主体是全国人民代表大会及其常务委员会、国务院，国家税务总局要规定税务行政许可的规章必须具有法律的授权，即可以在上位法的税务行政许可事项范围内，对实施该行政许可作出具体规定；其次，税务行政许可的实施必须符合法定的程序，即申请与受理、审查与决定、期限、听证、变更与延期和对特殊情况的特别规定都必须遵照法律的规定作为；最后，如果纳税人、扣缴义务人与税务机关在税务行政许可方面发生纠纷，可以通过法定的程序举行听证、行政复议或者提起行政诉讼。

二、公开、公平、公正的原则

《许可法》第五条规定，设定和实施行政许可，应当遵循公开、公平、公正的原则。首先，行政许可的设定和实施必须公开，为了方便纳税人、扣缴义务人的许可申请，税务机关应当公开办事程序和制度要求，一方面，有关行政许可的规定应当公布；未经公布的，不得作为实施行政许可的依据。另一方面，行政许可的实施和结果，除涉及国家秘密、商业秘密或者个人隐私的外，应当公开。其次，要平等对待符合申请资格的纳税人、扣缴义务人，即符合法定条件、标准的纳税人、扣缴义务人有依法取得税务行政许可的平等权利，税务机关不得歧视。最后，要确保由程序的公正导致结果的公正。公开、公平的目的是为了确保结果的公正，税务机关对纳税人、扣缴义务人申请的一般规定的内容、原则和范围予以平等对待，而且在审查、发放、中止和吊销等具备广泛的自由裁量空间的前提下，也要公正对待每一位申请税务行政许可的纳税人、扣缴义务人。

三、便民的原则

便民原则要求方便纳税人、扣缴义务人获得其所申请的税务行政许可，《许可法》第六条规定，实施行政许可，应当遵循便民的原则，提高办事效率，提供优质服务。它表明，首先是要有法定的程序，以便纳税人、扣缴义务人从申请到获得许可证均有章可循。其次是对税务的行政许可审批要有时间的限制，除可以当场作出行政许可决定的外，行政机关应当自受理行政许可申请之日起 20 日内作出行政许可决定。20 日内不能作出决定的，经本行政机关负责人批准，可以延长 10 日，并应当将延长期限的理由告知申请人。但是，法律、法规另有规定的，依照其规定。再次是税务机关在进行税务行政许可的审批时应当为纳税人、扣缴义务人提供优质服务。最后是对刁难纳税人、扣缴义务人的税务人员进行政纪处分，严重的予以追究法律责任。县级以上税务机关应当建立健全对实施行政许可的监督制度，加强对实施行政许可的监督检查。

四、信赖保护原则

信赖保护原则指的是税务机关的税务行政许可行为的实行应当诚实，讲求信用，并且保护纳税人、扣缴义务人正当合理的信赖。《许可法》第八条规定，公民、法人或者其他组织依法取得的行政许可受法律保护，行政机关不得擅自改变已经生效的行政许可。税务行政许可所依据的法律、法规、规章修改或者废止，或者准予行政许可所依据的客观情况发生重大变化的，为了公共利益的需要，税务机关可以依法变更或者撤回已经生效的行政许可。除法律、法规另有规定外，由此给纳税人、扣缴义务人造成财产损失的，税务机关应当依法给予补偿。信赖保护原则同时也要求纳税人、扣缴义务人依法取得的税务行政许可，除法律、法规规定依照法定条件和程序可以转让的外，不得转让。

五、救济原则

在民法领域，救济权依赖于原权而存在，原权是依法可以独立存在的权利，救济权是因原权受到侵害而产生的权利。税务行政许可的救济原则指的就是纳税人、扣缴义务人对税务机关实施的行政许可，享有陈述权、申辩权；有权依法申请行政复议或者提起行政诉讼；其合法权益因税务机关违法实施行政许可受到损害的，有权依法要求赔偿。

第四节 税务行政许可的设定与实施程序

一、税务行政许可的设定

税务行政许可的设定，必须根据设定行政许可应当遵循的价值取向，确定在立法上什么事项可以设定税务行政许可，什么事项不能设定税务行政许可。解决这个问题，必须妥善处理税务机关管理与纳税人、扣缴义务人自律的关系，行政许可方式与其他行政管理方式的关系等。因此，税务行政许可应当从遵循经济和社会发展规律，有利于发挥纳税人、扣缴义务人的积极性、主动性，维护公共利益和社会秩序，促进经济协调发展的基本要求来进行考虑。

（一）税务行政许可设定的原则

为了提高设定税务行政许可的合理性、可行性，设定税务行政许可必须遵循下列原则：

1.法定原则。法定原则要求在设定税务行政许可的时候，一是设定的权限应当法定，只有法律规定的国家机关才有权设定税务行政许可，其他国家机关、社会组织都没有这个权利；二是要明确规定税务行政许可的实施机关、条件、程序、期限；三是法律要明确规定纳税人、扣缴义务人获得在税务行政许可权利受到侵害时的法律救济途径和税务机关及其工作人员应当承担的法律责任。

2.必要原则。许可的前提是一般禁止，所以起草法律草案、法规草案和省级人民政府规章草案，拟设定税务行政许可的起草单位应当采取听证会、论证会等形式听取意见，并向制定机关说明设定该行政许可的必要性、对经济和社会可能产生的影响以及听取和采纳意见的情况；税务行政许可的设定机关应当定期对其设定的税务行政许可进行评价，对于随着形势的发展不再需要实施行政许可的，应当对设定该行政许可的规定及时予以修改或者废止。

3.保障权益平衡。实施税务行政许可的目的在于规范经济秩序，促进经济的发展和鼓励参与全球的竞争，因此，税务行政许可的设定一是要考虑税务机关行使行政许可权的有效性，如税务行政许可的范围过于宽泛，不利于纳税人、扣缴义务人的生产经营，甚至把本来应当由市场解决的工作包揽到税务机关身上；过于狭窄，可能导致该管的事情没有管，造成经济秩序的混乱。二是要保障纳税人、扣缴义务人的合法权益，既要防止滥用设置的税务行政许可手段干涉纳税人、扣缴义务人的正常经营活动，又要在必要的税务行政许可中，纳税人、扣缴义务人一旦受到伤害，有救济的保证。

（二）税务行政许可的设定主体及权限

1.税务行政许可的设定主体。税务行政许可的设定主体，就是有权设定税务行政许可的国家机关。

2.税务行政许可的主体及权限是：

（1）全国人民代表大会及其常务委员会法律许可。凡行政许可法规定可以设定行政许可的事项，法律都可以设定税务行政许可。

（2）国务院法规许可。对可以设定税务行政许可的事项，尚未制定法律的，行政法规可以设定税务行政许可。必要时，国务院可以通过发布决定的方式设定税务行政许可，实施后，除临时性税务行政许可事项外，应当及时提请全国人大及其常委会制定法律，或者自行制定行政法规。

（3）省、自治区、直辖市人大及其常委会地方法规许可。对于可以设定税务行政许可的事项，尚未制定法律、行政法规的，地方性法规可以设定税务行政许可。

（4）省、自治区、直辖市人民政府规章临时许可。尚未制定法律、行政法规和地方性法规，因行政管理需要，确需立即实施税务行政许可的，省、自治区、直辖市人民政府可以设定临时性的税务行政许可。临时性税务行政许可实施满一年需要继续实施的，应当提请本级人大及其常委会制定地方性法规。但是，地方性法规、地方政府规章不得设定应当由国家统一确定的有关公民、法人或者其他组织的资格、资质的行政许可，不得设定企业或者其他组织的设立登记及其前置性的行政许可。

其他国家机关，一律无权设定行政许可。

二、税务行政许可的实施程序

税务行政许可的实施程序是保证税务机关行政权力正确行使的关键。行政许可法按照公开、效能与便民的原则，对行政许可的申请、受理、审查、决定等程序和时限作了明确规定。

1. 申请与受理。为了方便纳税人、扣缴义务人，申请人可以通过信函、电报、传真、电子数据交换和电子邮件等方式提出申请，不必事事都亲自到税务机关去申请；税务机关应当将法律、法规、规章规定的有关税务行政许可的事项、依据、条件、数量、程序、期限以及需要提交的全部材料的目录和申请书示范文本等在办公场所公示，便于申请人查询；纳税人、扣缴义务人对公示内容有疑问的，税务机关应当给予说明、解释，并提供准确、可靠的信息；纳税人申请税务行政许可，应当如实向税务机关提交有关材料和反映真实情况，并对其申请材料实质内容的真实性负责。税务机关不得要求纳税人提交与其申请的税务行政许可事项无关的技术资料和其他材料。

税务机关在收到纳税人、扣缴义务人的申请后，应当及时作出处理。如果申请事项依法不需要取得税务行政许可的，应当及时告知申请人不受理；如果申请事项依法不属于本税务机关职权范围的，应当及时作出不予受理的决定，并告知申请人向有关税务机关申请；如果申请材料存在可以当场更正的错误的，应当允许纳税人、扣缴义务人当场更正；如果申请材料不齐全或者不符合法定形式的，应当当场或者在5日内一次告知申请人需要补正的全部内容，逾期不告知的，自收到申请材料之日起即视为受理；如果申请事项属于本税务机关职权范围，申请材料齐全、符合法定形式的，或者申请人按照本行政机关的要求提交了全部补正申请材料的，应当受理行政许可申请。税务机关受理或者不予受理税务行政许可申请，应当出具加盖本行政机关专用印章和注明日期的书面凭证。

2. 审查与决定。税务机关应当及时对申请人提交的申请材料进行审查。如果申请人提交的申请材料齐全、符合法定形式，税务机关能够当场作出决定的，应当当场作出书面的行政许可决定。根据法定条件和程序，需要对申请材料的实质内容进行核实的，税务机关应当指派两名以上工作人员进行核查。依法应当先经下级税务机关审查后报上级税务机关决定的税务行政许可，下级税务机关应当在法定期限内将初步审查意见和全部申请材料直接报送上级税务机关。上级税务机关不得要求纳税人、扣缴义务人重复提供申请材料。

为了确保税务机关及时、公正地办理行政许可，税务机关在对税务行政许可申请进行审查时，如果发现税务行政许可事项直接关系纳税人、扣缴义务人重大利益的，应当告知该利害关系人，并听取申请人、利害关系人的意见；对涉及公共利益的重大行政许可事项或者直接涉及申请人与他人之间重大利益关系的行政许可事项，在作出决定之前依法需要听证的，应当举行听证，并根据听证笔录作出行政许可决定；行政机关应当自受理申请之日起20日内作出行政许可决定；行政机关作出的准予行政许可的决定应当公开，公众有权查阅。税务机关对税务行政许可申请进行审查后，除当场作出行政许可决定的外，应当在法定期限内按照规定程序作出行政许可决定。

3.变更与延续。被许可的纳税人、扣缴义务人要求变更税务行政许可事项的，应当向作出税务行政许可决定的税务机关提出申请；符合法定条件、标准的，税务机关应当依法办理变更手续。被许可的纳税人、扣缴义务人需要延续依法取得的税务行政许可的有效期的，应当在该行政许可有效期届满30日前向作出行政许可决定的税务机关提出申请。但是，法律、法规、规章另有规定的，依照其规定。税务机关应当根据被许可人的申请，在该税务行政许可有效期届满前作出是否准予延续的决定；逾期未作决定的，视为准予延续。

4.撤销与注销。作出税务行政许可决定的税务机关或者其上级税务机关，根据利害关系人的请求或者依据职权，可以撤销行政许可。如果是税务机关工作人员滥用职权、玩忽职守作出准予税务行政许可决定的，超越法定职权作出准予税务行政许可决定的，应当撤销，但是被许可人的合法权益受到损害的，税务机关应当依法给予赔偿。如果可能对公共利益造成重大损害的，不予撤销。又如违反法定程序作出准予税务行政许可决定的；对不具备申请资格或者不符合法定条件的纳税人、扣缴义务人准予税务行政许可的或者被许可人以欺骗、贿赂等不正当手段取得行政许可的，应当予以撤销。被许可人基于此原因取得的税务行政许可利益不受保护。

如果是税务行政许可有效期届满未延续的；纳税人、扣缴义务人依法终止的；税务行政许可依法被撤销、撤回，或者税务行政许可证件依法被吊销的；因不可抗力导致税务行政许可事项无法实施的，税务机关应当依法办理有关税务行政许可的注销手续。

第五节　税务行政许可的监督、救济和法律责任

一、税务行政许可的监督制度

针对税务行政许可实践中存在的行政许可实施机关重许可、轻监管或者

第十一章 税务管理

第一节 税务管理概述:概念与特征

税务管理有广义和狭义之分。广义的税务管理应当包括税务机关所有的行政行为,即包含内部行政行为如队伍建设、人员管理等,和外部行政行为如对纳税人、扣缴义务人的征收、管理、检查等。狭义的、也就是本章探讨的税务管理指的是《中华人民共和国税收征收管理法》第二章规定的内容。

税务管理指的是税务机关依法对纳税人、扣缴义务人法定义务的履行情况进行服务、指导、规范、监督和惩处的行政行为。

一是税务管理的主体是税务机关。《中华人民共和国税收征收管理法》第五条规定,国务院主管部门主管全国税收征收管理工作。各地国家税务局和地方税务局应当按照国务院规定的征收管理范围分别进行征收管理,它表明,税务机关是税务行政执法的惟一合法主体,法律赋予税务以实体权利,同时对税务行政执法有程序规范性的要求,这是其他国家机关所不具备的。

二是税务管理的行政相对人是纳税人、扣缴义务人。法律、行政法规规定负有纳税义务的单位和个人为纳税人。法律、行政法规规定负有代扣代缴、代收代缴税款义务的单位和个人为扣缴义务人。税务管理主要就是对纳税人、扣缴义务人进行的管理行为。

三是税务管理的内容是纳税人、扣缴义务人法定的义务。纳税人、扣缴义务人法定的最主要义务就是依法进行纳税、依法进行代扣代缴,其他还有如办理税务登记义务、设置各类账簿义务、报送财会制度义务、办理纳税申报义务、按期缴纳税款义务、保管使用发票义务、接受税务检查义务和代收代缴税款义务等等,当然纳税人、扣缴义务人法定的权利也应当得到有效的保护。

四是税务管理属于典型的行政行为。作为国家权力机关的执行机关,税务管理既有具体行政行为，如针对特定纳税户的纳税评估，又有抽象行政行为，如发布通知要求全体纳税人进行税务登记年检；既有依职权的税务行政行为，如对纳税人的纳税申报进行管理，又有依申请的税务行政行为，如依法核准纳税人的缓交税款申请；既有羁束性行政行为，如按照物价部门核定的价格供应发票，又有自由裁量的行政行为，如对纳税人的行政处罚等。

第二节　税务管理的原则

一、依法管理原则

税收法定主义要求税收的管理、征收和缴纳必须基于法律的规定进行，没有法律依据，任何人都不能被要求纳税。它表明税务机关要通过一定的立法、司法程序来实现法律的目的，作为执行机关，税务机关的权力来源是法律、法规和规章，税务机关行为的准则也只能是法律、法规和规章，法律没有授权即不得作为。即使是法律、法规和规章赋予税务机关有自由裁量权的空间，也必须符合立法的意图，做到合理执法。

二、公开、公平、公正原则

法制社会的政府是获得民众权利让度，才有作为的依据，它要求政府必须对公众信息公开，除涉及国家安全、机密和隐私等的例外，公开是原则，而税务管理是税务机关的日常工作，凡是和税务行政相对人有关的法律、政策和制度，都必须对纳税人、扣缴义务人公开；同时，在法律面前，纳税人、扣缴义务人享有平等的权利。只有做到程序上的公平和公开，才有可能实现结果的公正。

三、效率原则

从税务行政的角度来讲，税务管理的效率原则要求税收制度需简便，税务管理的程序要规范，现代化管理手段必须得到有效运用和税务机关的工作人员要有服务的观念和成本管理意识，税务机关和纳税人、扣缴义务人征纳双方的时间和费用才能得到节省。因此税务行政管理的效率，不仅是税务机关行政管理水平的体现，而且是税收对经济资源配置和经济运行机制产生影响的体现。

四、保密原则

由于税务机关肩负着国家税收的管理、征收任务，行政行为的单向性使得税务机关有权向纳税人、扣缴义务人了解与纳税有关的情况。因为法律规定纳税人、扣缴义务人和其他有关单位应当按照国家的有关规定如实向税务机关提供与纳税和代扣代缴、代收代缴税款有关的信息。期间税务机关有可能了解到纳税人、扣缴义务人的商业秘密甚至个人隐私等，纳税人、扣缴义务人有权要求税务机关为纳税人、扣缴义务人的情况保密。税务机关应当依法为纳税人、扣缴义务人的情况保密。如果违反规定给纳税人、扣缴义务人造成损害的，税务机关及其工作人员必须予以赔偿。

第三节 税务管理的内容

一、税务登记

税务登记是税务机关对纳税人开业、变动、停业以及生产经营范围进行登记管理的一项制度，它既是行政事实关系成立的标志，也是对纳税人特定事实的一种确认。它属于行政许可中的登记范畴。

税务登记的法律依据是《中华人民共和国税收征收管理法》第二章的第一节"税务登记"，国务院制定的法规、《中华人民共和国税收征收管理法实施细则》的第十条规定税务登记的具体办法由国家税务总局制定。获得授权的国家税务总局于1998年5月22日颁发了《税务登记管理办法》规章，2003年11月20日国家税务总局局务会通过了修订方案。目前税务机关就是根据这些规定进行税务登记管理的。

1.税务登记管理的行政主体。根据《中华人民共和国税收征收管理法》第十五条规定，税务机关是管理税务登记的行政主体；《税务登记管理办法》第三条进一步明确规定，县以上(含本级，下同)的国家税务局(分局)、地方税务局(分局)是税务登记的主管税务机关，负责税务登记的设立登记、变更登记、注销登记和税务登记证验证、换证以及非正常户处理、报验登记等有关事项。

2.税务登记工作的行政相对人。税务登记工作的行政相对人指的是履行税务登记义务的纳税人，包括企业，企业在外地设立的分支机构和从事生产、经营的场所，个体工商户和从事生产、经营的事业单位，即从事生产、经营的纳税人。前面规定以外的纳税人，除国家机关、个人和无固定生产、经营场所的流动性农村小商贩外，也应当按照规定办理税务登记。他们必须在领取营业执照之日起 30 日内，持有关证件，向税务机关申报办理税务登记。

3. 税务登记的范围。税务登记是国家通过税务机关进行税务行政相对人确认的手段，它有利于国家对纳税人的管理，特别是有利于税源的控制，它是税收征收管理的首要环节。凡是法律、法规规定的应纳税人、应税财产或者应税行为的各类纳税人，都必须办理税务登记。具体包括如下七项内容：

一是开业登记。各类企业，企业在外地设立的分支机构和从事生产、经营的场所，个体工商户和从事生产、经营的事业单位，应当自领取营业执照之日起 30 日内，持有关证件，向税务机关申报办理税务登记。

二是变更登记。纳税人的税务登记内容发生变化时，应当依法向原税务登记机关申报办理变更税务登记。纳税人已在工商行政管理机关办理变更登记的，应当自工商行政管理机关变更登记之日起 30 日内，向原税务登记机关如实提供有关证件、资料，申报办理变更税务登记。

三是停业、复业登记。实行定期定额征收方式的个体工商户需要停业的，应当在停业前向税务机关申报办理停业登记。纳税人的停业期限不得超过一年。纳税人应当于恢复生产经营之前，向税务机关申报办理复业登记，如实填写《停、复业报告书》，领回并启用税务登记证件、发票领购簿及其停业前领购的发票。

四是注销登记。纳税人发生解散、破产、撤销以及其他情形，依法终止纳税义务的，应当在向工商行政管理机关或者其他机关办理注销登记前，持有关证件和资料向原税务登记机关申报办理注销税务登记；按规定不需要在工商行政管理机关或者其他机关办理注销登记的，应当自有关机关批准或者宣告终止之日起 15 日内，持有关证件和资料向原税务登记机关申报办理注销税务登记。纳税人被工商行政管理机关吊销营业执照或者被其他机关予以撤销登记的，应当自营业执照被吊销或者被撤销登记之日起 15 日内，向原税务登记机关申报办理注销税务登记。

五是外出经营报验登记。纳税人到外县（市）临时从事生产经营活动的，应当在外出生产经营以前，持税务登记证向主管税务机关申请开具《外出经营活动税收管理证明》（以下简称《外管证》）。税务机关按照一地一证的原则，核发《外管证》，《外管证》的有效期限一般为 30 日，最长不得超过 180 天。

4. 税务登记的法律责任。税务登记的法律责任分为纳税人、扣缴义务人的责任和税务人员的责任。

如果有纳税人未按照规定期限申报办理税务登记、变更或者注销登记的；纳税人不办理税务登记的；纳税人未按照规定使用税务登记证件；或者转借、涂改、损毁、买卖、伪造税务登记证件的；纳税人通过提供虚假的证明资料等手段，骗取税务登记证的；或者扣缴义务人未按照规定办理扣缴税款登记行为的，税务机关可以根据《税收征管法》第六十条第一款、第二款和第三款的规定处理。纳税人、扣缴义务人违反规定，拒不接受税务机关处理的，税务机关可以收缴其发票或者停止向其发售发票。纳税人涉嫌其他违法行为的，按有关法律、行政法规的规定处理。

税务人员徇私舞弊或者玩忽职守，违反规定为纳税人办理税务登记相关手续的，或者滥用职权，故意刁难纳税人、扣缴义务人的，调离工作岗位，并依法给予行政处分。

二、发票管理

发票指的是在购销商品、提供或者接受服务以及从事其他经营活动中，开具、收取的收付款凭证。发票管理指的是税务机关对在中华人民共和国境内印制、领购、开具、取得和保管发票的单位和个人进行的管理。

发票管理的法律根据是《中华人民共和国税收征收管理法》，该法规定发票的管理办法由国务院规定。国务院于 1993 年 12 月 12 日批准了《中华人民共和国发票管理办法》。该法规第四十四条规定，发票管理办法的实施细则由国家税务总局制定。国家税务总局于 1993 年 12 月 28 日制定出《中华人民共和国发票管理办法实施细则》。为了加强增值税专用发票的管理，国家税务总局在 1993 年 12 月发布了《增值税专用发票使用规定(试行)》。

1. 发票管理的行政主体。发票管理的行政主体是税务机关。根据《中华人民共和国税收征收管理法》第二十一条规定，税务机关是发票的主管机关，负责发票印制、领购、开具、取得、保管、缴销的管理和监督。《中华人民共和国发票管理办法》第四条进一步明确规定，国家税务总局统一负责全国发票的管理工作。国家税务总局，省、自治区、直辖市国家税务局和省、自治区、直辖市地方税务局依据各自的职责，共同做好本行政区域内的发票管理工作。

同时，财政、审计、工商行政管理、公安等有关部门在各自的职责范围内，配合税务机关做好发票管理工作。

2. 发票管理的行政相对人。发票管理的行政相对人是指在购销商品、提供或者接受经营服务以及从事其他经营活动中，应当按照规定开具、使用、取得发票的单位或者个人。需要注意的是，发票管理的行政相对人不只是纳税人、扣缴义务人，还包括其他的单位或者个人，比如寺庙不是经营单位，但是在购买商品时有可能和纳税人发生经济往来，《发票管理办法》第二十一条规定，所有单位和从事生产、经营活动的个人在购买商品、接受服务以及从事其他经营活动支付款项时，应当向收款方取得发票。由此可见，寺庙的相关行为也纳入税务机关发票管理的范围，如取得发票时，不得要求变更品名和金额等。

3.发票管理的内容。发票管理主要包括五方面的内容：

一是发票的印制。增值税专用发票由国务院税务主管部门指定的企业印制；其他发票，按照国务院税务主管部门的规定，分别由省、自治区、直辖市国家税务局、地方税务局指定企业印制。未经前款规定的税务机关指定，不得印制发票。禁止私自印制、伪造、变造发票。

二是发票的领购。依法办理税务登记的单位和个人，在领取税务登记证件后，可以向主管税务机关申请领购发票。申请领购发票的单位和个人应当提出购票申请，提供经办人的身分证明、税务登记证件或者其他有关证明，以及财务印章或者发票专用章的印模，经主管税务机关审核后，发给发票领购簿。领购发票的单位和个人凭发票领购簿核准的种类、数量以及购票方式，向主管税务机关领购发票。税务机关的核准销售发票行为属于税务行政许可行为。

三是发票的开具。销售商品、提供服务以及从事其他经营活动的单位和个人，对外发生经营业务收取款项时，收款方应当向付款方开具发票；特殊情况下，由付款方向收款方开具发票。开具发票应当按照规定的时限、顺序，逐栏、全部联次一次性如实开具，并加盖单位财务印章或者发票专用章。使用电子计算机开具发票的，须经主管税务机关批准，并使用税务机关统一监制的机外发票，开具后的存根联应当按照顺序号装订成册。

四是发票的保管。所有单位和从事生产、经营活动的个人在购买商品、接受服务以及从事其他经营活动支付款项时，应当向收款方取得发票。取得发票时，不得要求变更品名和金额。开具发票的单位和个人应当按照税务机关的规定存放和保管发票，不得擅自损毁。已经开具的发票存根联和发票登记簿，应当保存五年。保存期满，报经税务机关查验后销毁。

五是发票的检查。首先是税务机关在发票管理中有权对印制、领购、开具、取得和保管发票的情况进行检查，包括可以调出发票查验；查阅、复制与发票有关的凭证、资料；向当事各方询问与发票有关的问题和情况；在查处发票案件时，对与案件有关的情况和资料，可以记录、录音、录像、照相和复制等。

而印制、使用发票的单位和个人，必须接受税务机关依法检查，如实反映情况，提供有关资料，不得拒绝、隐瞒。税务人员进行检查时，应当出示税务检查证。

4. 违反发票管理的法律责任。违反发票管理的法律责任主要依据《中华人民共和国发票管理办法》的第三十六至四十一条规定处理，违反发票管理的行为主要有未按照规定印制发票或者生产发票防伪专用品的；未按照规定领购发票的；未按照规定开具发票的；未按照规定取得发票的；未按照规定保管发票的和未按照规定接受税务机关检查的行为等，税务机关均可以依法实施处罚。对于非法携带、邮寄、运输或者存放空白发票的；私自印制、伪造变造、倒买倒卖发票的；私自制作发票监制章、发票防伪专用品的；违反发票管理法规，导致其他单位或者个人未缴、少缴或者骗取税款的，税务机关可以从严惩处。

1994 年 6 月 3 日最高人民法院、最高人民检察院对办理伪造、倒卖、盗窃发票刑事案件适用法律作出司法解释，1995 年全国人民代表大会常务委员会对惩治虚开、伪造和非法出售增值税专用发票犯罪作出规定，1997 年 7 月 1 日全国人大通过的《中华人民共和国刑法》的第二百零五至二百一十二条对发票特别是对增值税专用发票犯罪进行了具体的规定，这些都是追究发票违法犯罪行为的法律依据。

追究违反发票管理的法律责任，不仅有税务行政管理相对人的责任，还包括追究税务人员的渎职行为、犯罪行为。

三、对账簿、凭证管理的管理

账簿、凭证管理是指从事生产、经营的纳税人、扣缴义务人必须按照国务院财政、税务主管部门规定的保管期限保管账簿、记账凭证、完税凭证及其他有关资料。这里所说的账簿、凭证管理是指税务机关对纳税人、扣缴义务人是否按照法律法规和规章的要求进行监督检查，对违规者责令纠正，对违法者进行惩治的行为。所以严格来说，应该是对账簿、凭证管理的管理。

账簿、凭证管理主要是根据《中华人民共和国税收征收管理法》及其实施细则来进行的。

1. 对账簿、凭证管理的管理的行政主体。对账簿、凭证管理的管理的行政主体包括税务机关等有权机关。根据《中华人民共和国税收征收管理法实施细则》第十九条规定，纳税人、扣缴义务人按照有关法律、行政法规和国务院财政、税务主管部门的规定设置账簿，根据合法、有效的凭证记账，进行核算。但是税务机关对账簿、凭证管理的管理主要涉及与税务有关的内容，其他部门如财政、审计或者国家证券管理委员会都可以对相关企业的账簿、凭证管理进行必要的管理。

2. 对账簿、凭证管理的管理的行政相对人。对账簿、凭证管理的管理的行政相对人是纳税人、扣缴义务人。纳税人、扣缴义务人是账簿、凭证管理的主体。他们负有按照有关法律、行政法规和国务院财政、税务主管部门的规定设置账簿,根据合法、有效的凭证记账,进行核算的法定义务。

3. 账簿、凭证管理的主要内容:

首先是按照规定设置账簿。从事生产、经营的纳税人应当自领取营业执照或者发生纳税义务之日起15日内,按照国家有关规定设置账簿。扣缴义务人应当自税收法律、行政法规规定的扣缴义务发生之日起10日内,按照所代扣、代收的税种,分别设置代扣代缴、代收代缴税款账簿。这里所称的账簿,是指总账、明细账、日记账以及其他辅助性账簿。总账、日记账应当采用订本式。

其次是根据合法、有效的凭证记账,进行核算。从事生产、经营的纳税人应当自领取税务登记证件之日起15日内,将其财务、会计制度或者财务、会计处理办法报送主管税务机关备案。纳税人使用计算机记账的,应当在使用前将会计电算化系统的会计核算软件、使用说明书及有关资料报送主管税务机关备案。纳税人建立的会计电算化系统应当符合国家的有关规定,并能正确、完整核算其收入或者所得。

再次是按照保管期限保管账簿、记账凭证、完税凭证及其他有关资料。纳税人应当按照税务机关的要求安装、使用税控装置,并按照税务机关的规定报送有关数据和资料。账簿、记账凭证、报表、完税凭证、发票、出口凭证以及其他有关涉税资料应当保存十年(法律、行政法规另有规定的除外)。

最后是不得伪造、变造或者擅自损毁账簿、记账凭证、完税凭证及其他有关资料。账簿、记账凭证、报表、完税凭证、发票、出口凭证以及其他有关涉税资料应当合法、真实、完整。否则将受到法律的惩处。

4. 账簿、凭证管理的法律责任。纳税人未按照规定的期限申报办理税务登记、变更或者注销登记的,未按照规定设置、保管账簿或者保管记账凭证和有关资料的,或者未按照规定将财务、会计制度或者财务、会计处理办法和会计核算软件报送税务机关备查的,由税务机关责令其限期改正,可以处二千元以下的罚款;情节严重的,处二千元以上一万元以下的罚款。如果纳税人、扣缴义务人编造虚假计税依据的,由税务机关责令限期改正,并处五万元以下的罚款。纳税人伪造、变造、隐匿、擅自销毁账簿、记账凭证,或者在账簿上多列支出或者不列、少列收入,或者经税务机关通知申报而拒不申报或者进行虚假的纳税申报，不缴或者少缴应纳税款的，是偷税。对纳税人偷税的，由税务机关追缴其不缴或者少缴的税款、滞纳金，并处不缴或者少缴的税款百分之五十以上五倍以下的罚款；构成犯罪的，依法追究刑事责任。扣缴义务人采取伪造、变造、隐匿、擅自销毁账簿、记账凭证，或者在账簿上多列支出或者不列、少列收入手段，不缴或者少缴已扣、已收税款，由税务机关追缴其不缴或者少缴的税款、滞纳金，并处不缴或者少缴的税款百分之五十以上五倍以下的罚款；构成犯罪的，依法追究刑事责任。

四、纳税申报管理

纳税申报是纳税人、扣缴义务人根据法律、法规和规章的要求，在法定的时间内，到税务机关呈报必要的相关材料，并缴纳应纳税款的行为。纳税申报管理指的是税务机关根据法律、法规和规章的授权，依法对纳税人、扣缴义务人履行纳税申报义务情况进行监督、检查并提供必要的服务。

纳税申报管理是法律赋予税务机关的权力，其法律依据是《中华人民共和国税收征收管理法》及其实施细则。

1.纳税申报管理的行政主体。纳税申报管理的行政主体主要是税务机关（农税、进口环节的增值税、消费税等，纳税申报管理的行政主体是财政、海关等）。《中华人民共和国税收征收管理法》第二十五条规定，纳税人必须依照法律、行政法规的规定或者税务机关依照法律、行政法规的规定确定的申报期限、申报内容如实办理纳税申报，报送纳税申报表、财务会计报表以及税务机关根据实际需要要求纳税人报送的其他纳税资料。扣缴义务人必须依照法律、行政法规的规定或者税务机关依照法律、行政法规的规定确定的申报期限、申报内容如实报送代扣代缴、代收代缴税款报告表以及税务机关根据实际需要要求扣缴义务人报送的其他有关资料。

2.纳税申报管理的行政相对人。纳税申报管理的行政相对人是纳税人、扣缴义务人。

3.纳税申报管理的内容。纳税人、扣缴义务人的纳税申报或者代扣代缴、代收代缴税款报告表的主要内容包括：税种，税目，应纳税项目或者应代扣代缴、代收代缴税款项目，计税依据，扣除项目及标准，适用税率或者单位税额，应退税项目及税额，应减免税项目及税额，应纳税额或者应代扣代缴、代收代缴税额，税款所属期限，延期缴纳的税款、欠税、滞纳金等。纳税人办理纳税申报时，应当如实填写纳税申报表，并根据不同的情况相应报送有关证件、资料，主要包括财务会计报表及其说明材料；与纳税有关的合同、协议书及凭证；税控装置的电子报税资料;外出经营活动税收管理证明和异地完税凭证;境内或者境外公证机构出具的有关证明文件以及税务机关规定应当报送的其他有关证件、资料。

为了方便纳税人、扣缴义务人,纳税人、扣缴义务人可以直接到税务机关办理纳税申报或者报送代扣代缴、代收代缴税款报告表,也可以按照规定采取邮寄、数据电文或者其他方式办理上述申报、报送事项。如果纳税人、扣缴义务人有具体困难,不能按期办理纳税申报或者报送代扣代缴、代收代缴税款报告表的,经税务机关核准,可以延期申报。

4.纳税申报管理的法律责任。纳税人不进行纳税申报,不缴或者少缴应纳税款的,由税务机关追缴其不缴或者少缴的税款、滞纳金,并处不缴或者少缴的税款百分之五十以上五倍以下的罚款。

第十二章　税款征收

第一节　税款征收概述

税款征收指的是税务机关根据法律的授权，凭借国家行政权，依法无偿地、强制地征集纳税人、扣缴义务人一定数额金钱的行政行为。

一是税款征收活动的行政主体是税务机关。《中华人民共和国税收征收管理法》第二十八条规定，税务机关依照法律、行政法规的规定征收税款。如果没有得到法律的授权，任何机关、单位和个人不得违反法律、行政法规的规定，擅自作出税收开征等和其他同税收法律、行政法规相抵触的决定。

二是税款征收活动的行政相对人是纳税人、扣缴义务人。《中华人民共和国税收征收管理法》第三条规定，纳税人、扣缴义务人必须依照法律、行政法规的规定缴纳税款、代扣代缴、代收代缴税款。

三是税务机关征收税款的行为是得到法律授权的，并且有国家强制力做保障的行为。国家为了保证国家机器的正常运转，必须具备一定的经济基础，所以它必须从法律的角度来赋予税务机关征税的权力。税务机关的征税权以纳税人、扣缴义务人的服从为前提。如果纳税人、扣缴义务人拒绝履行纳税义务，国家的强制力将迫使纳税人、扣缴义务人遵守。

四是税务机关的征税行为是典型的单方行政行为。税务机关为了实现行政目标，不必取得税务行政相对人的同意，凭借单方的意志对纳税人、扣缴义务人课以义务，其行为能够直接引起法律效果。

第二节 税款征收的原则

税款征收行为的直接后果就是纳税人、扣缴义务人财产的减损和国家财政收入的增加。凡是能导致利益再分配后果的行为都必须有法律的确定，这是法制国家行政行为的基本原则。因此确定谁去收、对谁收、如何收以及收多少的问题就显得十分重要。

一、法定原则

税收法定主义是世界各国的共识。其基本涵义是指征税必须具有法律依据。即不仅要求设置的税种必须法定、课税要素必须明确，而且税收行政行为必须合法。税务机关必须依照法律的规定履行征税职责，既没有不征税、少征税的权力，也没有多征税的权力。同时征税程序也必须法定。征税行为是一个行使国家权力的过程，征税权的行使必须遵循法定的程序。公民在不服征税机关的征税决定或处罚时，有权获得法律救济。如果没有法律依据，政府就不得行使征税权，公民也不得被要求缴纳税收。

二、强制与无偿原则

税务机关实行征收税款的行为是在履行法律赋予的权力，这种权力具有强制纳税人、扣缴义务人服从的效力。税务机关在对征收对象的确定、程序的调整，以及对自由裁量范围的决定，都不以纳税人、扣缴义务人的意志为转移，即使违背纳税人、扣缴义务人的意愿，纳税人、扣缴义务人也必须执行。更重要的是，税务机关对纳税人、扣缴义务人实行征收税款的行为是无偿的，强制力支持这种无偿征收的行为得以实现，如果纳税人、扣缴义务人不服从，将要负由此引起的对其不利的法律责任。

三、服务原则

服务原则要求税务机关和税务人员必须方便纳税人、扣缴义务人依法纳税。纳税服务的直接对象，是纳税人和扣缴义务人的纳税申报和税款缴纳行为，其实质内涵是为组织税收收入服务。如有针对性地开展纳税辅导和咨询服务，帮助纳税人、扣缴义务人依法准确地进行纳税申报和缴纳税款；纳税申报和缴纳税款期限及地点的设置，要最大限度地方便纳税人和扣缴义务人，尽量缩短他们的纳税路程，努力减少他们为纳税所做的付出；充分尊重和维护纳税人、扣缴义务人依法选择纳税申报方式的权利，不得强求他们按税务机关要求的方式申报纳税或硬性推行某种纳税申报方式；充分尊重和维护纳税人、扣缴义务人延期申报、延期缴纳税款的权利，在最短的时间内核实、审批他们的延期申请，帮助他们渡过难关。这既是对组织税收收入的服务，又是对守法者的尊重和服务。

四、回避原则

《中华人民共和国税收征收管理法》第十二条规定，税务人员征收税款和查处税收违法案件，与纳税人、扣缴义务人或者税收违法案件有利害关系的，应当回避。回避的目的是为了依法征收税款，它既可以避免因人情关系而收人情税，导致国家税款的流失，又能避免由于利益关系而滥用职权，致使纳税人、扣缴义务人的合法权利受到损害。应当回避的包括夫妻关系、直系血亲关系、三代以内旁系血亲关系、近姻亲关系和可能影响公正执法的其他利害关系等。

第三节 税款征收的方式

一、自主申报

自主申报是指纳税人依照法律、行政法规的规定或者税务机关依照法律、行政法规的规定确定的申报期限、申报内容到税务机关如实办理纳税申报，报送纳税申报表、财务会计报表以及税务机关根据实际需要要求纳税人报送的其他纳税资料。或者扣缴义务人依照法律、行政法规的规定或者税务机关依照法律、行政法规的规定确定的申报期限、申报内容如实报送代扣代缴、代收代缴税款报告表以及税务机关根据实际需要要求扣缴义务人报送的其他有关资料。

二、核定征收

纳税人有依照法律、行政法规的规定可以不设置账簿的权利。而依照法律、行政法规的规定应当设置账簿但未设置的；擅自销毁账簿或者拒不提供纳税资料的；虽设置账簿，但账目混乱或者成本资料、收入凭证、费用凭证残缺不全，难以查账的；发生纳税义务，未按照规定的期限办理纳税申报，经税务机关责令限期申报，逾期仍不申报的或者纳税人申报的计税依据明显偏低，又无正当理由的，税务机关有权依据国务院税务主管部门规定的具体程序和方法核定其应纳税额。

三、强制征收

对未按照规定办理税务登记的从事生产、经营的纳税人以及临时从事经营的纳税人，由税务机关核定其应纳税额，责令缴纳；不缴纳的，税务机关可以扣押其价值相当于应纳税款的商品、货物。税务机关有根据认为从事生产、经营的纳税人有逃避纳税义务行为的，可以在规定的纳税期之前，责令限期缴纳应纳税款；在限期内发现纳税人有明显的转移、隐匿其应纳税的商品、货物以及其他财产或者应纳税的收入迹象的，税务机关可以责成纳税人提供纳税担保。如果纳税人不能提供纳税担保，经县以上税务局（分局）局长批准，税务机关可以采取书面通知纳税人开户银行或者其他金融机构冻结纳税人的金额相当于应纳税款的存款；扣押、查封纳税人的价值相当于应纳税款的商品、货物或者其他财产等税收保全措施。

从事生产、经营的纳税人、扣缴义务人未按照规定的期限缴纳或者解缴税款，纳税担保人未按照规定的期限缴纳所担保的税款的，由税务机关责令限期缴纳，逾期仍未缴纳的，经县以上税务局（分局）局长批准，税务机关可以采取书面通知其开户银行或者其他金融机构从其存款中扣缴税款；扣押、查封、依法拍卖或者变卖其价值相当于应纳税款的商品、货物或者其他财产，以拍卖或者变卖所得抵缴税款的强制执行措施。

欠缴税款的纳税人或者他的法定代表人需要出境的，应当在出境前向税务机关结清应纳税款、滞纳金或者提供担保。未结清税款、滞纳金，又不提供担保的，税务机关可以通知出境管理机关阻止其出境。

四、检查征收

纳税人、扣缴义务人必须接受税务机关依法进行的税务检查，如实反映情况，提供有关资料，不得拒绝、隐瞒。税务机关依法进行税务检查时，有权向有关单位和个人调查纳税人、扣缴义务人和其他当事人与纳税或者代扣代缴、代收代缴税款有关的情况，有关单位和个人有义务向税务机关如实提供有关资料及证明材料。税务机关有权进行账簿检查,到生产、经营场所和货物存放地检查,责成纳税人、扣缴义务人提供有关的文件、证明材料和有关资料,询问有关的问题和情况,到车站、码头、机场、邮政企业及其分支机构检查和查询从事生产、经营的纳税人、扣缴义务人在银行或者其他金融机构的存款账户等。

五、代扣代缴税款

扣缴义务人必须依照法律、行政法规的规定履行代扣、代收税款的义务。扣缴义务人依法履行代扣、代收税款义务时,纳税人不得拒绝。纳税人拒绝的,扣缴义务人应当及时报告税务机关处理。对法律、行政法规没有规定负有代扣、代收税款义务的单位和个人,税务机关不得要求其履行代扣、代收税款义务。

税务机关根据有利于税收控管和方便纳税的原则,可以按照国家有关规定委托有关单位和人员代征零星分散和异地缴纳的税收,并发给委托代征证书。受托单位和人员按照代征证书的要求,以税务机关的名义依法征收税款,纳税人不得拒绝;纳税人拒绝的,受托代征单位和人员应当及时报告税务机关。

第四节 税款征收的例外:缓、减、免、退

一、延期缴纳税款

纳税人、扣缴义务人按照法律、行政法规的规定或者税务机关依照法律、行政法规的规定确定的期限,缴纳或者解缴税款。纳税人因有特殊困难,如因不可抗力,导致纳税人发生较大损失,正常生产经营活动受到较大影响的;或者当期货币资金在扣除应付职工工资、社会保险费后,不足以缴纳税款而不能按期缴纳税款的,经省、自治区、直辖市国家税务局、地方税务局批准,可以延期缴纳税款,但是最长不得超过三个月。

二、申请减、免、退税

《中华人民共和国税收征收管理法》第八条规定,纳税人依法享有申请减税、免税、退税的权利。纳税人可以依照法律、行政法规的规定书面申请减税、

免税。

减税、免税的申请须经法律、行政法规规定的减税、免税审查批准机关审批。

第五节　税款征收的法律责任

一、纳税人、扣缴义务人的法律责任

1.未按照规定的期限办理纳税申报。纳税人未按照规定的期限办理纳税申报和报送纳税资料的,或者扣缴义务人未按照规定的期限向税务机关报送代扣代缴、代收代缴税款报告表和有关资料的,由税务机关责令限期改正,可以处二千元以下的罚款;情节严重的,可以处二千元以上一万元以下的罚款。

2.偷税行为。纳税人伪造、变造、隐匿、擅自销毁账簿、记账凭证,或者在账簿上多列支出或者不列、少列收入,或者经税务机关通知申报而拒不申报或者进行虚假的纳税申报,不缴或者少缴应纳税款的,是偷税。对纳税人偷税的,由税务机关追缴其不缴或者少缴的税款、滞纳金,并处不缴或者少缴的税款百分之五十以上五倍以下的罚款;构成犯罪的,依法追究刑事责任。

扣缴义务人采取前款所列手段,不缴或者少缴已扣、已收税款,由税务机关追缴其不缴或者少缴的税款、滞纳金,并处不缴或者少缴的税款百分之五十以上五倍以下的罚款;构成犯罪的,依法追究刑事责任。

3.编造虚假计税依据行为。纳税人、扣缴义务人编造虚假计税依据的,由税务机关责令限期改正,并处五万元以下的罚款。

4.不如实纳税申报行为。纳税人不进行纳税申报,不缴或者少缴应纳税款的,由税务机关追缴其不缴或者少缴的税款、滞纳金,并处不缴或者少缴的税款百分之五十以上五倍以下的罚款。

5.欠缴应纳税款等行为。纳税人欠缴应纳税款,采取转移或者隐匿财产的手段,妨碍税务机关追缴欠缴的税款的,由税务机关追缴欠缴的税款、滞纳金,并处欠缴税款百分之五十以上五倍以下的罚款;构成犯罪的,依法追究刑事责任。

6.骗税行为。以假报出口或者其他欺骗手段,骗取国家出口退税款的,由税务机关追缴其骗取的退税款,并处骗取税款一倍以上五倍以下的罚款;构成

犯罪的，依法追究刑事责任。

对骗取国家出口退税款的，税务机关可以在规定期间内停止为其办理出口退税。

7.抗税行为。以暴力、威胁方法拒不缴纳税款的，是抗税，除由税务机关追缴其拒缴的税款、滞纳金外，依法追究刑事责任。情节轻微，未构成犯罪的，由税务机关追缴其拒缴的税款、滞纳金，并处拒缴税款一倍以上五倍以下的罚款。

8.不缴或者少缴行为。纳税人、扣缴义务人在规定期限内不缴或者少缴应纳或者应解缴的税款，经税务机关责令限期缴纳，逾期仍未缴纳的，税务机关除依照本法第四十条的规定采取强制执行措施追缴其不缴或者少缴的税款外，可以处不缴或者少缴的税款百分之五十以上五倍以下的罚款。

9.应扣未扣、应收而不收行为。扣缴义务人应扣未扣、应收而不收税款的，由税务机关向纳税人追缴税款，对扣缴义务人处应扣未扣、应收未收税款百分之五十以上三倍以下的罚款。

二、税务机关及其人员的法律责任

1.改变税收征收管理范围和税款入库预算级次行为。税务机关违反规定擅自改变税收征收管理范围和税款入库预算级次的，责令限期改正，对直接负责的主管人员和其他直接责任人员依法给予降级或者撤职的行政处分。

2.徇私舞弊行为。税务人员徇私舞弊，对依法应当移交司法机关追究刑事责任的不移交，情节严重的，依法追究刑事责任。

3.滥用职权行为。税务机关、税务人员查封、扣押纳税人个人及其所扶养家属维持生活必需的住房和用品的，责令退还，依法给予行政处分；构成犯罪的，依法追究刑事责任。

4.与犯罪分子勾结行为。税务人员与纳税人、扣缴义务人勾结，唆使或者协助纳税人、扣缴义务人偷税等行为，构成犯罪的，依法追究刑事责任；尚不构成犯罪的，依法给予行政处分。

5.以权谋私行为。税务人员利用职务上的便利，收受或者索取纳税人、扣缴义务人财物或者谋取其他不正当利益，构成犯罪的，依法追究刑事责任；尚不构成犯罪的，依法给予行政处分。

6.不作为或滥用自由裁量权行为。税务人员徇私舞弊或者玩忽职守，不征或者少征应征税款，致使国家税收遭受重大损失，构成犯罪的，依法追究刑事责任；尚不构成犯罪的，依法给予行政处分。

税务人员滥用职权，故意刁难纳税人、扣缴义务人的，调离税收工作岗位，并依法给予行政处分。

7.打击报复行为。税务人员对控告、检举税收违法违纪行为的纳税人、扣缴义务人以及其他检举人进行打击报复的，依法给予行政处分；构成犯罪的，依法追究刑事责任。

8.违规征收行为。违反法律、行政法规的规定提前征收、延缓征收或者摊派税款的，由其上级机关或者行政监察机关责令改正，对直接负责的主管人员和其他直接责任人员依法给予行政处分。

违反法律、行政法规的规定，擅自作出税收的开征、停征或者减税、免税、退税、补税以及其他同税收法律、行政法规相抵触的决定的，除依照本法的规定撤销其擅自作出的决定外，补征应征而未征的税款，退还不应征收而征收的税款，并由上级机关追究直接负责的主管人员和其他直接责任人员的行政责任；构成犯罪的，依法追究刑事责任。

第十三章　税务稽查

第一节　税务稽查概述

一、税务稽查的概念和特征

（一）税务稽查的概念

税务稽查是税务机关依法对纳税人、扣缴义务人履行纳税义务、扣缴义务情况所进行的税务检查和处理工作的总称。

（二）税务稽查的特征

1. 税务稽查的行政主体是税务机关。《中华人民共和国税收征收管理法》第十一条规定，税务机关负责征收、管理、稽查、行政复议的人员的职责应当明确，并相互分离、相互制约。这表明，税收的征收、管理、稽查和行政复议都是税务机关的职责。第十四条规定，本法所称的税务机关是指各级税务局、税务分局、税务所和按照国务院规定设立的并向社会公告的税务机构。《中华人民共和国税收征收管理法实施细则》第九条进一步规定，《中华人民共和国税收征收管理法》第十四条所称按照国务院规定设立的并向社会公告的税务机构，是指省以下税务局的稽查局。稽查局专司偷税、逃避追缴欠税、骗税、抗税案件的查处。

2. 税务稽查的行政相对人是纳税人、扣缴义务人。纳税人、扣缴义务人必须依照法律、行政法规的规定缴纳税款、代扣代缴、代收代缴税款。如果纳税人、扣缴义务人未依法履行义务，税务机关可以对其进行税务检查，如调账检查、到经营场所实地检查等。发现有违法行为的，税务机关可以责令补交税款，加收滞纳金和罚款等。

3. 税务稽查是税务机关依职权的行政行为。和税务行政许可不同，税务稽查是税务机关依职权的行政行为。税务机关根据《中华人民共和国税收征收管理法》及其实施细则的授权，不必行政相对人的申请，可以依法主动对纳税人、扣缴义务人实施检查行为。《中华人民共和国税收征收管理法》第五十六条规定，纳税人、扣缴义务人必须接受税务机关依法进行的税务检查，如实反映情况，提供有关资料，不得拒绝、隐瞒。

4.税务稽查的内容。税务稽查的内容是纳税人、扣缴义务人履行纳税义务、扣缴义务的情况，税务机关检查的内容只能是履行纳税义务、扣缴义务的情况和其他相关的内容，而不能超越法定的权限范围。如果在检查过程中了解到纳税人、扣缴义务人的个人隐私、商业秘密或者其他为纳税人、扣缴义务人所不愿意公开的内容，税务人员必须为其保守秘密，否则将承担法律责任。

二、税务稽查的法律依据

根据税收法定主义，凡是涉及纳税人、扣缴义务人利益调整的税务机关行为都必须有法律的依据。税务稽查是税务机关依职权的行政行为，其行为对纳税人、扣缴义务人有重要影响，所以必须得到法律的授权才能作为。概而言之，税务稽查的法律依据主要有：

（一）法律的授权

根据《中华人民共和国税收征收管理法》第十一条规定，税务机关负责征收、管理、稽查、行政复议的人员的职责应当明确，并相互分离、相互制约。这表明税务稽查是税务机关的职责。第五十四条规定，税务机关有权进行包括检查纳税人的账簿、记账凭证、报表和有关资料，检查扣缴义务人代扣代缴、代收代缴税款账簿、记账凭证和有关资料等内容的税务检查。为了明确税务机关的权力和纳税人、扣缴义务人必须应尽的义务，第五十六条进一步规定，纳税人、扣缴义务人必须接受税务机关依法进行的税务检查，如实反映情况，提供有关资料，不得拒绝、隐瞒。

（二）规章的授权

1.对发票的检查。根据1993年12月23日颁布的《中华人民共和国发票管理办法》第三十一条规定，税务机关在发票管理中有权检查印制、领购、开具、取得和保管发票的情况；调出发票查验；查阅、复制与发票有关的凭证、资料；向当事各方询问与发票有关的问题和情况以及在查处发票案件时，对与案件有关的情况和资料，可以记录、录音、录像、照相和复制等。第三十二条进一步规定，印制、使用发票的单位和个人，必须接受税务机关依法检查，如实反映情况，提供有关资料，不得拒绝、隐瞒。

2.税务稽查。1995年12月8日国家税务总局发布了《税务稽查工作规程》,第一条说是"根据《中华人民共和国税收征收管理法》及《中华人民共和国税收征收管理实施细则》,制定本规程。"但是1993年8月4日国务院颁发的《中华人民共和国税收征收管理实施细则》并没有具体条文授权国家税务总局制定稽查规程,经过修订并于2002年10月15日起施行的《中华人民共和国税收征收管理实施细则》第八十五条明确规定说,税务检查工作的具体办法,由国家税务总局制定。

三、税务稽查的作用

1.对涉税不法行为的威慑作用。由于社会风气的败坏,纳税光荣的思想已不能深入人心。偷税、骗税成为一些本来应当负有纳税义务、扣缴义务的纳税人、扣缴义务人致富的首选。在侥幸心理或者利益的驱动之下,现在呈现的是抗税时有发生、骗税迅速蔓延、偷税无处不有的局面,加上不法分子涉税犯罪的高智能化、集团化和专业分工趋势的出现,拥有一支作风过硬、设备优良、技术拔尖、精通法律的专业稽查队伍,就成了时代的要求。

2.公平纳税环境。市场经济要求对纳税人、扣缴义务人确立公平税负原则和提供公平的竞争环境,如果允许一部分的纳税人、扣缴义务人偷税、骗取出口退税,甚至抗税等违法行为的存在,那么国家税款的流失、税收秩序的破坏、市场经济遭受危害就不可避免。税务稽查在对偷税、逃避追缴欠税、骗税、抗税案件的查处中,实现纳税环境的公平和税收执法的公正。

3.挽回税款损失。宪法规定公民有纳税的义务,征管法要求纳税人、扣缴义务人必须主动进行纳税申报,所以国家的税款主要是通过正常的征收程序征收上来的。但是对于偷、逃、骗、抗税造成的损失,只能由税务稽查来挽回。税务机关通过检查挽回税款损失有三层意义,一是通过检查,发现本应进行纳税申报缴纳的税款给予追补回来;二是通过加收滞纳金以及对涉税违法行为的处罚,一并收交国库;三是由于税务机关的稽查惩处职能的威慑作用促使一些纳税人、扣缴义务人不敢铤而走险,而是主动申报纳税。

4.促进税务机关加强日常管征工作。税务机关的管理部门负责对纳税人、扣缴义务人的日常管理,其职责和征收部门、稽查部门的侧重点各有不同。如管理部门主要负责一般纳税人的资格认定、纳税评估、纳税申报管理、税收政策优惠管理、发票管理以及小规模纳税人管理等;稽查部门通过专项检查、专案检查等发现纳税人、扣缴义务人涉税犯罪的方式、手段以及管理上存在的漏洞,以便管理部门有针对性地开展管理工作。

5.推进税务机关的廉政建设。《中华人民共和国税收征收管理法》第十一条规定，税务机关负责征收、管理、稽查、行政复议的人员的职责应当明确，并相互分离、相互制约。我们不排除个别税务人员徇私舞弊或者玩忽职守，不征或者少征应征税款，致使国家税收遭受重大损失；或者违反法律、行政法规的规定，擅自作出税收的开征、停征或者减税、免税、退税、补税以及其他同税收法律、行政法规相抵触的决定的情况的出现，而职能分离的目的就是起到互相制约的作用，防止这类情况的出现，这对推进依法治税、加强税务队伍廉政建设有积极意义。

第二节 税务稽查的种类、管辖

根据税务稽查对象的来源、稽查范围和目的的不同，税务稽查可以分为日常稽查、专项稽查、专案稽查等。

（一）税务稽查的种类

1.日常稽查。日常稽查指的是税务机关对纳税人、扣缴义务人日常履行法定义务、遵守税务规章制度和就管理中发现的问题进行比较全面的检查。日常稽查是税务机关有计划、有目的的常规性检查，其案件来源主要是人工筛选或者计算机筛选，既可以是全面检查，把各个税种查全，也可以就管理中的某一方面，如一般纳税人的增值税发票使用情况开展检查等。日常稽查往往是对纳税人、扣缴义务人面上的检查，所以日常检查的深度往往较难如人意。

2.专项检查。专项检查指的是税务机关根据特定的目的和要求，对某一行业、某一类型或者某一地域的纳税人、扣缴义务人，在某一特定时间段内的某一方面或者某些方面履行法定义务的情况进行检查的行为。如 2003 年 3 月 6 日国家税务总局确定对 2002 年度个人所得税，化妆品、护肤护发品行业消费税和生产企业出口货物“免、抵、退”税等进行专项检查。从实践情况来看，专项检查一般是在每年年初由国家税务总局针对某一方面带有普遍性的问题，在全国范围开展的检查，各地可以结合本地的特殊情况扩大检查范围。但是也有根据特别的部署而进行的专项工作检查，如 2002 年夏季在四川、河南等 4 省开展白酒生产企业消费税申报、缴纳情况的专项检查。专项检查有时间限制，包括检查时间，即在某一时间段内完成专项检查工作任务，还包括检查所属时间，即纳税人、扣缴义务人在某一特定时间段内履行纳税义务情况的检查,一般是上一个年度,如果发现问题,经过批准可以往前追溯。

3.专案稽查。专案稽查是指税务机关对公民举报、其他部门转办和上级交办的案件进行检查的行为。为了遏止涉税犯罪行为,鼓励社会对纳税人、扣缴义务人履行纳税义务的监督,税务稽查部门有专门的接受公民举报的机构,国家专门出台了对举报人的奖励办法,举报案件成为打击涉税犯罪的重要线索。其他部门,包括国际情报交流获得的线索,以及上级交办的案件,也是税务机关专案稽查的重要内容。专案稽查一般只针对举报案件提供的线索,就举报内容进行落实,落实清楚,案件就可以结束。案件结束后必须给案件线索提供者以反馈。

(二)税务稽查的管辖

1.税务稽查的税种管辖。1994年新税制改革后,国务院税务主管部门主管全国税收征收管理工作,各地国家税务局和地方税务局按照国务院规定的税收征收管理范围分别进行征收管理。但是根据2002年10月15日起施行的《中华人民共和国税收征收管理实施细则》,国家税务总局稽查局并不具备执法主体的资格,所以各地国家税务局、地方税务局分别负责所管辖税收的税务稽查工作。也就是在税务稽查中,国家税务局、地方税务局只能查处自己管辖税种的税收。在税务稽查工作中发现有属于对方管辖范围问题的,应当及时通报对方查处;双方在同一税收问题认定上有不同意见时,应按照负责此项税收的上级税务机关裁定,以裁定的意见为准。

2.税务稽查的地域管辖。税务案件的查处,原则上由被查对象所在地的税务机关负责,这和税务管理相一致。因为一般来说,税务机关的管征是采取属地原则,稽查和管理、征收的管辖相一致,有利于加强对纳税人、扣缴义务人的管理。但是属地管辖只是原则上的规定,还有一些例外,具体有:

一是发票案件由案发地的税务机关负责。这是由发票案件的特点决定的。发票案件往往是跨地区作案,流动性大,有的还不是纳税人,如果以属地管辖原则办理,很难取得理想的效果。

二是税法另有规定的,按税法规定执行。如1993年12月13日颁布的《中华人民共和国营业税暂行条例》第十二条关于营业税纳税地点中规定,纳税人从事运输业务的,应当向其机构所在地的主管税务机关申报纳税。但是其实施细则第三十条规定,纳税人提供的应税劳务发生在外县(市)的,应向劳务发生地的主管税务机关申报纳税而未申报纳税的,由其机构所在地或者居住地的主管税务机关补征税款。这表明机构所在地和实际发生地的地方税务局稽查局都可以管辖。

3.税务稽查的共同管辖。由于我国实行的是不彻底的中央与地方的分税制，对同一个涉税行为可能出现两个甚至两个以上机构的管辖权，如果出现两个税务机关都有稽查权的情况，根据税务稽查的优先原则。在国税、地税各自系统内，查处的税务案件如果涉及两个或两个以上税务机关管辖的，由最先查处的税务机关负责；管辖权限发生争议的，有关税务机关应当本着有利于查处的原则，协商确定查处权；协商不能取得一致意见的，由共同的上一级税务机关协调或者裁定后执行。

4.税务稽查的级别管辖。稽查案件原则上是属地查处，目前有检查权的国税、地税稽查局有三级，即省(自治区、直辖市)稽查局、地级市稽查局和县稽查局，这意味着发生在县区内的案件，三级稽查局都可以查处。为了避免同一案件上下级稽查局的交叉查办，一般来说，重大偷税、逃避追缴欠税、骗取出口骗税、避税、抗税案件；重大伪造、倒卖、非法代开、虚开发票案件以及其他重大税收违法案件；群众举报，确需要上级派人查处的案件；涉及被查对象中有主管税务机关有关人员的案件；上级税务机关认为需要自己查处的案件和下级税务机关认为有必要请上级税务机关查处的案件，可由上级税务机关查处或者统一组织力量查处，其他的由所在地的县局稽查局查处。

第三节 税务稽查的原则、程序

税务稽查的原则是税务稽查部门及其工作人员应当共同遵守的行为准则。具体有：

一、税务稽查的原则

(一)法定原则

税收法定主义是整个税务工作的基本原则，作为税务工作重要环节的稽查工作，毫无疑问必须遵守法定的原则。在稽查工作中，法定原则表现在三方面，一是职权法定，即税务机关的检查权必须是法律、法规或者规章的授权，它意味着一方面稽查人员只能在授权范围内作为，超越权限即违法；另一方面，除税务机关的稽查部门外，其他未获得授权的单位、个人都无权对纳税人、扣缴义务人进行税务稽查。二是程序法定，即税务稽查人员在对纳税人、扣缴义务人进行税务稽查时，必须遵守法定的程序，程序违反规则则结果无效，以程序的公正来保证实体的公正。三是罚则法定，稽查人员对纳税人、扣缴义务人涉税违法行为进行处罚时，必须有法律的依据，包括处罚的依据和处罚的内容，都必须有法律上的明确规定，严禁适用类推。

（二）公平原则

税收法律体系是制约征纳双方的共同行为准则，它一方面要求税务机关在执行税收法律、进行税务稽查时要公平对待所有的纳税人、扣缴义务人，以确保税务执法的公正；另一方面，接受税务稽查的纳税人、扣缴义务人有权要求税务机关公平的对待，否则可以进行包括举报、要求举行听证、行政复议、提起行政诉讼和要求行政赔偿等救济。

在稽查中公平对待纳税人、扣缴义务人，主要体现在三方面，一是在检查次数上一视同仁，即同类型、同行业的纳税人、扣缴义务人在一定时间内被检查次数要大致平衡，不要有的行业年年检查，而有的行业从不检查。二是对同行业、同类型的纳税人、扣缴义务人的检查深度要大致相当，不要有的点到为止，草草收场；有的内查外调，挖地三尺。三是对有相同违法行为情节的纳税人、扣缴义务人的处罚要大致相同，即使是在自由裁量权范围内，也要避免畸重畸轻。

（三）监督制约原则

对税务机关中的征收部门，主要是要防止税务人员在与纳税人、扣缴义务人交往中的不文明行为；对管理部门，主要要防止税务人员与纳税人、扣缴义务人内外勾结，致使国家税款流失；对稽查部门的税务人员，主要是要防止滥用职权，以权谋私。为了防止稽查人员以权谋私，必须从建立制度制约和加强监督两方面入手，具体是：税务机关制定合理的税务稽查工作规程，负责选案、检查、审理；执行人员的职责应当明确，并相互分离、相互制约；规范选案程序和检查行为。如果发现稽查人员对纳税人、扣缴义务人滥用职权的，如采取税收保全或者强制措施不当的、过罚不相当的等，将受到包括行政处分、追究刑事责任等方面的制裁。同时赋予纳税人、扣缴义务人监督权力，纳税人、扣缴义务人有权控告和检举税务机关、税务人员的违法违纪行为。

（四）回避原则

回避的目的是要防止人情、利益而导致执法中的滥用职权，为此，《中华人民共和国税收征收管理法》第十二条规定，税务人员征收税款和查处税收违法案件，与纳税人、扣缴义务人或者税收违法案件有利害关系的，应当回避。具体包括税务人员进行税务检查中有夫妻关系、直系血亲关系、三代以内旁系血亲关系、近姻亲关系和可能影响公正执法的其他利害关系的，都应当回避。

二、税务稽查的程序

(一)一般程序和简易程序

税务稽查程序可以分为一般程序和简易程序。经过立案的税务稽查案件属于稽查一般程序,一般程序的案件必须经过审理环节的审理;凡未经立案,在稽查中未发现应当立案的税务稽查案件,可以不经过审理环节的审理,经局长批准后直接作《税务处理决定书》或者《税务稽查结论》,这就属于税务稽查中的简易程序。

(二)税务稽查案件的立案标准

税务稽查对象经初步判明具有以下情形之一的,均应当立案查处:

1.偷税、逃避追缴欠税、骗取出口骗税、抗税以及为纳税人、扣缴义务人非法提供银行账户、发票、证明或者其他方便,导致税收流失的。

2.未具有本条第一项所列的行为,但查补税额在五千元至二万元及二万元以上的(具体标准由省、自治区、直辖市税务机关根据本地情况在幅度内确定)。

3.私自印制、伪造、倒卖、非法代开、虚开发票,非法携带、邮寄、运输或者存放空白发票,伪造、私自制作发票监制章、发票防伪专用品的。

4.其他税务机关认为需要立案查处的。

对未经立案实施稽查的,如果在稽查过程中发现已达到立案标准的,应当补充立案。

税务稽查分选案、实施、审理和执行四个环节,每个环节既互相独立,又相互制约,本章侧重对稽查的实施、审理和执行进行探讨,对与稽查关系密切的处罚问题,将在专章进行研究。

第四节 税务稽查的实施

税务检查是税务机关依职权行使的行政行为。在税务检查中,有些行为是法律规定必须履行的,有些是法律规定可以作为的,具体而言:

一、税务检查中的羁束行政行为

由于税务机关工作人员代表国家对纳税人、扣缴义务人的纳税义务履行情况进行检查，纳税人、扣缴义务人必须服从税务机关的检查，这对于监督纳税人、扣缴义务人认真履行法定义务，确保国家税款及时、足额入库是非常必要的。但是，如果税务人员运用不当，或者滥用职权、以权谋私，对纳税人、扣缴义务人的损害也是十分明显的，所以作为实体法的《中华人民共和国税收征收管理法》对税务稽查程序也有严格的规定，主要包括：

（一）税务检查的程序要求

程序公正可以导致结果公正，程序的不公必然损害结果的公正。为了规范税务稽查人员的检查行为，税收法律、法规和规章从程序上作了相应的规定：

1. 出示税务检查证与税务检查通知书。即实施税务稽查必须两人以上，并出示税务检查证与税务检查通知书。《中华人民共和国税收征收管理法》第五十九条规定，税务机关派出的人员进行税务检查时，应当出示税务检查证和税务检查通知书，并有责任为被检查人保守秘密；未出示税务检查证和税务检查通知书的，被检查人有权拒绝检查。《中华人民共和国税收征收管理法实施细则》第八十九条规定，税务人员进行税务检查时，应当出示税务检查证和税务检查通知书；无税务检查证和税务检查通知书的，纳税人、扣缴义务人及其他当事人有权拒绝检查。但是，税务机关对集贸市场及集中经营的业户进行检查时，可以使用统一的税务检查通知书。

2. 制作税务稽查底稿。税务稽查工作底稿是税务稽查人员在检查的时候对有疑问的问题所作的记载，包括账户、记账凭证以及相关税收问题等。税务稽查工作底稿不仅是纳税人、扣缴义务人存在问题的汇总，而且经过被查对象的逐项认可后，可以作为定案的依据之一；由于税务稽查工作底稿是检查过程的全程记录，能比较全面地反映稽查工作的情况，可以规范税务稽查人员的检查行为；更为重要的是，它可以从个案中发现税收制度上的漏洞，便于税收法制建设的完善，所以《税务稽查工作规程》第三十二条规定，税务稽查人员在税务稽查中应当认真填写《税务稽查底稿》。

3. 规范制作《税务稽查报告》。《税务稽查工作规程》第三十三条要求，对经立案查处的案件，税务稽查完毕，稽查人员应制作《税务稽查报告》。《税务稽查报告》的主要内容应当包括：案件的来源；被查对象的基本情况；稽查时间和稽查所属期间；主要违法事实及其手段；稽查过程中采取的措施；违法性质；被查对象的态度；处理意见和依据；其他需要说明的事项和稽查人员的签字和报告时间。税务稽查人员应当将《税务稽查报告》，连同《税务稽查底稿》及其他证据，提交审理部门审理。

(二)税务检查的内容要求

1.税务稽查人员进行税务检查必须是组织授权行为。不是所有的税务人员都有权进行税务检查,即必须是持有由省国家税务局或者地方税务局颁发的《税务检查证》的人员才能进行税务检查;持有《税务检查证》的人员必须有组织的委派,才能进行税务检查,组织委派的标志就是持有局长签名的《税务检查通知书》。

2.税务人员检查行为必须受时间限制。纳税人、扣缴义务人接受税务检查,在时间、精力方面都会受到影响,特别是税务机关在采取税收保全或者强制执行等措施的时候,影响会更明显。为了避免纳税人、扣缴义务人的生产经营因税务检查而受到影响,《中华人民共和国税收征收管理法实施细则》第八十六条规定,税务机关进行税务检查,必要时,经县级以上税务局(分局)局长批准,可以将纳税人、扣缴义务人以前的会计年度账簿、记账凭证、报表和其他有关资料调回税务机关检查,但是税务机关必须向纳税人、扣缴义务人开付清单,并在3个月内完整退还;有特殊情况的,经设区的市、自治州以上税务局局长批准,税务机关可以将纳税人、扣缴义务人当年的账簿、记账凭证、报表和其他有关资料调回检查,但是税务机关必须在30日内退还。第八十八条规定,税务机关采取税收保全措施的期限一般不得超过6个月;重大案件需要延长的,应当报国家税务总局批准。

3.税务人员必须为纳税人、扣缴义务人保密。《中华人民共和国税收征收管理法》第八条规定,纳税人、扣缴义务人有权要求税务机关为纳税人、扣缴义务人的情况保密。税务机关应当依法为纳税人、扣缴义务人的情况保密。《中华人民共和国税收征收管理法实施细则》第八十七条针对税务稽查工作,进一步明确,税务机关查询从事生产、经营的纳税人、扣缴义务人在银行或者其他金融机构的存款账户时,应当指定专人负责,凭全国统一格式的检查存款账户许可证明进行,并有责任为被检查人保守秘密。

4.税务机关进行纳税检查时必查的内容。尽管税务机关的纳税检查属于自由裁量行为,但是在这些行为中还是有羁束行为的。如对账簿的检查,就必须包括审查会计报表、有关税种纳税申报表、有关计税依据所对应的计税账户以及关联账户、对照审核相关凭证等;又如对会计凭证检查时的原始凭证审阅,就包括印刷是否合法、手续是否完备、数量是否齐全和是否存在重复使用等内容。

(三)税务检查中必须经过审批的行政行为

1.调账检查必须经过税务局长批准。税务机关有权检查纳税人的账簿、记账凭证、报表和有关资料，检查扣缴义务人代扣代缴、代收代缴税款账簿、记账凭证和有关资料。但是，要进行调账检查，就必须经县以上税务局（分局）局长批准，才可以将纳税人、扣缴义务人以前的会计年度账簿、记账凭证、报表和其他有关资料调回税务机关检查。同时税务机关必须向纳税人、扣缴义务人开付清单，并在3个月内完整退还；有特殊情况的，经设区的市、自治州以上税务局局长批准，税务机关可以将纳税人、扣缴义务人当年的账簿、记账凭证、报表和其他有关资料调回检查，但是税务机关必须在30日内退还。

2.检查银行账户必须经过县以上税务局（分局）局长批准。经县以上税务局（分局）局长批准，凭全国统一格式的检查存款账户许可证明，税务检查人员才能查询从事生产、经营的纳税人、扣缴义务人在银行或者其他金融机构的存款账户。税务机关在调查税收违法案件时，必须经设区的市、自治州以上税务局（分局）局长批准，才可以查询案件涉嫌人员的储蓄存款。

3.采取税收保全措施或者强制执行措施必须经县以上税务局（分局）局长批准。税务机关对从事生产、经营的纳税人以前纳税期的纳税情况依法进行税务检查时，发现纳税人有逃避纳税义务的行为，并有明显的转移、隐匿其应纳税的商品、货物以及其他财产或者应纳税的收入迹象的，经过批准可以采取税收保全措施或者强制执行措施。经县以上税务局（分局）局长批准，可以依法拍卖或者变卖所扣押的商品、货物，以拍卖或者变卖所得抵缴税款。税务机关有根据认为从事生产、经营的纳税人有逃避纳税义务行为的，可以在规定的纳税期之前，责令限期缴纳应纳税款；在限期内发现纳税人有明显的转移、隐匿其应纳税的商品、货物以及其他财产或者应纳税的收入迹象的，税务机关可以责成纳税人提供纳税担保。如果纳税人不能提供纳税担保，经县以上税务局（分局）局长批准，税务机关可以采取下列税收保全措施：限期期满仍未缴纳税款的，经县以上税务局（分局）局长批准，税务机关可以书面通知纳税人的开户银行或者其他金融机构从其冻结的存款中扣缴税款，或者依法拍卖或者变卖所扣押、查封的商品、货物或者其他财产，以拍卖或者变卖所得抵缴税款。从事生产、经营的纳税人、扣缴义务人未按照规定的期限缴纳或者解缴税款，纳税担保人未按照规定的期限缴纳所担保的税款，由税务机关责令限期缴纳，逾期仍未缴纳的，经县以上税务局（分局）局长批准，税务机关可以采取强制执行措施。

二、税务检查中的自由裁量行政行为

税收法律、法规和规章不可能对所有的税务行政行为、特别是对需要发挥稽查人员主观能动性的检查行为都作出详细的规定，即有时只能规定一种行为原则，或者规定一个行为幅度，在这样的情况下，税务机关的检查人员进行税务检查行为时，就有一定的自由裁量余地，这就是税务检查中的自由裁量行政行为。概括起来，税务检查中的自由裁量行政行为主要有：

(一)选择检查方式的权力

税务检查可以采取现场检查和调账检查两种形式。现场检查指的是税务稽查人员到纳税人的生产、经营场所和货物存放地检查纳税人应纳税的商品、货物或者其他财产，检查扣缴义务人与代扣代缴、代收代缴税款有关的经营情况；或者到车站、码头、机场、邮政企业及其分支机构检查纳税人托运、邮寄应纳税商品、货物或者其他财产的有关单据、凭证和有关资料。调账检查指的是税务检查人员认为在必要的时候，经县以上税务局(分局)局长批准，可以将纳税人、扣缴义务人以前的会计年度账簿、记账凭证、报表和其他有关资料，代扣代缴、代收代缴税款账簿、记账凭证和有关资料调回税务机关检查，有特殊情况的，经设区的市、自治州以上税务局局长批准，税务机关可以将纳税人、扣缴义务人当年的账簿、记账凭证、报表和其他有关资料调回检查。

其他的还有可以对纳税人、扣缴义务人进行询问；可以进行账外调查，如检查纳税人、扣缴义务人存款账户、储蓄存款；还可以在必要的时候进行异地协查等。

(二)选择检查手段的权力

为确保税务稽查人员有必要的手段进行税务检查，法律赋予了检查人员一些必要的权力，其中包括对检查手段的选择。《中华人民共和国税收征收管理法》第五十八条规定，税务机关调查税务违法案件时，对与案件有关的情况和资料，可以记录、录音、录像、照相和复制。但是这些手段的运用必须符合法律程序上的规定，因为根据 2002 年 6 月 4 日最高人民法院审判委员会第 1224 次会议通过的《最高人民法院关于行政诉讼证据若干问题的规定》第五十七条规定的精神，以偷拍、偷录、窃听等手段获取的侵害他人合法权益的证据材料不能作为定案依据。当然在取证过程中，更不能对当事人和证人引供、诱供和逼供了。

(三)决定是否采取税收保全措施或者强制执行措施的权力

税务机关的检查人员不论是采取书面通知纳税人的开户银行或者其他金融机构冻结纳税人的金额相当于应纳税款的存款或者扣押、查封纳税人的价值相当于应纳税款的商品、货物或者其他财产等税收保全措施，对纳税人、扣缴义务人的生产经营都将产生负面影响，就法理上说，这是税务机关别无选择的选择，是不得已而为之的下策，表面上看是纳税人、扣缴义务人行为的必然结果，但是在实际工作中，还是有自由裁量的空间的。我们知道，采取税收保全措施的前提条件是在限期内发现纳税人有明显的转移、隐匿其应纳税的商品、货物以及其他财产或者应纳税的收入迹象的，税务机关的检查人员可以责成纳税人提供纳税担保。如果纳税人不能提供纳税担保，经县以上税务局（分局）局长批准，税务机关的检查人员可以采取税收保全措施。至于什么是有明显的转移、隐匿其应纳税的商品、货物以及其他财产或者应纳税的收入迹象的，法律不可能穷尽列举，有些行为是介于是与不是之间的，接受检查的纳税人在经营中往外地发货，与转移库存商品的界限，只能由检查人员来界定。同样，采取强制执行措施的前提也不可能完全列举，这些都给检查人员留下了自由裁量的空间。

（四）决定处罚幅度的权力

税务行政处罚是法律赋予税务机关检查人员的一项必要的权力，尽管行政处罚必须符合法定、公开、公正与过罚相当的原则，但是纳税人、扣缴义务人在涉税案件中的过错程度有些可以用数字衡量，有些则需要检查人员的主观判断，如纳税人、扣缴义务人在案件查处过程中的合作态度也是决定处罚轻重程度的条件之一，这就给办案人员以自由裁量的权力。如《中华人民共和国税收征收管理法》第六十三条规定，纳税人伪造、变造、隐匿、擅自销毁账簿、记账凭证，或者在账簿上多列支出或者不列、少列收入，或者经税务机关通知申报而拒不申报或者进行虚假的纳税申报，不缴或者少缴应纳税款的，是偷税。对纳税人偷税的，由税务机关追缴其不缴或者少缴的税款、滞纳金，并处不缴或者少缴的税款百分之五十以上、五倍以下的罚款。如果被定性为偷税的纳税人少缴税款五千万元，那么检查人员确定罚款的幅度就在两千五百万元到两亿五千万元之间。

第五节 税务检查的证据

税务稽查案件的证据是证明税务案件真实情况的一切事实，它是证据的内容（事实材料）与证据的形式（证明手段）的统一。

一、税务稽查案件证据的属性

(一)税务稽查案件的证据能力

税务稽查案件的证据能力指的是某一材料能够用于严格的证明能力或者资格,也就是能够被允许作为税务稽查案件的证据加以调查并得以采纳。这里的严格证明是针对纳税人、扣缴义务人的违法事实是否存在以及与处罚权的范围有关的待证事实严格依据法律的规定进行的证明。《税务稽查规程》第二十五条规定禁止对证据能力加以限制,即取证过程中,不得对当事人和证人引供、诱供和逼供等。

1.证据的关联性。税务稽查案件证据的关联性指的是作为税务稽查案件的证据内容的事实与待证事实之间存在某种客观的联系,因此具有对案件事实加以证明的实际能力。税务稽查案件证据的关联性要求该证据是客观存在的,而不是税务检查人员凭空想像出来的;这种客观联系可以是因果关系、必然联系,也可以是偶然联系、否定联系,但必须是有某种联系。税务稽查案件的证据内容的事实与待证事实之间的关联性必须为人们所认识。

税务稽查人员在办案过程中不仅要从关联性出发获得关联性证据,而且要禁止使用无关联性证据,包括相似事实、品格证据和前科等。

2.证据的可采性。税务稽查案件证据的可采性指的是纳税人、扣缴义务人申请对证据进行调查,该证据必须具有能够被采纳为定案依据的资格。即该证据必须符合法定的形式,如《税务稽查工作规程》规定的证人的证言材料应当由证人用钢笔或毛笔书写,并有本人的签章或者押印;提供和收集证据的主体必须合法;证据的内容必须合法和证据收集的程序必须合法,如《税务稽查工作规程》规定的取证过程中,不得对当事人和证人引供、诱供和逼供等。

(二)税务稽查案件证据的证明力

税务稽查案件证据的证明力指的是税务稽查案件的证据对于案件事实有无证明作用以及证明作用的程度如何。税务稽查人员收集到的证据如果具备客观性,并且与所查处的案件的待证事实具有关联性,就可以说该证据具有一定的证明力。但是必须注意的是,同一性质、同一类型的证据对不同涉税案件的证明力有可能是不同的,而且不同性质、不同类型的证据对同一案件的证明效力等级也是不同的。

(三)税务稽查案件证据的客观性

税务稽查案件证据的客观性指的是作为税务稽查案件证据内容的事实是客观存在的,也就是说,该证据事实真实可靠,证据内容的事实与案件的待证事实之间的联系也是客观的。它要求该证据是客观存在的实体，证据的内容是对与案件有关事实的反映，并且与案件待证事实之间的联系是客观的。

同时，税务稽查案件证据的获得、调查、收集和提交的手段和证据的形式必须合法，与案件有关的证据都必须查证属实，证据与证据之间必须能够相互印证，避免互相矛盾。

二、税务稽查案件证据的类型

(一)物证

税务稽查案件证据中的物证主要指的是以其外部特征、物质属性和存在场所证明案件真实情况的物品或者痕迹等。如纳税人的商品、被篡改的账簿等。物证是以实物形式存在的，具有较强的稳定性和可靠性，但是其证据意义通常不是十分明显的。

(二) 书证

税务稽查案件证据中的书证主要是指以文字、符号、图画等记载的内容和表达的思想来证明案件事实的书面文件或者其他物品。如账簿、会计凭证、财务报表、纳税申报表、进出仓单等。书证具有直接的证明力，并且有稳定性，同时具有物证的特性，是税务稽查案件最主要的证据方式。

(三)证人证言

税务稽查案件证据中的证人证言指的是知道正在调查的税务案件的有关情况的自然人所作的客观陈述。如举报人对被举报案情的叙述等。一般来说，证人证言只能对事实进行陈述，而不能发表意见或者看法。

(四)当事人的陈述

税务稽查案件证据中当事人的陈述指的是税务稽查案件当事人就他们所感知、理解和记忆的有关事实所作的陈述。如纳税人、扣缴义务人对某一事件过程的回忆、对某一问题的理解或者对某一问题的澄清等，包括自认、供述和辩解。但是必须注意的是，纳税人、扣缴义务人的陈述往往真实性与虚假性并存，影响的意图与争辩的实质同在，应当注意分辨。如询问纳税人、扣缴义务人与纳税或者代扣代缴、代收代缴税款有关的问题和情况。

(五)视听资料

税务稽查案件证据中的视听资料指的是以录音磁带、录像带、电影胶片、电子计算机、电子磁盘或者其他设备存储的信息作为证明涉税案件事实的手段的证据。这是一种动态的、直观的证明手段，它具有准确性和逼真性。即税务机关调查税务违法案件时，对与案件有关的情况和资料，可以记录、录音、录像、照相和复制。

(六)鉴定结论

税务稽查案件证据中的鉴定结论指的是鉴定人接受税务机关的委托或者聘请,运用自己专门的知识和现代科技手段,对涉税案件中的专门问题进行检测、分析、判断后,所作的具有结论性的书面意见。

(七)勘验、检查和现场笔录

税务稽查案件证据中的勘验指的是税务机关对与案件有关的现场进行勘查、检验时所做的实况记录。税务稽查案件证据中的现场检查笔录指的是税务机关对与涉税案件有关的物品等进行检查时所做的笔录。

三、税务稽查案件证据的收集与保全方式

税务稽查案件证据的收集与保全方式主要有:

(一)提取原物

税务机关的检查人员可以提取与案件有关的物品或者文书,如物证、书证和视听资料等。《税务稽查工作规程》第二十四条规定,查取证时,需要索取与案件有关的资料原件的,可以用统一的换票证换取原件或用收据提取有关资料。

(二)询问

税务检查人员可以对纳税人、扣缴义务人进行询问,要求其陈述与案件有关的情况。《税务稽查工作规程》第二十一条赋予税务稽查人员在实施税务稽查时,可以根据需要和法定程序采取询问等手段进行证据收集。

(三)现场检查

税务检查人员可以到纳税人的生产、经营场所和货物存放地检查纳税人应纳税的商品、货物或者其他财产,检查扣缴义务人与代扣代缴、代收代缴税款有关的经营情况或者到车站、码头、机场、邮政企业及其分支机构检查纳税人托运、邮寄应纳税商品、货物或者其他财产的有关单据、凭证和有关资料等。

(四)录音、录像和复制

税务稽查人员在检查过程中对于不便提取实物的证据可以进行摹写、复印、翻拍、转录(包括录音和录像)等,如复印纳税人、扣缴义务人的记账凭证等行为。复制是收集证据的重要方法,也是保全证据的常用方法。《中华人民共和国税收征收管理法》第五十八条赋予税务机关在调查税务违法案件时,对与案件有关的情况和资料,可以记录、录音、录像、照相和复制的权力。

（五）调取账簿和其他资料

税务机关可以向纳税人、扣缴义务人发出通知，要求其限期向税务机关提供手中持有的、能够证明与案件有关的事实证据，《中华人民共和国税收征收管理法》第五十六条规定，纳税人、扣缴义务人必须接受税务机关依法进行的税务检查，如实反映情况，提供有关资料，不得拒绝、隐瞒。《中华人民共和国税收征收管理法实施细则》进一步明确规定，经县以上税务局（分局）局长批准，可以将纳税人、扣缴义务人以前的会计年度账簿、记账凭证、报表和其他有关资料调回税务机关检查。

（六）扣押

扣押是税务机关获取和保全证据的重要手段，《中华人民共和国税收征收管理法》第五十五条规定，税务机关对从事生产、经营的纳税人以前纳税期的纳税情况依法进行税务检查时，发现纳税人有逃避纳税义务行为，并有明显的转移、隐匿其应纳税的商品、货物以及其他财产或者应纳税的收入迹象的，可以按照本法规定的批准权限采取税收保全措施或者强制执行措施。税收保全措施包括对证据的保全。

（七）鉴定

税务机关为了对某些凭借常识无法判断真伪的专门问题可以聘请专业人员进行鉴别和判断，《税务稽查工作规程》第二十五条规定，取证过程中，要认真鉴别证据，防止伪证和假证，必要时对关键证据可进行专门技术鉴定。

四、税务稽查案件证据的规则

（一）非法证据排除规则

非法证据排除规则指的是税务机关的稽查人员收集证据必须依法进行，如《中华人民共和国税收征收管理法》规定检查纳税人的存款账户必须经过市局局长批准，《税务稽查工作规程》第二十五条规定，取证过程中，不得对当事人和证人引供、诱供和逼供。又如《行政诉讼法》第三十三条规定，在诉讼过程中，被告不得自行向原告和证人收集证据等。

（二）原始证据优先规则

原始证据优先规则指的是税务机关在收集证据时，首先应当收集实物证据，如果没有办法收集到实物的，才收集复制品等。一般来说，属于伪造、变造账外经营的账簿、凭证以及有关资料都应当提取原件，而账内的资料用复印件就可以。《税务稽查工作规程》第二十四条规定，对于不能取得原件的，可以照相、影印和复制，但必须注明原件的保存单位（个人）和出处，由原件保存单位和个人签注“与原件核对无误”字样，并由其签章或者押印。只有经过这些手续，复制的材料才具备证明力。

（三）公开规则

税务案件所收集的证据必须对当事人公开，一般来说，必须获得当事人的签字认可，才能作为定性的依据。当然，如果纳税人故意拒不配合，而证据的客观性、关联性又具备充分的证明力，也可以作为定性的依据。

第六节　税务稽查案件的审理

审理是税务稽查的一个环节，也是立案案件的必经环节。《中华人民共和国税收征收管理法实施细则》第八十五条规定，税务机关应当制定合理的税务稽查工作规程，负责选案、检查、审理、执行的人员的职责应当明确，并相互分离、相互制约，规范选案程序和检查行为。

一、税务稽查案件审理的概念

税务稽查案件审理指的是税务稽查部门在稽查实施环节结束的基础上，对立案查处的各类税务违法案件就案件的事实、用于对待证事实所收集的证据以及对案件性质的认定进行审核，并制作相应文书的行为。

税务稽查案件审理是税务稽查部门的内部行政行为，它是对检查环节的一种制约，审理行为不能直接对纳税人、扣缴义务人发生法律效果。

税务稽查案件审理是在稽查实施结束的基础上进行的一种文书审核行为，一般不再度与纳税人、扣缴义务人发生关系，即便发现稽查实施环节存在明显的瑕疵，如程序违法、定性不准或者证据不足等，也只能发回稽查部门进行挽救，如补证等等。

税务稽查案件审理结束后，要制作相应的文书，《税务稽查工作规程》第四十一条规定，审理结束时，审理人员应当提出综合性审理意见，制作《审理报告》和《税务处理决定书》，履行报批手续后，交由有关人员执行。对构成犯罪应当移送司法机关的，制作《税务违法案件移送书》，经局长批准后移送司法机关处理。

二、税务稽查案件审理的内容

税务稽查实施环节结束以后，稽查人员必须提交书面材料《税务稽查报告》以及其他相关资料。在实施检查的一线税务人员，尽管对纳税人、扣缴义务人，对所办理的案件以及办案过程中所必须采取的手段、措施有最直接的了解，但受主观、客观条件的限制，有可能出现由于对税法理解的不同而取证不全、由于想遵守办案时限而违反了程序或者由于和被查当事人的利害关系而执法不公等问题，于是对《税务稽查报告》及所有与案件、有关的其他资料进行审理就成为必须了。

根据《税务稽查工作规程》第三十八条规定，审理人员应当认真审阅稽查人员提供的《税务稽查报告》及所有与案件有关的其他资料。主要是对如下内容进行确认：

（一）违法事实是否清楚、证据是否确凿、数据是否准确、资料是否齐全

实施稽查的税务人员是运用公权力的主动行政行为，其目的是要调查纳税人、扣缴义务人违反税收法律的情况，以确保法律的精神得以公平、公正的落实。审理人员就是要根据法律的实体要求和程序要求对实施稽查的结果进行审核，具体包括：一是审核案件的事实，即对稽查人员在检查过程中是否弄清楚案件的基本事实进行审核，如企业的经营情况、纳税情况、违法情况以及其他相关情况等，特别是对违法事实，如时间、地点、原因、手段、情节、后果、责任等，必须进行详细的审核。二是对用以证明案件违法的证据的审核、鉴定，即对证据的客观性、关联性以及证明力进行审核，对取得证据的程序进行鉴定。涉税案件主要是“用事实说话”，证据的可靠性和稳定性是对案件定性的前提和基础，所以审理环节的主要任务就是要看证据是否充分，大到程序是否合法，如有没有进行诱供、逼供，小到证据的固定，如是否依据规定确定签署时间等，无不需要详加审核；实际上审核数据是否准确和资料是否齐全，也是证据审核的具体化。

（二）适用税收法律、法规、规章是否得当

在税收法律法规的适用上，除有特别规定外，基于法律不溯既往的原则，一般应当遵循实体从旧、程序从新的原则，如果是从对纳税人、扣缴义务人是否有利的角度出发，还应兼顾从新从优和从新从轻的原则，而实施检查的税务人员在适用法律上是否能正确遵循这些原则，是必须详加审核的。税务稽查人员的素质是一方面，因为从事税务稽查的税务人员科班出身的比例不高，能精通法律的就更少；即便能精通法律，还有着是否远离利害而公正执法的问

题。一般来说,立法的进程很难与社会、经济的发展同步,即使是相对灵活的司法解释,也是在具有代表性的案件出现以后,才可能应实际要求而作出,案件发展的新情况有时没有合适的法律条文援引,而税收的法定主义在对个案上应当是慎用“适用类推”原理的,但这种理念并不一定为一线稽查人员所遵循。客观上的原因是我国税收立法体制具有多层次,从全国人民代表大会及其常务委员会的法律、国务院的法规、财政部与国家税务总局的规章,到省、自治区、直辖市的地方性法规和地方有权政府的地方性规章,不仅调节利益的重点不同,效力等级和适用范围也各不相同,法理上说是上位法优于下位法,但是在个案适用上,往往见仁见智,不一而同。

(三)是否符合法定程序

程序是达到实体公正的工具,也是实现法律的经济效力最大化的工具,它不仅能促进法律的安定和权威,提高法律的公正与合理,而且可以控制权力和维护法制。在税收法律的执行领域,是否贯彻了税法程序的民主原则、公开原则、回避原则、效率原则,都是审理的内容。主要有:一是审理是否遵守法定的顺序,如税务检查人员必须出示检查证以后才能实施检查行为,如果是开始检查以后,由于纳税人、扣缴义务人的疑义才出示检查证的,可以认定该检查行为违法——尽管要在纳税人、扣缴义务人不服并且提出复议时才可能导致无效。二是审核稽查人员是否遵守法定的形式,如对纳税人采取税收保全措施是否经过县以上税务局(分局)局长的批准,检查纳税人的个人存款账户是否经过设区的市、自治州以上税务局(分局)局长的批准。三是审核稽查人员是否遵守法定的时限,如对纳税人、扣缴义务人进行调账检查,是否在3个月内把账簿及其他资料准时还给当事人等。四是审核稽查人员是否遵守法定的回避原则,对照《中华人民共和国税收征收管理法》及其实施细则、《税务稽查工作规程》对稽查办案人员的回避原则所作的具体规定,进行审理。

(四)拟定的处理意见是否得当

税务稽查人员通过实施检查,对案件进行定性,包括是否定为偷税、是否进行处罚、罚款幅度大小等,如果审理环节对案件的定性予以确认,就将移送执行环节,就将对纳税人、扣缴义务人产生法律效力,也就是将对纳税人、扣缴义务人的实际利益产生影响。这是案件处理是否合法、合理的最后防线,它不仅关系到日后行政复议、行政诉讼的胜败,更重要的是关系到整个稽查队伍执法水平的高低,所以审理对税务稽查具有极为重要的意义。

对案件定性的审理首先要看稽查人员的定性是否合法。税务检查人员依据纳税人、扣缴义务人违法的性质、违法行为的情节和造成的不良后果,对照法律、法规或者规章的规定，决定当事人在该违法案件中应当承担的法律责任，即要有违法的事实，有造成不良的后果，有法律的明文规定，才能定性，这是拘束性行政行为，稽查人员只能照章办事，对号入座。其次要是看稽查人员的定性是否合理。即同情节、同性质和同后果的案件处理情况是否不同，反过来，不同情节、不同性质和不同后果的案件处理情况是否相同；同一地方、同一时间段或者不同地方、不同时间段对当事人的处理是否具有一致性与差异性、连贯性与独特性，这是对稽查人员自由裁量权的限制和监督，目的是确保法律的公正实施。

要而言之，稽查案件的审理一是审核格式是否规范，包括对稽查报告、案卷和文书格式的审核；二是审核相对人，包括审查税务处理处罚的对象是否是法定的纳税义务人或者是有关的行为责任人，审查税务行政处罚的对象是否具备法定责任能力；三是审核程序是否规范，即审查是否按照法定的形式、时间，履行法定的步骤；四是审核违法事实是否真实准确，包括违法事实发生的时间、地点、原因、手段、结果和相对人的态度等；五是审核证据的证明力，包括审查证据的客观性、关联性、充分必要性和合法性；六是审核线索是否查清查透，特别是举报案件中的线索；七是审核定性是否准确，包括对案件的定性、拟处理的意见和援引的法律、法规或者规章是否得当；最后是对数量进行审核，主要是数据之间的勾稽关系以及用以证明案件事实的数据是否准确。

对稽查人员提交的经查未发现问题的《税务稽查报告》，审理人员审理后确认的，制作《税务稽查结论》一式两份，报批准后，一份存档，一份交被查对象；有疑问的，退稽查人员补充稽查，或者报告主管领导另行安排稽查。

稽查案件审理结束以后，必须制作《税务处理决定书》。《税务处理决定书》应当包括被处理对象名称、查结的违法事实及违法所属期间、处理依据、处理决定、告知申请复议权或者诉讼权、作出处理决定的税务机关名称及印章和作出处理决定日期、该处理决定文号等内容，如果有附件，应当载明附件名称及数量。

三、对税务稽查案件进行审理的意义

税务稽查审理是税务稽查案件合法、合理的有效保证，其意义主要体现在五方面：一是监督稽查实施环节是否执行法定的程序。如前所述，遵循合法的程序是税务稽查人员选择正确方向、采取正确措施和获得正确结论的保证。二是督促稽查实施环节是否以合法的手段、通过合法的程序获取具备证明力的证据，以充分、必要的证据导出正确的结论。三是监督处理决定是否合法、

合理,因为审理不仅可以发现检查环节的失误,责成检查人员及时补救,而且对检查人员自由裁量权范围的决定是否合乎情理,也可以酌量把握,以保证处理的正确和公正。四是有利于监督法律、法规和规章的正确贯彻。我们知道,法律不可能对现实生活的方方面面作出详细规定,即便作出了详细规定,也有对法律条文的选择取舍问题,税务稽查的审理可以保证法律适用上的连续性和稳定性。五是对稽查人员不廉洁行为的防范,因为检查环节的权力相对比较集中,自由裁量权比较大,加强对稽查环节的审理,有利于督促稽查人员正确行使法律赋予的权力。

第七节 税务稽查的执行

税务稽查的执行是稽查的最终环节,是稽查成果的物质体现,是对违法纳税人、扣缴义务人的教育手段之一,在稽查中具有重要意义。

一、税务稽查文书的送达

税务稽查执行环节的文书送达,指的是稽查局工作人员根据法定的程序和方式,将税务文书送交当事人的行政行为。一般来说,税务机关负责送达税务文书的工作人员叫送达人,接收税务文书送达的纳税人、扣缴义务人叫受送达人。《税务稽查工作规程》第四十六条规定,税务执行人员接到批准的《税务处理决定书》后,填制税务文书送达回证,按照细则关于文书送达的规定,将《税务处理决定书》送达被查对象,并监督其执行。

(一)税务文书送达的特征

第一,税务稽查文书送达的主体只能是税务机关。税务机关中的稽查部门是税务稽查的行政主体,根据《中华人民共和国税收征收管理法实施细则》第九条规定,《中华人民共和国税收征收管理法》第十四条所称的按照国务院规定设立的并向社会公告的税务机构,是指省以下税务局的稽查局。稽查局专司偷税、逃避追缴欠税、骗税、抗税案件的查处。纳税人、扣缴义务人必须应税务机关的要求提供必要的材料,但是这种递交材料的行为不是送达。

第二,税务稽查文书送达是特定的税务稽查行政行为。税务稽查的行为多种多样,如对纳税人、扣缴义务人的经营场所实地检查,对纳税人、扣缴义务人在必要的时候采取税收保全措施,对检查的结果进行审理等等,但是税务文书的送达有其特定性，如送达的方式、送达的时间等。

第三，税务稽查文书送达是法律文书送达。经过审理部门审理，最终作出处理、处罚决定后，税务稽查机关根据法定程序制作《税务处理决定书》和《税务处罚决定书》，该文书一旦送达即发生法律效力，当事人就必须履行，否则将要承担更为不利的法律后果。

第四，税务稽查文书送达必须根据法定的程序和方式进行。《中华人民共和国税收征收管理法实施细则》对税务稽查文书送达有比较具体的规定，税务稽查部门的执行人员必须根据法规的规定办理，否则就是无效的文书送达。无效的文书送达并不产生法律效果。

(二)税务稽查文书送达的方式

根据《中华人民共和国税收征收管理法实施细则》的规定，税务稽查文书送达的方式主要有五种：

1.直接送达。直接送达又称交付送达，指的是税务稽查部门派执行人员将应当送达的税务稽查文书直接交付给受送达人签收的送达方式。执行人员送达税务文书，应当直接送交受送达人。受送达人是公民的，应当由本人直接签收；本人不在的，交其同住成年家属签收。受送达人是法人或者其他组织的，应当由法人的法定代表人、其他组织的主要负责人或者该法人、组织的财务负责人、负责收件的人签收。受送达人有代理人的，可以送交其代理人签收。

直接送达是税务稽查文书送达的最基本方式，凡是能够直接送达的，都应当直接送达，以防时间的拖延。

2.留置送达。留置送达指的是受送达人或者其他同住成年家属、税务代理人、代收人拒绝签收税务文书的，送达人在送达回证上记明拒收理由和日期，并由送达人和见证人签名或者盖章，将税务文书留在受送达人处的送达方式。留置送达同样对当事人具有法律效力。

3.委托送达。委托送达指的是负责特定税务稽查案件文书送达的执行人员直接送达文书有困难的时候，依法委托其他有关机关或者其他单位代为送达的送达方式。

委托送达应当注意的是，原则上不能委托个人，而必须是机关或者其他单位。一般来说，委托送达主要适用于受送达人不在辖区以内生活或者经营的情况。

4.邮寄送达。邮寄送达指的是税务机关将受送达的税务稽查文书通过邮政部门，以挂号方式寄给受送达人的送达方式。一般来说，税务机关采用邮寄的方式送达税务稽查文书的是受送达人距离税务机关路途比较远，直接送达有困难而采取的送达方式。

5.公告送达。公告送达指的是税务机关以张贴公告、登报或者在电视播放、广播播放、互联网刊登等方式将税务稽查文书公诸于众，经过一定时间，法律上即视为送达的送达方式。一般来说，公告送达是在受送达人人数众多，或者以上四种方法无法送达的情况下使用。

(三)税务稽查文书送达的生效时间

直接送达的税务稽查文书的生效时间是在受送达人签收时候生效；留置送达的税务稽查文书的生效时间是将文书留置在受送达人处，即为送达；委托送达的税务稽查文书的生效时间是受送达人在回证上签收的日期为送达日期；邮寄送达的税务稽查文书的生效时间是挂号函件回执上注明的日期，如果挂号信回执上注明的收件日期与送达回证上注明收件的日期不一致的，或者送达回证没有送回的，以挂号信回执上注明的收件日期为送达日期；公告送达的税务稽查文书的生效时间是自公告发出之日起，经过30天，即为期满，视为送达。

(四)税务稽查文书送达的法律效力

税务稽查文书送达的法律效力指的是《税务处理决定书》和《税务处罚决定书》经过送达后所产生的必然的法律后果。税务稽查文书送达的法律效力主要体现在实体上的效力，即产生实体权利义务方面的法律后果。如果纳税人、扣缴义务人在规定的时间内不申请行政复议而又拒绝履行义务，税务机关可以依法采取强制执行措施或者申请人民法院采取强制执行措施。

二、税务处理、处罚决定的强制执行

在叙述税务处理、处罚决定的强制执行前，有必要先说明税务处理、处罚决定的自动履行。

税务处理、处罚决定的自动履行指的是被税务稽查部门查处的纳税人、扣缴义务人按照税务机关送达的税务处理、处罚决定书规定的时间、地点，自动到指定的征收窗口解缴查补的税款、滞纳金和罚款的行为。

如果被税务稽查部门查处的纳税人、扣缴义务人拒绝按照税务机关送达的税务处理、处罚决定书规定的时间、地点，自动到指定的征收窗口解缴查补的税款、滞纳金和罚款的，根据《中华人民共和国税收征收管理法》第三十二条规定，纳税人未按照规定期限缴纳税款的，扣缴义务人未按照规定期限解缴税款的，税务机关除责令限期缴纳外，从滞纳税款之日起，按日加收滞纳税款万分之五的滞纳金。根据《中华人民共和国行政处罚法》第五十一条规定，当事人逾期不履行行政处罚决定、到期不缴纳罚款的，作出行政处罚决定的行政机关可以采取每日按罚款数额的百分之三加收处罚款的措施。

（一）税务行政强制执行的概念和特征

税务机关为了实现行政目标，对纳税人、扣缴义务人的财产等予以强制而采取的措施，就是税务行政强制。如强制检查、吊销税务登记证、罚款、查封、扣押、冻结银行存款、变卖、拍卖、强制划缴存款等都属于税务行政强制。税务行政强制执行指的是在税务行政法律关系中，作为义务主体的行政相对人的纳税人、扣缴义务人不履行其应当履行的义务时候，税务机关依法采取行政强制措施，迫使其履行义务的活动。

税务行政强制执行有如下特征：

1. 纳税人、扣缴义务人不履行法定义务是税务机关采取税务行政强制执行的前提。根据《税收征收管理法》以及其他法规、规章的规定，纳税人、扣缴义务人在享受法定的权利的同时，必须履行其法定的义务；如果纳税人、扣缴义务人拒绝履行，税务机关必须采取行政强制措施，以迫使纳税人、扣缴义务人履行其应当履行的义务。

2. 税务行政强制执行的主体主要是税务机关，也可以是法院（必须是经过税务机关的申请）。根据《中华人民共和国税收征收管理法》第八十八条规定，当事人对税务机关的处罚决定逾期不申请行政复议也不向人民法院起诉、又不履行的，作出处罚决定的税务机关可以采取书面通知其开户银行或者其他金融机构从其存款中扣缴税款；扣押、查封、依法拍卖或者变卖其价值相当于应纳税款的商品、货物或者其他财产，以拍卖或者变卖所得抵缴税款的强制执行措施，也可以申请人民法院强制执行。

3. 税务行政强制执行的目的是迫使纳税人、扣缴义务人履行义务。税务机关的行政行为可以有多方面的目的，如税务稽查的目的有打击偷税、逃税、骗税、抗税行为，公平纳税环节和为国家挽回经济损失等等。但是对纳税人、扣缴义务人采取行政强制执行的目的只能是迫使其履行应当履行的义务。如果纳税人、扣缴义务人没有拒绝履行义务，税务机关就不能采取强制执行措施。

4. 在税务行政强制执行的进行过程中不能和解。税务行政强制执行是税务机关根据法律的规定对纳税人、扣缴义务人作出的、保障税务行政行为得到执行的特别措施。对于义务主体的纳税人、扣缴义务人来说，只有一个选择，即履行其法定的义务。税务机关对纳税人、扣缴义务人采取税务行政强制，是其法定的权力，同时也是其应尽的义务，它无权自由处置。

(二)税务行政强制执行的原则

1.税务行政强制执行的法定原则。税务行政强制执行将对纳税人、扣缴义务人的财产产生重大影响，所以必须严格依照法律的授权进行。这包括：一是执行机关必须合法，即只能是税务机关，《中华人民共和国税收征收管理法》第四十一条规定，对纳税人、扣缴义务人采取强制执行措施的权力，不得由法定的税务机关以外的单位和个人行使。二是执行活动必须有法律的依据，没有法律依据不得采取税务行政强制。三是税务行政强制执行必须遵循法定的程序，如必须经过县以上税务局(分局)局长批准，才能进行税务行政强制执行。

2.准确与执行标的有限原则。税务机关在采取税务行政强制执行时，必须执行准确，避免对无关人员造成损害；同时，对执行的标的有最低的限度，如扣押、查封、依法拍卖或者变卖商品、货物或者其他财产，以拍卖或者变卖所得抵缴税款的时候，只能执行其价值相当于应纳税款的商品、货物或者其他财产。拍卖或者变卖所得抵缴税款、滞纳金、罚款以及扣押、查封、保管、拍卖、变卖等费用后，剩余部分应当在3日内退还被执行人。个人及其所扶养家属维持生活必需的住房和用品，不在强制执行措施的范围之内。

3.保护纳税人、扣缴义务人合法权益原则。纳税人、扣缴义务人对税务机关采取的税务行政强制执行享有陈述权、申辩权；依法享有申请行政复议、提起行政诉讼、请求国家赔偿等权利。纳税人、扣缴义务人有权控告和检举税务机关、税务人员在采取税务行政强制执行时的违法违纪行为。税务机关将扣押、查封的商品、货物或者其他财产变价抵缴税款时，应当交由依法成立的拍卖机构拍卖；无法委托拍卖或者不适于拍卖的，可以交由当地商业企业代为销售，也可以责令纳税人限期处理；无法委托商业企业代为销售，纳税人也无法处理的，可以由税务机关变价处理，具体办法由国家税务总局规定。国家禁止自由买卖的商品，应当交由有关单位按照国家规定的价格收购。

(三)税务行政强制执行的范围和方式

税务行政强制执行的行政相对人包括从事生产、经营的纳税人、扣缴义务人和纳税担保人。

税务机关可以采取税务行政强制执行的范围：

1.税务机关有根据认为从事生产、经营的纳税人有逃避纳税义务行为的，可以在规定的纳税期之前，责令限期缴纳应纳税款；在限期内发现纳税人有明显的转移、隐匿其应纳税的商品、货物以及其他财产或者应纳税的收入迹象的,税务机关可以责成纳税人提供纳税担保。如果纳税人不能提供纳税担保的,经县以上税务局(分局)局长批准,税务机关可以采取税收保全措施。限期期满仍未缴纳税款的,经县以上税务局(分局)局长批准,税务机关可以书面通知纳税人的开户银行或者其他金融机构从其冻结的存款中扣缴税款,或者依法拍卖或者变卖所扣押、查封的商品、货物或者其他财产,以拍卖或者变卖所得抵缴税款。

2.从事生产、经营的纳税人、扣缴义务人未按照规定的期限缴纳或者解缴税款,纳税担保人未按照规定的期限缴纳所担保的税款,由税务机关责令限期缴纳,逾期仍未缴纳的,经县以上税务局(分局)局长批准,税务机关可以采取强制执行措施。

3.税务机关在对从事生产、经营的纳税人以前纳税期的纳税情况依法进行税务检查时,发现纳税人有逃避纳税义务的行为,并有明显的转移、隐匿其应纳税的商品、货物以及其他财产或者应纳税的收入迹象的,可以按照规定的批准权限采取强制执行措施。

4.当事人对税务机关的处罚决定逾期不申请行政复议也不向人民法院起诉、又不履行的,作出处罚决定的税务机关可以采取书面通知其开户银行或者其他金融机构从其存款中扣缴税款;扣押、查封、依法拍卖或者变卖其价值相当于应纳税款的商品、货物或者其他财产,以拍卖或者变卖所得抵缴税款的强制执行措施,也可以申请人民法院强制执行。

税务行政强制执行的方式:

一是书面通知行政相对人的开户银行或者其他金融机构从其存款中扣缴税款。

二是扣押、查封、依法拍卖或者变卖行政相对人价值相当于应纳税款的商品、货物或者其他财产,以拍卖或者变卖所得抵缴税款。

税务机关在采取强制执行措施时,对纳税人、扣缴义务人、纳税担保人未缴纳的滞纳金同时强制执行。

三、税务司法强制执行以及代位权、撤销权的行使

(一)税务司法强制执行

税务处罚决定的司法强制执行是人民法院根据税务机关的申请,对纳税人、扣缴义务人、纳税担保人拒绝履行税务机关依法作出的已经生效的税务处罚决定的义务而采取的强制行为。也就是说,申请人民法院强制执行的行政主体是作出处罚决定的税务机关,被申请的行政相对人是受税务机关处罚的

纳税人、扣缴义务人或者纳税担保人,并且该行政相对人对税务机关的处罚决定逾期不申请行政复议也不向人民法院起诉、又不履行的,税务机关才能向有管辖权的人民法院提出申请。

(二)税务稽查行使代位权、撤销权

根据《中华人民共和国税收征收管理法》第五十条规定,欠缴税款的纳税人因怠于行使到期债权,或者放弃到期债权,或者无偿转让财产,或者以明显不合理的低价转让财产而受让人知道该情形,对国家税收造成损害的,税务机关可以依照《合同法》第七十三条、第七十四条的规定行使代位权、撤销权。

代位权、撤销权是民法中债的保全的方法。

代位权指的是债务人享有对于第三人的权利而又不积极行使,导致其财产应当增加而不增加,危害债权实现时,债权人有权向法院请求以自己的名义代位行使属于债务人的权利的一种权利。征管法赋予税务机关依法行使税收代位权的权力,为法律上有效解决因为逃避债务而带来的大量偷逃国家税款的问题,提供了有力的法律依据。《〈合同法〉若干问题的解释》第十一条规定,债权人依据《合同法》第七十三条规定提起诉讼,应当同时符合四条规定,一是债务人必须享有对于第三人的权利。如果第三人并非债务人的债务人或者所欠的债务已经清偿,则不存在代位权的行使问题。即税务机关必须是在纳税人、扣缴义务人或者纳税担保人有应纳税款的时候,才能享有对于第三人的权利。二是债务人享有权利却不积极行使,并且不及时行使权力将有丧失的可能的。也就是纳税人怠于行使到期债权,或者放弃到期债权,或者无偿转让财产,或者以明显不合理的低价转让财产而受让人知道该情形,有可能导致税款流失的。三是债务清偿届满而未清偿,即纳税人对次债务人的债权已经到期。四是非专属于债务人自己行使的非专属权和得以强制执行的权利。

如果以上的四个条件都能成立,税务机关可以向有管辖权的人民法院提出申请,即向次债务人所在地的人民法院提起代位诉讼。人民法院经过审理认为税务机关的代位权成立,那么次债务人必须向提起代位诉讼的税务机关履行缴纳税款义务。如果次债务人拒绝履行,税务机关可以申请人民法院强制执行。

稽查局行使代位权的范围以纳税人的欠缴税款、罚款和滞纳金之和为限,税务机关行使代位权的费用由纳税人承担。但是专属于纳税人自身的权利不能行使代位权。即基于抚养关系、扶养关系、赡养关系、继承关系产生的给付请求权和劳动报酬、退休金、养老金、抚恤金、安置费、人寿保险、人身伤害赔偿请求权等权利是专属于纳税人自身的债权。

撤销权源于《罗马法》的废置诉权，指的是因为债务人的行为害及债权人，债权人有权依据诉讼程序，申请法院予以撤销的一种权利。如果纳税人在必须履行纳税义务的时候，以其财产的一部分或者全部以低廉的价格让与第三人，或者无偿赠送给亲友故旧，致使国家的利益受到损害的。法律为了保护国家的利益免受损害，对于纳税人的这些行为特别允许其诉讼，请求撤销，以保护国家的利益。撤销权成立的主观要件是纳税人与第三人为法律行为的时候，明知到行为对国家有害而仍然为之，即有主观恶意。撤销权成立的客观要件有三，一是纳税人曾为法律行为，包括合同行为、遗赠、捐助、债务免除等；二是纳税人的行为是以财产为标的；三是纳税人的行为害及国家税款的征收。

撤销权的行使将会引起法律后果，包括被撤销的纳税人的行为归于消灭；被撤销前受益人已经领受纳税人财产的，负有返还不当得利的义务；撤销人即税务机关有权请求受益人向自己返还所受利益等。行使撤销权的费用，由欠税的纳税人负担。撤销权行使的期限自税务机关知道撤销事由存在之日起一年以内。

四、税务稽查执行的例外：退还多缴税款

通过税务稽查可以发现纳税人、扣缴义务人偷、逃、骗税行为，也可能发现纳税人、扣缴义务人多缴税款——尽管这种可能不是太大。不管是经过税务机关的检查发现，还是纳税人、扣缴义务人自己发现，都应当按照税收收入的规定进行退库处理。《税务稽查工作规程》第四十九条规定，对经税务稽查发现应当退还纳税人多缴的税款，税务机关应当按照有关规定及时退还。

根据《中华人民共和国税收征收管理法》第五十一条精神，纳税人超过应纳税额缴纳的税款，税务机关发现后应当立即退还；纳税人自结算缴纳税款之日起 3 年内发现的，可以向税务机关要求退还多缴的税款并加算银行同期的存款利息，税务机关及时查实后应当立即退还；涉及从国库中退库的，依照法律、行政法规有关国库管理的规定退还。税务机关发现纳税人多缴税款的，应当自发现之日起 10 日内办理退还手续；纳税人发现多缴税款，要求退还的，税务机关应当自接到纳税人退还申请之日起 30 日内查实并办理退还手续。这里的加算银行同期存款利息的多缴税款退税，不包括依法预缴税款形成的结算退税、出口退税和各种减免退税。退税利息按照税务机关办理退税手续当天中国人民银行规定的活期存款利率计算。当纳税人既有应退税款又有欠缴税款的时候，税务机关可以将应退税款和利息先抵扣欠缴税款；抵扣后有余额的，退还纳税人。

第十四章　税务行政处罚

第一节　税务行政处罚概述

一、税务行政处罚的概念与特征

(一)税务行政处罚的概念

行政处罚指的是行政主体对违反行政法律规范的外部相对人所给予的惩戒或者制裁。行政处罚与行政处分有所区别,因为行政处分是行政主体对违反内部行政法律规范的人员所给予的制裁或者惩戒;行政处罚与司法惩处也有所区别,因为司法惩处是对违法的行为主体给予的刑事或者民事制裁。

税务行政处罚指的是税务机关对违反外部行政法律规范的纳税人、扣缴义务人或者纳税担保人所给予的不同于普通刑事及民事制裁的制裁或者惩戒。

(二)税务行政处罚的特征

从税务行政处罚的概念,我们可以得出税务行政处罚的主要特征,即:

1.税务行政处罚的主体是税务机关。税务行政处罚是税务机关的具体行政行为,是税务机关依职权的行政行为。实施税务行政处罚的税务机关是拥有处罚权的主体,在这里,税务机关是指各级税务局、税务分局、税务所和按照国务院规定设立的并向社会公告的税务机构,即专司偷税、逃避追缴欠税、骗税、抗税案件查处的省以下税务局的稽查局。

税务行政处罚只能由税务机关实施,因为只有税务机关才有独立的法律主体资格与地位。只有税务机关实施的行政处罚才能称为税务行政处罚。

2.税务行政处罚的对象是纳税人、扣缴义务人或者纳税担保人。税务行政处罚是税务机关的外部行政行为,纳税人、扣缴义务人或者纳税担保人是税务行政处罚行为的行政相对人，即他们是税务机关实施行政处罚、独立承担处罚责任的主体，而基于行政隶属关系的税务机关工作人员和下级税务机关都不是税务行政处罚的相对人。税务机关依据职权行使处罚权，所以税务机关与纳税人、扣缴义务人或者纳税担保人是管理者与被管理者的关系，是行政法律关系。

3.税务行政处罚以纳税人、扣缴义务人或者纳税担保人违反税收法律、法规或者规章为前提。税务行政处罚是针对纳税人、扣缴义务人或者纳税担保人违法行为的处罚。也就是说，如果纳税人、扣缴义务人或者纳税担保人有违法的动机，但是没有违法的行动，税务机关不能对其实施税务行政处罚。纳税人、扣缴义务人或者纳税担保人的违法行为包括作为违法和不作为违法，如违反增值税条例的规定，虚开增值税专用发票行为，就是作为违法；扣缴义务人拒绝履行代扣代缴义务行为，就是不作为违法。

4.税务行政处罚具有制裁性或者惩戒性。税务行政处罚是制裁性或者惩戒性行政行为，被处罚的纳税人、扣缴义务人或者纳税担保人将负被制裁或者被惩戒的法律责任。税务行政处罚的直接后果是纳税人、扣缴义务人或者纳税担保人的利益减损、权利被剥夺或者某种行为受到限制，而这些都具有制裁性或者惩戒性色彩。

所以税务行政处罚可以表述为享有税务行政处罚权的税务机关对实施违反税收管理征收秩序行为的公民、法人或者其他组织依法定条件、权限和程序实施制裁的具体行政行为，包括对纳税人、扣缴义务人违反税收法律、法规、条例的行为进行的各种惩罚。处罚的目的是为了维护税收征收管理秩序，保障国家税法的贯彻执行，保证财政收入。税务行政处罚在法律上对纳税人、扣缴义务人或者纳税担保人的不利后果是促使其依法履行法定义务的最后保障。

二、税务行政处罚的管辖

诉讼法上的管辖指的是司法机关办理案件的职权划分。在行政诉讼中只有审判管辖。税务行政处罚的管辖指的是税务机关之间对税务行政违法行为查处的权限划分。首先，税务行政处罚管辖是税务机关之间、即处罚主体之间的权限划分，它是通过职能、地域、级别等因素确定主管税务机关，即哪个具体的涉税案件由哪个税务机关主管。其次，税务行政处罚是关于税务行政处罚权的划分，即包括对作出税务行政处罚决定的权力或者对涉税违法案件调查的权力。最后，税务行政处罚权是一种权力的划分。特定的涉税案件由特定的税务机关管辖，表面上看这是一种事务分工，但是这种分工是由法律、法规或者规章确认下来的,所以它又是法律权限问题。

(一)税务行政处罚的区域管辖

税务行政处罚的区域管辖指的是以税务机关的行政管理区域来确定其管辖的区域。一般来说,是县级以上税务机关的区域管辖。根据《中华人民共和国行政处罚法》第二十条规定,行政处罚由违法行为发生地的县级以上地方人民政府具有行政处罚权的行政机关管辖。

违法行为发生地管辖是区域管辖的一般原则。区域管辖符合我国行政管理体制,便于税务机关对涉税违法行为的查处,同时也有利于惩罚违法、恢复合法秩序和激励合法行为。如《中华人民共和国税收征收管理法》第十二条规定,从事生产、经营的纳税人应当自领取营业执照之日起30日内,向生产、经营地或者纳税义务发生地的主管税务机关申报办理税务登记,如实填写税务登记表,并按照税务机关的要求提供有关证件、资料。第九十条接着规定,纳税人未按照规定办理税务登记证件验证或者换证手续的,由税务机关责令限期改正,可以处二千元以下的罚款;情节严重的,处二千元以上一万元以下的罚款。

但是《中华人民共和国行政处罚法》第二十条同时规定,“法律、行政法规另有规定的除外”。这是对区域管辖规则的补充,它表明如果法律或者行政法规有具体规定的,应当按照法律、法规的规定办理——尽管行政法规的效力等级低于《处罚法》,但是因为它得到了《处罚法》的特别允许,所以应当优先适用该特殊规则。如对于共同管辖、重叠区或者交叉区管辖,由于不同的税务机关对该区域有管辖争议,如果等到划分清楚,有可能放纵违法行为,如果实行相关区域共同管辖,有可能导致一事多罚的后果。关于违法行为发生地与查获地不一致的处罚管辖问题,如某人携带空白增值税专用发票到外省虚开,该发票的接收企业——假设是善意取得——在另外的一个省,经过检查发现属于虚开行为,这就必须适用特殊规则。

(二)税务行政处罚的职能管辖

税务行政处罚的职能管辖指的是不同性质与职能的税务机关对税务行政处罚案件权限的划分。

区域管辖只解决了涉税违法行为由什么地方的税务机关管辖的问题,但是在同一个地方有不同的税务机关,比如省会城市从省局、直属局,到区局、分局,两级的稽查局,还可以分为国家税务局和地方税务局,所以还必须进一步划分由哪一个职能税务机关管辖的问题。

《中华人民共和国税收征收管理法》第十一条规定,税务机关负责征收、管理、稽查、行政复议的人员的职责应当明确，并相互分离、相互制约。这表明纳税人、扣缴义务人违反法律法规的规定时，征收、管理或者稽查部门可以分别进行处罚。如纳税人有未按照规定的期限申报办理税务登记、变更或者注销登记的行为的，由税务机关责令限期改正，可以处二千元以下的罚款；情节严重的，处二千元以上一万元以下的罚款。根据实施细则的规定，稽查局专司偷税、逃避追缴欠税、骗税、抗税案件的查处，所以纳税人、扣缴义务人逃避、拒绝或者以其他方式阻挠税务机关检查的，由税务稽查机关责令改正，可以处一万元以下的罚款；情节严重的，处一万元以上五万元以下的罚款。

1994 年实行税制改革后，国家税务局和地方税务局的管征范围有了不同，其处罚的权限划分也跟随税种的划分。如《中华人民共和国发票管理办法》第三十八条规定，私自印制、伪造变造、倒买倒卖发票，私自制作发票监制章、发票防伪专用品的，由税务机关依法予以查封、扣押或者销毁，没收非法所得和作案工具，并可以处一万元以上五万元以下的罚款。至于违反该规定的行为人由国家税务局还是地方税务局处理，可以根据 1996 年 3 月 1 日国家税务总局 37 号文的规定，即普通管理按照流转税管理的归属划分。纳税人缴纳增值税所需填开的普通发票由国家税务局负责印制、发放、管理；交纳营业税所需填开的普通发票由地方税务局负责印制、发放、管理。

(三)税务行政处罚的级别管辖

税务行政处罚的级别管辖指的是税务行政处罚案件在同一区域同一职能机关内上下级税务机关之间进行的处罚权限划分。如前所述，处罚法规定行政处罚由违法行为发生地的县级以上地方人民政府具有行政处罚权的行政机关管辖。也就是说，税务行政处罚的主体只能是国家税务总局、各省(自治区、直辖市)的国家税务局或者地方税务局、市(地、州、盟)的国家税务局或者地方税务局以及县的国家税务局或者地方税务局，而且应是对所管征的纳税人、扣缴义务人进行违法处罚。

但是在一个城市里，可能存在省、市、区和区以下的四个税务机关同在一个区域的问题，由哪一级的税务机关对具体纳税人的违法行为进行处罚，就必须具体明确，以避免一错多罚或者有错没人罚局面的出现。一般来说，税务机关对上、下级税务机关的征管范围有具体的划分，如 2001 年 3 月 9 日福建省地方税务局以 4 号文的形式，对福州市地方税务局和省地税直征分局的征管范围进行了划分，其处罚权跟随管理权。

税务行政处罚的级别管辖需要特别指出的有两点：一是《中华人民共和国税收征收管理法》第七十四条规定，“本法规定的行政处罚，罚款额在二千元以下的，可以由税务所决定”。这是法律的特别授权，因为税务所只是税务局的派出机构，本来不具备行政执法主体的资格，更不用说具备行政处罚的主体资格了，但是在法律的特别授权之下，对二千元以下的罚款有决定权。《中华人民共和国发票管理办法实施细则》第四十五条规定，税务机关对违反发票管理法规的行政处罚，罚款额或没收非法所得款额在一千元以下的，可由税务所自行决定。二是根据《中华人民共和国税收征收管理法实施细则》第九条规定，《中华人民共和国税收征收管理法》第十四条所称的按照国务院规定设立的并向社会公告的税务机构，是指省以下税务局的稽查局。稽查局专司偷税、逃避追缴欠税、骗税、抗税案件的查处。这一方面表明稽查局具备税务行政处罚主体的资格，另一方面表明只有省、市、县三级的税务稽查局才有税务行政处罚的执法主体资格，国家税务总局稽查局不能进行涉税处罚行为。

（四）税务行政处罚中的其他特殊管辖

除了区域、职能和级别管辖外，还有一些补充的管辖规定，具体包括转移、移送和指定管辖三种：

1.管辖权的转移。管辖权的转移一般是指上级税务机关将本属于自己管辖的税务行政案件交由下级税务机关管辖，或者经过上级税务机关的同意，下级税务机关将本属于自己管辖的税务案件请上级税务机关管辖。如《税务稽查工作规程》第十七条规定，下级税务机关认为有必要请上级税务机关查处的案件，可由上级税务机关查处或者统一组织力量查处。

管辖权的转移主要发生在具有隶属关系的上下级税务局之间。税务机关上下级行政隶属关系有法律的基础，其权力的最终决定权在上级。

2.移送管辖。移送管辖指的是本来没有行政处罚管辖权的税务机关在已经受理或者立案，但是发现管辖错误的，将已经立案的涉税案件移送给有权管辖的其他税务机关管辖。如《税务稽查工作规程》第十四条规定，各地国家税务局、地方税务局分别负责所管辖税收的税务稽查工作。在税务稽查工作中发现有属于对方管辖范围问题的，应当及时通报对方查处。

移送管辖案件的税务机关是已经受理或者立案，根据法律、法规或者规章的规定不应当由该机关管辖，而且是必须移送的。受移送的税务机关不得拒绝移送。

税务案件移送的另一种情况是，如果纳税人、扣缴义务人的行为构成犯罪的，必须移送司法机关进行刑罚，这不属于移送管辖。这是根据2001年7月9日国务院第310号令《行政执法机关移送涉嫌犯罪案件的规定》的精神，所做的一种移送。如根据《中华人民共和国税收征收管理法》第六十三条规定，纳税人伪造、变造、隐匿、擅自销毁账簿、记账凭证，或者在账簿上多列支出或者不列、少列收入，或者经税务机关通知申报而拒不申报或者进行虚假的纳税申报，不缴或者少缴应纳税款的，是偷税。对纳税人偷税的，由税务机关追缴其不缴或者少缴的税款、滞纳金，并处不缴或者少缴的税款百分之五十以上五倍以下的罚款；构成犯罪的，依法追究刑事责任。第七十七条进一步明确，纳税人、扣缴义务人有本法第六十三条规定的行为涉嫌犯罪的，税务机关应当依法移交司法机关追究刑事责任。《中华人民共和国行政处罚法》第二十二条规定，违法行为构成犯罪的，行政机关必须将案件移送司法机关，依法追究刑事责任。

3. 指定管辖。指定管辖指的是两个税务机关因为税务行政处罚管辖权发生争执，或者因为特殊原因有管辖权的税务机关不能、无法行使管辖权，由上级税务机关指定特定税务机关管辖某一案件的一种管辖制度。如《税务稽查工作规程》第十六条规定，在国税、地税各自系统内，查处的税务案件如果涉及两个或两个以上税务机关管辖的，由最先查处的税务机关负责；管辖权限发生争议的，有关税务机关应当本着有利于查处的原则，协商确定查处权；协商不能取得一致意见的，由共同的上一级税务机关协调或者裁定后执行。《中华人民共和国行政处罚法》第二十一条规定，对管辖发生争议的，报请共同的上一级行政机关指定管辖。

三、税务行政处罚的种类

（一）行政处罚的种类

行政处罚的种类又称为行政处罚的罚则、行政处罚的具体形式。根据《中华人民共和国行政处罚法》第八条规定，行政处罚有七个种类，即警告；罚款；没收违法所得、没收非法财物；责令停产停业；暂扣或者吊销许可证、暂扣或者吊销执照；行政拘留和法律、行政法规规定的其他行政处罚。

（二）税务行政处罚的种类

虽然《处罚法》规定行政处罚有以上的范围，但是税务机关在行使涉税行政处罚权的时候，只能在具体法律、法规或者规章的授权范围内，而不能执行诸如行政拘留等限制人身自由的处罚行为。

1. 罚款。罚款指的是税务行政处罚主体即税务机关对纳税人、扣缴义务人即被处罚人作出的让其承担金钱支付义务的税务行政处罚形式。罚款处罚的特征表现在，首先，它是属于财产罚，即罚款的实质是增加纳税人、扣缴义务人的财产义务或者财产负担；其次，罚款的形式是通过货币增加或者减少来体现的，即表现为国家或者地方政府收入的增加和纳税人、扣缴义务人财产的减少，即对纳税人、扣缴义务人财产权益的剥夺。

税务机关对纳税人、扣缴义务人的行政罚款主要有两类，一是对纳税人、扣缴义务人应当作为而不作为的处罚，如未按照规定的期限申报办理税务登记、变更或者注销登记的，可以处二千元以下的罚款；情节严重的，处二千元以上一万元以下的罚款；纳税人不进行纳税申报，不缴或者少缴应纳税款的，税务机关可以处不缴或者少缴的税款百分之五十以上五倍以下的罚款。二是对纳税人、扣缴义务人不应当作为而作为的处罚，即纳税人、扣缴义务人的行为违反了法律、法规或者规章的规定进行的处罚，如私自印制、伪造变造、倒买倒卖发票，私自制作发票监制章、发票防伪专用品的，税务机关依法可以处一万元以上五万元以下的罚款；以暴力、威胁方法拒不缴纳税款的，是抗税，税务机关可以处拒缴税款一倍以上五倍以下的罚款。

税务行政处罚数额的计算有两种方法，一是规定罚款数额的上限，由税务机关在此范围内执行。如纳税人未按照规定的期限办理纳税申报和报送纳税资料的，或者扣缴义务人未按照规定的期限向税务机关报送代扣代缴、代收代缴税款报告表和有关资料的，由税务机关责令限期改正，可以处二千元以下的罚款；情节严重的，可以处二千元以上一万元以下的罚款。二是根据纳税人、扣缴义务人违法金额或者违法所得来计算，如纳税人伪造、变造、隐匿、擅自销毁账簿、记账凭证，或者在账簿上多列支出或者不列、少列收入，或者经税务机关通知申报而拒不申报或者进行虚假的纳税申报，不缴或者少缴应纳税款的，是偷税。对纳税人偷税的，税务机关可以处不缴或者少缴的税款百分之五十以上五倍以下的罚款等。

作为一个特例，税务机关可以对金融机构进行处罚，即纳税人、扣缴义务人的开户银行或者其他金融机构拒绝接受税务机关依法对纳税人、扣缴义务人存款账户的检查，或者拒绝执行税务机关作出的冻结存款或者扣缴税款的决定，或者在接到税务机关的书面通知后帮助纳税人、扣缴义务人转移存款，造成税款流失的，由税务机关处十万元以上五十万元以下的罚款，对直接负责的主管人员和其他直接责任人员处一千元以上一万元以下的罚款。

2.没收非法所得。税务机关没收纳税人、扣缴义务人非法所得也是实施财产罚的一种形式，即税务机关剥夺纳税人、扣缴义务人非法占有的财产的行政处罚。它表明，被税务机关没收的财产，纳税人、扣缴义务人就失去对该财产的所有权或者使用、占益权，即该财产归国家所有。如法律规定，增值税专用发票由国务院税务主管部门指定的企业印制；其他发票，按照国务院税务主管部门的规定，分别由省、自治区、直辖市国家税务局、地方税务局指定企业印制。未经前款规定的税务机关指定，不得印制发票。如果违反规定，非法印制发票的，税务机关除销毁非法印制的发票和没收作案工具外，同时没收违法所得。同样，非法携带、邮寄、运输或者存放空白发票的，由税务机关收缴发票，并且没收非法所得。

至于纳税人采取偷税行为；或者纳税人、扣缴义务人编造虚假计税依据的；或者纳税人不进行纳税申报，不缴或者少缴应纳税款的；纳税人欠缴应纳税款，采取转移或者隐匿财产的手段，妨碍税务机关追缴欠缴税款的，税务机关对其追缴其不缴或者少缴的税款、滞纳金的行为，应当是属于没收非法所得一个特例，其实质也是财产罚的一种。

3.吊销证照。税务机关对违反法律、法规和规章的行为可以实行吊销证照的处罚，即剥夺纳税人、扣缴义务人已经取得的许可权利或者资格。我们知道，税务行政许可一般是属于赋权性的授益行为，对原来的授益行为进行剥夺，就意味着纳税人、扣缴义务人丧失继续从事许可行为的资格。其实质是剥夺已经获得许可的权利，它对行政相对人的不利效力是后向的，而且是一种较为严厉的制裁措施。如除了增值税专用发票以外的发票，按照国务院税务主管部门的规定，分别由省、自治区、直辖市国家税务局、地方税务局指定企业印制。省、自治区、直辖市税务机关对发票印制实行统一管理，严格审查印制发票企业的资格，对指定为印制发票的企业发给发票准印证。发票准印证和发票防伪专用品准产证由国家税务总局统一制发。税务机关应定期对印制发票的企业和生产发票防伪专用品的企业进行监督检查，对不符合条件的，应取消其印制发票或生产发票防伪专用品的资格。

4.停止办理出口退税。出口货物退(免)税是对报关出口的货物退还在国内各生产环节和流转环节按照税法规定缴纳的增值税和消费税，免征应纳税额。实行出口退税制度目的在于鼓励本国货物参与国际竞争，而此项政策的最直接受益人就是出口企业。2002 年 1 月 1 日起，生产企业自营(委托)出口的自产货物全面实行“免、抵、退”税办法。根据《中华人民共和国税收征收管理法》第六十六条规定，以假报出口或者其他欺骗手段，骗取国家出口退税款的，税务机关可以在规定期间内停止为其办理出口退税。国家税务总局在 1998 年 6 月 9 日与外经贸部联合发文，进一步规定对“四自、三不见”买单业务的出口企业，一经发现，无论退税额大小或者是否申报退税，一律停止其半年以上的退税权。

5.收缴发票或者停止供应发票。发票，是指在购销商品、提供或者接受服务以及从事其他经营活动中，开具、收取的收付款凭证。全国发票管理工作由国家税务总局统一负责。国家税务总局，省、自治区、直辖市分局和省、自治区、直辖市地方税务局依据各自的职责，共同做好本行政区域内的发票管理工作。根据《中华人民共和国税收征收管理法》第七十二条规定，从事生产、经营的纳税人、扣缴义务人有本法规定的税收违法行为，拒不接受税务机关处理的，税务机关可以收缴其发票或者停止向其发售发票。

从税务行政处罚的内容上看，税务部门在法定职权范围内有权实施申诫罚、财产罚、能力罚三种行政处罚，具体是：

1. 申诫罚。这是对纳税人、扣缴义务人声誉的处罚，是税务机关对行政违法行为人提出谴责、警告，使其引起警惕，防止继续违法的措施。申诫罚主要适用于纳税人、扣缴义务人违法情节比较轻微，未造成严重社会危害的违法行为。《中华人民共和国税收征收管理法》第三十七条规定，对未按照规定办理税务登记的从事生产、经营的纳税人以及临时从事经营的纳税人，由税务机关核定其应纳税额，责令缴纳。第三十八条规定，税务机关有根据认为从事生产、经营的纳税人有逃避纳税义务行为的，可以在规定的纳税期之前，责令限期缴纳应纳税款。《中华人民共和国税收征收管理法实施细则》第七十三条规定，从事生产、经营的纳税人、扣缴义务人未按照规定的期限缴纳或者解缴税款的，纳税担保人未按照规定的期限缴纳所担保的税款的，由税务机关发出限期缴纳税款通知书，责令缴纳或者解缴税款的最长期限不得超过15日。第七十六条规定，县以上各级税务机关应当将纳税人的欠税情况，在办税场所或者广播、电视、报纸、期刊、网络等新闻媒体上定期公告。

在这些条款中，受处罚者违法行为情节比较轻微，未造成严重社会危害的，法律对违反税法规定的纳税人进行以提醒、告诫、书面形式责成命令等形式影响违法者声誉。

2.财产罚。财产罚是指税务机关依法剥夺行政违法人财产权利的一种处罚。包括罚款、没收非法所得、没收非法财产。如《中华人民共和国税收征收管理法》第五章法律责任第六十条至七十四条中，针对违法情节的轻重，对罚款数额及罚款幅度进行了详细界定。《中华人民共和国税收征收管理法》第七十一条规定，非法印制发票的，由税务机关销毁非法印制的发票，没收违法所得和作案工具，并处以一万元以上五万元以下的罚款。《中华人民共和国税收征收管理法实施细则》第九十三条规定，为纳税人、扣缴义务人非法提供银行账户、发票、证明或者其他方便，导致未缴、少缴税款或者骗取国家出口退税款的，税务机关除没收其违法所得外，可以处未缴、少缴或者骗取的税款一倍以下的罚款。没收非法所得、没收非法财产是用法律形式剥夺违法获利，以法律的形式增大违法成本，使违法者无利可图，从而起到遏制违法行为，对违法行为给予制裁的措施。第五十九条规定，新《中华人民共和国税收征收管理法》中规定的其他财产，包括纳税人的房地产、现金、有价证券等不动产和动产。《中华人民共和国税收征收管理法实施细则》中第五十九条至七十二条，对新《中华人民共和国税收征收管理法》中财产罚的有关规定进行了细化和注释，使税收法律中规定的财产罚更加明确和具体。

财产罚通过依法对有经济收入的公民、有固定资产的法人或者组织等行政违法者，依法剥夺财产权利的处罚，使税收违法行为的获利目的受到打击，通过罚款、没收非法所得、没收非法财产等手段，对违法者进行处罚和制裁，是一种适用范围比较广，极易奏效的行政处罚。

3.行为罚。行为罚是税务机关对违反行政法律规范的纳税人、扣缴义务人所采取的限制或者剥夺特定行为能力的制裁措施，是一种较严厉的行政处罚。行为罚的主要表现形式是：责令限期改正、责令停产停业、暂扣或者吊销营业执照、暂扣或者吊销许可证。《中华人民共和国税收征收管理法》及其实施细则规定，税务部门有行使责令限期改正、提请吊销营业执照的权力。《中华人民共和国税收征收管理法》第六十条规定：纳税人不办理税务登记的，由税务机关责令限期改正；逾期不改正的，经税务机关提请，由工商行政管理机关吊销其营业执照。因为纳税人不办理税务登记，将会扰乱税收征管，造成国家税款流失。在税务机关责令限期改正，逾期不改正的情况下，由税务机关提请吊销其营业执照，使其失去从事某项生产经营活动的资格，使其违法经营在行政能力罚下得以中止。《中华人民共和国税收征收管理法》第六十条规定的税务机关作出的吊销营业执照的这一提请是一种实质性提请，工商行政管理部门接到提请后必须吊销行政相对人的营业执照。

第二节　税务行政处罚的原则

税务行政处罚是行政处罚的一种，其处罚的原则既要符合《中华人民共和国行政处罚法》的精神，又必须是税收法律、法规和规章的法理体现。也就是说，税务行政处罚原则既有行政处罚共性的一面，又有其独特的地方，具体而言：

一、税务行政处罚的法定原则

税务行政处罚的法定原则指的是税务行政处罚的设定和实施必须符合税收的法定主义精神。因为税务行政处罚是以损害纳税人、扣缴义务人的利益或者增加纳税人、扣缴义务人的负担为内容的，如果超越法律、法规或者规章的授权，就容易对纳税人、扣缴义务人的合法权益造成侵害。《中华人民共和国行政处罚法》第三条规定，公民、法人或者其他组织违反行政管理秩序的行为，应当给予行政处罚的，依照本法由法律、法规或者规章规定，并由行政机关依照本法规定的程序实施。没有法定依据或者不遵守法定程序的，行政处罚无效。

税务行政处罚的法定原则有四个方面的要求：

(一)税务行政处罚的设定法定

税务行政处罚的设定法定主要指设定税务行政处罚的主体必须是法定的，即只有全国人民代表大会及其常委会、国务院、财政部、国家税务总局以及地方性法规、规章的制定机关才有权设定税务行政罚则；设定的程序必须合法，即符合立法法、法规、规章的规定制定条例；设定的权限必须合法，如地方性法规只能设定除限制人身自由、吊销企业营业执照以外的行政处罚。而国家税务总局制定的规章只能在法律、行政法规规定的给予行政处罚的行为、种类和幅度的范围内作出具体规定。

(二)实施税务行政处罚的主体法定

《中华人民共和国行政处罚法》第十五条规定，行政处罚由具有行政处罚权的行政机关在法定职权范围内实施。对纳税人、扣缴义务人涉税违法行为实施行政处罚是法律赋予税务机关的专属权力，即税务机关得到法律、法规和规章的专门授权，其他行政机关无权进行涉税行政处罚。

需要特别注意的是，同样属于税务机关，由于职能的划分，不同部门的处罚权是不一样的，如经过检查以后认定纳税人、扣缴义务人有违法行为，实施处罚的行政主体是稽查局；对纳税人、扣缴义务人违反规定使用发票，实施处罚的主体可以是征收局，也可能是管理局或者稽查局。同时，根据国家税务局和地方税务局管征范围的不同，对各自税种的违法行为处罚的主体也不同。

(三)税务行政处罚的依据法定

税务行政处罚的依据法定指的是税务机关对纳税人、扣缴义务人行政处罚的依据必须有法律、法规或者行政规章的明确规定，也就是《中华人民共和国行政处罚法》第三条所说的没有法定依据的，行政处罚无效。

法定税务行政处罚依据大致包括三方面的内容，一是明确规定纳税人、扣缴义务人什么行为是不可为的，即禁止什么行为。只要不是法律、法规或者规章禁止的，纳税人、扣缴义务人就可作为，这就是“法无禁止不为过”。二是明确规定纳税人、扣缴义务人违反法律、法规或者规章的规定，应当受到什么样以及什么程度的惩罚，没有明确规定的，就不能实施处罚，这就是“法无明文规定不罚”。三是一旦纳税人、扣缴义务人的违法行为成为事实并且要进行处罚时候，税务机关应当如何适用这些法律规范的规定，原则上是有明文规定的才能处罚，而不能实行适用类推。

（四）税务行政处罚的程序法定

税务行政处罚的程序法定指的是税务机关在适用税务行政处罚的时候，必须严格遵守法定的程序，《中华人民共和国行政处罚法》第三条规定，不遵守法定程序的行政处罚无效。

税务行政处罚的法定程序包括三种，一是简易程序，如违法事实确凿并有法定依据，对公民处以五十元以下、对法人或者其他组织处以一千元以下罚款或者警告的行政处罚，可以当场作出行政处罚决定。二是一般程序，如必须全面、客观、公正地调查、收集有关证据；必要时，依照法律、法规的规定，可以先进行检查而后进行处罚。三是听证程序，如税务机关对纳税人、扣缴义务人作出吊销许可证或者较大数额罚款等的行政处罚决定。

二、税务行政处罚的公正、公开原则

税务行政处罚的公正、公开不仅可以保护纳税人、扣缴义务人的合法权益，而且可以防止税务机关的工作人员滥用职权，徇私舞弊，所以《中华人民共和国行政处罚法》第四条明确规定，行政处罚必须遵循公正、公开的原则。

（一）税务行政处罚公正原则

税务行政处罚公正原则指的是税务行政处罚的设定、实施对所有的纳税人、扣缴义务人都是公正的。

首先是设定税务行政处罚应当公正。这是立法的问题，它要求法律、法规和规章在设立对纳税人、扣缴义务人处罚的条款的时候，应当对严重行为给予重罚，轻微过错给予轻罚，即过罚相当。如未按照规定将其全部银行账号向税务机关报告的可以处一万元以下的罚款，而纳税人、扣缴义务人逃避、拒绝或者以其他方式阻挠税务机关检查的，可以处五万元以下的罚款。对纳税人、扣缴义务人偷税、抗税、虚开增值税专用发票或者骗取出口退税等行为，处罚的设定就更重。也就是设定行政处罚必须以事实为依据，应与违法行为的事实、性质、情节以及社会危害程度相当,避免过罚不当。

其次是税务机关对纳税人、扣缴义务人具体违法行为的处罚必须公正。这表现在:一是税务机关对于不同的违法行为主体在违反相同的法律规范时候,处罚的轻重应当一致或者大致一致;二是税务机关对同一纳税人违反不同的税收法律规范在处罚适用上应当考虑合理的裁量,避免畸轻畸重;三是税务机关对纳税人的处罚应尽量考虑地区的大致均衡,避免相邻地区形成过大的反差;四是税务机关对纳税人的行政处罚应适当考虑执法力度的历史延续性,避免造成某一时期严酷,某一时期稀松情况的出现。

再次是确保被处罚对象的法定权利的落实。和民事关系中的平等对抗不同,纳税人、扣缴义务人与税务机关是被管理与管理的关系,为了保护处于不利地位的纳税人、扣缴义务人的合法权利,必须在法律规范中设立救济条款,并在实际中予以落实。根据《中华人民共和国税收征收管理法》第八条规定精神,纳税人、扣缴义务人对税务机关进行的事实调查和所作出的决定,享有陈述权、申辩权;纳税人、扣缴义务人对税务机关所作的行政处罚依法享有提起听证、申请行政复议、提起行政诉讼、请求国家赔偿等权利。

最后是实施税务行政处罚的工作人员必须与被处罚人没有利害关系。《中华人民共和国行政处罚法》第三十八条规定,执法人员与当事人有直接利害关系的,应当回避。同时,《中华人民共和国税收征收管理法》第十二条也明确规定,税务人员征收税款和查处税收违法案件,与纳税人、扣缴义务人或者税收违法案件有利害关系的,应当回避。

当然,在实施过程中,必须以公正的程序来实现实体的公正。

(二)税务行政处罚公开原则

税务行政处罚公开原则是最基本的原则。它主要是指:

首先是税务行政处罚的依据必须公开。税收法律规范的目的是要纳税人、扣缴义务人遵守,而纳税人、扣缴义务人遵守的前提是能够了解,只有经过合法程序公开的法律规范才能作为处罚纳税人、扣缴义务人违法行为的依据。即《中华人民共和国行政处罚法》第四条规定的,对违法行为给予行政处罚的规定必须公布;未经公布的,不得作为行政处罚的依据。

其次是税务行政处罚的过程必须公开,尤其是必须对行政相对人,即被处罚的纳税人、扣缴义务人公开,包括在调查事实的时候亮明身分;采集证据的时候公开进行;允许纳税人、扣缴义务人对事实的解释和申辩等等。

最后是税务行政处罚的结果必须公开。税务行政处罚的结果必须对行政相对人公开,即采取书面告知的方式,以便其执行;税务行政处罚的结果可以在适当的范围内公开，一是有利于对其他纳税人、扣缴义务人起到警示作用，二是有利于对税务机关的处罚行为进行监督。

三、税务行政处罚的一事不再罚原则

《中华人民共和国行政处罚法》第二十四条规定，对当事人的同一个违法行为，不得给予两次以上罚款的行政处罚。税务行政处罚的一事不再罚原则可以理解为：对纳税人、扣缴义务人符合一个违法构成要件的行为，除法律另有规定外，税务机关对该纳税人、扣缴义务人只能给予一个或者一次的处罚。

1. 税务机关对纳税人、扣缴义务人符合一个违法构成要件行为的一次处罚成立后，其他的税务机关不得对该纳税人、扣缴义务人的同一行为进行再次处罚或者补充处罚。如果原来的税务机关所做的处罚是错误的、显失公正的或者是因为程序违法而无效的，也必须经过法定的程序对已经生效的效力予以否定以后，才能对该纳税人、扣缴义务人的违法行为进行重新处罚。

2. 税务机关对纳税人、扣缴义务人原则上只能实施一种处罚。但是法律、法规或者规章有明确规定的除外。如《中华人民共和国税收征收管理法》第六十六条规定，以假报出口或者其他欺骗手段，骗取国家出口退税款的，由税务机关追缴其骗取的退税款，并处骗取税款一倍以上五倍以下的罚款；对骗取国家出口退税款的，税务机关可以在规定期间内停止为其办理出口退税。

当然，税务行政处罚的原则还包括惩处与教育相结合的原则，即《中华人民共和国行政处罚法》第五条所说的，实施行政处罚，纠正违法行为，应当坚持处罚与教育相结合，教育公民、法人或者其他组织自觉守法。保护纳税人、扣缴义务人合法权利原则（又称处罚救济原则），即《中华人民共和国行政处罚法》第六条规定，公民、法人或者其他组织对行政机关所给予的行政处罚，享有陈述权、申辩权；对行政处罚不服的，有权依法申请行政复议或者提起行政诉讼。公民、法人或者其他组织因行政机关违法给予行政处罚受到损害的，有权依法提出赔偿要求。第七条规定，公民、法人或者其他组织因违法受到行政处罚，其违法行为对他人造成损害的，应当依法承担民事责任。以及不得以罚代刑原则，即《中华人民共和国行政处罚法》第七条规定的违法行为构成犯罪，应当依法追究刑事责任，不得以行政处罚代替刑事处罚。在此不一一赘述。

第三节 税务行政处罚的设定

一、税务行政处罚设定概述

(一)税务行政处罚设定

税务行政处罚的设定指的是税务行政处罚的创设权限,即哪一级的国家机关拥有分配税务行政处罚机关(税务机关)和行政相对方(纳税人、扣缴义务人)权利义务的权限。

税务行政处罚的设定是属于立法行为。它是有权国家机关对税务机关的行政相对方设定义务或者限制权益的行为,是立法权中的核心权力之一。

(二)税务行政处罚设定的主要内容

一是设定税务行政处罚的行为,即规定什么应当作为,什么不可以作为,纳税人、扣缴义务人不得作为而作为或者应当作为而不为,都将受到法律的惩处,如申报办理变更或者注销税务登记行为,是必须作为的,如果不作为,由税务机关责令限期改正,可以处二千元以下的罚款;情节严重的,处二千元以上一万元以下的罚款。又如发票印制、领购、开具、取得、保管、缴销行为,有其羁束要求,超越限度,就将接受处罚;而擅自销毁账簿或者拒不提供纳税资料属于不得作为的行为,可以将其行为定性为偷税等。二是设定具体的税务行政处罚措施,即设定除人身自由罚以外的其他处罚种类与形式,如以罚款、没收违法所得、没收非法财物等为内容的财产罚;以暂扣或者吊销许可证、暂扣或者吊销执照等为内容的行为罚;以及以警告、通报批评等为内容的申戒罚等。三是设定税务行政处罚的幅度,包括是从轻还是从重、是否并罚等,如纳税人未按照规定将财务、会计制度或者财务、会计处理办法和会计核算软件报送税务机关备查的,由税务机关责令限期改正,可以处二千元以下的罚款;情节严重的,处二千元以上一万元以下的罚款。

(三)税务行政处罚设定的法律依据以及权限

1. 根据《中华人民共和国宪法》第五十七条、第六十七条和《中华人民共和国立法法》第七条、第八条以及根据《中华人民共和国行政处罚法》第九条规定,法律、法规、规章可以设定各种行政处罚。但是限制人身自由的行政处罚,只能由法律设定。这表明全国人民代表大会及其常务委员会理论上可以设定行政处罚的任意种类、手段、范围和幅度，而且不需要其他的法律依据；但是在对纳税人、扣缴义务人设定行政处罚的时候，基于对保护纳税人、扣缴义务人合法权利和防止税务机关滥用职权的考虑，《中华人民共和国税收征收管理法》只设定包括警告、罚款、没收非法所得、停止出口退税资格和停止供应发票等项目。

在税务实际工作中，有的变相超越权限对纳税人、扣缴义务人进行处罚，如税务机关以乡镇政府名义办学习班，没有缴纳税款不得离开等，已经是在实际运用自由罚权力，这是不对的，因为税务机关没有行使包括行政拘留、劳动教养等在内的人身自由罚的权力。

2.根据《中华人民共和国行政处罚法》第十条规定，行政法规可以设定除限制人身自由以外的行政处罚。法律对违法行为已经作出行政处罚规定，行政法规需要作出具体规定的，必须在法律规定的给予行政处罚的行为、种类和幅度的范围内规定。法规的处罚设定权是派生性质的，其法理渊源在于法律的授权，它本身并不具备固定的处罚设定权。这里需要注意的有两点，一是法律没有规定的其他税务行政处罚手段、方式和范围（当然除限制人身自由以外），国务院都可以设定，因为《中华人民共和国处罚法》有正式的授权；二是如果法律已经设定的处罚种类，国务院的法规只能在其范围内加以具体化，也就是说征管法对涉税违法行为已经作出税务行政处罚规定，行政法规需要作出具体规定的，《中华人民共和国税收征收管理法实施细则》必须在征管法规定的给予行政处罚的行为、种类和幅度的范围内规定，而不能超越该范围。

3.根据《中华人民共和国行政处罚法》第十二条规定，国务院部、委员会制定的规章可以在法律、行政法规规定的给予行政处罚的行为、种类和幅度的范围内作出具体规定。尚未制定法律、行政法规的，前款规定的国务院部、委员会制定的规章对违反行政管理秩序的行为，可以设定警告或者一定数量罚款的行政处罚。罚款的限额由国务院规定。国务院可以授权具有行政处罚权的直属机构依照本条第一款、第二款的规定，规定行政处罚。这表明财政部、国家税务总局可以设定警告或者一定数量罚款的行政处罚。这里“一定数量的罚款”在1996年4月5日国务院13号文中规定为：对非经营活动中的违法行为设定的罚款不得超过一千元；对经营活动中的违法行为，有违法所得的，设定的罚款不得超过违法所得的三倍，但是最高不得超过三万元，没有违法所得的，设定罚款不得超过一万元。国家税务总局在1998年2月18日以20号文形式，进一步明确了税务行政处罚的设定权限，即税务行政处罚只能由法律、法规或者规章设定。规章可以设定警告和罚款，省和省以下的各级税务机关不得以任何形式设定税务行政处罚，但可在法律、法规、规章规定的给予税务行政处罚的行为、种类和幅度范围内作出具体规定。

第四节　税务行政违法责任的构成

税务行政违法责任构成要件指的是纳税人、扣缴义务人违反税收行政法律规范应当承担行政处罚责任的必要的共同的构成要件。该构成要件主要有主体要件，即具有责任能力的组织和个人；客体要件，即侵害一定的社会关系；主观要件，即主观故意或者过失；以及客观要件，即违法行为与危害后果有因果关系。

一、税务行政违法责任的客体要件

税务行政违法责任的客体要件指的是由税收行政法律规范所保护并为纳税人、扣缴义务人违法行为所侵害的税务行政管理秩序。根据《中华人民共和国行政处罚法》第三条规定，公民、法人或者其他组织违反行政管理秩序的行为，应当给予行政处罚的，依照本法由法律、法规或者规章规定，并由行政机关依照本法规定的程序实施。即税务机关对纳税人、扣缴义务人进行处罚的行为是该行政相对人违反税收行政管理秩序的行为。如《中华人民共和国税收征收管理法》第六十一条规定，扣缴义务人未按照规定设置、保管代扣代缴、代收代缴税款账簿或者保管代扣代缴、代收代缴税款记账凭证及有关资料的，由税务机关责令限期改正，可以处二千元以下的罚款；情节严重的，处二千元以上五千元以下的罚款。在这里，“扣缴义务人未按照规定设置、保管代扣代缴、代收代缴税款账簿或者保管代扣代缴、代收代缴税款记账凭证及有关资料的”行为就是违反税收行政管理秩序的行为。

税务行政违法责任的客体可以是一般客体，即纳税人、扣缴义务人一切行政违法行为共同侵害的客体；也可以是同类客体，即纳税人、扣缴义务人行政违法行为具有共同的本质特征，在具体的违法行政行为中侵害同一类型或者同一性质的税收行政管理秩序；也可能是直接客体，即纳税人、扣缴义务人的具体行政违法行为侵害的是特定的客体。

二、税务行政违法责任的主体要件

税务行政违法责任的主体要件指的是具有行政处罚责任能力、实施了税务行政违法行为的纳税人、扣缴义务人。

根据《中华人民共和国税收征收管理法》第四条规定，法律、行政法规规定负有纳税义务的单位和个人为纳税人。法律、行政法规规定负有代扣代缴、代收代缴税款义务的单位和个人为扣缴义务人。所以单位或者个人都可能成为税务行政违法责任的主体。

行政处罚责任能力指的是纳税人、扣缴义务人辨识与控制自己行为的能力。责任能力是主体要件的核心条件。单位一般是指具有民事权利能力和民事行为能力的组织，即单位都有责任能力。但是个人则不一定都具备行政处罚责任能力，相关因素是年龄、精神状况和生理功能。如根据《中华人民共和国行政处罚法》第二十五条规定，不满十四周岁的人有违法行为的，不予行政处罚，责令监护人加以管教；已满十四周岁不满十八周岁的人有违法行为的，从轻或者减轻行政处罚。在涉税违法行为中，一般需要一定的智力水平才能完成，但是也有特殊的例外，如根据《中华人民共和国税收征收管理法》第六十七条规定，以暴力、威胁方法拒不缴纳税款的，是抗税，除由税务机关追缴其拒缴的税款、滞纳金外，依法追究刑事责任。情节轻微，未构成犯罪的，由税务机关追缴其拒缴的税款、滞纳金，并处拒缴税款一倍以上五倍以下的罚款。如果是一个不完全责任能力的人殴打税务工作人员，拒缴税款，就不能构成税务行政违法责任的主体要件。

三、税务行政违法责任的客观要件

税务行政违法责任的客观要件指的是纳税人、扣缴义务人客观上有违反税收行政法律规范的行为以及对国家造成相应的危害后果。

纳税人、扣缴义务人有违法的动机并不能构成税务行政违法责任的客观要件，只有当纳税人、扣缴义务人已经实施或者正在实施的行为才可以被税务机关作为处罚的行为。如纳税人、扣缴义务人未按照规定的期限申报办理税务登记、变更或者注销登记的或者未按照规定设置、保管账簿或者保管记账凭证和有关资料的行为，这属于应当作为而不作为；又如纳税人、扣缴义务人私自印制、伪造变造、倒买倒卖发票，私自制作发票监制章、发票防伪专用品的行为，这属于不得作为而作为，都构成税务行政违法责任的客观要件。

纳税人、扣缴义务人违法的行为对国家造成的危害后果主要包括导致国家税款的流失和对税收征收管理秩序造成的损害。前者如纳税人伪造、变造、隐匿、擅自销毁账簿、记账凭证，或者在账簿上多列支出或者不列、少列收入，或者经税务机关通知申报而拒不申报或者进行虚假的纳税申报，不缴或者少缴应纳税款的行为，客观上导致国家税款的流失，是属于偷税行为。后者如纳税人未按照规定使用税务登记证件，或者转借、涂改、损毁、买卖、伪造税务登记证件的行为，该行为导致税务登记证管理秩序的混乱，所以也是客观要件。

四、税务行政违法责任的主观要件

税务行政违法责任的主观要件指的是实施违法行为的纳税人、扣缴义务人对自己行为会造成危害后果具有的主观心理状态，包括故意和过失。

纳税人、扣缴义务人违反税务行政法规的行为有时候是属于过失，如企业，企业在外地设立的分支机构和从事生产、经营的场所，个体工商户和从事生产、经营的事业单位自领取营业执照之日起 30 日内，必须持有关证件，向税务机关申报办理税务登记。但是有可能出现纳税人、扣缴义务人由于工作忙或者其他原因而忘记进行税务登记，根据《中华人民共和国税收征收管理法》第六十条规定，未按照规定的期限申报办理税务登记、变更或者注销登记的，由税务机关责令限期改正，可以处二千元以下的罚款。这里的处罚是分档次的，即首先是责令限期改正，如果改正了，可以罚款(二千元以下)，也可以不罚款。但是如果拒绝改正或者有其他违法情节的，就属于"情节严重的"，即有主观故意的成分，而情节严重的，可以处二千元以上一万元以下的罚款。另一种情况就是纳税人、扣缴义务人主观故意实施的违法行为，如偷税，即纳税人伪造、变造、隐匿、擅自销毁账簿、记账凭证，或者在账簿上多列支出或者不列、少列收入，或者经税务机关通知申报而拒不申报或者进行虚假的纳税申报，不缴或者少缴应纳税款的行为，我们知道，故意所表现出来的主观恶性对税收管征秩序和对社会的危害程度更大，所以对纳税人偷税的行为，由税务机关追缴其不缴或者少缴的税款、滞纳金，并处不缴或者少缴的税款百分之五十以上五倍以下的罚款。

纳税人、扣缴义务人作为无主观故意导致的过错特别情况，即在不可预见和不可抗力的情况下，如天灾等致使无法准时缴纳税款，在实际中是不予处罚的，这就是《中华人民共和国税收征收管理法》第三十一条规定的，纳税人因有特殊困难，不能按期缴纳税款的，经省、自治区、直辖市国家税务局、地方税务局批准，可以延期缴纳税款。

第五节　税务行政处罚的适用

一、税务行政处罚适用概述

税务行政处罚的适用指的是对税务行政法律、法规和规章规定的行政处罚的具体运用，也就是税务机关在认定纳税人、扣缴义务人行为违法的基础上，依法决定对纳税人、扣缴义务人是否给予行政处罚和如何课以处罚的活动，它是将税务行政法律、法规和规章规定的税务行政处罚原则、形式和具体方法运用到各个具体税务行政违法案件中的活动。

税务行政处罚适用有其条件要求，即税务行政处罚适用的主体必须是由法定享有税务行政处罚权的税务机关作出，必须是纳税人、扣缴义务人违法行为客观存在，而且在法定的追究时效之内。

二、税务行政处罚适用的方法

税务行政处罚适用的方法指的是税务行政处罚运用于各种税务行政违法案件和违法者的各种方式和方法，即税务行政处罚的裁量方法。

（一）不予处罚

不予处罚指的是因为有法律、法规或者规章所规定的事由存在，税务机关对某些形式上虽然违法但是实质上不应当承担违法责任的纳税人、扣缴义务人不适用税务行政处罚。

根据《中华人民共和国行政处罚法》第二十五条规定，不满十四周岁的人有违法行为的，不予行政处罚。第二十六条规定，精神病人在不能辨认或者不能控制自己行为时有违法行为的，不予行政处罚。其他如正当防卫、紧急避险、意外事故、行政机关的责任造成的或者是违法行为轻微并及时纠正，没有造成危险后果的，可以不予处罚。第二十九条规定，违法行为在二年内未被发现的，不再给予行政处罚。法律另有规定的除外。但是《中华人民共和国税收征收管理法》第八十六条规定，违反税收法律、行政法规应当给予行政处罚的行为，在五年内未被发现的，不再给予行政处罚。

（二）应当处罚与可以处罚

1. 应当处罚。应当处罚是对税务机关行使税务行政处罚权的明确规定，是税务机关羁束裁量的行政行为，它指的是必然发生对违法的纳税人、扣缴义务人适用的税务行政处罚。如《中华人民共和国发票管理办法》第四十五条规定，税务机关对违反发票管理法规的行为进行处罚，应将处理决定书面通知当事人；对违反发票管理法规的案件，应立案查处。又如《税务登记管理办法》第四十二条规定，纳税人未按照规定期限申报办理税务登记、变更或者注销登记的，税务机关应当自发现之日起 3 日内责令其限期改正，并依照《中华人民共和国税收征收管理法》第六十条第一款的规定处罚。纳税人不办理税务登记的，税务机关应当自发现之日起 3 日内责令其限期改正；逾期不改正的，依照《中华人民共和国税收征收管理法》第六十条第一款和第二款的规定处罚。应当处罚包括三方面：一是应当对违法的纳税人、扣缴义务人适用税务行政处罚；二是应当从轻、减轻或者免于处罚；三是应当从重处罚。

2. 可以处罚。可以处罚指的是对违法的纳税人、扣缴义务人或然产生行政处罚适用的结果。这是税务机关自由裁量权的体现。即税务机关可以予以税务行政处罚，可以不予以税务行政处罚，或者可以从轻、从重处罚，也可以不予从轻、从重处罚。对纳税人、扣缴义务人可以处罚的裁量主要包括：一是税务机关可以在处罚幅度内进行选择，如《中华人民共和国税收征收管理法》第六十一条规定，扣缴义务人未按照规定设置、保管代扣代缴、代收代缴税款账簿或者保管代扣代缴、代收代缴税款记账凭证及有关资料的，由税务机关责令限期改正，可以处二千元以下的罚款；《中华人民共和国税收征收管理法实施细则》第九十条规定，纳税人未按照规定办理税务登记证件验证或者换证手续的，由税务机关责令限期改正，可以处二千元以下的罚款；《中华人民共和国发票管理办法》第三十八条规定，私自印制、伪造变造、倒买倒卖发票，私自制作发票监制章、发票防伪专用品的，由税务机关依法予以查封、扣押或者销毁，没收非法所得和作案工具，可以并处一万元以上五万元以下的罚款。二是可以在处罚与不处罚之间进行选择，如《税务登记管理办法》第四十六条规定，纳税人、扣缴义务人违反本办法规定，拒不接受税务机关处理的，税务机关可以收缴其发票或者停止向其发售发票。三是在处罚方式上进行选择，如当事人对税务机关的处罚决定逾期不申请行政复议也不向人民法院起诉、又不履行的，作出处罚的税务机关可以采取强制执行措施，或者申请人民法院强制执行。

（三）从轻处罚与从重处罚

1. 从轻处罚。从轻处罚指的是税务机关在法定的处罚方式和处罚幅度内，对违法的纳税人、扣缴义务人选择适用较轻的方式和幅度较低的处罚。如《中华人民共和国税收征收管理法实施细则》第九十条规定，纳税人未按照规定办理税务登记证件验证或者换证手续的，由税务机关责令限期改正，可以处二千元以下的罚款。在这里，税务机关可以罚款二千元，也可以象征性地罚一元，甚至可以不罚款。象征性地罚一元，就是从轻处罚。

从轻处罚并不是要求税务机关一定要适用最轻的处罚方式和处罚幅度，而是由税务机关在具体案件中，根据法定的权限，酌情裁量，以求既合理又合情。

2. 从重处罚。从重处罚指的是税务机关在法定的处罚方式和处罚幅度内，对违法的纳税人、扣缴义务人选择适用较严厉的方式和在允许的幅度内使用接近于上限或者上限的处罚。税务机关选择从重处罚的情形主要有：一是妨碍税务机关执法、违法情节恶劣的，如以抗税，即以暴力、威胁方法拒不缴纳税款的，除由税务机关追缴其拒缴的税款、滞纳金外，并处拒缴税款罚款的最低限度是一倍以上。二是不听劝阻的，如纳税人未按照规定的期限办理纳税申报和报送纳税资料的，或者扣缴义务人未按照规定的期限向税务机关报送代扣代缴、代收代缴税款报告表和有关资料的，由税务机关责令限期改正，而拒绝改正的，可以处最高达一万元的罚款。

从重处罚必须在法律、法规或者规章规定的范围内进行，超越法定范围就是越权，越权的行政处罚是无效的行政行为。

（四）单处与并处

1. 单处。单处指的是税务机关对违反税务行政法律规范的纳税人、扣缴义务人仅适用一种的税务行政处罚方式。如纳税人、扣缴义务人未按照规定将财务、会计制度或者财务、会计处理办法和会计核算软件报送税务机关备查的，税务机关只能单处一万元以下的罚款。又如到车站、码头、机场、邮政企业及其分支机构检查纳税人有关情况时，有关单位拒绝的，由税务机关责令改正，可以单处五万元以下的罚款。

2. 并处。并处指的是税务机关对违反某一税务行政法律规范的纳税人、扣缴义务人适用两种或者两种以上的税务行政处罚方式。如《中华人民共和国税收征收管理法》第六十三条规定，纳税人伪造、变造、隐匿、擅自销毁账簿、记账凭证，或者在账簿上多列支出或者不列、少列收入，或者经税务机关通知申报而拒不申报或者进行虚假的纳税申报，不缴或者少缴应纳税款的，即是偷税。对纳税人偷税的，由税务机关追缴其不缴或者少缴的税款、滞纳金，并处不缴或者少缴的税款百分之五十以上五倍以下的罚款。第六十四条规定，纳税人、扣缴义务人编造虚假计税依据的，由税务机关责令限期改正，并处五万元以下的罚款。又如《税务登记管理办法》第四十五条规定，扣缴义务人未按照规定办理扣缴税款登记的，税务机关应当自发现之日起 3 日内责令其限期改正，并可处以二千元以下的罚款。

并处必须在具备法定条件下才能采用。也就是要有法律、法规明确规定"可以并处"，以及纳税人、扣缴义务人具备法定的情节，才可以适用。

（五）组织违法的两罚适用

组织违法的两罚适用指的是因为组织违法行为，既处罚该组织，又处罚该组织特定的成员的行政处罚方法。根据《中华人民共和国税收征收管理法》第七十三条规定，纳税人、扣缴义务人的开户银行或者其他金融机构拒绝接受税务机关依法检查纳税人、扣缴义务人存款账户，或者拒绝执行税务机关作出的冻结存款或者扣缴税款的决定，或者在接到税务机关的书面通知后帮助纳税人、扣缴义务人转移存款，造成税款流失的，由税务机关处十万元以上五十万元以下的罚款，对直接负责的主管人员和其他直接责任人员处一千元以上一万元以下的罚款。

两罚是一个行为引起两个或者两个以上的主体分别承担行政处罚责任，即对组织的处罚和对个人的处罚。组织的构成与违法行为的双重性是两罚的基础，当对组织的处罚不足以达到惩戒目的时，才可以两罚适用。

（六）行政处罚的竟合适用

行政处罚的竟合适用指的是纳税人、扣缴义务人实施了一个违法行为，同时违反两个行政管理秩序，违反几个不同的法条规定，受到不同法条的惩戒。如某稽查局的检查人员在对一家台资企业进行纳税检查时候，该企业将检查人员反锁在一个房间内，然后请当地的政府官员过来施加压力，阻挠检查。因为税务检查人员具有国家工作人员和公民的双重身分，该纳税人的行为既限制了人身自由，又阻挠了公务，所以根据《中华人民共和国税收征收管理法》第七十条规定，纳税人、扣缴义务人逃避、拒绝或者以其他方式阻挠税务机关检查的，由税务机关责令改正，可以处一万元以下的罚款；情节严重的，处一万元以上五万元以下的罚款。同时违反了《中华人民共和国治安管理处罚条例》第二十二条规定的，可以处 15 日以下的拘留、二百元以下的罚款或者警告。

基于一事不二罚的原则，税务行政处罚的竟合在适用上应当作为一个法律行为和一个行政处罚责任看待，也就是说，可以在自由裁量时候作为从重处罚的一个理由。

（七）行政处罚与刑罚的竞合适用

行政处罚与刑罚的竞合适用指的是纳税人、扣缴义务人违反某税收法条的规定，同时又触犯刑法的规定，构成行政违法与犯罪的竞合。如根据《中华人民共和国税收征收管理法》第六十三条规定，纳税人伪造、变造、隐匿、擅自销毁账簿、记账凭证，或者在账簿上多列支出或者不列、少列收入，或者经税务机关通知申报而拒不申报或者进行虚假的纳税申报，不缴或者少缴应纳税款的，即是偷税。对纳税人偷税的，由税务机关追缴其不缴或者少缴的税款、滞纳金，并处不缴或者少缴的税款百分之五十以上五倍以下的罚款；构成犯罪的，依法追究刑事责任。

根据《中华人民共和国刑法》第二百零一条规定，纳税人采取伪造、变造、隐匿、擅自销毁账簿、记账凭证，在账簿上多列支出或者不列、少列收入，经税务机关通知申报而拒不申报或者进行虚假的纳税申报的手段，不缴或者少缴应纳税款，偷税数额占应纳税额的百分之十以上不满百分之三十并且偷税数额在一万元以上不满十万元的，或者因偷税被税务机关给予二次行政处罚又偷税的，处三年以下有期徒刑或者拘役，并处偷税数额一倍以上五倍以下罚金；偷税数额占应纳税额的百分之三十以上并且偷税数额在十万元以上的，处三年以上七年以下有期徒刑，并处偷税数额一倍以上五倍以下罚金。

在这里，对纳税人、扣缴义务人，刑罚与行政处罚双重适用。因为纳税人、扣缴义务人的行为行政犯罪和触犯刑法的双重性，行为主体必须承担刑事责任和行政责任；同时由于刑罚和行政处罚功能的不同，二者可以互补有无。

第六节　税务行政处罚的决定程序、时效

一、税务行政处罚的决定程序

税务行政处罚的决定程序指的是税务机关对纳税人、扣缴义务人的违法行为实施处罚，作出税务行政处罚的步骤、形式和时限的法律制度。

（一）税务行政处罚决定程序的规则

税务机关作出税务行政处罚决定，必须符合法定的程序和规则：

1. 查明事实是税务行政处罚的前提。根据《中华人民共和国行政处罚法》第三十条规定，公民、法人或者其他组织违反行政管理秩序的行为，依法应当

给予行政处罚的，行政机关必须查明事实；违法事实不清的，不得给予行政处罚。根据《税务稽查工作规程》第三章“税务稽查的实施”，从第十八条到三十三条，都是在要求税务机关应当如何查明事实的，第三十八条第一款要求审理环节首先要审查违法事实是否清楚、证据是否确凿、数据是否准确、资料是否齐全。可以说，查明事实再进行处罚是以事实为依据的原则的具体化。

2.事前告知。根据《中华人民共和国行政处罚法》第三十一条规定，行政机关在作出行政处罚决定之前，应当告知当事人作出行政处罚决定的事实、理由及依据，并告知当事人依法享有的权利。《税务稽查工作规程》要求税务处理决定书必须包括告知被查处的纳税人、扣缴义务人申请复议的权利或者诉讼的权利；如果是吊销许可证，或者是较大数额的罚款等，还应当告知当事人有要求举行听证的权利。根据《中华人民共和国税收征收管理法》第八条规定，纳税人、扣缴义务人有依法享有申请行政复议、提起行政诉讼、请求国家赔偿等权利。

3.采纳当事人合理的意见。根据《中华人民共和国行政处罚法》第三十二条规定，当事人有权进行陈述和申辩。行政机关必须充分听取当事人的意见，对当事人提出的事实、理由和证据，应当进行复核；当事人提出的事实、理由或者证据成立的，行政机关应当采纳。根据《中华人民共和国税收征收管理法》第八条规定，纳税人、扣缴义务人对税务机关所作出的决定，享有陈述权、申辩权。它表明，纳税人、扣缴义务人对税务机关所作出的决定进行陈述和申辩是其法定的权利，税务机关必须对纳税人、扣缴义务人的陈述予以充分的重视，并且采纳其合理的解释。同时，税务机关不得因当事人申辩而加重处罚。

(二)税务行政处罚的简易程序

税务行政处罚的简易程序指的是税务机关工作人员在符合法定条件下，对纳税人、扣缴义务人某些违法行为可以当场处罚的程序。根据《中华人民共和国行政处罚法》第三十三条规定，违法事实确凿并有法定依据，对公民处以五十元以下、对法人或者其他组织处以一千元以下罚款或者警告的行政处罚的，可以当场作出行政处罚决定的，就属于简易程序。如纳税人未按照规定办理税务登记证件验证或者换证手续的，由税务机关责令限期改正，可以当场处一千元以下的罚款。

税务行政处罚的简易程序是与一般程序相并列的一种独立程序，它所针对的是轻微的税务违法案件，由于事实清楚、证据确凿、案情简单，可以当场处罚，其决定者是直接的税务执法人员。税务行政处罚的简易程序的适用主要有两个方面，一是案件事实清楚，可以对违反法律、法规或者规章规定的纳税人、扣缴义务人实施较小数额的罚款或者警告的；二是法律规定应该当场处罚的其他情况，如果不当场处罚、当场执行事后难以执行的情况。

税务行政处罚的简易程序的步骤：

1.表明身分。即表明实施处罚的处罚者是拥有税务处罚权的税务机关工作人员，是一个适格的处罚主体。这是税务行政执法严肃性的体现，也是防止随意性和不廉洁行为的需要。通常是出示税务检查证或者工作证。

2.说明处罚理由。税务执法人员应当主动向纳税人、扣缴义务人说明其违法行为的事实，说明其违反的法律、法规或者规章以及给予处罚的依据。

3.给纳税人、扣缴义务人以陈述和申辩的机会。纳税人、扣缴义务人可以进行口头申辩，税务执法人员应当给予全面、正确的回答，并且不得因当事人申辩而加重处罚。

4.制作笔录。现场笔录是行政处罚的证据之一，也是行政复议和行政诉讼的主要证据。笔录应当包括违法的纳税人、扣缴义务人及其违法的时间、地点，违法行为主要事实和处罚依据等。

5.制作处罚决定。税务人员应当填写预定格式、编有号码的行政处罚决定书。行政处罚决定书应当载明当事人的违法行为、行政处罚依据、罚款数额、时间、地点以及行政机关名称，并由执法人员签名或者盖章。

6.告知纳税人、扣缴义务人所享有的权利。即告诉纳税人、扣缴义务人，如果对该简易程序处罚不服的，可以在法定的时间内向复议机关提起复议或者向人民法院提起行政诉讼。

7.备案。税务执法人员当场作出的税务行政处罚决定，必须报所属税务机关备案。

8.执行。对纳税人、扣缴义务人的处罚决定作出以后，可以由纳税人、扣缴义务人自觉执行。如果是罚款，可以令其在规定的时间内到征收部门缴纳。被处罚的纳税人、扣缴义务人对处罚决定没有异议的，应当在处罚决定书上签名盖章，并表明没有异议。如果纳税人、扣缴义务人对该处罚行为有异议或者拒绝签字的，税务人员应当将该纳税人、扣缴义务人的违法行为及时向税务机关报告，由税务机关按照一般程序处理。

需要注意的是税务行政处罚的简易程序与税务稽查的简易程序有不同之处。稽查的简易程序是指没有经过立案而直接制作《税务处理决定书》或者《稽查结论》，它与一般程序的区别核心在于是否经由立案环节，而税务行政处罚的简易程序与一般程序的区别主要在于处罚的幅度。

(三)税务行政处罚的一般程序

税务行政处罚的一般程序指的是税务机关作出税务行政处罚决定应当经过的基本告知步骤。

税务行政处罚一般程序适用的税务案件主要有:一是除了简易程序以外的罚款案件,即超过简易程序罚款额度的罚款行为。二是情节复杂的案件,如没收非法所得,停止出口退税权等,如《税务稽查工作规程》第十三条规定,税务稽查对象经初步判明具有偷税、逃避追缴欠税、骗取出口骗税、抗税以及为纳税人、扣缴义务人非法提供银行账户、发票、证明或者其他方便,导致税收流失的。未具有本条第一项所列的行为,但查补税额在五千元至二万元以上的(具体标准由省、自治区、直辖市税务机关根据本地情况在幅度内确定);私自印制、伪造、倒卖、非法代开、虚开发票、非法携带、邮寄、运输或者存放空白发票,伪造、私自制作发票监制章、发票防伪专用品的;其他税务机关认为需要立案查处的,均应当立案查处。三是涉及发票的案件,《中华人民共和国发票管理办法实施细则》第四十五条规定,税务机关对违反发票管理法规的行为进行处罚,应将处理决定书面通知当事人;对违反发票管理法规的案件,应立案查处。

税务行政处罚的一般程序主要包括三方面的内容:

1.立案。立案是税务机关对于纳税人、扣缴义务人的举报材料或者自己发现的违法事实,认为需要给予违法者进行税务行政处罚,并决定进行调查处理的活动。立案是税务机关决定追究纳税人、扣缴义务人行政法律责任的开始,是调查取证的前期步骤。

第一,纳税人、扣缴义务人有违反税收法律、法规或者规章的事实,并且该行政违法行为已经具备行政违法的构成要件,依法应当追究税务行政法律责任,给予行政处罚的。

第二,按照税收法律、法规或者规章的规定,该税务行政违法案件属于税务机关管辖的。也就是具有管辖权的税务机关才是适格的立案主体。

第三,必须是在法定的追诉期限内。根据《中华人民共和国行政处罚法》第二十九条规定,违法行为在二年内未被发现的,不再给予行政处罚。法律另有规定的除外。而根据《中华人民共和国税收征收管理法》第八十六条规定,违反税收法律、行政法规应当给予行政处罚的行为,在五年内未被发现的,不再给予行政处罚。

2.调查取证。税务机关发现纳税人、扣缴义务人有依法应当给予行政处罚的行为的,必须全面、客观、公正地调查、收集有关证据;必要时,依照法律、法规的规定，可以进行检查。税务机关在调查或者进行检查时，执法人员不得少于两人，并应当向当事人或者有关人员出示证件。当事人或者有关人员应当如实回答询问，并协助调查或者检查，不得阻挠。询问或者检查应当制作笔录。纳税人、扣缴义务人必须接受税务机关依法进行的税务检查，如实反映情况，提供有关资料，不得拒绝、隐瞒。税务机关依法进行税务检查时，有权向有关单位和个人调查纳税人、扣缴义务人和其他当事人与纳税或者代扣代缴、代收代缴税款有关的情况，有关单位和个人有义务向税务机关如实提供有关资料及证明材料。

根据《中华人民共和国行政处罚法》第三十七条规定，行政机关在收集证据时，可以采取抽样取证的方法；在证据可能灭失或者以后难以取得的情况下，经行政机关负责人批准，可以先行登记保存，并应当在 7 日内及时作出处理决定，在此期间，当事人或者有关人员不得销毁或者转移证据。

法律、法规还赋予税务人员以扣押、查封、冻结、扣留、责成提供纳税担保、提请边检部门阻止出境等权利。

执法人员与当事人有直接利害关系的，应当回避。

3.税务行政处罚决定。税务机关经过调查取证，认为事实清楚，证据确凿、充分的，即可以制作税务行政处罚决定。也就是说，作出税务行政处罚决定必须具备：一是有明确的实施违法行为的纳税人、扣缴义务人；二是有具体的违法事实；三是有充分的证据；四是税收法律、法规或者规章明确规定应当给予处罚的违法行为；五是该违法行为人属于作出处罚决定的税务机关的管辖范围。

根据《中华人民共和国行政处罚法》第三十八条规定精神，调查终结，税务机关负责人应当对调查结果进行审查，根据不同情况，分别作出如下决定：

(1)纳税人、扣缴义务人确有应受税务行政处罚的违法行为的，根据情节轻重及具体情况，作出行政处罚决定。

(2)纳税人、扣缴义务人违法行为轻微，依法可以不予行政处罚的，不予行政处罚。

(3)纳税人、扣缴义务人违法事实不能成立的，不得给予行政处罚。

(4)纳税人、扣缴义务人违法行为已构成犯罪的，移送司法机关。

对情节复杂或者重大违法行为给予较重的行政处罚，税务机关的负责人应当集体讨论决定。

税务机关依据有关规定给予纳税人、扣缴义务人税务行政处罚，应当制作行政处罚决定书。税务行政处罚决定书应当载明包括当事人的姓名或者名称、地址；违反税收法律、法规或者规章的事实和证据；税务行政处罚的种类和依据；税务行政处罚的履行方式和期限；不服税务行政处罚决定，申请行政复议或者提起行政诉讼的途径和期限以及作出税务行政处罚决定的税务机关名称和作出决定的日期等事项。税务行政处罚决定书必须盖有作出行政处罚决定的税务机关的印章。

需要特别注意的是，税务机关及其执法人员在作出税务行政处罚决定之前，不依照规定向纳税人、扣缴义务人告知给予税务行政处罚的事实、理由和依据，或者拒绝听取纳税人、扣缴义务人的陈述、申辩，该税务行政处罚决定不能成立；但是纳税人、扣缴义务人放弃陈述或者申辩权利的除外。

4.税务行政处罚决定书的送达。税务行政处罚决定书的送达指的是税务机关依据法定的方式将税务行政处罚决定书送交纳税人、扣缴义务人的行为。自送达之日起，纳税人、扣缴义务人享有某种权利，同时必须在法定的时间和地点履行应尽的义务。

税务行政处罚决定书在向纳税人、扣缴义务人宣告后当场交付给当事人。如果当事人不在场，税务机关应当在7日内根据民事诉讼法的有关规定，将税务行政处罚决定书送达当事人。送达方式包括直接送达、邮寄送达、留置送达、委托送达和公告送达等。

税务行政处罚的听证程序是一般程序中的一种特殊调查程序，是对比较重大的处罚案件适用的特殊方式调查取证的程序，本书将专章论述税务听证；关于税务行政处罚的执行，已经在第十四章的“税务检查”中谈过，此处不赘述。

二、税务行政处罚的时效

税务行政处罚的时效指的是纳税人、扣缴义务人履行处罚制裁行为的期限限制。税务行政处罚的时效主要包括追诉时效、裁决时效、执行时效和救济时效。

（一）税务行政处罚的追诉时效

如前所述，处罚法规定的行政处罚的追诉时效是2年，而税收征收管理法的规定是5年。我们知道，如果是比法律位阶低的法规或者规章，对特定事项制定行政处罚的追诉时效，一般只能在2年的范围内，而不能超出2年的期限。但是税收征收管理法是由全国人民代表大会常务委员会制定的法律，符合处罚法所说的“法律另有规定的除外”的精神，所以可以设定为期5年的追诉期。

税务机关对税务行政处罚案件的追诉时效是5年，这意味着税务机关享有的税务行政处罚权是有时效条件的，法定时效届满，税务机关即丧失税务行政处罚适用权。尽管税务机关拥有税务行政处罚权，但是对于超过时效的特定违法的纳税人、扣缴义务人则失去了对其适用处罚的可能。

需要特别注意的是，根据《中华人民共和国税收征收管理法》第八十六条规定，违反税收法律、行政法规应当给予行政处罚的行为，在 5 年内未被发现的，不再给予行政处罚。也就是说，只有税务机关没有发现纳税人、扣缴义务人违反税收法律、行政法规应当给予行政处罚的行为的，才适用追诉时效，如果税务机关已经发现纳税人、扣缴义务人违反税收法律、行政法规应当给予行政处罚的行为，即使超过了 5 年，仍然不适用追诉时效来限制税务机关的处罚权。

另外，对税务行政处罚案件追诉时效期间起点的计算也因案件内容、性质的不同而不同，需要区别对待。如虚开增值税专用发票，应当以开具的日期，即"违法行为发生之日"算起；而采取多列支出或者少列收入进行偷税的，则应当在次月的纳税申报期满之后，即 11 号算起。

(二)税务行政处罚的裁决时效

税务行政处罚的追诉时效指的是税务机关在开始立案调查以后即进入税务行政处罚的程序，必须在规定的期限内作出处罚裁决，如果超出期限，将不再作出对违法的纳税人、扣缴义务人处罚裁决，即处罚程序终止。

基于效率原则，对税务机关的税务行政处罚的裁决时效应当有具体规定，但是包括处罚法在内的现行的法律、法规或者规章都没有明确的期限，只有对个别行为有时间限制的设定，如《中华人民共和国税收征收管理法实施细则》第八十六条规定，税务机关经县以上税务局(分局)局长批准，可以将纳税人、扣缴义务人以前会计年度的账簿、记账凭证、报表和其他有关资料调回税务机关检查，但是税务机关必须向纳税人、扣缴义务人开付清单，并在 3 个月内完整退还。但是这仅仅是调账必须在 3 个月内归还，并没有要求 3 个月内定性，更没有说必须结案。因为税收案件的调查取证，查账只是一个方面，其他如检查存款账户、外调等，有的出现被检查的纳税人、扣缴义务人拒绝配合、甚至逃避，导致取证工作无法正常进行；有的是对有关的法律、法规或者规章的理解存在争议，等待上级的答复；有的是税务机关的处罚裁决必须以其他的裁决或者判决为基础，只能等待其结果；当然，更有可能是税务机关工作人员主观的原因导致案件久拖不决等等，不一而足。税务行政处罚案件久拖不决不仅影响纳税人、扣缴义务人的正常经营活动，损害其合法的权利，而且对税务机关的人力、物力资源也是一种浪费。因此有的税务机关以文件形式作出规定，如

1997年4月28日福建省地税局以4号文的形式规定“凡有立案的案件必须在两个月内办结,因同时原因不能在两个月内办结的,可以适当延长时间,但最长不得超过3个月”(《福建省地方税务局关于〈税务稽查工作规程〉若干问题的通知》)。

在作出税务处罚决定之前,还必须对处理决定进行审理。《税务稽查工作规程》第四十四条规定,审理人员接到稽查人员提交的《税务稽查报告》及有关资料后,如果排除稽查人员增补证据等资料时间,就有关政策问题书面请示上级时间和重大案件报经上级税务机关审理定案时间外,应当在10日内审理完毕。但是这个规定更多的是适用于内部管理,并不影响税务行政处罚的程序。

(三)税务行政处罚的执行时效

税务行政处罚的执行时效指的是税务机关强制执行的时效。根据《中华人民共和国税收征收管理法》第八十八条规定,当事人对税务机关的处罚决定逾期不申请行政复议也不向人民法院起诉、又不履行的,作出处罚决定的税务机关可以采取书面通知其开户银行或者其他金融机构从其存款中扣缴税款;扣押、查封、依法拍卖或者变卖其价值相当于应纳税款的商品、货物或者其他财产,以拍卖或者变卖所得抵缴税款(税务机关采取强制执行措施时,对前款所列纳税人、扣缴义务人、纳税担保人未缴纳的滞纳金同时强制执行)的强制执行措施,或者申请人民法院强制执行。

如果申请人民法院强制执行,则适用司法执行程序。根据2000年3月10日最高人民法院审判委员会第1088次会议通过的《最高人民法院关于执行〈中华人民共和国行政诉讼法〉若干问题的解释》第八十四条的规定,税务机关可以在税务行政处罚决定书规定的履行期间最后一天算起,在180天内申请人民法院强制执行。但是税务机关的自身执行并没有明确的时效限制,通常认为,税务机关的自身执行时效也应当以180天为宜。

(四)税务行政处罚的救济时效

根据《中华人民共和国税收征收管理法》第八十八条规定,纳税人、扣缴义务人、纳税担保人对税务机关的处罚决定、强制执行措施或者税收保全措施不服的,可以依法申请行政复议,也可以依法向人民法院起诉。

根据《中华人民共和国行政复议法》第九条和《税务行政复议规则》第十五条规定,纳税人、扣缴义务人、纳税担保人可以在得知税务机关作出税务行政处罚之日起的60天内提出行政复议申请。但是因不可抗力或者被申请者设置障碍等其他正当理由耽误法定申请期限的,申请期限自障碍消除之日起继续计算。

纳税人、扣缴义务人、纳税担保人不服税务机关的行政处罚决定，可以在3个月内向人民法院提起诉讼；如果是不服税务复议机关决定的，可以在收到复议决定的15天内提起诉讼等。

第十五章　税务行政行为听证

第一节　税务行政行为听证概述

一、税务行政行为听证的概念

听证是行政机关在作出影响公民、法人或者其他组织合法权益的决定以前，向行政相对人告知决定的理由和听证的权利，公民、法人或者其他组织随之向行政机关表达意见、提供证据、申辩、质证以及行政机关听取意见、接纳其证据的程序所构成的一种法律制度。

听证制度在外国的行政法律体系中作为对行政权力优先权和单方特性的一种平衡，占有重要的地位，如美国的《联邦行政程序法》、德国的《行政程序法》和日本的《行政程序法》都有成熟的规定，并在国家行政管理中被广泛运用。

税务行政行为听证指的是税务机关在作出拒绝纳税人、扣缴义务人的税务行政许可申请或者作出税务行政处罚决定前，向纳税人、扣缴义务人告知决定的理由和听证的权利；纳税人、扣缴义务人在法定的期限内向税务机关陈述、申辩和质证、提供证据，税务机关应当听取行政相对人的合理意见表达和接收、采纳其提供的证据，以便确定对原来决定的维持、更正或者取消。简言之，税务行政行为听证指的是税务机关在作出行政处罚决定之前，指派专人主持听取案件调查人员和当事人，就案件事实及其证据进行陈述、质证和辩论的法定程序。

二、税务行政行为听证的特征

1. 要求对税务相关行政行为举行听证是纳税人、扣缴义务人法定的权力。

处罚法规定，行政机关应当告知当事人有要求举行听证的权利；当事人要求听证的，行政机关应当组织听证。许可法也规定，行政许可直接涉及申请人与他人之间重大利益关系的行政机关在作出行政许可决定前，应当告知申请人、利害关系人享有要求听证的权利。

2. 税务行政行为听证是在一般程序中的一个特殊阶段，在调查终结后作出决定之前。如税务机关在作出行政处罚决定之前，向当事人送达《税务行政处罚事项告知书》，告知当事人作出行政处罚决定的事实、理由及依据，并告知当事人依法享有的权利。若税务机关对公民作出二千元以上（含本数）罚款，或对法人、其他组织作出一万元以上（含本数）的罚款的行政处罚之前，须告知当事人有要求举行听证的权利。

3. 税务行政行为听证是依申请的行政行为。即税务机关只有在税务行政相对人申请的条件下才能举行听证；没有纳税人、扣缴义务人的申请，税务机关不能主动作出行为。即税务行政行为听证是应当事人的要求而举行的，是依申请的，行政机关是不能依职权举行的。

三、税务行政行为听证的意义

现代法制社会的核心内涵之一就是将行政机关的行政行为置于法律的有效监督之下，特别是对纳税人、扣缴义务人权利和义务发生影响的税务行政许可和税务行政处罚行为进行有效监督更是显得尤为重要。而赋予纳税人、扣缴义务人要求听证的权利正是对税务机关行政行为监督的体现。因此税务行政行为听证的意义主要体现在：

1. 有利于税务机关全面客观地查清税务违法案件事实，听取各方当事人的意见，从而使行政处罚建立在公开、公正、合法的基础上。特别是税务行政处罚行为一旦形成，即具有执行力，不因为纳税人、扣缴义务人的复议或者诉讼而停止。所以税务行政行为听证在税务机关作出处罚之前，纳税人、扣缴义务人有申辩的机会，意义重大。

2. 有利于保护纳税人、扣缴义务人公平地获得许可的权利。没有救济就没有权利，行政法的本质就是对行政相对人的救济法，实行税务行政行为听证制度正是为了保护纳税人、扣缴义务人在同等条件下获得同等的权利。

3. 有利于减少税务行政争议，提高税务行政效率。因为进入税务行政诉讼程序不仅浪费纳税人、扣缴义务人的人力、物力，税务机关的行政成本也将因此加大，行政效率将因此降低，这是显而易见的。

4. 可以形成公民对税务机关的监督和强化税务机关内部的自我约束，可以预防不给好处不许可、给了好处乱许可，或者是该罚的不罚、不该罚的乱罚的现象，有利于确保税务机关依法行政。

四、税务行政行为听证的法理基础及其法律依据

税务行政行为听证的法理基础是自然正义法则(rules of natural justice)，其要素有三：一是在公正的法庭前听证的权利；二是了解、知悉指控的权利；三是就指控进行答辩的权利。后来人们进一步概括为“任何人不得自断其案”、“人们的抗辩必须听取(引者注：在台湾称两造兼听)”。

税务行政行为听证的法律依据有三：

一是1996年10月1日起实施的《中华人民共和国行政处罚法》第四十二条规定，行政机关作出责令停产停业、吊销许可证或者执照、较大数额罚款等行政处罚决定之前，应当告知当事人有要求举行听证的权利；当事人要求听证的，行政机关应当组织听证。

二是自1996年10月1日起实施的《税务行政处罚听证程序实施办法(试行)》。

三是在2004年7月1日起实施的《中华人民共和国行政许可法》第四十六条规定，法律、法规、规章规定实施行政许可应当听证的事项，或者行政机关认为需要听证的其他涉及公共利益的重大行政许可事项，行政机关应当向社会公告，并举行听证。

第二节　税务行政行为听证的原则

《税务行政处罚听证程序实施办法(试行)》第二条规定，税务行政处罚的听证，遵循合法、公正、公开、回避、及时和便民的原则。结合处罚法、许可法的立法精神，税务行政行为听证的原则可以表述为：

一、合法原则

税务行政行为听证的合法原则指的是税务机关在应纳税人、扣缴义务人的听证要求以后，应当按照法定的权限、条件和程序实施听证。其基本含义包括：一是主持听证的人员应当适格，如税务行政处罚的听证由税务机关的负责人指定的非本案调查机构的人员主持；二是实施听证应当按照许可法、处罚法

和《税务行政处罚听证程序实施办法(试行)》规定的条件进行;三是必须严格遵循有关法律、法规或者规章规定的程序实施,从告知、接受当事人的要求、按时通知再到举行听证,都是税务机关必须遵守的。

二、公正、公开原则

公正是对合法的必要补充,尽管税务机关在对纳税人、扣缴义务人作出税务行政行为时候具备自由裁量的性质,但是一旦进入听证程序,当事人和本案的调查人是平等的抗衡主体,即在听证的现场叙述各自的理由以供听证主持人裁决。主持人应当依法行使职权,作出公正的决定。

公开主要是指听证活动原则上要公开举行,除非是涉及国家机密、商业秘密或者个人隐私,否则都要公开。其本质是对纳税人、扣缴义务人知情权、监督权的保护。

三、回避原则

任何人都不能自断其案,为了确保听证活动的公正,主持人与待决的案件不能有利害关系,即税务机关应当指定审查该行政许可申请的工作人员以外的人员为听证主持人,申请人、利害关系人认为主持人与该行政许可事项有直接利害关系的,有权申请回避。基于职能分离的要求,指定非调查人员或者实施许可的人员作为听证主持人的作用在于,主持人比较能以事件之外的第三者的冷静态度对待争议,更加有利于作出理性的裁决。

四、及时、便民原则

提供优质服务,在法定的时限内举行听证,不仅方便纳税人、扣缴义务人,而且也是税务机关降低税收成本、提高办事效率的必然要求。便民还体现在尽量为听证申请人提供方便,如提供符合要求的申请书格式文本,将听证的事项、依据、条件、程序以及所需要提交的全部材料的目录一次性告知申请人等。

第三节　税务行政行为听证的实施

一、听证告知与听证要求的提出

如果税务机关拒绝纳税人的税务行政许可要求，而该税务行政许可直接涉及纳税人重大利益关系的，税务机关在作出拒绝税务行政许可决定前，应当告知纳税人享有要求听证的权利；纳税人在被告知听证权利之日起 5 日内提出听证申请的，税务机关应当在 20 日内组织听证。

税务机关对公民作出二千元以上（含二千元）罚款或者对法人或者其他组织作出一万元以上（含一万元）罚款的行政处罚之前，应当向当事人送达《税务行政处罚事项告知书》，告知当事人已经查明的违法事实、证据、行政处罚的法律依据和拟将给予的行政处罚，并告知有要求举行听证的权利。要求听证的当事人应当在《税务行政处罚事项告知书》送达后 3 日内向税务机关书面提出听证。税务机关应当在收到当事人听证要求后 15 日内举行听证，并在举行听证的前 7 日将《税务行政处罚听证通知书》送达当事人，通知当事人举行听证的时间、地点、听证主持人的姓名及其他有关事项。

当事人由于不可抗力或者其他特殊情况而耽误提出听证期限的，在障碍消除后 5 日内，可以申请延长期限。申请是否准许，由税务机关决定。

二、听证准备

1. 机关应当于举行听证的 7 日前以书面形式通知当事人举行听证的时间、地点和主持人姓名。

2. 决定是否公开。原则上听证应当公开举行。公开举行听证的体现是：先期公告当事人和本案调查人员的姓名、案由和听证的时间、地点；允许与案件有关或者无关的人员旁听。在征得主持人的允许后，旁听人还可以发表意见。但是涉及国家秘密、商业秘密或者个人隐私的，就不公开举行听证。对于不公开听证的案件，应当宣布不公开的理由。

3. 确定听证主持人和其他工作人员。税务机关应当指定审查该行税务政许可申请的工作人员以外的人员为听证主持人，或者是非该项税务行政处罚调查机构的人为听证主持人。根据案件情况，税务机关指定的听证主持人可以是1人、3人或者是5人。

4.确定听证主持人是否应当回避。申请人、利害关系人认为主持人与该行政许可事项有直接利害关系的，有权申请回避；但是当事人的回避申请应当在举行听证的前3天向税务机关提出，并说明理由。如果是税务机关不了解，而被指定的主持人与本案当事人有直接利害关系或者可能影响公正听证的，被指定的主持人应当主动提出回避。不论是当事人还是主持人自己提出回避，最后都由组织听证的税务机关的负责人决定。对驳回申请回避的决定，当事人可以申请复核一次。

5.调查人员和当事人各自准备、提交相关证据材料。举行听证时，审查该税务行政许可申请的工作人员应当提供审查意见的证据、理由，申请人、利害关系人可以提出证据，并进行申辩和质证。

6.确定当事人是否参加听证。《中华人民共和国行政许可法》没有规定当事人是否应当出席听证会，但是《中华人民共和国行政处罚法》的第四十二条第五款规定，当事人可以亲自参加听证，也可以委托1至2人代理。《税务行政处罚听证程序实施办法(试行)》进一步明确规定，当事人委托代理人参加听证的，应当向其委托人出具代理委托书。代理委托书应当注明有关事项，并经税务机关或者听证主持人审核确认。

三、听证的举行

税务行政行为听证可以从六个步骤进行：

1.听证主持人声明并出示税务机关负责人授权主持听证的决定。

2.核对调查人员、当事人或者代理人身分、手续。

3.宣布双方的权利、义务以及在听证过程应当遵守的纪律。

4.进行案件事实调查。

如果是处罚案件，先由调查人员提出指控内容、事实依据和作出处罚的法律依据；然后当事人针对指控提出答辩；主持人就本案的主要事实进行当场调查，双方提供支持自己观点的证据，对自己的证据进行说明以及与对方互相质证。

如果是税务行政许可案件，先作出否决申请的理由和该行为的法律依据，然后是当事人说明自己应当获得许可的理由；主持人就双方的主要观点进行调查，双方出示证据并互相质证。

5.主持人引导双方就分歧进行辩论。主要分歧围绕在法律、法规和规章范围内陈述各自的观点并提供相应的法律依据。

6. 主持人征求双方的意见，归纳双方的观点，经过核实后签字或者盖章。期间，如果主持人发现证据有疑问但又无法当场辨明的，而该证据对于裁决又是至关重要的，可以宣布中止听证，由调查人员对证据核实以后再举行听证。当事人或者代理人也可以申请对证据进行重新核实，或者提出延期听证的请求，是否准许，由主持人决定。

四、听证结束与税务行政行为的作出

主持人或者其所在的部门在听证结束后，依据听证的证据事实和法律规定，提出初步意见报告税务机关负责人，由负责人作出是否准予许可或者是否处罚的意见。

第十六章　其他税务行政行为

第一节　税务行政命令

一、税务行政命令的概念

税务行政命令指的是税务机关对纳税人、扣缴义务人设定义务的行政行为，即税务机关依职权要求纳税人、扣缴义务人作为或者不作为的意思表达行为，它是对纳税人、扣缴义务人一种限权形式。

二、税务行政命令的特征

1.税务行政命令的主体是税务机关。权力机关、司法机关和行政机关都可以发布命令，税务行政命令属于行政命令。但是税务行政命令一般只能由国务院、财政部或者税务机关发布。

2.税务行政命令属于税务机关的一种具体行政行为，其表现是通过发布指令等形式要求纳税人、扣缴义务人作为或者不作为而实现行政目的，而不是税务机关自己对纳税人、扣缴义务人作为或者不作为，所以与其他具体行政行为如税务行政强制执行有所区别。

3.税务行政命令实质上是对纳税人、扣缴义务人课以义务的行为。这表明：一方面，税务行政命令与对纳税人、扣缴义务人的赋权行为，如税务行政许可等有本质的区别；另一方面，税务行政命令是对行政相对人，即纳税人、扣缴义务人的设定义务行为，它与税务机关内部行为，如对税务员工进行嘉奖的命令行为也有本质的区别。

4.税务行政命令实质是在对纳税人、扣缴义务人设定规则，而且是具体规则，表现为在特定时间内对特定事项所做的特定规范。

5.税务行政命令以国家公权力为后盾,以税务行政处罚或者行政强制执行为保障。如果纳税人、扣缴义务人违反税务行政命令,税务机关可以依法对其进行制裁,有时可以进行强制执行(但是赋权税务行政命令行为,如作出准许退税决定行为除外)。

6.税务行政命令是税务机关依职权的行为。和税务行政许可需要行政相对人申请而后作出决定的行为不同,税务行政命令是税务机关依职权直接作出。一般有两种情形:一是依据法律、法规或者规章的明确规定而作出命令,如国家税务总局1996年9月28日印发的《税务案件调查取证与处罚决定分开制度实施办法(试行)》,就是根据《中华人民共和国行政处罚法》的规定而制定的;二是没有明确的法律依据,而是基于法律、法规和规章赋予税务机关的职权而作出的税务行政命令,大量的税务行政命令就属于这一类。

三、税务行政命令的表现形式、种类和法律效果

(一)税务行政命令的表现形式

税务行政命令主要有两种表现形式,一是书面形式,二是口头形式。书面形式的税务行政命令大多以文件的形式表达命令的内容,如《关于规范增值税专用发票使用的通知》等,文件的名称可以是命令、指示、布告或者通知等。口头形式的税务行政命令往往是税务工作人员针对特定的纳税人、扣缴义务人的具体行为作出的命令,如税务稽查人员命令被检查对象打开抽屉接受检查,税务管理人员命令纳税人在经营场所悬挂税务登记证等。

(二)税务行政命令的种类

税务行政命令的内容可以是要求纳税人、扣缴义务人必须作为,如要求纳税人、扣缴义务人进行年检;也可以是要求纳税人、扣缴义务人不得作为,如税务稽查人员在对纳税人进行专案检查时候,被检查人当场撕毁账外账,检查人员命令其停止该行为等,具体包括:

1.税务机关责令纳税人、扣缴义务人限期改正违法行为,如纳税人、扣缴义务人未按照规定的期限申报办理税务登记、变更或者注销登记的;未按照规定设置、保管账簿或者保管记账凭证和有关资料的;未按照规定将财务、会计制度或者财务、会计处理办法和会计核算软件报送税务机关备查的;未按照规定将其全部银行账号向税务机关报告的;未按照规定安装、使用税控装置,或者损毁、擅自改动税控装置的等等。

2.税务机关责令纳税人、扣缴义务人限期缴纳税款行为,如纳税人、扣缴义务人在规定期限内不缴或者少缴应纳或者应解缴的税款,税务机关应当责

令其限期缴纳等。

3.税务机关责令纳税人、扣缴义务人改正违法行为，如纳税人、扣缴义务人逃避、拒绝或者以其他方式阻挠税务机关检查的，税务机关到车站、码头、机场、邮政企业及其分支机构检查纳税人托运、邮寄应纳税商品、货物或者其他财产的有关单据、凭证和有关资料时，有关单位拒绝的，或者非法印制、转借、倒卖、变造或者伪造完税凭证的，税务机关应当责令其改正。

一般说来，税务机关责令纳税人、扣缴义务人改正或者限期改正违法行为，往往是进行税务行政处罚的前置措施，也就是说，税务机关在实施税务行政处罚时，应当责令纳税人、扣缴义务人改正或者限期改正违法行为。所以税务行政命令只有涉及纳税人、扣缴义务人的义务，而不涉及纳税人、扣缴义务人的权利。

(三)税务行政命令的法律效果

税务行政命令一旦作出，纳税人、扣缴义务人就有了相关的义务，即纳税人、扣缴义务人就必须履行税务机关的命令——不管是必须作为还是不得作为——否则就将承受税务机关的惩罚。税务行政命令一般是依据法律、法规或者规章作出的，如果行政相对人拒绝执行税务机关的命令，税务机关对其惩罚所依据的也是法律、法规或者规章的规定或者授权，如果超越法定范围，即为滥用职权，对于税务机关滥用职权导致的纳税人、扣缴义务人遭受损害的，被损害人有权提起行政诉讼以求获得赔偿。如果税务行政命令不当导致当事人承受损失的，纳税人、扣缴义务人可以要求税务机关予以补救。

税务机关基于行政优先权，可以对纳税人、扣缴义务人发布命令，而有些命令可能致使纳税人、扣缴义务人承受一定的实际损失，如在一定时期内对财务专用章进行更换，纳税人、扣缴义务人必须承担更换的费用，这是合法的、适当的行为，对造成纳税人、扣缴义务人的负担，税务机关不予承担。

第二节 税务行政指导

一、税务行政指导的概念

税务行政指导指的是税务机关在其职权或者掌管的事务范围内，为实现税收管理征收目的，以辅导、协助、劝告、建议或者其他不具备法律上的强制力的方法，促请纳税人、扣缴义务人作为或者不得作为的行为。

二、税务行政指导的特征

税务行政指导是税务机关的一种重要的行政行为，和其他税务行政行为相比较，有如下主要法律特征：

1. 税务行政指导是税务机关的一种事实行政行为。我们知道，税务机关的事实行为不以产生特定的法律效果，而是以事实效果为目的的行政行为形式。税务行政指导并不是税务机关课以纳税人、扣缴义务人义务，也没有后续的强制执行力作为后盾。

2. 税务行政指导属于非强制执行的行政行为。纳税人、扣缴义务人对税务机关的税务行政指导行为没有必须服从的义务，也就是说，纳税人、扣缴义务人可以接受税务机关的税务行政指导，也可以不执行税务行政指导。如果纳税人、扣缴义务人拒绝执行税务机关的税务行政指导，税务机关也不能采取强制执行力迫使纳税人、扣缴义务人作为或者不作为。税务机关如果对拒绝执行税务机关的行政指导的纳税人、扣缴义务人课以刑罚或者秩序罚的话，那就不是税务行政指导，而是税务权力行为了。

需要注意的是，法律、法规或者规章授权税务机关劝告、指导或者指示，同时对不服从的纳税人、扣缴义务人的行为给予公告，这些还是属于税务行政指导行为，因为其目的是敦促纳税人、扣缴义务人接受税务机关的指导。

3. 税务行政指导具有能动性。税务行政指导可以是应纳税人、扣缴义务人的申请、声明或者请求等意思表达而作为，也可以是税务机关基于职权主动实施。不论是税务机关依申请而为之，还是主动实施，其目的是要取得纳税人、扣缴义务人的同意或者协助，最终依税务机关的意图作为或者不得作为。

税务机关进行纳税宣传，或者为方便纳税人、扣缴义务人而提供与纳税有关的信息、资讯等，由于不具有特定的方向或者目的，尽管是税务机关的事实行为，但是却不属于税务行政指导。

三、税务行政指导的分类及方式

（一）税务行政指导的分类

税务行政指导大致可以分为助成性的税务行政指导和规制性的税务行政指导两种。

1. 助成性税务行政指导。助成性税务行政指导指的是税务机关应纳税人、扣缴义务人的要求而提供资讯或者技术援助的行政指导。一般说来，如果没有正当的理由，税务机关不得拒绝纳税人、扣缴义务人合理的助成性税务行政指导的请求。

2.规制性税务行政指导。规制性税务行政指导指的是税务机关为了维护国家税收秩序，对违反法律规范的纳税人、扣缴义务人加以规范和制约的行政指导。纳税人、扣缴义务人违反税收法律规范的行为多种多样，违反的原因也各不相同。有些行为可能导致法律的惩罚，有些是轻微的、非故意的过错，可以用劝告的方式来实现税务行政相对人遵从税务机关的行政指导，以达到作为或者不得作为的目的。规制性税务行政指导又可以分为独立税务行政指导和附带税务行政指导。

独立税务行政指导指的是与税务机关权力性规制无关的、独立进行的税务行政指导，包括应急性税务行政指导（即税务机关在没有法律根据便无法进行权力性规制的情况下，为应急而进行的税务行政指导）；代替性税务行政指导（即在制定法律、法规和规章等，设立法律根据之后再实行权力性规制，不如通过行政指导更能满足行政需要的情况下，代替权力性规制而实施的税务行政指导）；附带税务行政指导指的是税务机关对纳税人、扣缴义务人权力性规制的同时，附带进行的税务行政指导，包括事前劝告、更正劝告和对申请人劝告等 。

也可以从不同的角度把税务行政指导分为有法律依据的税务行政指导和没有法律依据的税务行政指导、普遍的税务行政指导和个别的税务行政指导、管制性的税务行政指导、调解性的税务行政指导和授益性的税务行政指导等。

（二）税务行政指导的方式

税务行政指导的方式原则上不采用书面要式主义，即通常以说服、教育、劝告、建议、协商、政策指导等非强制手段方式实现税务行政行为的目标。

我们知道，税务行政指导是税务机关为实现一定的税务行政目标，要求纳税人、扣缴义务人作为或者不作为的非权力性或者没有法律强制力的行为，它不属于具体行政行为，所以就不属于复议法、诉讼法的受案范围；它也不是税务机关行使职权或者行使职权的相关行为，所以也不属于国家赔偿法规定的赔偿范围。

但是当税务行政指导的内容包含有建议或者劝告纳税人、扣缴义务人变更申请内容或者撤回申请的，建议或者劝告承担纳税人、扣缴义务人容忍法律规范以外的负担如订阅报刊杂志的，法律规定拒绝税务行政指导必须公布纳税人、扣缴义务人名称、事实或者课以负担的，原则上应当以书面的形式进行并且交付纳税人、扣缴义务人。

之所以要明确一些特别的税务行政指导行为必须以书面形式作为，是为了抑制违法的税务行政指导，也是基于行政责任明确性原则的要求。

第三节 税务行政合同

一、税务行政合同的概念

税务行政合同指的是税务机关为实现税款征收等目标，依法与其他行政机关或者纳税人、扣缴义务人签订的协议。

税务机关在从事税款征收等活动过程中，一般是以法律授予的公权力单方面作出决定。纳税人、扣缴义务人必须根据法律的规定无偿地、及时地、无条件地履行。但是鉴于税务机关没有足够的人力去征收一些零散的税源，同时也为了方便纳税人，委托代征就成为必须，这是税务行政合同存在的原因，也是税务行政合同法律关系的体现。

二、税务行政合同的特征

税务行政合同属于一种行政行为，所以它具有税务行政的特征；同时税务行政合同是民事合同制度在税务行政领域的运用，所以又有合同的一般性特点。

（一）税务行政合同的当事人一方必须是税务机关

税务行政合同是税务机关行使职权的一种方式，在税务机关与其他行政机关或者纳税人、扣缴义务人之间签订。需要注意的是，税务行政合同的一方当事人必须是税务机关，但是税务机关签署的合同不一定就是税务行政合同，当税务机关以民事主体的身分，为了实现特定的民事目的而进行的，诸如大楼物业管理协议、办公楼建造合同等，即承包合同、转让合同等就只能是民事合同。

（二）税务行政合同的目的是实现税款征收

《中华人民共和国税收管理法》第二十九条规定，除税务机关、税务人员以及经税务机关依照法律、行政法规委托的单位和人员外，任何单位和个人不得进行税款征收活动。这表明税务机关可以以委托合同的形式委托单位和个人进行税款征收。

(三)税务行政合同必须是双方意思的一致表达

它表明在签署税务行政合同的时候,税务机关有权选择被委托对象,而对方也可以接受或者拒绝接受。这与依法负有代征代扣义务的扣缴义务人有所区别。另一方面,签署税务行政合同的双方就合同的具体内容必须取得一致,税务机关尽管有优越的地位,但也不能采取欺骗、隐瞒或者强制手段让对方签署。

(四)税务机关享有对税务行政合同的履行、变更或者解除的行政优益权

行政优益权指的是行政主体对其签订的行政合同,可以根据国家行政管理的需要,依法进行变更或者解除。也就是说,为了国家利益,在与其他行政机关或者纳税人、扣缴义务人之间签订的税务行政合同,税务机关可以依法进行变更或者解除,而对方却没有这一权利。

三、税务行政合同的缔结、变更和解除

(一)税务行政合同有效成立的要件

税务行政合同必须同时符合以下四个要件,才是有效成立的合同:

1.签订税务行政合同的税务机关具有法定的职权和行政管理权限,并在法律规定的权限范围内签订。如税务稽查局与他人签订委托征收的合同就是无效的税务行政合同,因为稽查局在该行为中超越法定的权限,所以合同无效。

2.签订税务行政合同的另一方当事人有法定的权利能力和行为能力,能够适应、胜任履行所签订的合同,否则该税务行政合同就无法落实,而无法落实的税务行政合同当然是无效的合同。

3.签订税务行政合同必须是双方自愿、真实的意思表达,即必须是平等协商、公平自愿的。

4.税务行政合同的内容、形式和程序合法。税务行政合同的内容必须符合税收征收管理法以及其他法律、法规和规章的规定。签订税务行政合同必须符合法定的程序和形式,如必须以书面形式签订等。

(二)税务行政合同的缔结、变更和解除

1.税务行政合同的缔结。缔结税务行政合同必须遵循依法订立原则。即税务机关必须是有法律、法规或者规章的明确授权,才能进行税务行政合同的签订。它要求:一是签订税务行政合同的税务机关必须是有权机关;二是该机关只能就其权限范围内的事项签订;三是签订的内容必须符合法定的程序和形式。

2.税务行政合同的变更。税务行政合同的变更指的是现存的税务行政合同基于税务机关的自由裁量权或者其他法律事实，在不改变现存合同性质的基础上，对涉及合同主体、客体和内容的条款做应有的修改、补充或者限制。变更的原因可能是基于公共利益的需要而由税务机关单方面进行变更，也可能是一定的法律事实出现而导致税务行政合同不得不变更。

3.税务行政合同的解除。税务行政合同的解除指的是税务机关基于自身的优益权，单方面解除、或者是相对人提出合同解除的意思表达，在征得税务机关的同意之后提前终止尚未履行或者尚未完全履行的税务行政合同的效力，使得当事人提前结束约定的权利义务关系。

如果是税务机关单方面变更或者解除税务行政合同而导致相对人利益受到损害的，应当给予相应的补偿。

税务行政合同可能由于合同履行完毕、合同期限届满、合同因为双方协议或者由税务机关单方面解除、因为不可抗力使合同不能履行，以及法院判决解除合同等，引起税务行政合同灭失。

四、税务行政合同当事人的权利义务

(一)税务机关的权利义务

1.税务机关的权利。税务机关和其他行政机关或者纳税人、扣缴义务人签订税务行政合同，其目的在于实现税务管理征收的目标，完成税务行政管理的任务。所以税务行政合同中，实体权利义务要按照保证特定的税务行政管理目标的优先实现的原则来配置。因此，税务机关在税务行政合同中的权利可以概括为：选择合同相对一方的权利；要求当事人本人履行义务的权利；对合同的监督、指挥的权利；单方面变更或者解除合同的权利和对不履行或者不适当履行合同义务的相对人制裁的权利。

2.税务机关的义务。作为税务行政合同的当事人一方，税务机关必须履行一定的义务，主要包括：依法履行合同的义务；按照合同规定给予合同相对方当事人以优惠或者照顾的义务；如果是税务机关单方面变更或者解除合同，必须给予相对一方当事人以损失补偿的义务等。

(二)对方当事人的权利义务

1.对方当事人的权利。税务行政合同不是权力性的税务行政行为，在保证税收管理征收目标的前提下，还应当对相对人因为保证税务行政目标的优先实现所作出的经济损失进行必要的补偿，以维持税务行政合同中两种利益间的平衡。概括起来，对方当事人的权利主要有：取得报酬或者获得优惠、照顾的权利;请求补偿损失、赔偿损害的权利;因为不可预见的困难造成损失时获得补偿的权利。

2.对方当事人的义务。对方当事人的义务主要体现在:按照税务行政合同的规定条件和期限认真履行合同;接受税务机关的监督、指挥以及依法实施的制裁。

五、税务行政合同的救济

税务行政合同的救济指的是税务行政合同的相对人认为,税务机关的违约行为侵害自己的合法权益,向有关机关申诉或者起诉,由有关机关进行审查,对相对人受到的损害予以补救的制度。

税务行政合同救济的目的包括对相对人的权益提供保护和防止税务机关滥用单方特权,其法理意义是寻求法律上的平衡。

税务行政合同救济的方式主要有:向税务机关申诉、协商解决、行政复议和向司法机关提起诉讼等。

除了以上所说的税务行政行为外,还有税务事实行政行为和假象税务行政行为等。税务事实行政行为指的是不以产生特定的法律效果,而是以事实效果为目的的税务行政行为,如日常实行活动的税务事实行为、无拘束力的提供资讯与通报的税务行政行为等。假象税务行政行为指的是以税务行政行为的形式出现,但是实质上不是税务行政行为的有关行为,如有人穿税务制服,冒充税务人员进行税收执法、税务人员对涉税犯罪嫌疑人进行滞留等。

第十七章　依法行政与税务行政依据

依法治国在国家行政管理领域的体现就是依法行政，这也是法治国家的最基本要求。税收是国家凭借强制力，无偿地获取纳税人的财产，所以就更要依法行政，这是不言自明的。

但是强调依法行政，并不意味着凡事都必须有法律依据，否则就不能作为。如果是这样，那将导致法律泛滥成灾——何况立法的速度永远也赶不上行政工作的实际变化速度，同时，也势必导致行政效率的低下。所以就有必要确定在某些方面有法律规范的明确授权才能作为，如限制人身自由、对公民的处罚等；有些可以根据法律的精神把握，甚至可以发挥自由裁量作用，对实际问题进行处理。

第一节　依法行政原则

依法行政指的是国家行政机关在行使职权的时候必须有法律的依据，它包括消极意义和积极意义两方面的内涵。消极意义的依法行政主要是指一切行政权力的运用都应该受到法律的拘束，不能超越法律的授权范围，这又称为法律优越原则；积极意义的依法行政又称为法律保留原则，指的是行政权力的行使仅仅限于法律授权的内容，即任何行政行为都必须有法律的授权依据。综合起来，税务机关依法行政应当遵循以下几点：

一、税务行政行为应当受宪法的拘束

宪法是我国的根本大法，是国家一切行政权力行使的渊源，税务机关行使的行政权力当然是宪法授权的结果，理所应当要受宪法的拘束，不得与宪法相抵触。《中华人民共和国宪法》第六十七条第七款、第八款规定，全国人民代表大会常务委员会有权“撤销国务院制定的同宪法、法律相抵触的行政法规、决

定和命令”,“撤销省、自治区、直辖市国家权力机关制定的同宪法、法律和行政法规相抵触的地方性法规和决议”,这表明行政机关的行为首先必须符合宪法,即维护宪法的基本决定。

二、税务行政行为应当受一般法律原则的拘束

税务机关可以在法律规范的授权范围内行使职权,这是毫无疑问的,但是在行使职权的过程中必须遵循法律的一般原则,也是毫无疑问的,这些原则主要有:明确性原则,即税务行政行为应当明确;平等性原则,即如果没有正当的理由,税务行政行为不得实行差异待遇;比例性原则,即税务机关所采取的手段造成的损害与要达成的维护公共利益目的不能显失均衡;诚实信用与信赖保护原则,即税务行政行为应当遵守诚实信用原则,并且保护纳税人正当合理的信赖。

三、税务行政行为应当受法律的拘束

税务人员的具体行政行为必须受到执行特定职务的拘束,负有公正执行职权的义务。如《中华人民共和国税收征收管理法》规定,税务人员不得违反法律、行政法规的规定,擅自作出税收开征、停征以及减税、免税、补税和其他同税收法律、行政法规相抵触的决定;不得索贿受贿、徇私舞弊、玩忽职守、不征或者少征应征税款;不得滥用职权多征税款或者故意刁难纳税人和扣缴义务人等。这种拘束的实质是税务人员不能超越组织赋予的权限范围和在职权范围内公平公正地行使权力。

第二节　税务行政依据的范围

一、宪法

宪法是反映各种政治力量实际对比关系、规定国家根本制度和根本任务、具有最高法律效力的国家根本大法。这表明:首先,宪法在整个法律体系中处在最高地位,一切法律、行政法规和地方性法规都不得与宪法相抵触;其次,我国所有的组织和个人都必须在宪法的范围内活动,因为宪法是所有组织和个人的最高行为准则,是人们进行各项活动的依据和基础;再次,宪法是我国行政法的立法渊源之一,而且是根本性的渊源。

税收行政执法的宪法依据是《中华人民共和国宪法》第五十六条的规定:“中华人民共和国公民有依照法律纳税的义务。”

二、法律

法律是全国人民代表大会或者是其常务委员会根据宪法或者根据职权制定的规范性法律文件。

税务行政的直接法律依据中,最主要的是2001年4月28日第九届全国人民代表大会常务委员会第二十一次会议通过的《中华人民共和国税收征收管理法》,这是税务机关行使税收执法权的最基本的法律依据。虽然该法只是由全国人大常委会制定的一般性法律,但它是税务机关最主要的实体法,贯穿税务机关的税收管征工作的全过程。另外有1980年9月10日第五届全国人民代表大会第三次会议通过的《中华人民共和国个人所得税法》,以及1991年4月9日全国人民代表大会公布了《中华人民共和国外商投资企业和外国企业所得税法》。

在税务行政中适用的法律还有《中华人民共和国行政处罚法》、《中华人民共和国行政复议法》、《中华人民共和国国家赔偿法》、《中华人民共和国行政许可法》和《中华人民共和国行政诉讼法》等。

三、税务行政法规

行政法规指的是国家行政机关依法制定和发布的规范性文件。在我国指的是国务院为领导和管理国家各项行政工作,根据宪法和法律制定的政治、经济、教育、科技、文化、外事等各类法规的总称。其形式包括条例、规定和办法等。

国务院制定的有关税收方面的行政法规有:2002年10月15日起施行的《中华人民共和国税收征收管理法实施细则》;各个税种的暂行条例,如1993年11月26日国务院第十二次常务会议通过的《中华人民共和国企业所得税暂行条例》、《中华人民共和国增值税暂行条例》和1993年12月13日发布的《中华人民共和国营业税暂行条例》等。

由于国务院是我国最高国家行政机关,它所制定的税收行政法规是税务机关实施行政行为最广泛、最直接的规范依据之一。

四、地方性税收法规和地方税收行政规章

地方性法规指的是省、直辖市、自治区人民代表大会及其常委会，在不与宪法、法律抵触的情况下，根据本地区的实际情况制定的规范性法律文件。

地方性规章指的是由省、自治区、直辖市以及省、自治区人民政府所在地的市和经国务院批准的较大的市的人民政府根据法律和行政法规，按照规定程序所制定的适用于本地区行政管理的规范性文件。

地方性税收法规和地方税收行政规章作为税务机关的执法依据，主要指执行部分税收要素的具体化规定，如在税收法律、税收行政法规所确立的幅度税率范围内的适用于本地区的税率；就屠宰税、筵席税、牧业税等税种，依照国务院制定的相应条例，决定在本地方范围内开征或者停征，并确定税率等；就某些税种制定的实施细则，如 1988 年 11 月 24 日发布的《福建省城镇土地使用税实施细则》等。

五、与其他国家地区签署的税收条约或者税收协定

税收条约指的是由国家签订的、规定国家之间税收权利与义务的各种协议的总称；税收协定指的是由政府签订的、政府之间税收的协议。如 1984 年 4 月 30 日中华人民共和国政府和美利坚合众国政府签订的《中华人民共和国政府和美利坚合众国政府关于对所得避免双重征税和防止偷漏税的协定》。

税收协定是国家间的法律，属于国际经济法的范畴，是以国家间税收管辖关系为主要调整对象的法律规范，它不仅是经过权威代表签署的具备外力保证的规范性法律文件，而且在经过必要的程序（经过外交照会确认）以后，实际上是完成了立法的程序，所以对国内当然具备约束力，可以成为税务行政法的表现形式，也就构成税务机关实施税务行政行为的规范依据。《中华人民共和国税收征收管理法》第九十一条特地规定，中华人民共和国同外国缔结的有关税收的条约、协定同本法有不同规定的，依照条约、协定的规定办理。

需要特别注意的是，有的协议并不是用“协定”，如《内地和香港特别行政区关于所得避免双重征税的安排》，同样也是税务机关行政执法的依据。

六、部门税务规章

部门税务规章指的是财政部、国家税务总局等依据国家法律和税务行政法规在各自权限范围内制定的规定、办法、实施细则等规范性文件。如 1993 年 12 月 23 日以中华人民共和国财政部第 6 号令形式发布的《中华人民共和

国发票管理办法》、国家税务总局1995年12月8日以226号文发布的《税务稽查工作规程》和1988年9月29日以财政部第255号文形式发布的《中华人民共和国印花税暂行条例实施细则》等。

从内容上看，部门税务行政规章主要针对税务机关的行政活动，具有极强的针对性和规范性，是税务机关实施税务行政行为的最主要、最广泛的规范依据之一。

七、有关的法律解释

法律解释指的是有权解释的部门对法律规范的含义以及所使用的概念、术语、定义所作的说明和解释。涉及税收的法律解释主要有两个方面：一是行政解释，即由国务院、财政部或者国家税务总局进行的解释，如2003年4月23日以国税发47号文形式发布的《关于贯彻〈中华人民共和国税收征收管理法〉及其实施细则若干具体问题的通知》；二是地方解释，即属于地方性税收法规条文本身需要进一步明确界限或者作补充规定的，由制定法规的省、自治区、直辖市人民代表大会常务委员会进行解释或者作出规定。属于地方性税收法规如何具体运用的问题，由省、自治区、直辖市地方税务部门进行解释，如2002年4月5日福建省地方税务局《关于修改原省税务局〈关于车船使用税若干具体问题的解释和补充规定的通知〉的通知》。

涉及税收的另外两种法律解释，即立法解释和司法解释，主要是由经过税务机关移送后，公安机关或者是公诉机关作为行政依据的，前者如1992年9月4日第七次全国人民代表大会常务委员会第二十七次会议通过的《关于惩治偷税、抗税犯罪的补充规定》，后者如2002年11月4日最高人民法院审判委员会第1254次会议通过的《最高人民法院关于审理偷税抗税刑事案件具体应用法律若干问题的解释》。

八、税务行政措施、决定和命令

县或者县级以上的人民政府、县和县级以上的国家税务局及地方税务局为执行法律规范，就税收管理征收问题而规定的各种办法和手段等，如发布的命令、指令、决定、决议、指示、布告、公告、通告、通知等，可以在一定程度上和一定范围内作为税务机关实施行政行为的一种规范依据。如1995年1月25日国家税务总局以014号文的形式发布的《国家税务总局关于利用外国政府或国际金融组织贷款采用国际招标方式国内中标的机电产品等取消退免税规定的通知》。

需要注意的是:一是这些决定、命令等应当是具有普遍约束力的针对抽象的税务行政行为;二是根据处罚法定原则,如果涉及税务行政处罚,一般不能把税务行政措施、决定和命令作为依据。

第三节 税务行政依据的适用规则

税务行政法律、法规和规章的适用一般应当遵循实体从旧、程序从新、从新从优和从新从轻原则,具体应该遵照以下规则:

一、高法优于低法

作为税务行政的依据,法律的效力等级高的,优先适用。一般说来,税务行政依据的法律效力有法定的位阶,这已经约定俗成为公认的等级,即在税务行政优先适用效力方面遵循:宪法优于国际税收条约和国际税收协定;国际税收条约和国际税收协定优于税收法律;税收法律优于税务行政法规;税务行政法规优于地方性税务法规、自治条例和单行条例;地方性税务法规、自治条例和单行条例优于财政部、国家税务总局规章;财政部、国家税务总局规章优于地方政府有关税务的规章;地方政府有关税务的规章优于税务行政措施;税务行政措施优于具有普遍约束力的税务决定和税务命令。税收法律解释的效力等级,按照其所解释的法律、法规本身的效力等级而定。

二、后法优于前法

在同一效力等级的税收法律、法规或者税务行政规章之间,后面制定的优先适用。

后法优于前法是基于这么两种理由:一则法律是社会力量对比结果的最终体现,针对性强是其天然的特性,越是后面制定的税收法律、法规或者税务行政规章越是切合社会、经济发展的实际,所以当然要优先适用。二则随着时间的延伸,立法技术也在不断地提高,后面制定的税收法律、法规和税务行政规章必定吸取以前的经验,其内容、形式都必定优于前者。

但是需要注意的是,只有在同一效力等级的税收法律、法规或者税务行政规章之间才有可比性。如果是不同等级,只能适用高法优于低法规则。

三、行为地法优于人地法

尽管我国实行的是统一的税制，但是一些小的税种，特别是地方税种，存在地区之间的差异；即便是适用同样的法律，但在具体运用上还存在地区之间执法力度的不同，这就有可能出现某一纳税人在不同的地方从事同样应纳税行为而有不同的法律后果。所以税务行政法律依据规定纳税人行为发生地的税务行政依据应当有限适用于纳税人所在地的税务行政依据。《中华人民共和国税收征收管理法》第二十一条规定，从事生产、经营的纳税人到外县（市）临时从事生产、经营活动的，应当持税务登记证副本和所在地税务机关填开的外出经营活动税收管理证明，向营业地税务机关报验登记，接受税务管理。从事生产、经营的纳税人外出经营，在同一地累计超过 180 天的，应当在营业地办理税务登记手续。这表明税务机关针对纳税人作出某一行为，而纳税人的所在地与行为地不一致时，应当优先适用行为地法。

四、税务行政依据冲突的处理规则

由于制定税务行政依据的主体具有广泛性，或者是由于立法技术的不够成熟，实践中往往出现对同一行政行为的依据可能彼此之间相互矛盾，给税务行政执法带来不便。为此，税务机关在执行税收法律规范时候可以遵循以下规则：一是国务院裁决规则。《中华人民共和国行政诉讼法》第四十三条第二款规定："人民法院认为地方人民政府制定、发布的规章与国务院部、委制定、发布的规章不一致的，以及国务院部、委制定、发布的规章之间不一致的，由最高人民法院送请国务院作出解释或者裁决。"二是上级税务机关处理规则。纳税人对税务机关的具体行政行为不服而提起税务行政复议，复议机关发现该具体行政行为与所依据的规章或者具有普遍约束力的决定、命令与法律、法规，或者其他规章和具有普遍约束力的决定、命令相抵触的，在职权范围内可以依法予以撤消或者改变。三是制定机关处理规则。如果下级税务行政依据同上级税务行政依据矛盾，或者法律、法规以外的税务行政依据同法律、法规依据相抵触，由制定该行政依据的机关本身纠正。

第十八章　税务行政违法与税务行政责任

第一节　税务行政违法

一、税务行政违法的概念与特征

(一)税务行政违法的概念

税务行政违法指的是税务行政法律关系主体违反税务行政法律规范,对社会造成危害的有过错的行为。它包括税务机关及税务人员的行政违法和纳税人、扣缴义务人的行政违法。但是从税务行政法律责任和税务行政赔偿的角度来看,一般是指税务机关以及税务人员的行政违法。

(二)税务行政违法的特征

税务行政违法是介于税务行政刑事违法和税务行政违纪行为之间的一种行为,其特征是税务行政违法本质的外在表现:

第一,税务行政违法的主体是税务行政法律关系的主体。作为税务行政违法的主体,首先,必须是处于税务行政法律关系之中,即只有以税务行政主体或者税务行政相对人的资格出现时,才有可能构成税务行政违法;当税务机关或者税务人员以民事主体的资格出现时,如税务机关与某电脑公司签署网络布线协议,税务人员到医院看医生等,其行为可能就是民事违法,而不可能是行政违法。其次,税务行政违法主体指的是税务机关或者税务人员,而不是纳税人或者扣缴义务人。纳税人或者扣缴义务人的违法行为一般称为可处罚行为。

第二,税务行政违法行为是违反税务行政法律规范,侵害法律保护的税务行政关系的行为。税务行政违法是对税务行政法律规范的违反,而不是对纪律或者其他章程的违反,如某税务人员是共产党员,当他违反共产党的党章中关于党员的义务的规定时候，被组织处理了，但这并不是税务行政违法行为；另一方面，税务行政违法既不是违反民事法律规范，也不是违反刑事法律规范，而是违反税务行政法律规范，从而侵害了税务行政法律规范所调整和保护的行政法律关系。

第三，税务行政违法行为是尚未构成犯罪的行为。税务行政违法与刑事犯罪在量上有联系和区别，如《中华人民共和国税收征收管理法》第七十九条规定，税务机关、税务人员查封、扣押纳税人个人及其所抚养家属维持生活必须的住房和用品的，责令退还，依法给予行政处分；构成犯罪的，依法追究刑事责任。说明是情节严重的才构成犯罪；同时，税务行政违法与刑事犯罪在质上有区别，即税务行政违法由税务行政法律规范调整，行政主体承担的是行政责任；而刑事犯罪由刑事法律规范调整，税务行政主体承担的是刑事责任。

第四，税务行政违法的法律后果承担的是行政责任。税务机关、税务人员必须对其违法行为承担法律责任，即承担行政责任。行政责任有别于民事责任和刑事责任，是行政机关及其工作人员违法行政所必须承担的法律后果。这是违法必究在税务行政管理的具体体现，也是现代国家行政法制的必然要求，税务机关、税务人员自然不能有所例外。

二、税务行政违法的构成要件

税务行政违法的构成要件指的是税务行政法律规范所规定的、构成税务行政违法所必须具备的一切主观、客观条件的总和。具体包括四个方面的要件：

（一）行为主体必须是税务行政法律关系主体

只有税务行政法律关系的主体的行为，即税务机关或者依法行使职权的税务人员的行为，才有可能构成税务行政违法。行为人具备税务行政法律关系的主体资格，是税务行政违法的前提，是构成税务行政违法的首要条件。

（二）税务行政法律关系的主体具有相关的法律义务

《中华人民共和国税收征收管理法》对税务机关及其工作人员的权利和义务有明确的规定，税务行政违法就是对法定的作为义务和不作为义务的违反。税务机关依法享有对税收的征收和管理的权力，同时也负有行政法上的义务，所以要确定税务行政法律关系的主体是否构成税务行政违法，首先要确认税务机关及其工作人员是否具有相关的法定义务，因为违反相关的法定义务是构成税务行政违法的重要条件之一。

(三)税务行政法律关系的主体具有不履行法定义务的行为

作为税务行政法律关系的主体,税务机关及其工作人员负有相应的法定义务,如果没有履行或者没有依法履行法定的义务时,才构成税务行政违法。也就是说,税务机关及其工作人员应当作为而不作为或者不应当作为而作为,都是对受到法律保护的纳税人、扣缴义务人的侵害,对社会具有危害性。如果只是税务人员的思想活动或者心理活动,而没有付诸行为,就不能构成税务行政违法。

(四)税务行政违法的主观要件

税务人员有主观过错,是构成税务行政违法的要件之一。主观过错包括故意和过失两种。也就是说,税务人员既不是故意,又不是过错的行为,不构成税务行政违法。

三、税务行政违法的确认和后果

(一)税务行政违法的确认

税务机关及其工作人员的行为是否属于税务行政违法行为,不是由社会上无关的人员确认,也不是由自已认为合法权利受到侵害的纳税人、扣缴义务人确认——尽管该纳税人、扣缴义务人有权这么认为——它涉及有关组织对税务行政行为作出法律评价的权力。该评价权力直接产生法律后果,如果一个税务行政行为被有权机关确认为违法行政行为,该行为就会丧失效力的完整性,即可能丧失原有的拘束力、确定力和执行力,或者必须经由一定程序的修正,才能恢复其原有的合法效力。当然,如果是严重的税务违法行政行为,可能就意味着它自始就是无效的。

有权确认税务机关及其工作人员的行为是否属于违法行为的,有三个方面:

第一,是作出该行为的税务机关或者上级机关。它可以是该税务机关发现之后的主动自我否定或者纠正,也可以是应纳税人、扣缴义务人的投诉而被动改正;可以是上级税务机关履行行政监督权发现而进行责令改正或者直接予以否定,也可以是应纳税人、扣缴义务人的行政复议的结果。

第二,是国务院对抽象税务行政行为的是否违法的确认。《中华人民共和国宪法》第八十九条第十三款规定,国务院有权“改变或者撤销各部、各委员会发布的不适当的命令、指示和规章”,在这里,“不适当”就包括违法的抽象税务行政行为。

第三,是人民法院对税务机关的具体行政行为是否违法的确认。根据《中华人民共和国行政诉讼法》的规定精神，人民法院在纳税人、扣缴义务人提起行政诉讼的前提下，通过审理税务行政案件的诉讼活动，可以对税务机关的具体行政行为是否违法作出裁决，并以裁判形式体现。

(二)税务行政违法的后果

税务行政违法的后果主要有两个方面：

第一，税务行政违法影响税务行政行为的法律效力。包括完全失去效力和经过补正后才具有法律效力两种，前者如处罚程序违法，后者如善意的越权行为。

第二，税务行政违法引起法律责任，包括纠正行政违法的责任和对税务行政违法侵害人权利的补偿责任。

第二节　税务行政违法的种类及处理

一、税务行政失职

(一)税务行政失职的概念和特征

税务行政失职指的是税务行政主体及其行政人员因不履行法定的作为义务而构成的行政违法。《中华人民共和国税收征收管理法》第八十二条规定，税务人员徇私舞弊或者玩忽职守，不征或者少征应征税款，致使国家税收遭受重大损失，构成犯罪的，依法追究刑事责任；尚不构成犯罪的，依法给予行政处分。这里所说的玩忽职守，就是行政失职的一种表现。

税务行政失职有税务机关及税务人员拒绝履行法定职责和不及时履行法定职责两种。如果从税务人员的心理动机看，还可以分为主观故意的行政失职和过失行政失职。

税务行政失职有其自身的特征，主要有：

第一，税务行政失职以税务机关负有法定职责为前提，即税务机关没有履行《中华人民共和国税收征收管理法》规定的税务机关必须履行的义务，才构成税务行政违法。

第二，税务行政失职是一种不作为的行政违法，即税务机关违反了应当作为的义务，从而构成不作为的违法。

第三，税务行政违法造成的后果可能是纳税人、扣缴义务人的合法权益受到损害，如行政相对人中的一般纳税人在申请专用发票的时候，因为税务机关的不及时导致经营上的不便甚至损失；也可能是该行政相对人获得利益而国家遭受损失，如税务机关怠于行使法定的检查权力而导致纳税人大量偷税等。

（二）对税务行政失职的处理

税务行政失职发生后，税务机关有责任和义务进行自我纠正。如果税务机关不进行自我纠正，纳税人、扣缴义务人可以提起行政复议或者行政诉讼。《中华人民共和国行政复议法》第二十八条第二款关于复议机关作出的复议决定规定，被申请人不履行法定职责的，决定其在一定期限内履行；同样，《中华人民共和国行政诉讼法》也有类似的规定（第五十四条第三款），如果税务机关的行为导致纳税人、扣缴义务人的合法权益受到损害的，还必须根据《中华人民共和国国家赔偿法》给予赔偿。

二、税务行政越权

（一）税务行政越权的概念

税务行政越权指的是税务机关超越职务权限而进行的行政行为。

（二）税务行政越权的表现

第一，时间上越权、空间上越权和事务上越权。

时间上越权指的是税务机关在某一时间段内享有的行政职权却在该时间段外继续使用。如税务机关在规定时间以外审批免抵退税，检查人员在超过有效期后继续使用税务检查证等。

空间上的越权指的是税务机关及税务人员超越空间管辖权行使税务行政职权。如没有经过有权部门颁发有效证件而跨地区检查企业等。

事务上的越权指的是税务机关超越法定职责的行为。如基层税务机关和当地政府一起抓计划生育，征收局的税务人员进行专案检查等。

第二，纵向越权与横向越权。

纵向越权指的是有行政隶属关系的上下级税务机关之间的行政越权，包括下级税务机关行使上级税务机关的职权；如县级税务局直接认定民政福利企业的资质；还包括上级税务机关行使下级税务机关的职权，如省局征管处制作、颁发企业税务登记证等。

横向越权指的是无行政隶属关系的税务机关之间以及与其他行政机关之间行使行政职权，包括以上所说的空间上的越权和事务上的越权。

（三）税务行政越权的特征

税务行政越权有其自身的特征，主要包括：

第一,税务行政越权以税务机关的行政权限为衡量标准,即税务行政越权是超越自身权限范围的行政行为。法制社会的核心之一是有限政府,而有限政府的体现就在于各个职能部门都有法定的职权范围,每个职能部门只能在该范围内行使职权,否则就是越权,就是行政违法。

第二,税务行政越权是作为行政违法。税务机关的职责中有必须作为和不得作为的义务,前者如必须依法征收税款,后者如不得向无关人员泄露纳税人的秘密等。税务机关应当作为而不作为是失职,不该作为而作为,就是越权。

第三,衡量税务行政是否越权的标准是客观结果,而不考虑税务人员的动机。

三、税务行政滥用职权

税务行政滥用职权指的是税务机关在自由裁量权范围内不正当地行使行政权力而达到一定程度的违法行为。其表现是行政行为的结果显失公正。

税务行政滥用职权大致有六种情况:一是税务机关或者税务人员由于考虑不正当的目的而导致对法定目的和利益的背离;二是税务机关或者执法人员考虑的错误或者不相干的原因而导致结果的不准确;三是税务机关或者税务人员错误地运用法律或者错误地认定违法事实依据;四是税务机关或者税务人员应当合理地考虑相关的事项而不予考虑;五是税务机关或者税务人员应当作为而不作为或者不在法定时间限制内作为;六是税务机关或者税务人员不遵循既成的先例和惯例的行为,违反同一性和平等性。

税务行政滥用职权有其自身的特征,主要包括:

第一,税务行政滥用职权是在其法定自由裁量权范围之内的行为。如对于取得的虚开增值税专用发票的定性,如果是货物有进仓、有付款和主观上不清楚,一般定为善意取得。但是某一经办税务人员由于考虑不相关的因素,对其中的一家企业定性为非善意取得,这种行为就是滥用职权。

第二,税务行政滥用职权表现为不正当地行使权力。如《中华人民共和国税收征收管理法》第六十四条规定,纳税人不进行纳税申报,不缴或者少缴应纳税款的,由税务机关追缴其不缴或者少缴的税款、滞纳金,并处不缴或者少缴税款的百分之五十以上、五倍以下的罚款。如果税务机关以往的惯例是处罚百分之五十,而在相同条件下对其中的一家决定处以五倍的罚款,这就是不正当地行使权力。

第三,税务行政滥用职权可以是行政不当行为,如前所述的显失公正,也可能是违法行为，如不作为或者不及时作为。《税务行政复议规则（暂行）》第八条第六款规定，税务机关不予依法办理或者答复的行为，如不予审批减免税或者出口退税；不予抵扣税款；不予退还税款；不予颁发税务登记证、发售发票；不予开具完税凭证和出具票据；不予认定为增值税一般纳税人和不予核准延期申报、批准延期缴纳税款，复议机关必须受理申请人对这些具体行政行为不服提出的行政复议申请。

四、税务行政行为中的事实依据错误和适用法律错误

（一）税务行政行为中的事实依据错误

税务行政行为中的事实依据错误指的是税务机关作出没有合格事实依据的行政行为。如税务机关根据举报对某纳税人虚开增值税问题进行检查，在没有直接证据的情况下，凭对财务人员进行虚开专票的笔录进行定性。

税务行政行为中事实依据错误的特征有：一是它是属于作为形式的行政违法，即它是税务机关主动行为的结果；二是该税务具体行政行为的决定与其所基于的事实有直接的关联性，即所认定的事实错误，必然导致行政决定的错误。

（二）税务行政行为中的适用法律错误

税务行政行为中的适用法律错误指的是税务机关实施具体行政行为没有正确地适用法律依据。包括：一是应当有法律规范明文规定才能作为的行政行为，而没有根据规定作出行政行为，如稽查局长批准检查私人存款账户等；二是实施某一具体行政行为必须适用法律、法规或者规章的，而税务机关仅仅以规章以下的规范性文件等作为行政依据，如税务所依据乡政府的文件把欠税的纳税人集中起来办学习班，交清税款才能回家，这是变相限制人身自由；三是法规适用错误，如对外商投资企业进行所得税检查，处理决定引用《中华人民共和国企业所得税暂行条例》；四是适用法规中的条款错误，如企业有私自制作发票监制章行为，需要进行立案查处的，但是立案依据《税务稽查规程》第十三条第二款的规定等。

税务行政行为中适用法律错误的特征主要有：

第一，税务具体行政行为的决定与它所基于的法律依据有直接的关联性，即适用的法律错误，所做的决定必然错误。

第二，税务行政行为中适用法律错误属于作为行政违法。

第三，税务行政行为中适用法律错误中的法，包括法律、法规和行政规章。

五、税务行政行为中的程序违法

由于我国行政程序法尚未出台，各个执法部门还没有相对比较规范统一的行政程序可以遵循。在外国，程序被提高到与实体相对应的高度予以重视，目的是以程序的公正来确保实体的公正。

（一）税务行政行为中程序违法的概念及表现

税务行政行为中的程序违法指的是税务机关违反行政程序规则的行政行为，通俗地说就是税务机关、税务人员的行政行为在形式与步骤上有缺陷。其表现包括：

第一，方式违法。税务机关没有按照法定的形式作为，如《中华人民共和国税收征收管理法实施细则》第三十七条规定，纳税人、扣缴义务人按照规定的期限办理纳税申报或者报送代扣代缴、代收代缴税款报告表确有困难，需要延期的，应当在规定的期限内向税务机关提出书面延期申请，经税务机关核准，在核准的期限内办理。税务机关经过审核以后，以口头方式表示同意。或是法定运行方式存在缺陷，如稽查人员对企业进行纳税检查，送达给纳税人的检查通知书没有局长的签字等。

第二，步骤违法。税务机关的具体行政行为没有依据法定的步骤进行，如《中华人民共和国税收征收管理法》第三十八条规定，税务机关有根据认为从事生产、经营的纳税人有逃避纳税义务行为的，可以在规定的纳税期之前，责令限期缴纳应纳税款；在限期内发现纳税人有明显的转移、隐匿其应纳税的商品、货物以及其他财产或者应纳税的收入迹象的，税务机关可以责成纳税人提供纳税担保。如果纳税人不能提供纳税担保，经县以上税务局（分局）局长批准，税务机关可以采取书面通知纳税人开户银行或者其他金融机构冻结纳税人的金额相当于应纳税款的存款的税收保全措施。税务机关在没有限期缴纳、责成担保的情况下，直接采取税收保全措施就是程序违法。或者是税务机关具体行政行为的步骤缺失，如检查人员必须出示税务检查证而没有出示。或者是没有在法定时限内把应当履行的步骤完成，如《中华人民共和国税收征收管理法实施细则》第八十六条规定，税务机关行使《中华人民共和国税收征收管理法》第五十四条第一项职权时，可以在纳税人、扣缴义务人的业务场所进行；必要时，经县以上税务局（分局）局长批准，可以将纳税人、扣缴义务人以前的会计年度账簿、记账凭证、报表和其他有关资料调回税务机关检查，但是税务机关必须向纳税人、扣缴义务人开付清单，并在3个月内完整退还。如果超过3个月才退还，就是程序违法。

(二)税务行政行为中程序违法的特征

税务行政行为中程序违法的特征主要有两点:

第一,税务行政行为中的程序违法可以是作为违法,也可能是不作为违法,前者如违反法定程序直接进行的强制执行,后者如不进行告知或者非书面告知而进行的处罚。

第二,税务行政行为中的程序违法违反的是法定的程序,而不是实体。

六、对税务行政违法的处理

税务行政违法事件发生以后,税务机关有义务进行自我纠正。如果税务机关拒绝进行自我纠正,纳税人、扣缴义务人可以提起税务行政复议、诉讼以及对受到侵害的权利要求赔偿。根据 2004 年 2 月 24 日发布的《税务行政复议规则(暂行)》第四十一条规定,法制工作机构应当对被申请人作出的具体行政行为进行合法性与适当性审查,提出意见,经复议机关负责人同意,按照下列规定作出行政复议决定:具体行政行为有下列情形之一的,决定撤销、变更或者确认该具体行政行为违法;决定撤销或者确认该具体行政行为违法的,可以责令被申请人在一定期限内重新作出具体行政行为:

1. 主要事实不清、证据不足的。
2. 适用依据错误的。
3. 违反法定程序的。
4. 超越或者滥用职权的。
5. 具体行政行为明显不当的。

同时,《中华人民共和国行政诉讼法》第五十四条规定,对主要事实不清、证据不足的;适用依据错误的;违反法定程序的;超越或者滥用职权的;具体行政行为明显不当的行政行为判决撤销或者部分撤销,并可以判被告重新作出具体行政行为。如果税务机关的具体行政行为同时对纳税人、扣缴义务人的合法权益造成侵害的,纳税人、扣缴义务人可以依据《中华人民共和国国家赔偿法》要求赔偿。

附:税务行政不当

税务行政不当指的是税务机关以及税务人员所做的虽然合法但是不合理

的行政行为。如根据《中华人民共和国发票管理办法》第十六条规定，领购发票的单位和个人凭发票领购簿核准的种类、数量以及购票方式，向主管税务机关领购发票。税务机关应当给适格纳税人供应发票，但是税务机关每次只供应一份，让纳税人天天为发票的事情奔忙，严格上说，税务人员并未违反法律规范的规定，但是其行为显然是不当的。

特别是在税务机关自由裁量权范围内，有可能出现权利赋予不当和课以义务不当。权利赋予不当包括赋予对象不当，如A企业符合一般纳税人条件，没有给予认定；B企业条件不成熟却给予认定了。也可能是权利赋予的量不当，如在一批退税指标分配上，某企业3年分文未退而另一企业是依时序应退尽退。课以义务不当主要指量上的不适当，如对同样的违法事实的处理，甲企业罚款0.5倍而乙企业罚款5倍。

需要注意的是税务行政不当以合法为前提，是合法范围内的不当。根据现代行政的发展要求，税务机关的执法行为不但要合法，而且要合理，因为前者体现公正，后者体现公平。

第三节　税务行政违法的责任

一、税务行政违法责任的概念和特征

(一)税务行政违法责任的概念

税务行政违法责任(简称税务行政责任)指的是税务机关及税务人员因为违反法律规范或者不履行税收法律义务而依法必须承担的法律责任。税务行政责任的构成要件包括：一是税务机关、税务人员存在违反税收法律规范的行为，它是税务行政责任的前提；其次是存在承担法律责任的依据，因为现代法制行政既要求权利义务法定，又要求对有关责任的追究法定，也就是说，不仅税务行政责任的方式为税收法律规范所确认，而且税务行政责任的内容也必须为法律规范所确认；三是从法理的观点上说，还必须是税务人员有主观上的过错——尽管实践中只要确定税务行政违法行为的存在，就不再过问税务人员的主观动机。

(二)税务行政违法责任的特征

税务行政违法的责任有其自身的特征，主要有：

第一，税务行政责任是税务机关及税务人员的责任，而不是纳税人、扣缴义务人的责任。纳税人、扣缴义务人的责任表现为税务行政处罚。

第二，税务行政责任是一种法律责任，是由法律规范单方设定的一种与民事责任等相并列的法律责任。税务行政责任是以税务行政法律规范所规定的职责和义务为基础的，税务行政法律规范所规定的责任和义务是追究税务行政责任的依据。

第三，税务行政责任是税务行政违法或者不当所引起的法律后果。税务行政责任由税务法律规范所设定，其前提是税务机关及税务人员的违法或者不当行政。

第四，税务行政责任是一种独立的法律责任。它与道义责任、纪律责任、刑事责任等相并列，不能相互取代。

二、税务行政责任的追究与免除

(一)税务行政责任的追究

1.追究税务行政责任必须遵循行政执法的基本原则。这些原则主要包括：一是责任法定原则，即只有法律上明文规定，才能成为确认和追究税务人员违法责任的依据；二是责任与违法程度相一致的原则，即要求适用于违法税务人员的法律责任的种类和形式与违法行为所造成的损害后果以及违法行为的情节和责任能力等相一致，必须根据违法行为的程度适用适当的责任形式，选择适当的强度和方式；三是补救、惩戒和教育相结合的原则，违法责任追究的目的在于恢复税收法制秩序，不论是对受损害纳税人、扣缴义务人的权益的补救，还是对实施违法行为的税务人员的惩戒与教育，目标都在于最终建立良好的税收法制秩序。

2.税务行政责任的追究，指的是有权机关根据法律规定和行政责任的构成要件，按照法定的程序和方式对税收行政法律关系主体的行政责任的认定和追究过程。

(二)税务行政责任的免除

在面临纳税人、扣缴义务人实施违法行为并且拒绝停止的紧急情况下，税务人员为了保护国家税收、公共利益或者自身安全免受侵害，以迫使对方放弃侵害行为的正当防卫行为，或者不得已采取的紧急避险行为，尽管税务人员的行为符合行政违法的构成要件，并且事实上对一定社会关系形成侵害，但是该行为的实施是为了保护更大的合法权益，所以可以排除其违法性，免除对税务人员行政责任的追究。

三、税务行政责任的划分与承担方式

(一)税务行政责任的划分

税务人员以税务机关的名义代表国家实施税收的征收管理权力,其行为效果在理论上应当由税务机关承担,税务机关对税务人员的行为承担连带责任,即先由税务机关对纳税人、扣缴义务人承担责任,然后税务机关根据税务人员的过错程度,追究责任并向其行使求偿权。

(二)税务机关承担税务行政责任的形式

税务机关承担税务行政责任的形式主要有:

第一,履行职务。这是针对税务行政失职的行为,包括税务人员不履行或者拖延履行职责而确立的一种行政责任方式。如《税务行政复议规则》第二十三条规定,纳税人及其他当事人依法提出行政复议申请,复议机关无正当理由不予受理且申请人没有向人民法院提起行政诉讼的,上级税务机关应当责令其受理;必要时,上级税务机关也可以直接受理。

第二,撤销违法行为。如果税务机关的具体行政行为出现主要证据不足,适用法律、法规错误,违反法定程序,超越职权或者滥用职权中的任何一项的时候,都必须撤销该行政行为,包括撤销已经完成的违法行为和正在实施的违法行为。撤销的主体可以是作出违法行为的税务机关本身,也可以是其上级主管机关,或者经过诉讼程序而由人民法院撤销。

第三,纠正不当。这主要是针对税务行政不当而设定的,即对税务机关及税务人员自由裁量权进行控制的行政责任方式。纳税人、扣缴义务人有权对自己接受的不当待遇要求纠正,上级税务机关可以责成作出不当具体行政行为的税务机关自己纠正,必要时还可以直接纠正。《中华人民共和国行政诉讼法》第五十四条规定,对行政处罚显失公正的,法院可以判决变更。

第四,返还权益。如果税务机关对纳税人、扣缴义务人权益的剥夺属于违法或者不当,那么在撤销或者纠正该行政行为的时候,必须返还纳税人、扣缴义务人因为税务机关行政违法或者不当造成的实际损失的权益。

第五,实施赔偿。行政赔偿是一种财产上补救性的违法行政责任。如由于税务机关及税务人员的侵权导致纳税人、扣缴义务人可计算的财产损失,税务机关必须根据《中华人民共和国国家赔偿法》的规定予以赔偿。

(三)税务人员承担税务行政责任的方式

税务人员必须对其自身的违法行为承担法律后果,它具有三方面的特征:一是引起责任的行为是税务人员违法行使职权的行为;二是一般税务人员不对纳税人、扣缴义务人承担行政责任；三是税务人员的责任主要是惩戒性的。其方式主要有：

第一，通报批评。这是指有权税务机关对违法行政的税务人员以会议或者文件形式公布行为人的违法事实以及处理意见，目的是对已然违法的教育和对其他税务人员的警示。

第二，赔偿损失。它是兼有惩罚性和补救性的责任承担方式。根据《中华人民共和国行政诉讼法》第六十八条规定，行政机关或者行政机关工作人员作出的具体行政行为侵犯公民、法人或者其他组织合法权益造成损害的，由该行政机关或该行政机关的工作人员负责赔偿。行政机关赔偿损失后，应当责令有故意或者重大过失的行政机关工作人员承担部分或者全部赔偿费用。《中华人民共和国国家赔偿法》第十四条也规定，赔偿义务机关赔偿损失后，应当责令有故意或者重大过失的工作人员或者受委托的组织或者个人承担部分或者全部的费用。对故意或者重大过失的责任人员，有关机关应当依法给予行政处分；构成犯罪的，应当追究刑事责任。

第三，行政处分。行政处分是一种内部责任方式，由税务人员所在的税务机关作出，包括警告、记过、记大过、降职、撤职和开除六种形式。如《中华人民共和国税收征收管理法》第八十二条规定，税务人员徇私舞弊或者玩忽职守，不征或者少征应征税款，致使国家税收遭受重大损失，构成犯罪的，依法追究刑事责任；尚不构成犯罪的，依法给予行政处分。

税务人员滥用职权，故意刁难纳税人、扣缴义务人的，调离税收工作岗位，并依法给予行政处分。

税务人员对控告、检举税收违法违纪行为的纳税人、扣缴义务人以及其他检举人进行打击报复的，依法给予行政处分；构成犯罪的，依法追究刑事责任。

第十九章　税务行政监督

第一节　税务行政监督概述

一、税务行政监督的概念与特征

(一)税务行政监督的概念

税务行政监督指的是监督主体依法对税务机关及税务人员依法行政的情况进行的监督。

(二)税务行政监督的特征

税务行政监督具有以下特征:

第一,税务行政监督的主体是拥有行政监督权的国家行政机关及其工作人员、法律法规授权的组织、税务机关委托的组织或者个人等。税务行政监督既包括国家机关的监督,如全国人民代表大会监督、行政监察监督等,也包括非国家机关和公民的监督,如中国共产党的监督、社会舆论的监督和个人监督等。

第二,税务行政监督的对象是税务机关及税务人员。在税务行政法律关系中,税务机关及税务人员负有对纳税人、扣缴义务人是否依法履行纳税义务的情况进行监督的权力,此时税务机关及税务人员是监督主体;而在税务行政监督关系中,税务机关及税务人员既是受监督对象,包括接受外部如权力机关的监督,同时又是监督主体,包括内部监督如税务机关上下级之间的监督等。

第三,税务行政监督是一种具体行政行为。税务行政监督是有权监督的单位或者个人为维护国家税收征收管理秩序、保障国家税务行政活动的顺利进行而对特定税务机关及税务人员实施的一种单方行为,该行为依拥有的行政监督权而发动,不以被监督的税务机关或者税务人员的同意与否为前提。

第四，税务行政监督的内容既具有广泛性又具有针对性。广泛性体现在税务行政监督客观上要求凡是税务行政行为，无论是抽象行政行为还是具体行政行为，都必须实施有效监督；针对性体现在不同的监督主体有不同的监督重点，如税务内部行政监督主要是对税收执法权和行政管理权的监督，前者的监督重点主要包括征收环节、管理环节、稽查环节和处罚环节，后者监督的重点主要包括人事管理和财、物管理等。

二、税务行政监督的分类

根据不同的标准，从不同的角度，税务行政监督可以分为：.

（一）以监督的主体分，有国家机关的监督和非国家机关的监督

国家机关的监督指的是来自国家机关的、具有国家强制力并能直接产生法律后果的税务行政法律监督，包括立法机关、司法机关和行政机关的监督。

非国家机关的监督指的是社会监督，如政党、社会团体、新闻舆论和个人等的监督，尽管这些监督是依法进行的，但是它本身并不具备国家强制力，也不直接产生法律后果。

（二）以监督的时间顺序分，有事前监督、事中监督和事后监督

事前监督指的是监督主体在税务机关的行政行为开始之前依法实施的监督，如全国人民代表大会及其常务委员会对税务规章制定的控制；事中监督指的是监督主体在税务机关及税务人员行政行为实施的过程中进行的监督，如上级税务机关对下级税务机关随时进行的检查等；事后监督指的是监督主体在税务机关行政行为实施结束以后，对税务机关及税务人员的行政行为进行审查，以判断是否依法行政，如审计、税务行政复议等。

（三）以监督对象分，有对税务机关的监督和对税务人员的监督

对税务机关的监督包括对税务机关作出的具体行政行为和抽象行政行为的监督，前者如税务机关实施的某一处罚是否合法与合理，后者如人民法院在审理税收行政诉讼的时候一并对税务抽象行政行为的合法性进行审查监督等。

对税务人员的监督除了要对他们以国家行政机关的名义作出的行政行为或者其他职务行为的合法性与合理性进行监督以外，还要依据监察法和公务员条例对他们是否遵纪守法、廉洁奉公等行为进行监督。

三、税务行政监督的法律依据

由于监督权是一种重要的权力，所以对税务机关及税务人员进行行政监

督，必须依法进行。其内容包括应当遵照法律、法规、行政规章和规范性文件的实体规定进行，以及遵循程序法的规定如行政诉讼法、行政复议法等程序实施。

作为税务行政监督的法律依据主要有两方面：

(一)实体法的规定

1.宪法。这是国家权力机关对税务机关及税务人员实施的行政监督。根据《中华人民共和国宪法》第二条规定，中华人民共和国的一切权力属于人民，税务机关作为国家行政机关的组成部分，由人民代表大会产生，当然应对其负责，受其监督。

2.法律。税务行政监督的法律依据主要有：

第一，《中华人民共和国税收征收管理法》，该法第十条规定，“各级税务机关应当建立、健全内部制约和监督管理制度。上级税务机关应当对下级税务机关的执法活动依法进行监督。各级税务机关应当对其工作人员执行法律、行政法规和廉洁自律准则的情况进行监督检查”。

第二，于 1995 年 1 月 1 日起实施的《中华人民共和国审计法》，该法使审计监督走上法制化、规范化轨道。

第三，于 1997 年 5 月 9 日实施的《中华人民共和国行政监察法》，该法第二条规定，监察机关是人民政府行使监察职能的机关，依照本法对国家行政机关、国家公务员和国家行政机关任命的其他人员实施监察。

3.行政法规、行政规章。主要包括《中华人民共和国税收征收管理法实施细则》、《国家公务员暂行条例》等。

4.税务部门的规范性文件。这类的文件数量十分庞大，内容几乎涉及税务机关的全部工作和税务人员公务行为的方方面面，是税务行政监督同步、具体、及时和有效的方式。如 2001 年 11 月 20 日实施的《国家税务总局关于全面推行税收执法责任制的意见》、《税收执法过错责任追究办法(试行)》和 2001 年的《最高人民检察院、国家税务总局关于在税务系统共同做好预防职务犯罪工作的通知》等。

需要注意的是，有不少规范性文件是以各级税务局党组的名义下发的，但是其内容同样是行政监督，如 2000 年 8 月 21 日发布的《国家税务总局党组关于加强对税收执法权和行政管理权监督制约的决定》等。

(二)程序上的规定

1.国税总局公布的新的、自 2004 年 5 月 1 日起施行的《税务行政复议规则》。税务行政复议作为法律制度系统中救济机制的重要组成部分，对程序的规定性达到准司法的程度，复议机关必须严格遵循程序的规定实施，才能达到监督的目的。

2.1990年10月1日起实施的《中华人民共和国行政诉讼法》。这是由国家审判机关实施的税务行政监督所必须遵循的法律。

四、税务行政监督的体系

税务行政监督的体系主要包括：一是由国家权力机关实施的税务行政法制监督；二是税务行政系统的自我监督；三是由国家司法机关实施的司法监督；四是社会监督。

第二节 税务机关的内部监督

一、税务机关的内部监督的概念与特征

税务机关的内部监督指的是税务机关内部上下级行政机关之间存在的法律监督以及税务系统内部设立的专门监督机关对税务机关及税务人员所实施的法律监督。

税务机关的内部监督的基本特征有：

1.监督主体是有监督权限的税务机关。

2.监督主体与监督对象角色的两重性。上下级税务机关之间互相监督，税务人员既受其他税务人员的监督，也对其他人实施监督。

3.监督的目的在于促进依法行政和提高效率。

4.监督具有迅速及时、全面深入的特点。税务机关的内部监督伴随着税务行政管理活动而进行，对税务机关不法、不当行为的了解最为及时、全面，它贯穿税务行政管理活动的全过程，这是其他监督方式所无法比拟的。

二、税务机关内部监督的分类

1.根据监督主体的不同，可以分为一般监督和专门监督。一般监督指的是上级税务机关基于从属关系对下级税务机关的监督。专门监督指的是由法律规定独立行使监督权的行政机关对税务机关及税务人员的监督，如行政监察和审计监督等。

2.根据监督对象的不同，可以将税务机关内部监督分为对税务机关的监督和对税务人员的监督。

3.根据监督时间的不同，可将机关内部监督分为事前监督、事中监督和事后监督。

三、税务机关内部监督的方式

（一）一般行政监察

税务机关内部监督方式中的一般行政监督指的是一般权限的行政内部监督，主要是指上级税务机关对下级税务机关所进行的监督。这些监督手段或措施主要包括：

1.报告。即下级税务机关向上级税务机关就工作的重大措施、主要事项、主要问题等所做的工作报告。上级税务机关通过听取工作汇报，审查工作报告，对下级税务机关的工作进行了解，从而达到监督的目的。

2.检查。主要是指对税务机关执行计划、决议、任务的情况进行检查，发现问题，责成纠正等。这是上级税务机关主动对下级税务机关的工作情况进行直接、全面的了解，履行内部监督职能。

3.审查。对某一行政法规、决定、命令、预算、决算、报表、账册等进行审阅核对，以确定其是否合法、合理，是否符合法定的程序和形式要求。这是典型的事前监督方式，它可以有效地预防违法违纪行为的发生。

4.调查。指具有监督权的国家行政机关对税务机关所发生的事情和违法乱纪案件进行了解，以取得第一手资料，从而得出结论性的意见。

5.备案制度。指根据税务行政法规或者上级税务机关的规定和要求，下级税务机关或者部门将其制定的规范性文件或者某些重大行政行为以书面形式报送上级税务机关，以便了解和监督的制度。

（二）行政监察

1.税务行政监察的概念和特征。税务内部监督中的行政监察指的是税务机关内部的专门行政监察部门对税务机关及税务人员的行政行为和职务行为所进行的监督。其特征有：一是税务行政监察的主体是县级以上的税务机关内专门设立的行政监察机关；二是监察的内容包括税务机关和税务人员执行国家税收法律规范的情况和对违法、违纪行为的查处，以确保国家税收法律、政策与政令执行的畅通。

2.税务行政监察机关的职责。税务行政监察机关的职责主要有五方面的内容，一是检查税务机关在遵守和执行税收法律、法规和上级机关决定、命令中的问题；二是受理对税务机关、税务人员等违反行政纪律的行为的控告、检举；三是调查税务机关、税务人员违反行政纪律的行为；四是受理税务机关、税务人员不服从税务机关给予行政处分决定的申诉，以及法律、行政法规规定的其他由行政监察机关受理的申诉；五是法律、法规规定由行政监察机关履行的其他职责。

3.税务行政监察机关的权限。税务行政监察机关的权限主要包括：

一是检查权。税务行政监察机关有权检查或者参加检查税务机关遵守和执行税收法律、法规和国家政策的情况，有权检查税务人员遵守行政纪律、履行法定义务的情况。可以要求被监察的部门和人员提供与监察事项有关的文件、资料、财务账目及其他有关的材料，进行查阅或者复制；可以要求被监察的部门和人员就监察事项所涉及的问题作出解释和说明，且可以责令被监察的部门、人员停止违反法律、法规和行政纪律的行为。

二是受理控告、检举及申诉权。税务监察部门有权受理对税务机关、税务人员违反行政纪律行为的控告、检举；有权受理税务人员不服从税务机关给予行政处分决定的申诉，以及法律、法规规定的其他由监察机关受理的申诉。

三是调查权。税务监察机关有权对被监察的部门和税务人员的违反行政纪律的行为进行调查核实，可以采取暂时扣留、封存可以证明违反行政纪律行为的文件、资料、财务账目及其他有关的材料；可以责令案件涉嫌单位和涉嫌人员在调查期间不得变卖、转移与案件有关的财物；可以责令有违反行政纪律嫌疑的税务人员在指定的地点、时间就调查事项涉及的问题作出解释和说明以及建议有权税务机关暂时停止有严重违反政纪的嫌疑人执行行政职务。

四是提出监察建议权。税务行政监察机关根据检查、调查结果，发现监察对象拒不执行税收法律、法规或者违反法律、法规以及上级税务机关的决定、命令的，应当予以纠正；发现所在单位及下属部门作出的决定、命令、指示违反法律、法规或者国家政策，应当予以纠正或者撤销等；监察对象发现对有关人员应当给予处罚而未处罚，以及其他需要提出建议的情况，应当及时提出建议。

五是决定权。税务行政监察机关可以对违反行政纪律的行为依法给予警告、记过、记大过、降职、撤职、开除的行政处分；可以对违反行政纪律取得的财物，依法给予没收、追缴或者责令退回；可以对给国家利益或者纳税人、扣缴义务人合法权益造成损害的行为作出监察决定。

4.税务行政监察机关的程序。

(1)检查程序。税务行政监察机关的检查活动应当遵循基本的程序，一是对需要检查的事项予以立项，其中重要的检查事项的立项应当报上一级监察机关备案；二是制定检查方案并组织实施；三是向本级税务局或者上一级税务监察机关提出检查情况报告；四是根据检查结果，作出监察决定或提出监察建议。

(2)税务行政违纪案件调查处理程序。一是对需要调查处理的事项进行初步审理，认为有违反行政纪律的事实，需要追究行政纪律责任的，予以立案。其中重要、复杂的案件应当报上一级税务监察部门备案。二是组织实施调查，收集有关证据。三是对有证据证明违反行政纪律、需要给予行政处分或者作出其他处理的案件进行审理。四是作出监察决定或提出监察建议。

(3)监察对象的行政救济程序。监察对象的行政救济程序指的是税务人员对税务行政监察机关提出的监察建议或者作出的监察决定不服或有异议而向监察机关提起的要求复审的程序。包括：一是监察对象对监察建议的异议。根据《中华人民共和国行政监察法》规定，监察对象对监察建议有异议的，可以自收到监察建议之日起 30 天内向作出监察建议的监察机关提出，监察机关应当在收到异议之日起 30 天内回复；对回复仍有异议的，由监察机关提请上一级监察机关裁决。二是监察对象对监察决定不服的申请复审程序。监察对象对监察决定不服的，可以自收到监察决定之日起 30 天内向作出监察决定的监察机关申请复审，监察机关应当在收到复审申请之日起 30 天内作出复审决定；对复审决定仍不服的，可以自收到复审决定之日 30 天内向上一级监察机关申请复核，上一级监察机关应当自收到复核申请之日起 60 天内作出复核决定。

(4)税务人员不服主管税务机关的行政处分提起申诉的受理程序。监察机关经过复查认为原决定不合法、不合理或者不适当的，可以建议原决定机关予以变更或者撤销；监察机关在职权范围内也可以直接作出变更或者撤销的决定。

(三)审计监督

1. 审计监督的概念。审计监督在税务机关有两种，一是内部审计，一是外部审计。税务机关内部监督中的审计监督，指的是在税务机关内部的审计机关对税务机关的行政活动进行的监督，包括对财务收支情况和税收会计政策执行情况的监督；外部审计监督指的是根据会计记录等有关税收资料和国家有关的税收法律、法规和政策，由国家审计机关依法审核和稽查有关税务机关的财务收支活动、税收法纪的遵守情况，作出客观评价，并提出审计报告，以加强税收的管理征收，维护税务法律规范的正常秩序的一种专门的监督检查活动。本节主要谈的是内部的审计监督。税务行政监督中的审计监督的依据是1995年1月1日起实施的《中华人民共和国审计法》。

2.税务审计部门的权限。根据《中华人民共和国审计法》的规定，审计部门在进行审计监督时，可以行使的主要权力有：

(1)要求报送权。审计部门有权要求被审计的税务机关或部门按照规定报送预算或者财务收支计划、预算执行情况、决算、财务报告以及其他相关材料、税收会计的有关材料等。

(2)检查权。审计部门有权检查被审计单位或者部门的会计凭证、会计账簿、会计报表以及其他的有关材料。

(3)调查权。审计部门有权就审计事项的有关问题向有关单位和个人进行调查，并取得相关证明材料。

(4)制止并采取措施权。审计部门对被审计单位正在进行的违反国家规定的财政、财务和税收会计行为，有权予以制止。

(5)通报权。审计部门在保守国家机密和单位秘密的前提下，有权向领导机关通报或者公布审计结果。

(6)处理权。审计部门对被审计单位违反国家规定的财政、税收、财务行为，有权依照法律、法规的规定提出处理意见。

第三节　税务外部行政监督

在我国，来自外部的、对税务机关和税务人员实行监督的有立法机关的监督、审判机关的监督和社会监督。

一、立法机关的监督

(一)立法机关监督的概念

立法机关的监督指的是立法机关对税务机关的行政监督，包括对税务机关的行政行为以及对税务人员的职务行为的监督。在我国，由于国家权力机关与国家行政机关之间是决定和执行、监督与被监督、制约与被制约关系，作为国家行政行为中重要组成部分的税务机关的行政行为，当然是在权力机关监督的范围之内的。根据《中华人民共和国宪法》第六十七条规定，全国人大常务委员会有权撤销国务院制定的与宪法、法律相抵触的行政法规、决定和命令。

(二)立法机关监督的内容与方式

立法机关对税务机关的监督主要体现在法律监督上，即对国务院创制的税务行政法规、财政部和国家税务总局创制的行政规章以及其他规范性文件的合宪、合法性所进行的监督。包括国家权力机关对国务院、财政部和国家税务总局行政法规、行政规章及其他规范性文件的制定程序的合宪、合法性监督；也包括国家权力机关对国务院、财政部和国家税务总局制定的行政法规、行政规章及其他规范性文件的制定内容的合宪、合法性监督。

立法机关对税务机关监督的方式主要包括六个方面：一是可以就税收问题对税务机关提出质询和询问；二是可以就税收问题进行视察和检查；三是可以就税收问题进行一般调查或者特定调查；四是权力机关的信访机构可以就税收问题受理申诉、控告和检举；五是可以改变或者撤销不适当的税务行政法规、规章和规范性文件等；六是可以对税务人员的工作效率、效益、合法性、合理性，以及工作态度、作风、能力和绩效进行评价。

二、审判机关的监督

审判监督指的是法院通过行使审判权对税务机关及税务人员的法律监督，包括对行政诉讼案件以外的其他案件的审理，审查、判决税务机关及税务人员是否违法犯罪，及法院通过行使行政审判权，对税务行政案件进行审理，而达到监督的目的。即国家审判机关行使国家审判权，审理行政案件，惩治犯罪，追究违法行政责任，保护国家税收秩序和纳税人、扣缴义务人的合法权益。人民法院在审理税收行政案件时，对具体的税务行政行为的合法性进行的审查和确定，就是对税务机关实施的行政行为的实际监督。

审判机关对税务行政行为的监督具有其自身的特点，主要有：审判机关的监督是在纳税人、扣缴义务人对具体税务行政行为不服、向法院提起诉讼而被动获得的一种事后监督，是属于被动性的监督；审判机关只能就税务机关的具体行政行为的合法性进行审查，所以其监督是有限制的；纳税人、扣缴义务人对具体行政行为不服只能以税务机关为被告提起税务行政诉讼，所以审判机关的监督对象只能是税务机关；法院可以通过税务行政诉讼随时对税务执法活动进行监督，所以是一项经常性的监督。

三、社会监督

社会监督也称非国家机关监督，主要是指政党、社会团体和组织、新闻舆论、公民及公民团体等社会行为主体对税务机关及税务人员的行政行为是否合法、合理所进行的监督。社会监督的特点体现在：一是监督主体具有广泛性；二是监督的非国家权力性；三是监督效果的间接性；四是监督形式的多样性。

(一)中国共产党的监督

在我国，共产党处于执政党地位，和其他行政机关一样，税务机关也在其监督范围之内。共产党对税务工作的监督方式主要有四种：一是通过制定路线、方针和政策来实现对税收工作的领导和监督，如 2003 年 10 月 14 日中国共产党第十六届中央委员会第三次全体会议通过的《中共中央关于完善社会主义市场经济体制若干问题的决定》第七点关于“完善财税体制，深化金融改革”中说，“分步实施税收制度改革。按照简税制、宽税基、低税率、严征管的原则，稳步推进税收改革。改革出口退税制度。统一各类企业税收制度。增值税由生产型改为消费型，将设备投资纳入增值税抵扣范围。完善消费税，适当扩大税基。改进个人所得税，实行综合和分类相结合的个人所得税制。实施城镇建设税费改革，条件具备时对不动产开征统一规范的物业税，相应取消有关收费。在统一税政前提下，赋予地方适当的税政管理权。创造条件逐步实现城乡税制统一”。二是通过各级党组、党委、党总支、党支部对各级税务机关具体实施党的路线、方针、政策和国家税收法律、法规和规章的过程实行监督。三是通过设立在税务机关内部的纪律检查机关负责行政监察职责。四是通过税务机关中的党员进行监督。

(二)新闻舆论监督

新闻舆论监督指的是通过报刊、广播、电视、互联网等传播媒介，对税务机关及税务人员的行为所实施的监督。其主要特点包括：一是任何公民、法人和组织都可以利用新闻工具对税务机关工作中的事情进行批评，监督税务机关的行政行为，这是宪法赋予公民的一项基本权利，所以具有广泛性；二是对被媒体曝光的税务违法行政行为及后续处理过程、处理结果都应当公开，所以具有公开性；三是税务违法行政行为一经披露，将引起广泛影响，所以其监督力度具有广泛性；四是新闻传媒反应快、手段先进，所以具有及时性。

对税务机关及税务人员的监督方式还有新闻舆论监督、社会团体监督和公民监督等，此处不一一赘述。

第二十章　税务行政复议

第一节　税务行政复议概述

一、税务行政复议的概念及特征

（一）税务行政复议的概念

税务行政复议是由税务机关解决税务行政争议的法律制度。根据国家税务总局 2004 年 1 月 17 日第 1 次局务会议审议通过，自 2004 年 5 月 1 日起施行的《税务行政复议规则（暂行）》第二条规定，税务行政复议指的是纳税人及其他当事人认为税务机关的具体行政行为侵犯其合法权益，依法向税务行政复议机关申请行政复议；税务行政复议机关依照法定程序对引起争议的具体税务行政行为进行审查并作出裁决的活动。

（二）税务行政复议的特征

税务行政复议具有以下的特征：

1. 受理税务行政复议的机关为特定的税务机关。根据 1999 年 4 月 29 日第九届全国人民代表大会常务委员会第九次会议通过的《中华人民共和国行政复议法》第十二条规定，对国税具体行政行为不服的，向上一级主管部门申请行政复议。《中华人民共和国税收征收管理法》第十一条规定，税务机关负责征收、管理、稽查、行政复议的人员的职责应当明确，并相互分离，相互制约。这表明税务行政复议是税务机关的行为，《税务行政复议规则（暂行）》第三条进一步明确说，本规则所称的税务行政复议机关（以下简称复议机关），是指依法受理行政复议申请，对具体行政行为进行审查并作出行政复议决定的税务机关。

复议权是法律、法规授予对引起争议的具体行政行为进行审查并作出裁决的权力，它作为一种行政监督形式，是基于行政机关的领导与被领导关系而产生的，所以从严格意义上说税务行政复议是一种行政领导权。也就是说，行使税务行政复议权的税务机关通常是享有领导权的税务机关，它与作出具体税务行政行为的税务机关是领导与被领导的关系。

2.税务行政复议由纳税人及其他当事人提出，以税务机关为被申请人。税务行政复议是一种依申请的行为，而不是依职权的行为。

税务行政复议活动因纳税人及其他当事人申请而引起，如果纳税人及其他当事人不主动提出申请，税务机关不能主动作出税务行政复议决定。同时，有权提出税务行政复议申请的只能是与具体税务行政行为有利害关系的纳税人及其他当事人，即认为税务机关的具体行政行为侵犯其合法权益的纳税人及其他当事人，而被申请的当事人只能是作出具体行政行为的税务机关。

3.税务行政复议以具体税务行政行为和部分抽象税务行政行为为审查对象。税务行政复议的审查对象是税务机关与纳税人及其他当事人之间的具体行政行为，税务机关与其他行政机关之间的具体行政行为和税务机关与税务人员之间的具体行政行为都不是税务行政复议的审查范围。

同时，纳税人及其他当事人认为税务机关的具体行政行为所依据的国家税务总局和国务院其他部门的规定、其他各级税务机关的规定、地方各级人民政府的规定和地方人民政府工作部门的规定不合法，在对具体行政行为申请行政复议时，可一并向复议机关提出对该规定的审查申请(但是不包括规章)。

4.税务行政复议既审查税务具体行政行为的合法性，也审查税务具体行政行为的合理性。《中华人民共和国行政复议法》第二十八条和《税务行政复议规则(暂行)》第四十一条规定，具体行政行为明显不当的，行政复议机关应当依法撤销或者改变该具体行政行为，或者确认该具体行政行为违法。这表明税务具体行政行为必须体现合理性，即税务机关在法定权限内作出的具体行政行为必须是客观公正的。同样，税务机关的具体行政行为如果出现主要事实不清、证据不足的；适用依据错误的；违反法定程序的或者超越或者滥用职权等违法现象的，税务行政复议机关当然要依法撤销或者改变该具体行政行为，或者确认该具体行政行为违法，这就是对具体税务行政行为的合法性的审查。它要求税务具体行政行为的主体必须合法、权限必须合法、内容必须合法、依据必须合法和程序必须合法。

5.税务行政复议实行书面审查原则。税务行政复议决定的主要依据应当以书面的方式进行辩论与了解，包括税务行政复议机关对复议对象的复议标的、事实、理由和证明的了解，以及复议审议机关对复议的答辩等等，都应当以书面为主。《中华人民共和国行政复议法》第二十二条规定，行政复议原则上采取书面审查的办法，但是申请人提出要求或者行政复议机关负责法制工作的机构认为有必要时，可以向有关组织和人员调查情况，听取申请人和第三人的意见。可见行政复议的审查以书面为原则，但是根据具体情况，也兼顾言辞审理。《税务行政复议规则(暂行)》第十六条进一步规定，申请人申请行政复议，可以书面申请，也可以口头申请。口头申请的，复议机关应当当场记录申请人的基本情况，行政复议请求，申请行政复议的主要事实、理由和时间。

6.税务行政复议有严格的程序规定。《中华人民共和国行政复议法》对复议当事人的权利与义务，行政复议的方法、步骤和过程，都有明确的规定，这是法定的程序性要求，行政复议的申请人和被申请人都必须严格遵守。《税务行政复议规则(暂行)》在此基础上进一步明确和细化，更加方便实际操作。依法申请的纳税人及其他当事人，被申请的、有权的税务复议机关和作出具体行政行为的税务机关都必须依据法定环节和步骤实施复议。

二、税务行政复议法律关系

(一)税务行政复议法律关系的概念和特征

1.税务行政复议法律关系的概念。税务行政复议法律关系指的是由税务行政复议法律规范调整的，税务行政复议机关与税务行政复议参加人及其他税务行政复议参与人之间，在税务行政复议过程中形成的权利、义务关系。

税务行政复议法律关系有四个方面的含义：一则税务行政复议法律关系是在税务行政复议过程中形成的，是一种监督行政法律关系。二则税务行政复议法律关系是税务行政复议机关与其他税务行政复议主体之间的复议权利和复议义务的关系。三则税务行政复议法律关系是一种程序性的法律关系，它是在税务行政实体法律关系的基础上产生的，没有税务行政实体法律关系，就不会有税务行政争议，也就不会有税务行政复议法律关系。四则税务行政复议法律关系是行政复议法律规范调整的产物，是税务行政复议法律规范对税务行政复议中税务行政复议机关与一切复议参与人之间复议法律地位的确立和具体实现。

2.税务行政复议法律关系的特征。税务行政复议法律关系的特征主要有三方面，一是在税务行政复议法律关系中，被申请人与申请人的法律地位平等，即在行政复议的争议中，申请人与被申请人就具体行政行为的合法性与合理性听从复议机关裁决，被申请人不是原来那样居于管理者地位，纳税人和其他当事人也不是处于服从地位。二是在税务行政复议法律关系中，复议机关居于主导者地位。根据现代行政法学发展的趋势,如果纯粹以纳税人和其他当事人的合法利益为支配原则,即税务行政复议发动、进行以至于结束,完全操控在申请人与参与人手中的当事人主义,有可能对程序进行的效率、经济性和社会公益造成危害,所以一般采取维护纳税人和其他当事人合法权益与公共利益均衡的职权主义,即以复议机关居于税务行政复议法律关系的主导者地位。三是税务行政复议法律关系属于程序性法律关系,其目的在于解决税务具体行政行为的争议。

(二) 税务行政复议法律关系的要素

1. 税务行政复议法律关系的主体。税务行政复议法律关系的主体指的是在税务行政复议法中享有复议权利和承担复议义务的组织和个人。包括:

(1)税务行政复议机关。税务行政复议机关是指依法受理行政复议申请,对具体行政行为进行审查并作出行政复议决定的税务机关。复议机关是负责税收法制工作的机构,具体办理行政复议事项,在税务行政复议中居于支配地位。

(2)税务行政复议参加人。包括税务行政复议申请人、被申请人、第三人和复议代理人。

税务行政复议申请人指的是认为税务机关或者税务人员的具体行政行为侵犯其合法权益,依法向有复议权的税务机关提出复议申请,从而引起税务行政复议法律关系的纳税人或者其他当事人。《税务行政复议规则(暂行)》第十七条规定,依法提起行政复议的纳税人及其他当事人为税务行政复议申请人,具体是指纳税义务人、扣缴义务人、纳税担保人和其他当事人。

税务行政复议被申请人指的是作出具体税务行政行为的税务机关或者扣缴义务人,是申请人提起税务行政复议申请的对方当事人,是复议结果的又一承担者。《税务行政复议规则(暂行)》第十八条规定,纳税人及其他当事人对税务机关的具体行政行为不服申请行政复议的,作出具体行政行为的税务机关是被申请人。

税务行政复议第三人指的是同申请复议的具体税务行政行为有利害关系的其他公民、法人或者其他组织。《税务行政复议规则(暂行)》第十七条规定,与申请行政复议的具体行政行为有利害关系的其他公民、法人或者其他组织,可以作为第三人参加行政复议。

税务行政复议代理人指的是以被代理人的名义参加税务行政复议活动的人。《税务行政复议规则(暂行)》第十七条规定,申请人、第三人可以委托代理人代为参加行政复议;被申请人不得委托代理人代为参加行政复议。

(3)税务行政复议的其他参与人。税务行政复议的其他参与人指的是复议机关、申请人和被申请人以外的证人、鉴定人、勘验人和翻译人员等。

2.税务行政复议法律关系的内容。税务行政复议法律关系的内容指的是税务行政复议法律关系主体在税务行政复议中享有的复议权利和承担的复议义务。

如税务行政复议机关是税务行政复议活动的组织者、税务行政复议案件的审理者和税务行政复议的裁决者，在税务行政复议中，税务行政复议机关享有受理权、收集证据权、审理权和决定权等。同时必须履行《中华人民共和国行政复议法》和《税务行政复议规则(暂行)》规定的义务，如遵循程序，查清事实，正确适用法律、法规，作出公正裁决等。

又如税务行政复议申请人在税务行政复议时有复议申请权、证据提供权、回避申请权、代理委托权、辩论权、行政赔偿申请权、复议申请撤回权、对复议裁决执行的申请权和提起诉讼权等，同时要遵守复议秩序，履行已经生效的复议裁决等。被申请的税务机关在税务行政复议中享有答辩权、回避申请权、辩论权、改变或者撤销具体行政行为权、对已经生效的复议裁决依法强制执行或者申请人民法院强制执行的权利等，同时必须承担举证责任、遵守复议秩序、服从裁决等。

3.税务行政复议法律关系的客体。税务行政复议法律关系的客体指的是税务行政复议法律关系主体的复议权利和复议义务所指向的对象。包括税务行政复议机关与申请人、被申请人之间的税务行政复议法律关系的客体，是被申请复议的具体行政行为和税务行政复议机关与其他复议参加人之间的税务行政复议法律关系的客体，是税务行政争议案件的事实和证据。

(三)税务行政复议法律关系的产生、变更和消亡

一定税务法律事实的出现和相应的税务行政法律规范的存在是税务行政复议法律关系的产生、变更和消亡的前提。

1.税务行政复议法律关系的产生。税务行政复议法律关系的产生指的是在税务行政复议法律关系主体之间形成某种权利义务关系。首先必须有具体的税务行政行为。《税务行政复议规则(暂行)》第二条规定，纳税人及其他当事人认为税务机关的具体行政行为侵犯其合法权益，可依法向税务行政复议机关申请行政复议；税务行政复议机关受理行政复议申请，作出行政复议决定。可见税务行政复议法律关系的产生是以具体的税务行政复议法律规范为前提的。其次必须有纳税人及其他当事人的申请。最后是有税务复议机关的受理。

2.税务行政复议法律关系的变更。税务行政复议法律关系的变更指的是由于税务行政复议法律关系主体和客体的部分变化而部分地引起税务行政复议法律关系内容的变化。

如《税务行政复议规则(暂行)》第十七条规定,有权申请行政复议的公民死亡的,其近亲属可以申请行政复议;有权申请行政复议的公民为无行为能力人或限制行为能力人,其法定代理人可以代理申请行政复议。在这种情况下,复议申请人发生了变化,但是税务行政复议的管辖权并未发生变化。

3.税务行政复议法律关系的消亡。税务行政复议法律关系的消亡指的是税务行政复议法律关系主体之间权利义务关系的终止。当法律预设的消灭税务行政复议法律关系的原因出现时,即会导致税务行政复议法律关系主体之间权利义务的终止。《税务行政复议规则(暂行)》第二十六条规定,行政复议期间,有下列情形之一的,行政复议终止:

(1)依照《税务行政复议规则(暂行)》第三十八条规定撤回行政复议申请的。

(2)行政复议申请受理后,发现其他复议机关或人民法院已经先于本机关受理的。

(3)申请人死亡,没有继承人或者继承人放弃行政复议权利的。

(4)作为申请人的法人或者其他组织终止后,其权利义务的承受人放弃行政复议权利的;因前条第(1)、(2)项原因中止行政复议满 60 日仍无人继续复议的,行政复议终止,但有正当理由的除外。

(5)行政复议申请受理后,发现不符合受理条件的。

可见税务行政复议法律关系的消亡同样以税务行政复议法律规范的存在为前提,以一定的法律事实的出现为直接原因。

三、税务行政复议的基本原则

税务行政复议的目的应当是既维护法规尊严又保护纳税人及其他当事人的合法权利。《税务行政复议规则(暂行)》第一条规定,税务行政复议是为了防止和纠正税务机关违法或者不当的具体行政行为,保护纳税人及其他当事人的合法权益,保障和监督税务机关依法行使职权,这是基本原则的体现。

1.《税务行政复议规则(暂行)》第五条规定,行政复议活动应当遵循合法、公正、公开、及时、便民的原则。税务行政复议的合法要求主要体现在复议和审查机关要合法、审查复议案件的依据应当合法、对复议案件的定性和处理应当合法以及复议的程序,包括步骤、顺序、时限、方法和形式要合法。税务行政复议的公正要求税务复议机关在税务行政复议活动中以中立的仲裁者身分对复议申请人与被申请人之间的行政争议依法予以审理、裁决，做到不偏不倚。而要做到公正，就必须有专门的税务行政复议机构并赋予其独立处理案件的能力，以及严格遵守《税务行政复议规则(暂行)》所设定的程序。公开主要包括复议过程的公开和复议结果的公开。及时是效率的体现，它要求从案件的受理、审理，到复议决定的作出都必须严格遵循时限的要求，在法定时限内完成。便民就是要尽量方便纳税人及其他当事人，如复议申请一般要求书面形式，但是情况特殊的，也可以以口头形式申请。

2. 对税务具体行政行为的合法性与合理性全面审查的原则。《税务行政复议规则(暂行)》第三十六条规定，复议机关对被申请人作出的具体行政行为所依据的事实证据、法律程序、法律依据及设定的权利义务内容的合法性、适当性进行全面审查。同时，第四十一条规定，法制工作机构应当对被申请人作出的具体行政行为进行合法性与适当性审查，提出意见。

税务具体行政行为合法性审查包括一查行为主体是否合法，二查客观事实是否准确，三查实体法的适用是否正确，四查程序是否合法。而对税务具体行政行为合理性审查，主要包括审查具体行政行为的目的是否合理、具体行政行为的动机是否合理、具体行政行为考虑的相关因素是否合理以及具体行政行为是否符合公正法则等。

3. 税务行政复议不停止执行原则。《中华人民共和国税收征收管理法》第八十八条规定，纳税人、扣缴义务人、纳税担保人同税务机关在纳税上发生争议时，必须先依照税务机关的纳税决定缴纳或者解缴税款及滞纳金或者提供相应的担保，然后可以依法申请行政复议。《税务行政复议规则(暂行)》第二十四条规定，行政复议期间具体行政行为不停止执行。税务行政复议不停止执行，是解决税务行政争议的特殊原则。因为税务行政行为一经作出就具有公定力、确定力、拘束力和执行力，它反映的是国家的意志，在其未被依法否定之前应当推定为合法和正确的。没有经过法定的程序不得随意变动，其对税务机关和税务行政相对人均有约束力，双方当事人都必须严格执行。

同时《税务行政复议规则(暂行)》第二十四条以但书的形式进一步规定，“但有下列情形之一的，可以停止执行：

(1)被申请人认为需要停止执行的。

(2)复议机关认为需要停止执行的。

(3)申请人申请停止执行，复议机关认为其要求合理，决定停止执行的。

(4)法律规定停止执行的。”

不停止执行是原则，特殊情况可以停止执行，但这仅仅是例外。

第二节　税务行政复议的范围与管辖

一、税务行政复议的范围

确定税务行政复议的范围，有利于纳税人及其他当事人明白可以对哪些税务行政行为提起税务行政复议，有利于税务机关明白哪些具体行政行为可能成为税务行政相对人申请复议的对象，有利于税务行政复议机关明白哪些税务行政行为可以接受相对人的申请、审查与裁决。为此《税务行政复议规则（暂行）》的第二章专门对税务行政复议范围作出规定。具体包括：

申请人对下列具体行政行为不服的，可以提出行政复议申请：

1.税务机关作出的征税行为，包括确认纳税主体、征税对象、征税范围、减税、免税及退税、适用税率、计税依据、纳税环节、纳税期限、纳税地点以及税款征收方式等具体行政行为和征收税款、加收滞纳金及扣缴义务人、受税务机关委托征收的单位作出的代扣代缴、代收代缴行为。

税务机关作出的征税行为涉及纳税人利益的减损，一旦非法或者不合理，就可能导致纳税人合法利益受到损害，所以应当纳入税务行政复议的范围。

2.税务机关作出的税收保全措施和强制执行措施。税务机关对纳税人、扣缴义务人作出的税收保全措施、强制执行措施，实质是限制纳税人、扣缴义务人财产的流通和强行剥夺纳税人、扣缴义务人的财产，这种限制性措施和剥夺方式将影响纳税人、扣缴义务人正常的经营活动，所以《中华人民共和国税收征收管理法》及其实施细则在程序上作了严格的规定，并对违反程序及违反行为者课以行政责任乃至刑事责任。为避免该行政权力被滥用，和保护纳税人与其他当事人的合法权利，它当然就属于税务行政复议的范围。具体来说，税务机关作出的税收保全措施包括书面通知银行或者其他金融机构冻结存款和扣押、查封商品、货物或者其他财产。税务机关作出的强制执行措施包括书面通知银行或者其他金融机构从其存款中扣缴税款和变卖、拍卖扣押及查封的商品、货物或者其他财产。同时，税务机关未及时解除保全措施，使纳税人及其他当事人合法权益遭受损失的行为，也属于税务行政复议的范围。

3.税务机关作出的行政处罚行为。税务行政处罚是税务机关依法对违反税务行政法律规范规定的义务的纳税人、扣缴义务人所采取的行政制裁。根据《中华人民共和国税收征收管理法》及其实施细则的规定，税务机关有权采取包括罚款、没收财物和违法所得以及停止出口退税权等措施。

4.税务机关不予依法办理或者答复的行为。根据法律规范的规定，税务机关有义务应纳税人、扣缴义务人的申请而作为，如果不作为，就是违反法律规范，纳税人及其他当事人就可以提出税务行政复议。为此《税务行政复议规则(暂行)》采用要式列举的方式概括为：不予审批减免税或者出口退税；不予抵扣税款；不予退还税款；不予颁发税务登记证、发售发票；不予开具完税凭证和出具票据；不予认定为增值税一般纳税人和不予核准延期申报、不予批准延期缴纳税款的行为。

5.税务机关作出的可能影响纳税人、扣缴义务人正常经营秩序、合法期望的行为，如税务机关作出的取消增值税一般纳税人资格的行为，收缴发票、停止发售发票行为或者税务机关不依法给予举报奖励的行为。基于行政法律的信赖保护原则，纳税人及其他当事人可以就自身的处境提出税务行政复议。

其他如税务机关责令纳税人提供纳税担保或者不依法确认纳税担保有效的行为和税务机关作出的通知出境管理机关阻止出境的行为，也都属于税务行政复议的范围。

6.税务机关作出的其他具体行政行为。由于以上的列举不可能完全涵盖纳税人及其他当事人的全部合法权利，而社会的发展又永远走在法律规范的前面，所以概括性地表述为其他具体税务行政行为也可以提起税务行政复议。

纳税人及其他当事人可以对税务机关的具体行政行为提起行政复议，如果该行政行为是属于依据不合法的，可以对包括国家税务总局和国务院其他部门的规定、其他各级税务机关的规定、地方各级人民政府的规定和地方人民政府工作部门的规定在对具体行政行为申请行政复议时，可一并向复议机关提出对该规定(不含规章)的审查申请。

二、税务行政复议的管辖

税务行政复议的管辖指的是税务行政复议机关受理税务行政复议案件的权限分工，即在出现税务行政争议后，应当由哪一个税务机关或者其他行政机关来行使税务行政复议权。

1999年10月1日起实施的《中华人民共和国行政复议法》第十二条规定，对国税具体行政行为不服的，向上一级主管部门申请行政复议。1999年9月23日国家税务总局以国税发[1999]177号文件发布了《税务行政复议规则

(试行)》,经过实践,原来的管辖存在不可操作性,为此经过修订、于2004年5月1日起施行的《税务行政复议规则(暂行)》第三章对税务行政复议的管辖进行了更为明确的界定,具体包括:

1.一般管辖。税务行政复议的一般管辖指的是按照税务机关的隶属关系所确定的管辖,即纳税人及其他当事人对各级税务机关作出的具体行政行为不服的,向其上一级税务机关申请行政复议。对计划单列市税务局作出的具体行政行为不服的,向省税务局申请行政复议。对税务所、各级税务局的稽查局作出的具体行政行为不服的,向其主管税务局申请行政复议。对省、自治区、直辖市地方税务局作出的具体行政行为不服的,可以向国家税务总局或者省、自治区、直辖市人民政府申请行政复议。

2.特别管辖。税务行政复议的特别管辖指的是对特殊行为主体所作的具体税务行政行为的复议管辖权。即对扣缴义务人作出的扣缴税款行为不服的,向主管该扣缴义务人的税务机关的上一级税务机关申请行政复议;对受税务机关委托的单位作出的代征税款行为不服的,向委托税务机关的上一级税务机关申请行政复议。

3.共同行为的管辖。对于两个不同隶属关系或者不同层级的税务机关对同一主体的涉税案件,基于单一管辖原则,明确为:国税局(稽查局、税务所)与地税局(稽查局、税务所)、税务机关与其他行政机关联合调查的涉税案件,应当根据各自的法定职权,经协商分别作出具体行政行为,不得共同作出具体行政行为。

对国税局(稽查局、税务所)与地税局(稽查局、税务所)共同作出的具体行政行为不服的,向国家税务总局申请行政复议;对税务机关与其他行政机关共同作出的具体行政行为不服的,向其共同的上一级行政机关申请行政复议。

4.移送管辖。税务行政复议的移送管辖指的是县级地方人民政府将接受的税务行政复议案件移交有权管辖的税务行政复议机关管辖。即对税务所、各级税务局的稽查局作出的具体行政行为不服的,向其主管税务局申请行政复议;对扣缴义务人作出的扣缴税款行为不服的,向主管该扣缴义务人的税务机关的上一级税务机关申请行政复议;对受税务机关委托的单位作出的代征税款行为不服的,向委托税务机关的上一级税务机关申请行政复议。国税局(稽查局、税务所)与地税局(稽查局、税务所)、税务机关与其他行政机关联合调查的涉税案件,应当根据各自的法定职权,经协商分别作出具体行政行为,不得共同作出具体行政行为。

对国税局(稽查局、税务所)与地税局(稽查局、税务所)共同作出的具体行政行为不服的，向国家税务总局申请行政复议；对税务机关与其他行政机关共同作出的具体行政行为不服的，向其共同的上一级行政机关申请行政复议。对被撤销的税务机关在撤销前所作出的具体行政行为不服的，向继续行使其职权的税务机关的上一级税务机关申请行政复议。

有前款所列情形之一的，申请人也可以向具体行政行为发生地的县级地方人民政府提出行政复议申请，由接受申请的县级地方人民政府依法进行转送。

5.指定管辖。税务行政复议的指定管辖指的是对被撤销的税务机关在撤销前所作出的具体行政行为不服的，向继续行使其职权的税务机关的上一级税务机关申请行政复议。

但是需要特别说明的是，对国家税务总局作出的具体行政行为不服的，向国家税务总局申请行政复议。对行政复议决定不服，申请人可以向人民法院提起行政诉讼，也可以向国务院申请裁决，国务院的裁决为终局裁决。

第三节　税务行政复议程序

税务行政复议程序，包括税务行政复议的申请、受理、审理、中止与终止、决定与效力和执行等，在《税务行政复议规则(暂行)》中有详细的规定，这些程序是税务行政复议机关、申请人和被申请人必须共同遵守的。

一、税务行政复议的申请、受理与效力

(一)税务行政复议的申请

1.税务行政复议申请的概念和特征。税务行政复议的申请指的是纳税人及其他当事人认为税务机关的具体行政行为侵犯其合法权益，依法请求税务行政复议机关对具体行政行为进行审查并作出裁决，以保护自身合法权益的一种意思表达。

税务行政复议的申请具有四方面的特征：一是提出税务行政复议的申请是纳税人及其他当事人的权利；二是提出税务行政复议申请的目的是纳税人及其他当事人请求保护其合法的权益；三是税务行政复议的申请必须依法向税务行政复议机关提出；最后是税务行政复议是一种具有法定表达形式的意思表示。

2.税务行政复议申请的条件。并不是所有的纳税人及其他当事人都可以对税务机关提起税务行政复议申请，它有一些基本条件，包括：

一是复议申请人必须是认为税务具体行政行为直接侵犯其合法权益的纳税人及其他当事人。它表明作为税务行政复议的申请人，只能是税务行政管理的相对人，即某种具体税务行政行为所指向的纳税人及其他当事人；同时，税务行政复议的申请人必须是与所要复议的具体税务行政行为有直接利害关系的纳税人及其他当事人。

二是有明确的被申请人。《税务行政复议规则（暂行）》第十八条规定，纳税人及其他当事人对税务机关的具体行政行为不服申请行政复议的，作出具体行政行为的税务机关是被申请人。它表明税务行政复议的被申请人只能是税务机关，税务人员不能作为税务行政复议的被申请人，因为税务人员的执法行为是代表国家行使职权，属于所在税务机关的行政行为；而且必须是税务机关的具体行政行为，税务机关的抽象税务行政行为不能单独作为税务行政复议的原因。

三是有具体的复议请求和事实依据。一般说来，纳税人及其他当事人要求复议，是因税务机关的具体行政行为有适用法律不当、事实依据不足、情况认定不实、违反法定程序或者是在行使自由裁量权时候显失公正等问题的存在，并且有证据证明自己的合法利益受到的损害与这些事实有因果关系，由此表达提出税务行政复议请求的目的。

四是属于税务行政复议的范围和受理复议机关的管辖范围。如前所述，税务行政复议有法定的范围，超越范围的，税务行政复议机关不可能受理，同样，税务行政复议有法定的管辖范围，没有管辖权的行政机关，不会受理纳税人及其他当事人的复议请求。

五是必须在法定的期限内申请税务行政复议。《税务行政复议规则（暂行）》第十三条规定，申请人可以在知道税务机关作出具体行政行为之日起60日内提出行政复议申请。如果税务具体行政行为是当场作出的，以书面注明的日期为申请人知道税务机关作出具体行政行为之日；如果税务具体行政行为的书面决定是送达的，以送达日期为申请人知道税务机关作出具体行政行为之日；如果税务具体行政行为的是通过公告传达的，那么公告中注明的日期为申请人知道税务机关作出具体行政行为之日。当然，因不可抗力或者被申请人设置障碍等其他正当理由耽误法定申请期限的，申请期限自障碍消除之日起继续计算。

3.税务行政复议申请的方式。税务行政复议申请的方式指的是纳税人及其他当事人表达其复议意愿的具体表现方式。《税务行政复议规则(暂行)》第十六条规定,申请人申请行政复议,可以书面申请,也可以口头申请。口头申请的,复议机关应当当场记录申请人的基本情况,行政复议请求,申请行政复议的主要事实、理由和时间。

税务行政复议程序的开始以税务行政复议申请书的递交为依据,所以税务行政复议的提起,不但要在税务行政复议申请书中载明税务行政复议法定的事项,而且必须将文书提交税务行政复议管辖机关,才能产生复议的法定效力。

(二)税务行政复议的受理

1.税务行政复议的受理。税务行政复议的受理指的是税务行政复议机关通过对复议申请的审查,认为该申请符合法定条件,予以立案受理的活动。

《税务行政复议规则(暂行)》第二十条规定,复议机关收到行政复议申请后,应当在5日内进行审查,决定是否受理。对不符合本规则规定的行政复议申请,决定不予受理,并书面告知申请人。审查的内容有七个方面,如果出现有下列情形之一的行政复议申请,决定不予受理:一是不属于行政复议的受案范围;二是超过法定的申请期限;三是没有明确的被申请人和行政复议对象;四是已向其他法定复议机关申请行政复议,且被受理;五是已向人民法院提起行政诉讼,人民法院已经受理;六是申请人就纳税发生争议,没有按规定缴清税款、滞纳金,并且没有提供担保或者担保无效;七是申请人不具备申请资格。

对不属于本机关受理的行政复议申请,应当告知申请人向有关复议机关提出。

复议机关收到行政复议申请后未按前款规定期限审查并作出不予受理决定的,视为受理。

《税务行政复议规则(暂行)》第二十一条规定,对符合规定的行政复议申请,自复议机关法制工作机构收到之日起即为受理;受理行政复议申请,应当书面告知申请人。

2.税务行政复议受理的法律后果。经过税务行政复议机关依法受理后,表明税务行政复议程序正式开始,税务行政复议机关、被申请的原作出具体行政行为的税务机关和认为税务机关的具体行政行为侵犯其合法权益的纳税人及其他当事人各自取得税务行政复议的法律地位。

3.税务行政复议不予受理的法律后果。对应当先向复议机关申请行政复议,对行政复议决定不服再向人民法院提起行政诉讼的具体行政行为,复议机关决定不予受理或者受理后超过复议期限不作答复的,纳税人及其他当事人可以自收到不予受理决定书之日起或者行政复议期满之日起15日内，依法向人民法院提起行政诉讼(复议机关应当自受理申请之日起60日内作出行政复议决定。情况复杂，不能在规定期限内作出行政复议决定的，经复议机关负责人批准，可以适当延长，并告知申请人和被申请人；但延长期限最多不超过30日)。

纳税人及其他当事人依法提出行政复议申请，复议机关无正当理由而不予受理且申请人没有向人民法院提起行政诉讼的，上级税务机关应当责令其受理；必要时，上级税务机关也可以直接受理。

4.复议不停止具体行政行为的执行。《税务行政复议规则(暂行)》第二十四条规定，行政复议期间具体行政行为不停止执行。但有出现被申请人认为需要停止执行的；复议机关认为需要停止执行的；申请人申请停止执行，复议机关认为其要求合理，决定停止执行的或者是法律规定停止执行的，可以停止执行。

二、税务行政复议的审理

(一)税务行政复议的审理

1.税务行政复议审理的概念。税务行政复议审理指的是税务行政复议机关依照法定程序对税务机关作出的税务行政行为的合法性与适当性进行审查的行为。其特征是：首先，负责税务行政复议案件审理的主体是税务行政复议机关(对省、自治区、直辖市地方税务局作出的具体行政行为不服的，可以向国家税务总局或者省、自治区、直辖市人民政府申请行政复议)；其次，税务行政复议审理的对象包括税务机关作出的具体行政行为和作出具体行政行为所依据的规范性文件；再次，审理的权限是审查具体行政行为及其所依据的规范性文件的合法性与适当性；最后，审理税务行政复议案件应当依照法定程序进行。

2.税务行政复议程序上的审理。税务行政复议审理应当先审理程序上的要件，然后才进行实体审理。税务行政复议程序上的审理主要包括六个方面的内容：一是审查复议申请书是否符合法律文书的要求；二是审查税务行政复议申请人是否遵守法定的时间期限；三是审查申请人是否符合《税务行政复议规则(暂行)》第十七条规定的适格申请人；四是审查申请是否属于税务机关的抽象行政行为或者是不存在该行为的程序标的；五是审查是否属于对已经决定或者撤回的复议案件重新提起复议，或者是否属于已向人民法院提起行政诉讼，人民法院已经受理的案件；六是审查是否属于其他不在税务行政复议救济范围之内的案件;七是审查是否属于申请人就纳税发生争议,没有按规定缴清税款、滞纳金,并且没有提供担保或者担保无效的案件。对有以上情形之一的行政复议申请,税务行政复议机关可以决定不予受理。

3.税务行政复议实体上的审理。《税务行政复议规则(暂行)》第三十六条规定,复议机关对被申请人作出的具体行政行为所依据的事实证据、法律程序、法律依据及设定的权利义务内容之合法性、适当性进行全面审查。

一是让被申请人作出书面答辩。《税务行政复议规则(暂行)》第三十七条规定,复议机关法制工作机构应当自受理行政复议申请之日起7日内,将行政复议申请书副本或者行政复议申请笔录复印件发送被申请人。

被申请人应当自收到申请书副本或者申请笔录复印件之日起10日内,提出书面答复,并提交当初作出具体行政行为的证据、依据和其他有关材料。

二是审查证据。基于依法行政与客观合法性的要求,复议的实体决定必须确实掌握涉及案件的真实情况后,才能作出决定。这就是《税务行政复议规则(暂行)》第二十九条所说的复议机关审查复议案件,应当以证据证明的案件事实为根据。对证据的调查主要包括两个方面:

首先是对证据合法性的审查。根据《税务行政复议规则(暂行)》第三十条规定,复议机关应当根据案件的具体情况,从证据是否符合法定形式;证据的取得是否符合法律、法规、规章、司法解释和其他规定的要求以及是否有影响证据效力的其他违法情形等方面审查证据的合法性。

其次是对证据的真实性进行审查。根据《税务行政复议规则(暂行)》第三十一条精神,复议机关应当根据案件的具体情况,主要从证据形成的原因;发现证据时的客观环境;证据是否为原件、原物,复制件、复制品与原件、原物是否相符;提供证据的人或者证人与当事人是否具有利害关系以及影响证据真实性的其他因素等方面审查证据的真实性。

如果发现税务机关有违反法定程序收集的证据材料。如有以偷拍、偷录、窃听等手段获取侵害他人合法权益的证据材料;以利诱、欺诈、胁迫、暴力等不正当手段获取的证据材料;当事人无正当事由超出举证期限提供的证据材料;当事人无正当理由拒不提供原件、原物,又无其他证据印证,且对方当事人不予认可的证据的复制件或者复制品;无法辨明真伪的证据材料;不能正确表达意志的证人提供的证言或者不具备合法性和真实性的其他证据材料中的一种情况的,该证据材料不得作为定案依据。

(二)税务行政复议审理的期限

税务行政复议应当遵循及时原则,为此《税务行政复议规则(暂行)》在第四十三条明确规定，复议机关应当自受理申请之日起 60 日内作出行政复议决定。情况复杂，不能在规定期限内作出行政复议决定的，经复议机关负责人批准，可以适当延长，并告知申请人和被申请人；但延长期限最多不超过 30 日。

（三）税务行政复议的撤回、中止与终止

1. 税务行政复议的撤回。税务行政复议的撤回指的是复议申请人在提出复议申请后，复议决定作出以前经税务复议机关的同意撤回复议申请的意思表示。《税务行政复议规则（暂行）》第三十八条规定，行政复议决定作出前，申请人要求撤回行政复议申请的，可以撤回，但不得以同一基本事实或理由重新申请复议。

纳税人及其他当事人提出税务复议申请是行使其法定权利的表现，同样，要求撤回其复议申请也是对其原有申请权的一种处分。但是税务复议申请的撤回有三个条件，一是申请人主动要求；二是在税务行政复议决定作出以前；三是不得以同一基本事实或理由重新申请复议。

2. 税务行政复议的中止。税务行政复议的中止指的是在行政复议期间出现《税务行政复议规则（暂行）》第二十五条列举的情形之一的，行政复议机关暂停对复议案件的审理。这些情形包括申请人死亡，须等待其继承人表明是否参加行政复议的；申请人丧失行为能力，尚未确定法定代理人的；作为一方当事人的行政机关、法人或者其他组织终止，尚未确定其权利义务承受人的；因不可抗力原因，致使复议机关暂时无法调查了解情况的；依照本规则第三十九条和第四十条，依法对具体行政行为的依据进行处理的；案件的结果须以另一案件的审查结果为依据，而另一案件尚未审结的；申请人请求被申请人履行法定职责，被申请人正在履行的或者其他应当中止行政复议的情形。

税务行政复议的中止是对复议申请人的尊重和对案件负责任的表现，行政复议中止应当书面告知当事人。中止行政复议的情形消除后，应当立即恢复行政复议。

3. 税务行政复议的终止。税务行政复议的终止指的是在行政复议期间，因法定原因，终止对复议案件的审理。

《税务行政复议规则（暂行）》第二十六条规定，行政复议期间，有出现依照本规则第三十八条规定撤回行政复议申请的；行政复议申请受理后，发现其他复议机关或者人民法院已经先于本机关受理的；申请人死亡，没有继承人或者继承人放弃行政复议权利的；作为申请人的法人或者其他组织终止后，其权利义务的承受人放弃行政复议权利的；因前条第（一）、（二）项原因中止行政复议满 60 日仍无人继续复议的，行政复议终止，但有正当理由的除外或者行政复议申请受理后,发现不符合受理条件的情形之一的,行政复议终止。

行政复议终止应当书面告知当事人。

三、税务行政复议的决定

税务行政复议决定指的是税务行政复议机关在查明税务行政复议案件事实的基础上,根据事实和法律,就有争议的具体税务行政行为作出的具有法律效力的判断和处理。税务行政复议机关通过对具体税务行政行为的审查,分别作出如下决定:

(一)维持税务具体行政行为的决定

维持税务具体行政行为的决定必须具备四个要件,一是税务具体行政行为认定事实清楚,证据确凿。即被申请人提供的证据足以证明税务机关具体行政行为的前因后果,而且这些证据是符合法律、法规规定的事实要件的,足以证明原具体行政行为的合法性和适当性。二是税务具体行政行为适用依据正确。即作出税务具体行政行为所依据的规范性文件,包括法律、法规、规章和具有普遍约束力的决定、命令等,都是正确的。三是作出税务具体行政行为的程序合法,即符合法定的步骤、形式和时限要求。四是税务具体行政行为的内容适当,即被申请人所作出的税务具体行政行为不仅合法,而且合理。

(二)作出被申请人履行法定职责的决定

税务机关有法定的职责,它有作为的义务,复议机关经过审查,对被申请人不履行法定职责的,限定其在一定期限内履行。

作为被申请人的税务机关不履行法定职责主要有两种情况,一是拒绝履行法定职责,如税务机关不履行应当支付扣缴义务人手续费的义务,因为《中华人民共和国税收征收管理法》第三十三条规定,税务机关应当按规定付给扣缴义务人代扣、代收手续费。二是拖延履行法定职责,如被申请税务机关不说行,也不说不行,但是就迟迟不发给发票领购簿的行为。《中华人民共和国发票管理办法》第十六条规定,申请领购发票的单位和个人应当提出购票申请,提供经办人身分证明、税务登记证件或者其他有关证明,以及财务印章或者发票专用章的印模,经税务机关审核后,发给发票领购簿。

(三)作出撤销、变更或者确认该具体行政行为违法的决定

复议机关经过审理,具体行政行为有下列情形之一的,决定撤销、变更或者确认该具体行政行为违法;决定撤销或者确认该具体行政行为违法的,可以责令被申请人在一定期限内重新作出具体行政行为。

1. 主要事实不清、证据不足的。主要事实是作出决定的前提,事实不清可

能导致决定错误;证据是定性的依据,证据不足,当然无法作出正确决定。

2.适用依据错误的。包括适用法律错误,如法律名称错误或者条款引用错误;适用已经失效或者尚未生效的法律、法规、规章或者具有普遍约束力的决定、命令;或者是适用了同法律、法规相抵触的规章或者具有普遍约束力的决定、命令等。

3.违反法定程序的。税务具体行政行为有很强的程序性要求,目的是为了防范手握公权力的税务机关对纳税人、扣缴义务人合法权利的侵害。法定程序是税务机关作出正确、及时具体行政行为的保证,违反法定程序的行为就属于无效行为。

4.超越或者滥用职权的。超越权限是指超越法律规范的授权范围,行使了无权行使的权力,如检查人员对涉税犯罪嫌疑人进行留置;或者是越级行使权力,如县税务局长批准调查纳税人个人账户的存款情况等。滥用职权属于虽然具备行使该权力的法律前提,但是没有正确行使,从而有违法律的公正原则。

5.具体行政行为明显不当的。税务机关在自由裁量权范围内的行为显失公正,如善意取得虚开的增值税发票,大部分都没有加收滞纳金,但对于其中一户同样是善意取得,不仅加收了滞纳金,而且进行了处罚。这种合法前提下的不适当,复议机关应当予以撤销或者变更。

（四）决定撤销具体税务行政行为

根据《税务行政复议规则(暂行)》第三十七条的规定,复议机关法制工作机构应当自受理行政复议申请之日起 7 日内,将行政复议申请书副本或者行政复议申请笔录复印件发送被申请人。

被申请人应当自收到申请书副本或者申请笔录复印件之日起 10 日内,提出书面答复,并提交当初作出具体行政行为的证据、依据和其他有关材料。被申请人不按照本规则第三十七条的规定提出书面答复,提交当初作出具体行政行为的证据、依据和其他有关材料的,视为该具体行政行为没有证据、依据,决定撤销该具体行政行为。

四、税务行政复议的执行

（一）税务行政复议执行的概念与特征

税务行政复议的执行指的是税务行政复议的申请人或者被申请人拒绝履行税务行政复议机关作出的已经发生法律效力的税务行政复议决定时,有关国家机关责令或者强制其履行活动的行为。其含义包括,一是它是具有强制性的一种行为；二是税务行政复议执行的前提是申请人或者被申请人拒绝履行税务行政复议机关作出的已经发生法律效力的税务行政复议决定；三是税务行政复议执行的对象可以是申请人，也可能是被申请人，这要看复议决定的内容；四是税务行政复议执行的主体是有关的国家机关，包括税务行政复议机关、被申请人或者是人民法院的执行部门等。

（二）税务行政复议执行的方式

税务行政复议执行的方式主要有三种：

1.责令限期履行。生效的税务行政复议决定对申请人和被申请人都具有法律效力。被申请人尽管是税务机关，但是在行政复议关系中，同样受到该法律关系的约束。何况作出复议决定的是被申请人的上级行政领导机关，就层级管辖原则来看，下级税务机关当然要服从上级税务机关的领导。所以《税务行政复议规则（暂行）》第四十四条规定，申请人应当履行行政复议决定。如果被申请人不履行或者无正当理由拖延履行行政复议决定的，复议机关或者有关上级行政机关应当责令其限期履行。

2.依法强制执行。依法强制执行是对申请税务行政复议的纳税人或者其他当事人，在其拒绝履行已经生效的复议决定时而依法采取的一种执行方式。

首先是税务机关具有强制执行的权力。《中华人民共和国税收征收管理法》第四十条赋予税务机关强制执行的权力，该条规定，从事生产、经营的纳税人、扣缴义务人未按照规定的期限缴纳或者解缴税款，纳税担保人未按照规定的期限缴纳所担保的税款，由税务机关责令限期缴纳，逾期仍未缴纳的，经县以上税务局（分局）局长批准，税务机关可以采取包括书面通知其开户银行或者其他金融机构从其存款中扣缴税款；扣押、查封、依法拍卖或者变卖其价值相当于应纳税款的商品、货物或者其他财产，以拍卖或者变卖所得抵缴税款的强制执行措施。采取强制执行措施时，对前款所列纳税人、扣缴义务人、纳税担保人未缴纳的滞纳金同时强制执行。

其次是申请人，即申请税务行政复议的纳税人或者其他当事人逾期不起诉又不履行复议决定或者最终裁决的行政复议。

最后是强制执行的主体包括被申请人和复议机关，即维持具体行政行为的行政复议决定，由作出具体行政行为的行政机关依法强制执行。变更具体行政行为的行政复议决定，由复议机关依法强制执行。

3.申请人民法院强制执行。尽管法律赋予税务机关有强制执行的权力，但是在执行中还是有诸多的制约因素，致使实施强制执行的力度无法完全到位，所以对申请税务行政复议的纳税人或者其他当事人逾期不起诉又不履行复议决定或者最终裁决的行政复议的行为，可以申请人民法院强制执行。《税务行政复议规则（暂行）》第四十五条规定，申请人逾期不起诉又不履行行政复议决定的，或者不履行最终裁决的行政复议决定的，可以按照维持具体行政行为的行政复议决定，由作出具体行政行为的行政机关依法强制执行，或者申请人民法院强制执行。变更具体行政行为的行政复议决定，由复议机关依法强制执行，或者申请人民法院强制执行分别处理。

第四节　税务行政复议的相关问题

一、税务行政复议与税务行政赔偿

纳税人及其他当事人认为自己的合法权益受到损害，向税务行政复议机关提起复议请求，经过复议机关的审查，发现被申请人的具体行政行为不合法或者合理的，可以决定撤销、变更或者确认该具体行政行为违法；决定撤销或者确认该具体行政行为违法的，就有可能涉及到对申请人损失的赔偿问题。

（一）税务行政赔偿的法律依据

税务行政赔偿指的是税务人员在执行职务、行使国家行政管理职权的过程中，因为违法给纳税人及其他当事人造成损害，由国家承担赔偿责任，由侵权的税务机关履行赔偿义务的法律制度。《中华人民共和国税收征收管理法》第八条规定，纳税人、扣缴义务人依法享有申请行政复议、提起行政诉讼、请求国家赔偿等权利。

纳税人及其他当事人可以在提起税务行政复议申请的同时，提出税务行政赔偿请求。《税务行政复议规则（暂行）》第四十二条规定，申请人在申请行政复议时可以一并提出行政赔偿请求，复议机关对符合国家赔偿法的有关规定应当给予赔偿的，在决定撤销、变更具体行政行为或者确认具体行政行为违法时，应当同时决定对被申请人依法给予赔偿。

申请人在申请行政复议时没有提出行政赔偿请求的，复议机关在依法决定撤销或者变更原具体行政行为确定的税款、滞纳金、罚款以及对财产的扣押、查封等强制措施时，应当同时责令被申请人退还税款、滞纳金和罚款，解除对财产的扣押、查封等强制措施，或者赔偿相应的价款。

(二)税务行政赔偿的范围

根据《中华人民共和国税收征收管理法》的规定,税务机关违法行政必须承担赔偿的责任,主要有三方面:

1. 纳税人在限期内已缴纳税款,税务机关未立即解除税收保全措施,使纳税人的合法利益遭受损失的,税务机关应当承担赔偿责任。

2. 税务机关滥用职权违法采取税收保全措施、强制执行措施,或者采取税收保全措施、强制执行措施不当,使纳税人、扣缴义务人或者纳税担保人的合法权益遭受损失的,应当依法承担赔偿责任。

3. 未经税务机关依法委托征收税款的,责令退还收取的财物,依法给予行政处分或者行政处罚;致使他人合法权益受到损失的,依法承担赔偿责任。

二、税务行政复议和税务行政诉讼的衔接

税务行政复议和税务行政诉讼都是纳税人及其他当事人合法权利的救济方式,但是对于不同的税务具体行政行为,纳税人及其他当事人选择的救济方式有法律的规定性。

1. 纳税人及其他当事人对具体税务行政行为不服的,应当先向税务行政复议机关申请复议,对复议不服的,才能提起税务行政诉讼。《中华人民共和国税收征收管理法》第八十八条规定,纳税人、扣缴义务人、纳税担保人同税务机关在纳税上发生争议时,必须先依照税务机关的纳税决定缴纳或者解缴税款及滞纳金或者提供相应的担保,然后可以依法申请行政复议;对行政复议决定不服的,可以依法向人民法院起诉。《税务行政复议规则(暂行)》第十四条有进一步的详细规定。

2. 纳税人及其他当事人对处罚、强制执行和采取税收保全措施等具体税务行政行为不服的,可以从税务行政复议或税务行政诉讼中任选一种救济方式。《中华人民共和国税收征收管理法》第八十八条规定,当事人对税务机关的处罚决定、强制执行措施或者税收保全措施不服的,可以依法申请行政复议,也可以依法向人民法院起诉。《税务行政复议规则(暂行)》第十五条同时把不予颁发税务登记证、发售发票;不予开具完税凭证和出具票据;不予认定为增值税一般纳税人;不予核准延期申报、批准延期缴纳税款;税务机关作出的取消增值税一般纳税人资格的行为;收缴发票、停止发售发票;税务机关责令纳税人提供纳税担保或者不依法确认纳税担保有效的行为;税务机关不依法给予举报奖励的行为以及税务机关作出的通知出境管理机关阻止出境行为都归在可选择申请复议或者提起诉讼的范围。

但是，有三方面需要特别注意：

(1)不能同时申请复议又提起诉讼。《税务行政复议规则(暂行)》第十九条规定，申请人向复议机关申请行政复议，复议机关已经受理的，在法定行政复议期限内申请人不得再向人民法院提起行政诉讼；申请人向人民法院提起行政诉讼，人民法院已经依法受理的，不得申请行政复议。

(2)税务复议机关拒绝受理又拒不答复的，需要经过法定时间才能提起税务行政诉讼。《税务行政复议规则(暂行)》第二十二条规定，对应当先向复议机关申请行政复议，对行政复议决定不服再向人民法院提起行政诉讼的具体行政行为，复议机关决定不予受理或者受理后超过复议期限不作答复的，纳税人及其他当事人可以自收到不予受理决定书之日起或者行政复议期满之日起15日内，依法向人民法院提起行政诉讼。

(3)对终局性的裁决，不能提起税务行政诉讼。《税务行政复议规则(暂行)》第十一条规定，对国家税务总局作出的具体行政行为不服的，向国家税务总局申请行政复议。对行政复议决定不服的，申请人可以向人民法院提起行政诉讼，也可以向国务院申请裁决，国务院的裁决为终局裁决。

三、违反税务行政复议法律规范的法律责任

(一)违反税务行政复议法律规范法律责任的构成要件

违反税务行政复议法律规范法律责任的构成要件主要包括四方面的内容，一是有违法行为的发生，即与复议有关的人员实施了违反税务行政复议法律规范的行为；二是违法行为必须是在税务行政复议过程中发生的，包括税务行政复议的申请、受理、发送申请副本、被申请人提交答辩书及有关证据、依据和材料、复议机关的审理、复议决定的作出以及生效税务行政复议决定的执行等各个环节实施的违法行为；三是违法行为人必须有主观过错，即存在主观故意或者过失；四是违法行为的主体必须与税务行政复议活动有一定关系，即只能是属于税务行政复议机关及其工作人员、复议参加人，以及复议参加人以外的如证人、鉴定人或者翻译人员等。

(二)违反税务行政复议法律规范行为的种类

1. 税务行政复议机关的违法行为。税务行政复议机关的违法行为主要包括：一是无正当理由，不受理纳税人及其他当事人的复议申请；二是无正当理由不按照规定转送纳税人及其他当事人的复议申请；三是在法定期限内不作出税务行政复议决定。

2. 税务行政复议机关的工作人员的违法行为。税务行政复议机关的工作

人员的违法行为主要是指在税务行政复议过程中徇私舞弊或者渎职失职行为。

3.税务行政复议被申请人的违法行为。税务行政复议被申请人的违法行为主要包括:一是拒绝提供书面答复材料;二是拒绝提交作出具体行政行为的证据、依据以及其他有关材料;三是阻挠、变相阻挠纳税人及其他当事人依法申请税务行政复议;四是自行向申请人和其他有关组织或者个人收集证据;五是拒绝履行复议决定;六是无正当理由拖延履行已经生效的复议决定。

4.税务行政复议申请人的违法行为。税务行政复议申请人的违法行为主要有拒绝、阻碍税务行政复议人员依法行使职权,拒绝或者无故拖延履行已经生效的税务行政复议决定等。

(三)违反税务行政复议法律规范行为的法律适用

根据1993年4月24日国务院第二次常务会议通过的《国家公务员暂行条例》和1999年4月29日第九届全国人民代表大会常务委员会第九次会议通过的《中华人民共和国行政复议法》的规定,违反税务行政复议法律规范行为的法律适用主要有两方面:

1.行政处分。这是针对税务机关中的工作人员,主要包括:税务机关中直接负责的主管人员和其他直接责任人员违反行政复议法律规范,无正当理由,不受理纳税人及其他当事人的复议申请;无正当理由不按照规定转送纳税人及其他当事人的复议申请;在法定期限内不作出税务行政复议决定的;有徇私舞弊或者渎职失职行为的;拒绝提供书面答复材料;拒绝提交作出具体行政行为的证据、依据以及其他有关材料;阻挠、变相阻挠纳税人及其他当事人依法申请税务行政复议;自行向申请人和其他有关组织或者个人收集证据;拒绝履行复议决定或者是无正当理由拖延履行已经生效的复议决定的,视情节严重程度,分别给予从警告到开除的处分。

2.刑事责任。有以上行为,构成犯罪的,依法追究刑事责任。

税务行政复议申请人的违法行为如拒绝、阻碍税务行政复议人员依法行使职权,拒绝或者无故拖延履行已经生效的税务行政复议决定的,主要采取责令履行和强制执行措施。

第二十一章 税务行政程序

第一节 税务行政程序概述

一、税务行政程序的概念

在法律意义上说,“程序”是与“实体”相对应的词,其含义是为达到特定的目的所采取的系列行动、步骤或者方法。

税务行政程序依其所涉及的税务行政活动范围的大小,可以分为广义的税务行政程序和狭义的税务行政程序。广义的税务行政程序包括立法机关所行使的税务立法权中的立法程序和人民法院对涉税案件行使审判权所遵循的司法程序以及税务机关行政活动中的事实行为所遵循的法律程序。狭义的税务行政程序主要是指税务机关作出对纳税人、扣缴义务人发生效力的行政决定以前的程序。由此可知,税务行政程序指的是税务机关实施行政行为所应当遵循的方式、步骤、时限和顺序,是税务机关的行政行为在时间和空间上的表现形式。

首先,税务行政程序是针对税务行政行为而言的,不是税务机关的行为,如其他政府机关的行为,或者是作为税务行政相对人的纳税人、扣缴义务人的行为,都不可能在税务行政程序范畴之内(但是税务行政相对人在税务机关作出相关行为时候,必须遵循相应的程序);同样,如果税务机关不处于行为状态,也不可能有程序问题,只有在税务机关行使行政权力,作出税务行政行为的时候所遵循的程序,才是税务行政程序。税务行政程序不包括纳税人、扣缴义务人的程序,也不包括人民法院对税务行政诉讼案件的审判程序。

其次,税务行政程序是税务行政行为的时间和空间的表现形式,即税务行为方式、行为步骤构成了税务行为的空间表现形式,其中,方式是指税务行政行为过程中的方法和形式，如书面形式和口头形式等，步骤指的是税务行政行为的阶段，如税务行政处罚中的立案、调查取证等阶段；税务行为的时限、顺序构成了税务行政行为的时间表现形式，其中顺序指的是各个步骤的先后次序，时限则是指税务行政行为完成的时间限制。也就是说，税务行政程序是税务行政行为的方式、步骤、顺序和实现的总和。

再次，税务行政程序相对于税务行政实体而言，是相对独立的，并且是有章可寻的。税务行政行为从税务登记、纳税申报、税款征收到税务检查和违法处罚等，都有其规律性，这是制定税务行政实体法和税收基本法的前提和基础。目前世界上多数国家都制定有税收法典，因为法典化是程序化的标志。我国《行政程序法》一直制定不出来，税收立法工作也比较滞后，这给税务行政程序带来了一定的困难。

最后，税务行政程序的要素包括四个方面，一是作为行政主体的税务机关；二是税务机关的权限及其管辖；三是税务行政行为的种类和方式；四是对税务行政行为的救济。

二、税务行政程序的特征

税务行政程序的特征主要包括：

1. 税务行政程序与税务行政行为的不可分离性。税务行政行为有其自身存在的形式，税务行政程序就是税务行政行为的存在方式，可以说，税务行政程序与税务行政行为是形式与内容的关系。不存在无税务行政行为的税务行政程序，也不存在无税务行政程序的税务行政行为。

2. 税务行政程序的法定性。税务行政程序的法定性指的是用于规范税务行政行为的程序，一般应当通过预设的立法、程序化法律，使其具有可控制税务行政行为合法、正当运作的强制力量。即税务行政活动不能违反既存的法律以及自己作出的决定，必须按照法律和税务机关自己规定的决定把有关的原则用于相应的场所；当然税务机关的行为更不能违反法院的裁决。税务行政程序是税务机关和纳税人、扣缴义务人必须共同遵守的程序，从实际意义上说，税务行政程序正是体现对纳税人、扣缴义务人权利的保护。

3. 税务行政程序的责任性。税务行政程序的责任性表明，由法律、法规规定的税务行政程序对税务机关、税务人员和纳税人、扣缴义务人都具有约束力，他们都有遵守的义务。如果违反税务行政程序，将依据违反的程度，追究违反者相应的责任。

4. 税务行政程序的非系统性。税务行政程序的非系统性表现在：一是由于我国还没有出台《行政程序法》，对行政程序缺乏法律意义上的规范。二是对税务行政行为的程序化要求散见于《中华人民共和国税收征收管理法》、《中华人民共和国行政复议法》、《中华人民共和国行政处罚法》、《中华人民共和国行政诉讼法》和《中华人民共和国行政赔偿法》中。三是一些税务行政规章，甚至是规范性文件都在制定税务行政程序规则等。

三、税务行政程序的作用

税务行政程序的作用可以归纳为以下三个方面：

（一）提高税务机关的行政效率

税务机关在对纳税人、扣缴义务人作为的时候，是否选择恰当的行为方式、安排合理的行为步骤，对行为的及时性、有效性有重要影响，而对税务行政行为的方式、步骤的安排，就属于税务行政程序的范畴。制定科学合理的税务行政程序规范能保障税务行政行为的顺利进行和行政效率的提高。税务行政程序的作用就是将合理的，既能提高税务行政效率，又能保护纳税人、扣缴义务人权益的程序法律化、制度化，对必备的程序不能不作为，对不必的程序不能作为作出详细规定，使得税务机关的行为有章可寻，同时使纳税人、扣缴义务人的合法权益受到损害时有救济的途径，并以救济手段推进税务机关的行政效率的提高。

（二）规范税务机关的行政行为

税务行政程序能够在程序上规范税务机关的行为，防止税务机关失职或者滥用职权，一方面，税务行政程序是税务行政行为产生法律效力的必要条件。我们知道，税务行政程序合法，不等于运用的实体法也正确；但是，如果税务行政程序严重违法，即使运用的实体法正确，也将导致税务行政行为无效。另一方面，税务行政程序是制约不法税务人员的有效手段。因为税务行政行为中的失职或者滥用职权等行为，大都与程序不健全、不规范有关。税务行政程序正是通过以法定形式设置各种程序规则来规范税务行政行为的实施，控制税务行政权力的运行，保障税务行政行为的公正、准确。

（三）保护纳税人、扣缴义务人的合法权益

保护纳税人、扣缴义务人的合法权益不仅有赖于税务行政实体法予以规定，而且要靠税务行政程序给予保障。因为在税务行政实体法律关系中，税务机关和纳税人、扣缴义务人的权利义务设置具有不对等性，税务机关及其工作人员在实施税务行政行为的时候，很容易对纳税人、扣缴义务人的合法权利造成损害。为了减少税务行政侵权行为的发生，就有必要通过设置事先程序和

事后程序，控制和规范税务机关的行政行为，保护纳税人、扣缴义务人的合法权益。

通过税务行政程序，纳税人、扣缴义务人可以行使陈述权、了解权、申辩权和听证权等权利，也可以通过事后救济途径，保护自身的合法权益。

第二节 税务行政程序的种类及内容

根据不同的分类标准，可以将税务行政程序分为：

(一)税务内部行政程序和税务外部行政程序

这是根据税务行政行为是否涉及纳税人、扣缴义务人为标准，对税务行政程序所作的划分。

1.税务内部行政程序。税务内部行政程序指的是税务机关对内部事务实施行政行为的时候所应当遵循的程序。它适用于税务系统内的税务机关之间、税务机关与税务人员之间以及税务人员之间的行政行为程序。如税务规范性文件制定的备案程序、税务机关对违反纪律的公务员进行处分的程序以及机关公文流转程序等。适用税务机关内部行政程序的主要有《中华人民共和国行政监察法》、《公务员管理条例》以及各类规范性文件等。如果税务机关不遵循行政程序，受侵害的对象不能提起行政复议或者行政诉讼，只能以行政手段解决。

2.税务外部行政程序。税务外部行政程序指的是税务机关对纳税人、扣缴义务人实施行政行为时所应当遵守的行政程序。税务外部行政程序适用于税务机关与受其调整、管理和影响的纳税人、扣缴义务人之间，如税务行政处罚程序、税务行政强制执行程序和税务行政许可程序等。税务外部行政程序是税务行政程序的核心，因为它涉及税务机关与纳税人、扣缴义务人之间权利与义务的关系。税务外部行政程序受司法审查和权力机关的监督，纳税人、扣缴义务人对税务外部行政程序不服，可以提起税务行政复议或者行政诉讼。

(二)税务简易行政程序和税务一般行政程序

这是根据税务行政程序的繁简程度为标准划分的税务行政程序。

1.简易税务行政程序。简易税务行政程序指的是适用于简单或者需要迅速作出处理的行政事项，可以当场作出决定的程序。如《中华人民共和国行政处罚法》第三十三条规定，违法事实确凿并有法定依据，对公民处以五十元以下、对法人或者其他组织处以一千元以下罚款或者警告的行政处罚的，可以当场作出行政处罚决定。

税务简易行政程序主要是指稽查工作适用的一种程序。凡是未经过立案的案件，在检查中发现属于不需要立案的，可以不经过审理环节，由稽查局长签批即可作出《税务处理决定书》或者《税务稽查结论》，就是税务稽查的简易程序。

2. 税务一般行政程序。一般行政程序也称普通行政程序，是指行政主体处理行政事务的基本程序。

税务一般行政程序主要是指稽查工作适用的一种程序。凡是经过立案、经由审理部门审理的税务稽查案件，就属于税务稽查的一般程序。

(三)抽象税务行政程序与具体税务行政程序

这是根据税务行政程序所规范的税务行政行为的性质划分的。税务行政行为有抽象与具体之分，税务行政程序也就可以分为抽象税务行政程序与具体税务行政程序。

1. 抽象税务行政程序。抽象税务行政程序是以规范抽象税务行政行为而设置的程序，即有权行政机关和税务机关制定具有法律效力的普遍性税务行政规则时所采取的行政程序。包括制定税务行政法规、规章、行政规范性文件等。抽象税务行政程序具有普遍性和后遗性等特点，它可以反复适用，但它只在生效以后才可以适用。所以它具有法定性和公正性。

2. 具体税务行政程序。具体税务行政程序指的是税务机关在进行税务管理、税款征收时，对具体的纳税人、扣缴义务人的特定事件进行处理活动的程序，如税务行政处罚程序、税收征收程序等。具体税务行政程序具有具体性和前溯性等特点，即具体税务行政程序只能适用特定的纳税人、扣缴义务人或者特定的事，前溯性的特点体现在该程序只对已经发生的当时的事件有效，对以后同样的事件没有效力。具体税务行政程序具有很强的针对性，不是针对该事项的程序，不能随意适用。如果具体税务行政程序违法，对纳税人、扣缴义务人的合法权益产生的影响是直接的，纳税人、扣缴义务人对具体税务行政程序不服的，可以提起行政诉讼。

(四)拘束性税务行政程序与自由裁量税务行政程序

这是根据税务行政程序是否有法律明确规定为标准而划分的。由于税务行政行为可以划分为拘束性税务行政行为与自由裁量税务行政行为，同样，税务行政程序也可以划分为拘束性税务行政程序与自由裁量税务行政程序(也可以称为法定税务行政程序与自由税务行政程序)。

1.拘束性税务行政程序。拘束性税务行政程序指的是税务机关根据法律、法规的明确规定,必须严格遵守的程序。在拘束性税务行政行为中,法律法规不仅对税务行政行为的范围、条件、形式、程度、方法等都有明确的规定,税务机关只能根据法律法规的规定而作为,而且在程序上也有相应的规范要求,税务机关只能根据法定的程序作出,如果违反法定程序作为,有可能导致该行为被撤销的结果。

2.自由裁量税务行政程序。自由裁量税务行政程序指的是税务机关在实施税务行政行为时,可以自由选择适用的程序。税务机关在实施自由裁量行政行为时,由于法律法规对范围、条件、形式、程度、方法等没有详细规定,税务机关可以在法律法规规定的范围内,或者在符合立法目的和原则的前提下,根据具体情况就内容或者程序自行选择、裁量。对于自由裁量税务行政程序来说,一般不存在是否合法的问题,主要涉及的是合理性问题。

(五)税务行政立法程序、税务行政执法程序和税务行政司法程序

这是根据税务行政行为运行过程及实施中法律关系形成的特点划分的。税务行政行为可以划分为税务行政立法行为、税务行政执法行为和税务行政司法行为,同样,税务行政程序也可以划分为税务行政立法程序、税务行政执法程序和税务行政司法程序。

1.税务行政立法程序。税务行政立法程序指的是有权行政主体制定税务行政法规时必须遵守的程序。由于税务行政立法行为的结果是制定具有普遍性意义的行为规则,有较大的影响和后果,所以税务行政立法程序一般比较复杂和严格,如听证制度、备案制度等。税务行政立法程序不仅有法律的规定,如2000年7月1日起正式实施的《中华人民共和国立法法》,也有行政法规的要求,如国务院颁布的、自2002年1月1日起施行的《规章制定程序条例》,还有国家税务总局的具体要求,如《地方税收法规规章、税收规范性文件备查备案规定》等。

2.税务行政执法程序。税务行政执法程序指的是税务机关执行税务行政法律规范、进行具体税务行政行为时必须遵守的程序。税务行政执法程序构成税务行政程序的主要部分。税务行政执法是税务机关行使职权的活动,它直接影响纳税人、扣缴义务人的权益。因此,税务行政执法程序应当遵循税务行政高效率原则和保护纳税人、扣缴义务人合法权益的原则。

3.税务行政司法程序。税务行政司法程序指的是税务机关或其他有权行政机关解决税务行政纠纷以及与税务行政管理有关的民事纠纷时所遵循的程序。如税务行政裁决程序、税务行政复议程序等。税务行政司法程序的特点

是税务机关或者其他有权机关以第三者、公正人的身分，按照具有司法程序特征的步骤，解决来自纠纷当事人双方或者一方自愿申请的活动。

其他还可以分为事前税务行政程序和事后税务行政程序、强制性税务行政程序与任意性税务行政程序、主要税务行政程序与次要税务行政程序等。

第三节 税务行政程序的基本原则

税务行政程序的基本原则指的是为了实现正当的行政程序的各种价值而从法律上对税务行政行为的方式、步骤、时限和顺序等提出的基本规定，它贯穿于法定税务行政程序和非法定税务行政程序之中，是税务机关在实施税务行政行为时，在程序上必须遵守的基本准则。

一、合法原则

税务行政程序的合法原则指的是税务机关实施的涉及纳税人、扣缴义务人权利与义务的行为，其程序必须依据法律的规定；税务机关实施的税务行政行为，必须符合法律规范规定的程序规则，否则就是无效行为。

税务行政程序的合法原则主要包括如下内容：

1.重要的税务行政程序，尤其是涉及纳税人、扣缴义务人的合法权益的程序规则，如税收保全措施、税收强制执行措施等，必须依法设定。

2.税务行政程序法律规范和税务行政实体法律规范具有同等的法律效力。法定的税务行政步骤、方式和时限，税务机关及税务人员必须严格遵守法定的程序规则。

3.违反法定程序的税务行政行为是无效的行为。

4.违反法定程序的税务行政行为不但无效，如果导致纳税人、扣缴义务人合法权益受到侵害的，税务机关还必须承担由此引起的法律责任。

税务行政程序的合法原则是税务行政合法性原则在税务行政程序法律中的具体体现，也是税务行政程序法其他原则的前提和基础。

二、公正原则

税务行政程序的公正原则指的是税务机关在行使行政权力、进行行政行为时，应当在程序上公平对待所有的纳税人、扣缴义务人。因为程序性的公正是实体性公正的前提。

税务行政程序的公正原则包括两方面的内容：

1. 听取纳税人、扣缴义务人的意见。税务机关在作出决定时，必须给予有利害关系的纳税人、扣缴义务人以发表意见的机会。首先，纳税人、扣缴义务人有在合理的时间以前得到通知的权利；其次，纳税人、扣缴义务人有了解税务机关的论点和根据的权利；最后，纳税人、扣缴义务人有为自己的行为辩护的权利。当然，税务机关应当用公正的手段达到公正的目的，但税务机关仍然是自己程序的主人。纳税人、扣缴义务人行使陈述权和辩护权必须结合具体情况，不能违背法律授予税务机关权力的目的。

2. 税务机关不能作为自己案件的法官。税务机关不能就与自己有利害关系的事实作出决定，以免偏私，避免导致违反有关回避等程序规范。纳税人、扣缴义务人在其权利受到税务机关决定的不利影响时，有权为自己辩护，而且有权要求其意见由一个与作出该决定的行为无关、没有偏私的税务官员来作出决定。

三、公开原则

税务行政程序的公开原则指的是税务机关在行使行政权力、实施行政行为时，除了法律有特别规定外，必须是公开的，包括行为的依据、行为的过程、行为的结果以及行为的原因，都必须对与自身利害相关的纳税人、扣缴义务人公开。

税务行政程序的公开原则主要五个方面的内容：

1. 制定与纳税人、扣缴义务人利益有关的税务行政程序必须公开。《行政法规制定程序条例》第十二条规定，起草行政法规，应当深入调查研究，总结实践经验，广泛听取有关机关、组织和公民的意见。《规章制定程序条例》第十五条规定，起草的规章直接涉及公民、法人或者其他组织的切身利益，有关机关、组织或者公民对其有重大意见分歧的，应当向社会公布，征求社会各界的意见。

2. 适用于对纳税人、扣缴义务人的税务行政程序必须经过合法的形式，公开、正式公布。

3. 税务机关所引用、依据的税务行政程序必须是已经公开了的、具有法律效力的。如《中华人民共和国行政处罚法》第四条规定，对违法行为给予行政处罚的规定必须公布；未经过公布的不得作为行政处罚的依据。

4. 除涉及法律、法规规定的需要保密的范围，税务机关的行为过程必须是公开的，不仅作为当事人的纳税人、扣缴义务人能够参与，而且让其他的纳税人、扣缴义务人对过程进行监督。

5. 税务机关行为的结果，如果不涉及商业秘密、个人隐私或者其他必须保密的内容，都应当对纳税人、扣缴义务人公开，包括行为的结果，纳税人、扣缴义务人申请救济的途径等。

四、效率原则

税务行政程序的效率原则指的是税务机关在行使行政权力、进行行政行为时，既要严格遵循法定的程序作为，又要遵守每一个环节以及整个过程的时间限制要求，在不损害纳税人、扣缴义务人合法权益和不违背社会公共利益的前提下，保障行政效率的提高。

税务行政程序的效率原则包括这样四个方面的要求：

1. 税务行政程序的设置应当在保证公正、准确的前提下，尽量减少不必要的环节、手续，以提高税务行政管理的运行速度。

2. 建立合理的时效制度，如《中华人民共和国税收征管法实施细则》第六十八条对《征管法》第五十四条第一项的调账职能细化时规定，税务机关可以将纳税人、扣缴义务人以前会计年度的账簿、记账凭证调回税务机关检查，但是税务机关必须向纳税人开付清单，并在3个月内完整退还。税务机关超过法定的时间期限，即构成违法，应当承担相应的法律责任。

3. 根据实际情况设立简易程序或者紧急情况处理程序，保证在不损害纳税人、扣缴义务人以及社会公共利益，和税务立法目的的前提下，使税务行政程序简便易行。如税务检查中简易程序的适用等。

4. 税务行政程序的设置应当考虑对税务行政障碍的排除，以便更有效地实现税务行政管理的目的，如税收保全措施、税收强制执行措施、代位权的行使等。

第四节　税务行政程序的基本制度

税务行政程序的基本制度指的是有关税务行政程序的法律规范性文件所规定的、要求税务机关在行使行政职权的过程中必须予以遵守的程序方面的具体规则和具体制度。

税务行政程序的基本制度主要有十个方面：

一、税务行政听证制度

税务行政听证制度是税务机关在作出影响纳税人、扣缴义务人合法权益的决定前，由税务机关告知决定理由和听证权利，纳税人、扣缴义务人随之向税务机关表达意见、提供证据，以及税务机关听取其意见、接纳其证据的程序所构成的一种法律制度。《中华人民共和国行政处罚法》第四十二条规定，行政机关作出停产停业、吊销许可证或者执照、较大数额罚款决定之前，应当告知当事人有要求举行听证的权利；当事人要求听证的，行政机关应当组织听证。国家税务总局在1996年9月28日发布的《税务行政处罚听证过程实施办法（试行）》，对税务行政听证过程作了明确的规定，其基本内容包括告知和通知、公开听证、委托代理、对抗辩论、制作笔录和作出决定等。

二、税务行政回避制度

税务行政回避制度指的是税务人员在行使职权的过程中，因与其所处理的法律事务有利害关系，为保证实体处理结果和程序进展的公正性，依法终止其职务的行使并由他人代理的法律制度。《中华人民共和国税收征收管理法》第十二条规定，税务人员征收税款和查处税收违法案件，与纳税人、扣缴义务人或者税收违法案件有利害关系的，应当回避。

《税务稽查工作规程》第二十条规定，稽查人员与被查当事人有近亲属关系的；稽查人员与被查对象有利害关系的或者稽查人员与被查对象有其他可能影响公正执法的关系之一的，应当自行回避，被查对象也有权要求他们回避。

三、税务案件审裁分离制度

税务案件审裁分离制度指的是税务机关对涉税案件的审查职能与案件裁决职能分别由内部不同机构的人员来行使，以防止税务人员徇私舞弊和保护纳税人、扣缴义务人的合法权益。《税务稽查工作规程》第六条规定，税务稽查工作应当按照确定稽查对象、实施稽查、审理、执行等程序分工负责，相互配合、相互制约，以保证准确有效地执行税收法律、法规。其他如对税务行政复议的人员不得与原作出行为的税务人员重复，也是类似规定的延伸，《中华人民共和国税收征管法》第十一条规定，税务机关负责征收、管理、稽查、行政复议的人员的职责应当明确，并相互分离、相互制约。

四、税务行政管辖制度

税务行政管辖制度指的是上下级税务机关和同一级别不同辖区税务机关之间权限的划分制度。以税务案件检查的管辖为例,《税务稽查工作规程》第二章专门对管辖问题作出了规定,主要包括四个方面的内容:

一是关于国税与地税之间的管辖划分,即各地国家税务局、地方税务局分别负责所管辖税收的税务稽查工作。在税务稽查工作中发现有属于对方管辖范围问题的,应当及时通报对方查处;双方在同一税收问题认定上有不同意见时,先按照负责此项税收的上级税务机关的裁定,以裁定的意见为准。

二是案源管辖问题,即税务案件的查处,原则上应当由被查对象所在地的税务机关负责;发票案件由案发地的税务机关负责;税法另有规定的,按税法规定执行。

三是关于案件管辖交叉、争议问题,即在国税、地税各自系统内,查处的税务案件如果涉及两个或两个以上税务机关管辖的,由最先查处的税务机关负责;管辖权限发生争议的,有关税务机关应当本着有利于查处的原则,协商确定查处权;协商不能取得一致意见的,由共同的上一级的税务机关协调或者裁定后执行。

四是对重大偷税、逃避追缴欠税、骗取出口骗税、避税、抗税案件等情况,由上级税务机关查处或者统一组织力量查处。

五、表明身分制度

表明身分制度指的是税务机关在实施税务行政行为时,要向纳税人、扣缴义务人出示有关证件或者配有明显标志,以表明自己的身分以及有权从事所要进行的活动的权力的制度。《中华人民共和国税收征收管理法》第五十九条规定,税务机关派出的人员进行税务检查时,应当出示税务检查证和税务检查通知书,并有责任为被检查人保守秘密;未出示税务检查证和税务检查通知书的,被检查人有权拒绝检查。

表明身分制度有两方面的作用,一是时刻提醒税务人员,应当行使与自己身分相一致的权力和承担自己行为的后果;二是便于纳税人、扣缴义务人以及其他人员对税务人员行为的监督。

六、说明理由制度

说明理由制度指的是税务机关在作出行政决定时必须向纳税人、扣缴义务人说明认定的事实和适用的法律。如《中华人民共和国行政处罚法》第三十二条规定，行政机关在作出行政处罚之前，应当告知当事人作出处罚决定的事实、理由及依据，并告知当事人依法享有的权利。税务机关行政行为说明理由制度有利于促使机关做决定时慎重考虑，减少行政决定的错误；有利于纳税人、扣缴义务人充分了解税务机关作出税务行政决定的理由，确定是否提起救济和以什么理由提起救济；有利于纳税人、扣缴义务人了解税务机关对特定事实在法律上的见解或态度，提高其对税务机关行为的可预测性。

说明理由制度一般包括税务行政行为合法性理由与正当性理由，前者包括事实依据和法律依据，后者包括筛选事实和选择法律等。

七、调查制度

税务行政行为的调查制度指的是税务机关在作出税务行政决定之前必须进行充分的调查，以了解纳税人、扣缴义务人的意见或查明事实、收集证据，以供做决定时的依据或参考的制度。

税务行政行为的调查制度主要包括四个方面的内容：

一是根据《中华人民共和国税收征管法》第五十四条规定，依法可以对纳税人、扣缴义务人的生产经营情况进行检查。纳税人、扣缴义务人必须接受税务机关依法进行的税务检查，如实反映情况，提供有关资料，不得拒绝、隐瞒。

二是对相关人员进行询问，税务机关调查税务违法案件时，对与案件有关的情况和资料，可以记录、录音、录像、照相和复制。《税务稽查工作规程》第二十一条规定，实施税务稽查时，可以根据需要和法定程序采取询问、调取账簿资料和实施稽查等手段进行。

三是要求当事人提出证据，税务机关依法进行税务检查时，有权向有关单位和个人调查纳税人、扣缴义务人和其他当事人与纳税或代扣代缴、代收代缴税款有关的情况，有关单位和个人有义务向税务机关如实提供有关资料及证明材料。

四是听取当事人的意见。

八、案卷制度

税务行政行为的案卷制度指的是税务机关对作出的税务行政行为应当制作记录、建立案卷。如《税务稽查工作规程》第五十三条规定，税务稽查案卷应当包括工作报告、来往文书和有关证据等三类资料。具体包括：

一是税务稽查中的工作报告，包括税务稽查报告、税务稽查审理报告、税务处理决定执行报告等。

二是税务稽查中的来往文书，主要包括：税务稽查通知书，询问通知书，调取账簿通知书及清单，纳税担保书及担保财产清单，查封（扣押）证及清单或者专用收据，解除查封（扣押）通知书，暂停支付存款通知书及解除通知书，税务处理决定书，税务案件移送书，拍卖商品、货物、财产决定书，扣缴税款通知书，税务处罚强制执行申请书，协查函及协查回函，税务文书送达回证等。

三是税务稽查中的有关证据资料，包括：税务稽查底稿，询问笔录，以及调查中取得的书证、物证、视听资料，证人证言，鉴定结论，勘验和现场笔录等。

严格的案卷制度要求税务机关在作出税务行政决定时，必须而且只能以案卷记录的证据和材料为依据，不得采用案卷之外的证据材料。

九、时限制度

税务行政行为的时限制度指的是税务机关作出税务行政行为必须遵守法定的时间限制，否则就应当承担相应的法律责任。时限制度是由税务行政效率原则衍生的一项基本制度。

税务行政行为的时限制度以期间的确定方式为标准，可以分为法定时间和指定时间。法定时间指的是法律、法规或者规章明确规定的完成某一行为的期限，如《税务行政复议规则》第三十七条规定，复议机关法制工作机构应当自受理行政复议申请之日起 7 日内，将行政复议申请书副本或者行政复议申请笔录复印件发送被申请人。指定时间指的是税务机关根据实际情况指定纳税人、扣缴义务人完成某一行为的时间期限。

十、权利救济制度

税务行政行为的权利救济制度指的是纳税人、扣缴义务人不服税务机关的税务行政决定时，法律为其提供获得行政救济的途径和机会的制度。税务机关在作出行政决定时，不管是否定纳税人、扣缴义务人的税务许可申请，还是课以经济处罚，只要纳税人、扣缴义务人认为该行为损害了他的合法利益的，他就有权要求税务机关重新审核该行为，并作出相应的决定。如税务行政复议制度、税务行政诉讼制度等。

其他还有如辩论制度、隐私权保护制度、送达制度和信息获取制度等等。

第二十二章 税务行政诉讼

第一节 税务行政诉讼概述

一、行政诉讼法

(一)行政诉讼法的概念

行政诉讼法指的是国家司法机关、当事人和其他诉讼参加人从事行政诉讼活动及其所形成的各种行政诉讼关系的法律规范的总和。广义的行政诉讼法包括国家法律体系中所有经过有权机关通过颁布的规范性文件中涉及行政诉讼的法律规范。狭义的行政诉讼法指的是1989年4月4日第七届全国人民代表大会第二次会议通过、1990年10月1日起施行的《中华人民共和国行政诉讼法》。

在我国,行政诉讼法是程序法,属于独立的部门法,与民事诉讼法与刑事诉讼法并列构成三大法律体系。

(二)行政诉讼法的法律渊源

行政诉讼法的法律渊源主要包括五方面的内容:一是宪法。我国的宪法是制定行政诉讼法的依据,是立法和实践的重要法律源头,是行政诉讼法中的带有根本性、原则性和指导意义的组成部分。二是法律。即国家机构组织法中涉及司法制度和行政诉讼的有关规定、《中华人民共和国行政诉讼法》和其他法律(如民事诉讼法)中关于行政诉讼的有关规定。三是法规和规章。涉及行政诉讼内容的法规和规章,可以作为行政诉讼法的法律渊源(但是应当将其与人民法院的审查依据区分开来)。四是国际条约。国际条约主要适用于涉外行政诉讼。如果我国缔结或者参加的国际条约与我国行政诉讼法有不同的规定或者相互抵触的,除声明保留条款外,优先适用国际条约的规定。五是法律解释。立法解释、行政解释、司法解释和地方解释都属于有法律效力的法律解释，其中在行政诉讼中应用得最多的是司法解释，如《最高人民法院关于执行〈中华人民共和国行政诉讼法〉若干问题的解释》等。

（三）行政诉讼法的立法宗旨

行政诉讼法的立法宗旨主要包括三方面：一是保证人民法院正确、及时审理行政案件；二是保护公民、法人和其他组织的合法权益；三是维护和监督行政机关依法行使职权。

二、税务行政诉讼

（一）税务行政诉讼的概念

税务行政诉讼指的是国家行政审判机关、税务行政争议的当事人和其他诉讼参加人通过司法程序解决税务行政争议所进行的系列活动的总称。通俗地说就是纳税人、扣缴义务人认为税务机关和法律法规授权组织的具体税务行政行为侵犯其合法权益，依照法定程序向人民法院起诉，人民法院在当事人及其诉讼参加人的参加下，对具体税务行政行为进行审理并作出裁决的活动。

（二）税务行政诉讼的特征

税务行政诉讼的特征主要有五个方面：一是税务行政诉讼的当事人具有恒定性，即原告只能是纳税人、扣缴义务人，被告只能是税务机关或者改变税务具体行政行为的复议机关。二是人民法院在税务行政诉讼案件中居于核心和主导地位，即人民法院中的行政审判庭受理和审理税务行政案件。三是人民法院受理的税务行政诉讼案件仅限于税务机关的具体行政行为，纳税人、扣缴义务人如果对税务机关的抽象行政行为不服，只能通过对具体税务行政行为附带抽象税务行政行为提起行政复议的方式获得法律救济，而不能通过税务行政诉讼的方式解决。四是人民法院一般只对税务行政案件的合法性进行审理，而把税务机关在法律、法规规定的范围内作出的具体行政行为是否适当留给复议机关去关注和处理。五是税务行政诉讼案件的审理原则上采取开庭审理的方式，书面审理只是一种特例。

（三）税务行政诉讼的构成要件

税务行政诉讼的构成要件包括以下五个方面，而且必须是五个方面同时具备，人民法院才能受理：一是原告是认为税务机关和法律法规授权组织的具体税务行政行为侵犯其合法权益的纳税人、扣缴义务人。二是被告是作出被原告认为侵犯其合法权益的具体税务行政行为的税务机关和法律法规授权组织。三是原告提起税务行政诉讼必须是在法律、法规规定属于法院受案的范围内及属于受诉法院管辖的税务行政争议。四是必须在法定的期限内起诉。五是如果法律、法规有规定必须经过复议的,已经经过了税务行政复议后提起的税务行政诉讼。

三、税务行政诉讼法律关系

(一)税务行政诉讼法律关系的概念

税务行政诉讼法律关系指的是人民法院、税务行政诉讼参与人、人民检察院相互之间在税务行政诉讼活动中形成的、由行政诉讼法律规范所调整的、以权利义务为内容的一种具体社会关系。即,税务行政诉讼法律关系是一种具体的社会关系;税务行政诉讼法律关系是在税务行政诉讼活动中形成的各种关系;税务行政诉讼法律关系以行政诉讼法律规范的存在为前提,是行政诉讼法律规范作用于特定诉讼活动领域的结果;税务行政诉讼法律关系以诉讼权利、义务为内容。

(二)税务行政诉讼法律关系的基本要素

1.税务行政诉讼法律关系的主体。税务行政诉讼法律关系的主体指的是税务行政诉讼权利和税务行政诉讼义务的承担者。其要求是必须具有权力能力和行为能力。

税务行政诉讼法律关系的主体主要有四个方面:一是人民法院。人民法院是国家的审判机关,代表国家独立行使审判权,在税务行政诉讼活动中,人民法院拥有组织、指挥权和审理、裁判权,是税务行政诉讼法律关系中的特殊主体。二是人民检察院。人民检察院是国家的法律监督机关,对人民法院和诉讼当事人是否遵守行政诉讼法的规定进行法律监督,可以进行抗诉或者撤回抗诉,从而引起税务行政诉讼法律关系的发生、变更和消灭。三是税务行政诉讼参加人,包括作为原告的纳税人、扣缴义务人,作为被告的税务机关、共同诉讼人、第三人、诉讼代理人等。四是税务行政诉讼参与人,即指除税务行政诉讼参加人之外的、根据税务行政诉讼案件需要参加到税务行政诉讼中来的证人、鉴定人、勘验人和翻译人员等。

2.税务行政诉讼法律关系的客体。税务行政诉讼法律关系的客体指的是税务行政诉讼法律关系主体之间权利义务所指向的对象。一般说来,主要是围绕被诉税务具体行政行为的合法性展开的。如人民法院与税务行政诉讼参加人之间权利、义务关系所指向的对象,是要查明当事人的诉讼请求是否真实、正当,税务机关作出的税务具体行政行为是否合法等;人民法院与税务行政诉讼参与人之间权利、义务关系所指向的对象,是要查明案件事实的真相;

而人民检察院与人民法院和税务行政诉讼参加人之间权利、义务关系所指向的对象，是要保证人民法院生效的判决符合法律、法规的规定等。

3. 税务行政诉讼法律关系的内容。税务行政诉讼法律关系的内容指的是税务行政诉讼法律关系主体之间由行政诉讼法律规范所确认并保证其实现的诉讼权利和诉讼义务。

人民法院在税务行政诉讼案件中享有的权利主要有税务行政案件受理权、税务行政案件审理权、庭审过程的组织指挥权、调查取证权、行政裁判权、生效裁判执行权、采取排除妨碍诉讼的强制执行权等，同时还必须履行保护当事人行政诉权、正确适用法律和作出公正裁判的义务。

税务行政诉讼参加人的权利主要有起诉权、答辩权、辩论权、委托代理权、申请回避权、上诉权、请求赔偿权和申请执行权等；其义务主要包括依法举证、服从法庭指挥、不妨碍诉讼行为和执行生效裁判等。

税务行政诉讼参与人的权利义务主要有依法作证、依法鉴定、依法进行勘验和翻译、如实向法庭提供鉴定结论和勘验笔录等。

人民检察院有依法提起抗诉的权利和义务。

（三）税务行政诉讼法律关系的发生、变更和消灭

税务行政诉讼法律关系的发生指的是在税务行政诉讼法律关系主体之间形成的某种权利义务关系。税务行政诉讼法律关系的变更指的是税务行政诉讼法律关系主体、客体或者内容的部分改变。税务行政诉讼法律关系的消灭指的是在税务行政诉讼法律关系主体之间的权利义务的终止。

税务行政诉讼法律关系的发生、变更和消灭，取决于一定的法律事实的出现、变更和消灭。法律事实分为法律事件和法律行为，前者指的是能够引起税务行政诉讼法律关系发生、变更和消灭的，不以人的意志为转移的客观事实或客观情况；后者指的是能够引起税务行政诉讼法律关系发生、变更和消灭的，人们有意识、有目的的活动。

第二节　税务行政诉讼的基本原则

一、税务行政诉讼的基本原则概述

税务行政诉讼的基本原则指的是根据宪法、法律的有关规定，反映税务行

政诉讼程序的基本要求特点，对税务行政诉讼活动具有普遍指导意义，在处理和解决税务行政争议的过程中必须遵守的基本准则。即，作为成文法国家，我国的税务行政诉讼的基本原则必须是宪法和法律所规定的，这是其法定性的体现；它反映的是税务行政诉讼的客观规律和本质，具有很强的概括性；税务行政诉讼的基本原则对税务行政诉讼活动具有普遍的指导意义和规范作用，是税务行政诉讼各个主体都必须遵守的基本行为准则。

二、税务行政诉讼的基本原则

（一）与刑事诉讼、民事诉讼共有的原则

1. 人民法院依法独立行使行政审判权的原则。人民法院依法独立行使行政审判权的原则是行政诉讼法的基本原则，这是由宪法、法律规定的。《中华人民共和国宪法》第一百二十六条和《中华人民共和国人民法院组织法》第四条都规定，人民法院依照法律规定独立行使审判权，不受行政机关、社会团体和个人的干涉。《中华人民共和国行政诉讼法》第三条进一步明确规定，人民法院依法对行政案件独立行使审判权，不受行政机关、社会团体和个人的干涉。人民法院依法独立行使行政审判权的原则主要包括四个方面的含义：一是只有人民法院才有权对税务行政案件进行审判。《中华人民共和国宪法》第一百二十三条规定，中华人民共和国人民法院是国家的审判机关。其他任何机关、团体都没有这个权利。二是人民法院必须依法行使行政案件审判权，即只有法律规定的审判权事项才是有效的。三是人民法院依法独立地行使行政案件审判权。需要注意的是，这种独立指的是人民法院作为整体独立行使审判权，而不是某个人的独立；人民法院独立行使审判权同时受权力机关和法律监督机关的监督。四是人民法院行使的行政审判权的基本内容主要包括主管和管辖权、对税务行政行为的司法审查权、对起诉的审查权、对证据的审查权、诉讼活动的指挥权、判决裁定权、强制执行权和司法建议权等。

2. 以事实为根据、以法律为准绳原则。以事实为根据、以法律为准绳原则是民事诉讼、刑事诉讼与行政诉讼共有的原则。查明事实和适用法律是审判活动的两个基本要素，是不可或缺的。以事实为根据就是要求人民法院依照法定的程序调查认定税务机关据以作出具体税务行政行为的事实是否符合客观情况，证据是否充分确定，并以认定的客观事实作为适用法律的基础。以法律为准绳就是要求人民法院在审理、裁决税务行政案件时，必须以法律、法规为依据，查明具体的税务行政行为适用法律是否正确，判断具体税务行政行为是否违法，即通过司法审查查明被告作出的具体税务行政行为所适用的法律

规范是否正确、合法。《中华人民共和国行政诉讼法》第五十二条规定，人民法院审理行政案件，以法律和行政法规、地方性法规为依据。这表明法律、法规都是人民法院审理行政案件的依据，但是该法第五十三条规定，规章只是作为参照，而不是依据，即合法的规章可以参照，不合法的规章就不予参照。

3.当事人在税务行政诉讼中法律地位平等的原则。当事人在行政诉讼中法律地位平等的原则也是民事诉讼、刑事诉讼与行政诉讼共有的原则。这是宪法规定的公民在法律面前人人平等的具体体现。我们知道，税务行政诉讼当事人在税务行政法律关系中的地位是不平等的，当事人双方是管理与被管理、命令与服从的关系。税务机关代表国家行使税收行政管理、征收权力，处于管理和命令地位；行政相对人处于被管理和服从地位。但是当行政主体与行政相对人发生行政争议依法进入行政诉讼程序后，作为被告的税务机关和作为原告的纳税人、扣缴义务人，都是税务行政诉讼关系的当事人，在税务行政诉讼的法律关系中是平等的。这就是说，税务行政诉讼双方当事人都是税务行政诉讼法律关系的主体，双方当事人的权利义务由法律规定，当事人平等享有和行使诉讼权利，并平等地承担和履行诉讼义务。同时，人民法院审理税务行政案件，应当既保障当事人平等地享有权利和履行义务，而且要保证当事人平等地适用法律。

4.当事人在税务行政诉讼中有权进行辩论的原则。《中华人民共和国行政诉讼法》第九条规定，当事人在行政诉讼中有权进行辩论。之所以要规定当事人在行政诉讼中有权进行辩论，是因为当事人在进入行政诉讼前法律地位是不平等的，保障当事人在诉讼中平等而充分地行使辩论权，使行政相对方当事人能够充分行使诉权提出主张，充分行使提供证据、陈述理由的权利，有利于维护其合法的权益。

辩论原则指的是在人民法院的主持下，当事人为维护自己的权益，向人民法院提出诉讼请求或者反驳对方的诉讼请求，并出示有关证据和对法庭出示的证据进行质证、辩论的基本制度。需要注意的是，只有诉讼当事人才有权利进行辩论，辩论可以是针对实体的争议，也可以是针对程序上的争议，可以用言辞的方式，也可以用书面的方式，而且辩论原则贯穿税务审判程序的全过程。

5.合议、回避、公开审判、两审终审制原则。合议、回避、公开审判、两审终审制原则也是民事诉讼、刑事诉讼与行政诉讼共有的、保障审判公正的基本原则。

合议制度指的是人民法院在审理税务行政案件时必须由审判员或审判员

与陪审员依照法定人数(三人以上单数)和组织形式组成合议庭审理案件,合议庭成员享有平等的权利。回避指的是承办案件的有关人员,遇到法律规定的情况,不再参加本案的审理工作或者免除有关义务的执行,包括自行回避与申请回避。回避是法律赋予当事人的一项重要权利,也是实现当事人实体权利的一项重要的保障制度。公开审判指的是人民法院在税务行政案件的审理、宣布判决时,一般公开进行,具体包括案件审理过程公开、案件结果认定公开和案件判决公开,以公开性保障公正性。两审终审制指的是税务行政案件经过两级人民法院的审理,即告终结的诉讼制度,它兼顾了审判效率与审判公正。

6.使用本民族语言文字进行税务行政诉讼的原则。《中华人民共和国宪法》第一百三十四条、《中华人民共和国国务院组织法》第六条和《中华人民共和国民族区域自治法》第四十七条规定,各民族公民都有用本民族语言文字进行诉讼的权利。同样,《中华人民共和国行政诉讼法》也在第八条作出这样的规定。它表明在少数民族聚居或者多民族共同居住的地方,如果日常使用几种民族的语言文字,人民法院在诉讼中应当用当地民族通用的语言文字进行审判,并用该中文字发布裁决等法律文书。对于不懂当地通用民族语言的当事人或者诉讼参与人,人民法院应当为他们提供翻译。

7.检察机关对税务行政诉讼活动进行法律监督的原则。人民检察院对税务行政诉讼活动进行法律监督主要体现在两个方面,一是人民检察院对人民法院已经发生法律效力的判决、裁定,如果发现有违反法律、法规规定的,有权按照审判监督程序提出抗诉;二是人民检察院对人民法院审判人员的活动,有权进行监督以保障税务行政诉讼依法进行。人民检察院的法律监督是专门的监督,其监督的核心是人民法院的行政审判工作是否合法。

人民检察院的监督权力源自《中华人民共和国宪法》第一百二十九条、第一百三十一条,《中华人民共和国检察院组织法》第一条、第六条和第九条,以及《中华人民共和国行政诉讼法》第十条的规定。

(二)与其他行政诉讼共有的一般原则

1.人民法院特定主管原则。人民法院特定主管原则指的是人民法院只主管法律规定可以向人民法院提起行政诉讼的税务行政案件,法律规定不属于人民法院管辖的税务行政案件,人民法院不予受理。这就是说,人民法院奉行不告不理的原则,但是税务行政案件并不是有告就可以受理的,它必须是在《中华人民共和国行政诉讼法》第十一条规定的范围之内提起诉讼,人民法院才予以受理。即凡是税务机关及税务人员作出的对纳税人、扣缴义务人权利义务产生实际影响的行政行为，只要《中华人民共和国行政诉讼法》未作排除规定的，就都属于人民法院的主管范围，纳税人、扣缴义务人对税务机关及税务人员作出的行为不服的，可以向人民法院提起行政诉讼。

2. 诉讼期间不停止执行原则。现代国家的行政管理要求效率性和连续性，如果具体行政行为因为行政当事人的起诉而停止，就可能导致行政法律秩序处于不稳定的状态，为此，《中华人民共和国行政诉讼法》第四十四条规定，诉讼期间，不停止具体行政行为的执行。同时，该条以但书的形式，特别列举了三种情况的具体行政行为可以停止执行，其中有两方面对税务行政争议案件可以适用，一是被告认为需要停止执行的。由于作为被告的税务机关对发生争议的案件情况最了解，所以税务机关认为需要停止执行的，可以依职权作出停止执行的决定。二是当执行会对作为原告的纳税人、扣缴义务人造成难以弥补的损失，或者停止执行不会损害社会或者公共利益的，法院可以根据原告的申请裁定停止执行。根据《中华人民共和国税收征收管理法》第八十八条规定的精神，当事人对税务机关的处罚决定、强制执行措施或者税收保全措施不服的，没有特别规定必须先依照税务机关的纳税决定缴纳或者解缴税款及滞纳金或者提供相应担保的，才可以依法向人民法院起诉，处罚决定、强制执行措施或者税收保全措施属于“不停止执行原则”的例外。

3. 对税务具体行政行为合法性审查原则。人民法院通过依法审理税务行政案件，对税务机关具体行政行为是否合法进行审查并作出裁决，该原则的依据是《中华人民共和国行政诉讼法》第五条，人民法院审理行政案件是对具体行政行为是否合法进行审查。由于我国司法权与行政权都从属于人民代表大会的国家职权，它们彼此之间互相独立，各有自己的职权范围和活动领域，所以人民法院对行政机关法定职权范围内的活动要给予必要的尊重。这就是我国的有限司法审查的现实。全国人民代表大会常务委员会《关于〈中华人民共和国行政诉讼法〉(草案)的说明》指出：“人民法院对行政案件应当依法进行审理，但不要对行政机关在法律、法规规定范围内的行政行为进行干预，不要代替行政机关行使权力，以保障行政机关有效地进行行政管理。”“人民法院审理行政案件，是对具体行政行为是否合法进行审查。至于行政机关在法律、法规规定的范围内作出的具体行政行为是否适当，原则上应由行政复议机关处理，人民法院不能代替行政机关作出决定。”

但是，作为对税务行政行为合理性审查的一种例外，《中华人民共和国行政诉讼法》第五十四条第二、第四项进一步规定，对于行政机关滥用职权作出的行政行为，可以判决撤销或者部分撤销；对于显失公正的处罚，可以变更判决。

4. 税务机关对具体行政行为负有举证责任的原则。税务机关对具体行政行为负有举证责任，这是因为税务机关在作出具体行政行为之前，应当充分收集证据，然后根据事实，依法作出裁决，即先取证后裁决，这是税务机关公正行使权力的最低限度的程序规则；在税务行政法律关系中，税务机关居于主动地位，纳税人、扣缴义务人则居于被动地位，在税务行政诉讼活动中，由税务机关负举证责任是对两者法律地位的平衡；同时税务机关的举证能力要比纳税人、扣缴义务人强，所以《中华人民共和国行政诉讼法》第三十二条规定，被告对作出的具体行政行为负举证责任，应当提供作出该具体行政行为的证据和所依据的规范性文件。

但是有一些特殊情况是属于作为原告的纳税人、扣缴义务人负责举证的，1999 年 11 月 24 日最高人民法院审判委员会第 1088 次会议通过、2000 年 3 月 8 日公布并且于 2000 年 3 月 10 日起施行的《最高人民法院关于执行〈中华人民共和国行政诉讼法〉若干问题的解释》第二十七条规定，原告证明起诉符合法定条件，但被告认为原告的起诉超过起诉期限的除外，在起诉被告不作为的案件中，证明其提出申请的事实；在一并提起的行政赔偿诉讼中，证明因受被诉行为的侵害而造成损失的事实和其他应当由原告承担举证责任的事项承担举证责任。

5. 不适用调解和反诉的原则。诉讼过程中的调解指的是在人民法院的主持下，由诉讼双方当事人对争议的权益和法律关系通过自愿协商、互谅互让达成协议，从而使纠纷得以解决而进行的活动。而税务行政诉讼案件即使是事实清楚、是非分明以及原、被告愿意，也不能进行调解。这是因为作出具体行政行为的税务机关不具备实体处分权，它只有依法履行法定职责的权利，而没有擅自决定权力取舍的权力，更不允许为了部门的利益，出于诉讼胜负需要而放弃、转让行政权力。同时，人民法院审查的范围是税务机关具体行政行为的合法性问题，其判断的标准是事实和法律，不可能由税务机关与纳税人、扣缴义务人彼此让步、互谅互让而在合法与违法之间达成一种折中的处理决定。所以《中华人民共和国行政诉讼法》第五十条规定，人民法院审理行政案件，不使用调解。

作为对该原则的一种例外，《中华人民共和国行政诉讼法》第六十七条的第三款规定，赔偿诉讼可以适用调解。这是因为人民法院可以在查明案件事实真相、分清是非曲直的基础上，对行政诉讼附带赔偿诉讼的案件或者单独提起行政赔偿的诉讼，在金钱赔偿的数额上进行调解，然后作出判决。

和行政相对人相比，行政机关拥有法律赋予的公权力，而不享有起诉权，因为它不需要借助外力来保证其行为产生法律效力或者借助人民法院的强制力以制裁违法者，也不必担心相对人不服从管理而使得自身的权利受到损害。所以行政机关不能因为行政相对人向人民法院提起诉讼而享有要求人民法院加重对原告的处罚或者增加原告的负担或者义务的权力。

三、税务行政诉讼的特殊规定

根据《中华人民共和国行政诉讼法》第三十七条规定，对属于人民法院受案范围的行政案件，公民、法人或者其他组织可以先向上一级行政机关或者法律、法规规定的行政机关申请复议，对复议不服的，再向人民法院提起诉讼；也可以直接向人民法院提起诉讼。这表明认为自己合法权益受到侵害的行政相对人在对待行政复议与行政诉讼的方式上，具有选择的权力。但是该条接着说，“法律、法规规定应当先向行政机关申请复议，对复议不服再向人民法院提起诉讼的，依照法律、法规的规定”。

为此，《中华人民共和国税收征收管理法》第八十八条规定，纳税人、扣缴义务人、纳税担保人同税务机关在纳税上发生争议时，必须先依照税务机关的纳税决定缴纳或者解缴税款及滞纳金或者提供相应的担保，然后可以依法申请行政复议；对行政复议决定不服的，可以依法向人民法院起诉。《中华人民共和国税收征收管理法实施细则》第一百条进一步明确规定，“税收征管法第八十八条规定的纳税争议，是指纳税人、扣缴义务人、纳税担保人对税务机关确定的纳税主体、征税对象、征税范围、减税、免税及退税、适用税率、计税依据、纳税环节、纳税期限、纳税地点以及税款征收方式等具体行政行为有异议而发生的争议”。也就是说，纳税人、扣缴义务人、纳税担保人同税务机关在纳税上发生争议时，必须把税务行政复议作为税务行政诉讼的前置条件。

之所以把部分税务行政复议作为税务行政诉讼的前置规定，主要是考虑到以下原因：一是便于提高行政效率，保持税收工作的连续性和完整性；二是便于上级税务机关对作出具体税务行政行为的税务机关的监督；三是税收征收、管理行为专业性强，先通过行政复议有利于发挥税务机关的专业技术优势；四是由于复议制度具有及时、准确和便民特点，所以便于纳税人、扣缴义务人、纳税担保人行使申请救济的权利；五是涉及税务管理、征收的行为面十分广，业务量大，通过税务行政复议解决一些争议，可以减轻人民法院的负担；六是实行复议前置原则并不影响纳税人、扣缴义务人、纳税担保人行使诉权，因为税务行政相对人对税务行政复议不服的，仍然可以向人民法院寻求司法救济。

但是否需要把这些税务行政行为作复议前置规定，也有争议。这是因为税务机关本身已经拥有强制执行权，没有必要通过限制纳税人、扣缴义务人、纳税担保人诉讼权的方式来实现税款的入库。同时，如果出现确实是因为税务机关的过错，而纳税人、扣缴义务人、纳税担保人确实存在实际困难，无法缴纳和无法提供担保的情况，当事人既不能申请复议，也不能提起诉讼，当事人合法权益受到侵害就无法寻求救济。

特别需要注意的是，国家税务总局颁布、于 2004 年 5 月 1 日起施行的《税务行政复议规则(暂行)》扩大了作为税务行政诉讼前置条件的税务行政复议的范围，即该规章的第十四条把扣缴义务人、受税务机关委托征收的单位作出的代扣代缴、代收代缴行为；以及税务机关不予审批减免税或者出口退税、不予抵扣税款、不予退还税款等不予依法办理或者答复的行为列入税务行政复议的范围。这可能会给税务行政诉讼带来混乱。一般来说，规章不能扩大法律的规定范围，除非是得到授权或者有专门的规定。

第三节　税务行政诉讼的受案范围

一、税务行政诉讼受案范围的概念和意义

税务行政诉讼的受案范围指的是法律规定的人民法院受理审判一定范围税务行政案件的权限。税务行政诉讼的受案范围规定了纳税人、扣缴义务人、纳税担保人对哪些税务行政行为可以向人民法院提起诉讼，同时也表明人民法院可以对哪些税务行政行为行使司法审查权。税务行政诉讼的受案范围是人民法院司法权与税务机关行政权的界限和关系的标志，也是作为行政相对人的纳税人、扣缴义务人、纳税担保人权利受法律保护的范围的反映。

明确税务行政诉讼的受案范围，就是明确了人民法院在受理税务行政案件上的职责范围，便于法院及时、正确地受理案件，防止和减少因范围不清而导致的错误受案或者推诿受案现象的发生，有利于纳税人、扣缴义务人和纳税担保人在认为自己的合法权益受到税务机关具体行政行为侵犯后，能及时、有效地向人民法院提起诉讼，行使诉讼权。

二、人民法院受理的税务行政案件的范围

(一)人民法院受理纳税人、扣缴义务人和纳税担保人对税务机关的具体行政行为不服而提起的诉讼

我们知道,税务机关的行政行为可以分为具体行政行为和抽象行政行为,人民法院受理的税务行政案件的界限是税务机关具体行政行为导致的行政争议。为了统一各级法院的认识,1991 年 6 月 11 日最高人民法院在《关于贯彻执行〈中华人民共和国行政诉讼法〉若干问题的意见(试行)》的第一条规定,具体行政行为指的是国家行政机关和行政机关的工作人员、法律法规授权的组织、行政机关委托的组织或者个人在行政管理活动过程中行使行政职权,针对特定的公民、法人或者其他组织,就特定的具体事项,作出的有关该公民、法人或者其他组织权利义务的单方面行为。

(二) 人民法院受理行政相对人不服税务机关具体行政行为的种类

根据《中华人民共和国行政诉讼法》第十一条规定以及《中华人民共和国税收征收管理法》相关条款的精神,可以提起税务行政诉讼的具体行政行为以及相应的不作为主要有:

1. 不服税务行政处罚的案件。税务机关有权对纳税人、扣缴义务人和纳税担保人实施处罚的形式主要有三类:一是财产罚,即税务机关根据法律的授权强迫违法的纳税人、扣缴义务人或者纳税担保人交纳一定数额现金的一种制裁形式。只要纳税人、扣缴义务人或者纳税担保人对税务机关的处罚行为不服,就可以提起税务行政诉讼。二是能力罚,即税务机关采取诸如停止出口退税权等限制或剥夺税务行政相对人特定的行为能力的制裁形式。《中华人民共和国税收征收管理法》第六十六条规定,以假报出口或者其他欺骗手段,骗取国家出口退税款的,由税务机关追缴其骗取的退税款,并处骗取税款一倍以上五倍以下的罚款;构成犯罪的,依法追究刑事责任。对骗取国家出口退税款的,税务机关可以在规定期间内停止为其办理出口退税。三是救济罚,即税务机关为了恢复被侵害的权益、秩序或者使侵害不再继续而对违法的纳税人、扣缴义务人进行的一种制裁形式,如没收非法所得、非法财物等。

2. 不服税务机关采取税收保全措施和行政强制措施的案件。行政强制措施是税务机关为了实现税收管理征收的目的,依职权采取强制手段限制特定的从事生产、经营的纳税人、扣缴义务人行使某项权利或者迫使特定的从事生产、经营的纳税人、扣缴义务人履行某项义务的行为。税务机关可以采取的强制执行措施主要有两个:一是书面通知纳税人、扣缴义务人的开户银行或者其

他金融机构从其存款中扣缴税款；二是扣押、查封、依法拍卖或者变卖纳税人、扣缴义务人价值相当于应纳税款的商品、货物或者其他财产，以拍卖或者变卖所得抵缴税款。《中华人民共和国行政诉讼法》第十一条第二款规定，人民法院受理行政相对人对查封、扣押、冻结等行政强制措施不服的具体行政行为可以提起诉讼。

而税收保全措施是税务机关为了防止从事生产、经营的纳税人有逃避纳税义务行为而采取的书面通知纳税人开户银行或者其他金融机构冻结纳税人的相当于应纳税款金额的存款；或者扣押、查封纳税人的价值相当于应纳税款的商品、货物或者其他财产行为。《中华人民共和国税收征收管理法》第八十八条规定，纳税人、扣缴义务人对税务机关采取税收保全措施不服以及税务机关未及时解除保全措施，使纳税人及其他当事人合法权益遭受损失的行为，也可以提起税务行政诉讼，扩大了人民法院对税务行政诉讼的受案范围，有利于更全面地保护税务行政相对人的合法权益。

3. 认为符合法定申请条件申请税务机关颁发的税务登记证或者认定为一般纳税人，税务机关拒绝或者拖延颁发、认定或者不予答复的案件。根据《中华人民共和国税收征收管理法》第十五条规定，企业，企业在外地设立的分支机构和从事生产、经营的场所，个体工商户和从事生产、经营的事业单位（以下统称从事生产、经营的纳税人）自领取营业执照之日起 30 日内，持有关证件，向税务机关申报办理税务登记。税务机关应当自收到申报之日起 30 日内审核并发给税务登记证件。如果纳税人、扣缴义务人认为自己的申请符合法定条件，而主管税务机关拒绝或者拖延颁发或者在法定期限内既不颁发，也不作出拒绝颁发的决定，或者无限期地拖延等，可以向人民法院提起税务行政诉讼。

同样，一般纳税人资格的认定涉及税务行政相对人在税收申报缴纳方面的权利，即能否将进项税额进行抵扣，凡是符合法定条件的，税务机关必须在法定期限内予以批准，否则纳税人可以向人民法院提起税务行政诉讼，状告税务机关不作为、失职或者滥用职权等。

4. 认为其他的税务管理、税款征收等侵犯其合法权利的案件。我国行政诉讼方面的立法模式在确定受案范围上采取混合方式，即先以概括的方式确定行政诉讼的基本界限，然后以肯定列举的方式列出各种行政案件的类型，同时对一些难以全面列举的行政案件以概括的方式作出补充，最后以否定列举方式对不属于行政诉讼的案件作出排除规定。其中《中华人民共和国行政诉讼法》第十一条最后规定，人民法院受理法律、法规规定可以提起诉讼的其他行政案件。为此国家税务总局以规章的形式，对可以纳入税务行政诉讼范围的税务管理、税款征收等方面进一步予以具体和明确，主要包括：一是税务机关作出的征税行为，包括确认纳税主体、征税对象、征税范围、减税、免税及退税、适用税率、计税依据、纳税环节、纳税期限、纳税地点以及税款征收方式等具体行政行为和征收税款、加收滞纳金及扣缴义务人、受税务机关委托征收的单位作出的代扣代缴、代收代缴行为。二是税务机关不予依法办理或者答复的行为，包括不予审批减免税或者出口退税；不予抵扣税款；不予退还税款；不予颁发税务登记证、发售发票；不予开具完税凭证和出具票据和不予核准延期申报、批准延期缴纳税款。三是税务机关作出的取消增值税一般纳税人资格的行为。四是收缴发票、停止发售发票。五是税务机关责令纳税人提供纳税担保或者不依法确认纳税担保有效的行为。六是税务机关不依法给予举报奖励的行为。七是税务机关作出的通知出境管理机关阻止出境的行为，以及税务机关作出的其他具体行政行为。

三、人民法院不予受理的税务行政案件

为进一步明确行政诉讼中可诉与不可诉之间的界限，《中华人民共和国行政诉讼法》第十二条专门规定四个方面为人民法院不予受理的事项。其中有两项与税务行政诉讼有关：

（一）抽象税务行政行为

人民法院不受理纳税人、扣缴义务人和纳税担保人对税务行政法规、规章或者税务机关制定的具有普遍约束力的决定、命令提起的诉讼。这表明人民法院无权审查抽象行政行为。由于抽象税务行政行为属于设置税务行政法律关系模式的行为，只为税务行政法律关系的产生、变更和消灭提供法律前提和可能性，它对行政相对人权利义务的影响可能是属于观念的，是可能性但未发生实际后果的，而且是属于不确定对象的，所以不属于人民法院受理的事项。随着我国行政诉讼制度的发展，公民法制意识的增强，以及人民法院行政审判经验的积累和工作能力的进一步提高，今后将抽象税务行政行为纳入行政诉讼受理范围也是有可能的。行政复议法已经有条件地将抽象行政行为纳入行政复议的范围，应当让行政复议与行政诉讼很好地协调、衔接，更大程度和更大范围地保护行政相对人的合法权益。

（二）税务机关内部人事管理行为

税务机关对税务人员的奖惩、任免等行为是税务机关的内部人事管理行为，也就是内部行政行为。人民法院不受理税务人员对税务机关就税务人员

的奖惩、任免等决定事项提起的诉讼。由于税务机关的奖惩、任免决定属于税务机关的自身建设问题，人民法院不应当对税务机关的内部事务，通过审判程序来加以解决。税务机关的奖惩、任免决定，对税务人员来说，是对其作为国家机关工作人员的评价，即使有损害，也仅属于内部人员的利益，而没有侵害公民的合法权益。税务机关的奖惩、任免等事项不属于人民法院的职能管辖范围。

但是从其他国家已经制定并实施公务员法的情况来看，为了保护作为相对于国家机关而言属于弱者的公务员的合法权益，在行政机关作出涉及工作人员重大人身权、财产权等权益的决定时，如开除、免职等，应当允许当事人提起行政诉讼。

其他如不具强制力的税务行政指导行为、驳回当事人对行政行为提起申诉的重复处理行为和对相对人的权利义务不产生实际影响的行为，根据 2000 年 3 月 10 日最高人民法院审判委员会第 1088 次会议通过的司法解释第一条规定，都不属于人民法院行政诉讼的受案范围。

第四节　税务行政诉讼的管辖与当事人

一、税务行政诉讼的管辖

（一）税务行政诉讼管辖的概念

1. 税务行政诉讼管辖的概念。税务行政诉讼的管辖指的是人民法院之间受理第一审税务行政案件的权限分工。对法院来说，它是具体明确法院之间对税务行政案件的管辖权，规定哪一个案件应当由哪一个法院受理与审判，是法院彼此之间对税务行政案件的分工。对纳税人、扣缴义务人和纳税担保人来说，它就是要解决应当向哪一个法院起诉的问题。可见，税务行政诉讼管辖是解决人民法院内部行使行政审判权的分工问题，是对第一审税务行政案件的分工与权限的确定，管辖权具有排他性。

确定税务行政诉讼管辖，应当遵循便于原告行使诉讼权、便于人民法院办案、便于各级人民法院合理分工和公正审判的原则。

2. 税务行政诉讼的管辖权与审判权的关系。人民法院根据法律有关诉讼管辖的规定，负责审理特定案件的权力叫管辖权。而法律赋予法院的审理与裁判行政案件的权力叫行政审判权，其主要特征就是最终确定争议的权利义务关系。审判权包括主管权、管辖权、裁判权、诉讼指挥权以及强制执行权等。管辖权是审判权的一个组成部分，是关于特定法院负责审理特定案件并从而排斥其他法院受理的一种特定权力。审判权首先通过管辖权体现出来。可见，没有审判权，就谈不上管辖权；但是没有管辖权，就无法落实审判权。

（二）税务行政诉讼的级别管辖

税务行政诉讼的级别管辖指的是按照法院的组织系统来划分上下级人民法院之间受理第一审税务诉讼案件的分工和权限。

根据《中华人民共和国行政诉讼法》第十一条规定，基层人民法院管辖第一审行政案件。基层人民法院是确定级别管辖的基础，绝大多数的行政案件都由基层人民法院管辖。这是因为基层人民法院数量大，只能进行初审，没有二审案件的管辖权；这里往往是案件的发生地和原告所在地，有利于原被告参加诉讼等。税务行政诉讼的案件一般由基层人民法院管辖。

如果是涉及重大的、复杂的案件，即考虑案情的繁简程度、诉讼标的额的大小和案情在该地区的影响等，也可以由中级人民法院管辖第一审的税务行政案件。

（三）税务行政诉讼的地域管辖

税务行政诉讼的地域管辖指的是同级法院之间在各自辖区内受理第一审税务行政案件的分工和权限。一般来说，一个具体的税务行政案件应当首先确定级别管辖，然后再进一步确定地域管辖。税务行政案件的地域管辖可以分为一般地域管辖和共同地域管辖。

1. 税务行政案件的一般地域管辖。一般地域管辖又称普通地域管辖，它是指在税务行政诉讼中按照最初作出具体行政行为的税务机关所在地划分案件的管辖。根据《中华人民共和国行政诉讼法》第十七条规定，行政案件由最初作出具体行政行为的行政机关所在地的人民法院管辖。需要注意的是，经过提起税务行政复议的案件，如果复议机关维持了原具体税务行政行为，仍然由作出原具体税务行政行为的税务机关所在地的法院管辖。这是由于该最终税务行政决定的内容仍然是由原税务机关作出的，所以作出原具体税务行政行为的税务机关是被告。

税务行政诉讼规定一般地域管辖，是基于原告、被告的生产、生活均在同一地方，由所在地的人民法院管辖，便于纳税人、扣缴义务人和纳税担保人提起税务行政诉讼，便于税务机关应诉和人民法院对该案件的审理、执行。同时，根据《中华人民共和国行政诉讼法》第五十二条、第五十三条规定，地方性法规是人民法院审理行政案件的依据之一,税务行政诉讼采用一般地域管辖,也有利于人民法院适用或者参照地方法规。

2.税务行政案件的共同地域管辖。税务行政案件的共同地域管辖指的是两个以上人民法院对同一个税务行政诉讼案件都有合法的管辖权。根据《中华人民共和国行政诉讼法》第十七条规定,经复议的案件,复议机关改变原具体行政行为的,也可以由复议机关所在地的人民法院管辖。由于复议机关改变原具体税务行政行为,原具体税务行政行为就失去了法律效力,复议的结果就是一个新的税务行政行为的产生,最终的行为内容是复议机关作出的,这就导致被告的资格转变了,即由该税务行政案件的复议机关作为案件的被告。

1991年6月11日最高人民法院在《关于贯彻执行〈中华人民共和国行政诉讼法〉若干问题的意见(试行)》的第十条规定,复议机关改变原具体行政行为所认定的事实的、复议机关改变原具体行政行为所适用的法律、法规或者规章的以及复议机关改变原具体行政行为的处理结果即撤销、部分撤销或者变更原具体行政行为的,都属于《中华人民共和国行政诉讼法》第十七条规定的"复议机关改变原具体行政行为"的范围。

需要特别说明的是,复议机关改变原具体税务行政行为的,原告并不是非得在复议机关所在地的人民法院提起诉讼,如果原告认为在作出原具体税务行政行为的税务机关所在地提起诉讼,由该辖区的基层人民法院管辖方便的,可以在该人民法院提起诉讼。如果原告同时向两个法院提起诉讼,由先收到起诉状的人民法院管辖。

(四)税务行政诉讼案件的裁定管辖

税务行政诉讼案件的裁定管辖指的是人民法院在遇到某些特殊情况时,根据相关法律规定,依职权作出裁定和决定确定税务行政诉讼的管辖。税务行政诉讼的裁定管辖可以分为移送管辖、指定管辖和管辖权转移。

1.税务行政诉讼案件的移送管辖。税务行政诉讼案件的移送管辖指的是某个人民法院已经受理了税务行政案件以后,发现所受理的税务行政案件不属于自己管辖而应当由其他法院管辖,将案件移交给有管辖权的法院审理的一种管辖形式。其要件包括:一是移送案件的法院已经受理了该税务行政案件;二是受理案件的法院认为自己对本案无管辖权;三是受理案件的法院有移送案件的义务;四是移送产生程序上的法律效力,受移送的法院不得拒绝。

2.税务行政诉讼案件的指定管辖。税务行政诉讼案件的指定管辖指的是上级人民法院以裁定的形式,指定其所属某一下级人民法院管辖某一税务行政案件。根据《中华人民共和国行政诉讼法》第二十二条规定,税务行政诉讼的指定管辖适用两种情况，一是有管辖权的人民法院由于特殊原因不能行使管辖权的，由上级人民法院指定管辖。这里所说的特殊原因，包括事实上的原因，如自然灾害、战争等；法律上的原因，如应当回避的审判人员过多，无法组成合议庭等。二是人民法院对管辖权发生争议，争议双方协商不成，报它们的共同上级人民法院指定管辖。出现管辖权发生争议的有两种，一是两个以上有管辖权的人民法院对某一税务行政案件都主张有管辖权，这属于积极争议；也可能出现两个以上有管辖权的人民法院对某一税务行政案件都主张没有管辖权，这属于消极争议。另一种是税务行政案件发生在行政区域变动期间，人民法院之间辖区界限尚不明确，导致两个人民法院都主张对某一特定的税务行政案件有管辖权或者都不认为自己有管辖权。

3. 税务行政诉讼案件的管辖权转移。税务行政诉讼案件的管辖权转移指的是基于上级法院的同意或者决定，将下级法院有管辖权的税务行政案件转交上级法院审理，或者上级法院将自己有管辖权的税务行政案件交由下级法院审理的管辖形式。税务行政诉讼案件的管辖权转移一般发生在案件本身具有案情复杂、业务性强、难度大和审理人员力所不及等特殊情况，或者是案外干扰因素严重，下级法院无法正常开展审理工作，或者是该法院案件过多，不堪重负等其他原因。当然税务行政诉讼案件的管辖权转移必须是该税务行政案件的管辖权没有发生争议（如果发生争议，就必须用指定管辖的形式确定），转移的法院与接收的法院之间有上下级的隶属关系（不一定是只存在一级隶属关系，可以在几级的隶属关系之间进行转移）。

（五）税务行政案件管辖权的异议

税务行政案件管辖权的异议指的是税务行政诉讼的当事人认为受诉人民法院对其所涉及案件没有管辖权，而向受诉人民法院提出不服该法院管辖的意见或者主张。一般说来，提出税务行政案件管辖权异议的主体必须是作为原告、被告或者第三人的当事人，管辖异议应当在接到人民法院参加诉讼的通知之日起 10 日内，以书面形式向受理税务行政案件的人民法院正式提出，因为《最高人民法院关于执行〈中华人民共和国行政诉讼法〉若干问题的解释》第十条规定，当事人提出管辖异议，应当在接到人民法院应诉通知之日起 10 日内以书面形式提出。

对当事人提出的管辖异议，人民法院应当进行审查。经过人民法院的审查，可能出现两种情况，一是当事人提出的异议成立，受理的人民法院应当将案件移送给有管辖权的人民法院；另一种情况是当事人提出的异议不成立，人民法院以裁定的形式驳回异议请求。

当事人的管辖异议被人民法院驳回后，如果对驳回的裁定不服，可以在法定期限内上诉。人民法院根据上诉进行审查，作出终审裁定。

二、税务行政诉讼的当事人

（一）税务行政诉讼当事人的概念、特征

1. 税务行政诉讼当事人的概念。税务行政诉讼的当事人指的是对具体税务行政行为的合法性产生争议的双方，即以自己的名义进行诉讼，并受人民法院裁判拘束的纳税人、扣缴义务人或者纳税担保人和税务机关。广义的当事人（本书采用的）包括原告、被告、共同诉讼人和第三人。狭义的当事人仅指原告和被告。

在税务行政诉讼的不同阶段，当事人有不同的称谓：在一审阶段，他们是原告、被告和第三人；在二审阶段，他们是上诉人和被上诉人。在审判监督程序中，按照第一审程序再审的，称为原审原告或者原审被告；按照第二审程序再审的，称为原上诉人或者原被上诉人。在执行程序中，称为申请执行人和被执行人。

2. 税务行政诉讼当事人的特征。税务行政诉讼的当事人具有如下特征：

一是税务行政诉讼的被告只能是税务机关或者是对地方税务局具体行政行为进行复议而改变原决定的当地政府复议机关；税务行政诉讼的原告只能是纳税人、扣缴义务人或者纳税担保人。也就是说，税务行政诉讼的当事人是税务行政法律关系中对被诉具体税务行政行为的合法性发生争议的双方主体。

二是以自己的名义进行诉讼。纳税人、扣缴义务人或者纳税担保人以自己的名义起诉，税务机关或者是对地方税务局具体行政行为进行复议而改变原决定的当地政府复议机关以自己的名义应诉（如果有第三人，则第三人也以自己的名义参加诉讼）。他们通过诉讼来解决与自己有利害关系的税务行政争议，并且承担诉讼裁判后果所引发的责任。

三是税务行政诉讼的当事人都与案件有直接利害关系，他们都为保护自己的合法权益而诉讼。

四是受人民法院裁判的拘束。人民法院的税务行政裁决或者裁定是为了解决税务行政诉讼当事人之间的税务行政争议而作出的，对税务行政诉讼的当事人具有必须履行的法律效力。当事人如果不履行人民法院已经生效的判决和裁定，人民法院将依法强制执行。

(二)税务行政诉讼当事人的诉讼权利能力和诉讼行为能力

1.税务行政诉讼当事人的诉讼权利能力。税务行政诉讼当事人的诉讼权利能力指的是税务行政诉讼当事人能够以自己的名义进行诉讼活动,享有诉讼权利、承担诉讼义务的能力与资格。根据《中华人民共和国民法通则》关于权利能力、行为能力的规定,权利能力指的是以自己的名义按照实体法的规定享有权利、承担义务的能力或者资格,它表明权利人是实体法上的权利主体。有一般权利能力的人通常也有诉讼权利能力,即一般权利能力是诉讼权利能力的基础,而诉讼权利能力则是对一般权利能力的司法保障。诉讼权利能力是作为法律关系主体的能力或者资格,一般权利能力是作为行政诉讼法律关系主体的能力或者资格。税务机关、纳税人、扣缴义务人或者纳税担保人的诉讼权利能力,自依法成立时开始,至解散、撤销或者宣告破产时终止。

2.税务行政诉讼当事人的诉讼行为能力。税务行政诉讼当事人的诉讼行为能力指的是税务行政诉讼当事人能够以自己的行为实现税务行政诉讼权利、履行税务行政诉讼义务的能力或者资格。只有具备诉讼行为能力的税务行政诉讼当事人才能亲自参加税务行政诉讼;如果是只具备诉讼权利能力而没有诉讼行为能力,就只能由其法定代理人代为诉讼,而不能亲自行使税务行政诉讼权利、履行税务行政诉讼义务。

诉讼行为能力以一般行为能力为基础,没有一般行为能力的人也就没有诉讼行为能力。根据《中华人民共和国民法通则》关于公民和法人行为能力的规定,在我国,年满 18 周岁的人,是有完全民事行为能力的人,在税务行政诉讼上也就是有诉讼行为能力的人。年满 16 周岁以上不满 18 周岁的公民,以自己的劳动收入为主要生活来源的,参加诉讼时,应视为有诉讼行为能力。这些规定同样适用于税务行政诉讼。税务机关、纳税人、扣缴义务人或者纳税担保人的诉讼行为能力,自依法成立时产生,至撤销或者宣告破产时终止。

(三)税务行政诉讼当事人的诉讼权利和诉讼义务

税务行政诉讼当事人的诉讼权利和诉讼义务指的是税务行政诉讼当事人进行税务行政诉讼活动所享有的各种权利以及相应承担的各种义务,是宪法规定的公民权利和义务在诉讼法上的体现。在税务行政诉讼中,当事人依法享有广泛的、平等的诉讼权利,同时也承担必要的诉讼义务。

1.税务行政诉讼当事人的诉讼权利。税务行政诉讼当事人的诉讼权利主要包括:一是原告有向人民法院提起税务行政诉讼的权利,在诉讼中还有放弃、变更和增加诉讼请求的权利;二是对原告的起诉,税务机关有应诉和答辩的权利;三是申请审判人员、书记员、鉴定人回避的权利;四是提出管辖异议的权利；五是委托诉讼代理人进行诉讼的权利；六是使用本民族语言文字进行诉讼的权利；七是辩论的权利；八是经人民法院的许可，在不违反国家保密规定和个人隐私保护的前提下，有查阅、复制本案庭审材料以及应该法律文件的权利；九是查阅、补正庭审笔录的权利；十是在宣判前，原告有撤诉的权利，被告有改变其原所作的具体税务行政行为的权利；十一是在诉讼过程中有申请人民法院采取财产保全措施的权利；十二是在证据可能灭失或者以后难以取得的情况下，向人民法院申请证据保全的权利；十三是在法定期限内对第一审人民法院的判决或者裁定上诉的权利；十四是对人民法院已经生效的税务行政裁判，应当履行义务的一方当事人拒绝履行义务，胜诉的一方有向人民法院申请执行的权利；十五是当事人对人民法院已经生效的税务行政裁判不服，在法定期限内有申请再审的权利。

2. 税务行政诉讼当事人的诉讼义务。税务行政诉讼当事人的诉讼义务主要包括：一是依法行使诉讼权利；二是依法到庭，参加诉讼；作为原告的纳税人、扣缴义务人或者纳税担保人经人民法院两次合法传唤，无正当理由拒不到庭的，按照撤诉处理；三是遵守诉讼秩序，服从法庭指挥，不得妨碍诉讼活动的正常进行；四是自动履行已经发生法律效力的判决和裁定；五是税务机关对作出的具体行政行为负有举证责任，在诉讼过程中不得自行向原告和证人收集证据。

（四）税务行政诉讼的原告

1. 税务行政诉讼原告的资格。税务行政诉讼原告的资格指的是纳税人、扣缴义务人或者纳税担保人因具备一定的条件而取得的可以作为原告提起税务行政诉讼的资格。取得税务行政诉讼原告的资格必须具备以下条件：一是必须是作为税务行政法律关系中处于被税务机关管理一方的纳税人、扣缴义务人或者纳税担保人；二是税务行政诉讼的原告必须是认为自己的合法权益受到税务机关的侵害的纳税人、扣缴义务人或者纳税担保人；三是税务行政诉讼的原告是与具体税务行政行为有法律上利害关系的纳税人、扣缴义务人或者纳税担保人；四是起诉必须符合法定的起诉条件，即原告起诉的内容属于人民法院受理的范围，有明确的被告，有具体的诉讼请求和诉讼证据，并且是在法定的期限内提起诉讼；五是起诉必须符合法定的复议前置程序。

2. 税务行政诉讼原告资格的转移。税务行政诉讼原告资格的转移指的是有起诉权的纳税人、扣缴义务人或者纳税担保人死亡或者终止，其原告资格依法自然转移给有利害关系的特定公民、法人或者其他组织。原告资格在一般情况下是不能转移的，因为它是法律赋予特定含义的资格。但是，在法律所承认的特定情况下，原告资格可以转移。根据《中华人民共和国行政诉讼法》第二十四条规定，有权提起诉讼的公民死亡，其近亲属可以提起诉讼。有权提起诉讼的法人或者其他组织终止，承受其权利的法人或者其他组织可以提起诉讼。可见，税务行政诉讼原告资格转移的条件包括：一是有原告资格的主体已经不复存在。如果是自然人，就是死亡或者经过人民法院法定程序宣告死亡；如果是法人或者其他组织，就是在法律上被终止，如撤销、兼并、破产等。二是有原告资格的主体死亡或者终止时，诉讼保护期限未过，即仍然在法定的诉讼期限之内。三是原告资格转移发生在与原告有特定利害关系的主体之间。

(五)税务行政诉讼的被告

税务行政诉讼的被告指的是被原告起诉指控侵犯其行政法上的合法权益或者与之发生争议，而由人民法院通知应诉、作出被诉的具体行政行为或者行政不作为的税务机关或者改变原行政行为决定的复议机关。税务行政诉讼的被告资格包括：一是税务行政诉讼的被告必须是具有国家税收管理、征收职权的税务机关，或者是改变原来税务行政决定的复议机关；二是税务行政诉讼的被告必须是实施被诉行政行为的税务机关或者复议机关；三是税务行政诉讼的被告必须具备诉讼权利能力和诉讼行为能力。

确定税务行政诉讼被告的情况主要有：

1.以最初作出被诉税务行政行为的税务机关为被告。一是法律法规没有规定必须复议前置的税务行政行为，或者在可以选择复议与诉讼的情况下，当事人选择提起行政诉讼的。根据《中华人民共和国税收征收管理法》第八十八条规定，当事人对税务机关的处罚决定、强制执行措施或者税收保全措施不服的，可以依法申请行政复议，也可以依法向人民法院起诉。二是法律、法规规定必须复议前置，经过向复议机关申请复议后，纳税人、扣缴义务人或者纳税担保人对复议机关维持原具体行政行为的复议决定不服，向人民法院提起税务行政诉讼的。同样根据《中华人民共和国税收征收管理法》第八十八条规定，纳税人、扣缴义务人、纳税担保人同税务机关在纳税上发生争议时，必须先依照税务机关的纳税决定缴纳或者解缴税款及滞纳金或者提供相应的担保，然后可以依法申请行政复议；对行政复议决定不服的，可以依法向人民法院起诉。三是法律、法规规定必须复议前置，经过向复议机关申请复议后，复议机关逾期不做复议决定或者不予答复，纳税人、扣缴义务人或者纳税担保人对原具体行政行为不服，向人民法院提起税务行政诉讼的。

2.以行政复议机关为被告。一是法律、法规规定必须复议前置，经过向复议机关申请复议后，纳税人、扣缴义务人或者纳税担保人对复议机关改变原具体行政行为的复议决定不服，向人民法院提起税务行政诉讼的。二是法律、法规规定必须复议前置，经过向复议机关申请复议后，复议机关逾期不做复议决定或者不予答复，纳税人、扣缴义务人或者纳税担保人对复议机关不作为不服，向人民法院提起税务行政诉讼的。《最高人民法院关于执行〈中华人民共和国行政诉讼法〉若干问题的解释》第二十二条规定，当事人对复议机关不作为不服提起诉讼的，应当以复议机关为被告。

3. 税务所处罚行为被告的确定。需要注意的是，根据《中华人民共和国税收征收管理法》第七十四条规定，罚款额在二千元以下的行政处罚，可以由税务所决定。如果纳税人、扣缴义务人对税务所的处罚行为不服，提起税务行政诉讼的时候，要区分处罚决定书的署名机关。根据《最高人民法院关于执行〈中华人民共和国行政诉讼法〉若干问题的解释》第二十条第三款规定，法律、法规或者规章授权行使行政职权的行政机关内设机构、派出机构或者其他组织，超出法定授权范围实施行政行为，当事人不服提起行政诉讼的，应当以实施该行为的机构或者组织为被告。如果税务所的处罚额超过二千元，税务所是当事人提起税务行政诉讼的被告。根据法理，如果纳税人、扣缴义务人对税务所在二千元以内的处罚行为不服，提起税务行政诉讼的，当然是以税务所为被告了。但是有可能出现一种情况，即处罚行为由税务所作出，但是在处罚决定书上落款并加盖税务局的公章，不论罚款额是否超过二千元，那么该税务局就是这起税务行政诉讼的被告，因为这可以视为税务所的行为得到了税务局的批准，根据《最高人民法院关于执行〈中华人民共和国行政诉讼法〉若干问题的解释》第十九条规定，当事人不服经上级行政机关批准的行政行为，向人民法院提起行政诉讼的，应当以在对外发生法律效力的文书上署名的机关为被告。

4. 被告资格的转移问题。1994 年的分税制改革以后，国家税务局、地方税务局各自的机构运行一直处于适应、调整之中，而每一次职能的转变与调整、机构的合并与分解，都有可能出现已经产生法律效力的税务行政行为的决定机关被撤销的情况。《中华人民共和国行政诉讼法》第二十五条第五款规定，行政机关被撤销的，继续行使其职权的行政机关是被告。这里的“撤销”包括税务机关被撤销后税务行政职权的转移、合并与分立，也就是原税务机关的职权转移给哪一个税务机关，该承继职权的税务机关就是被告。如果没有继续行使其税务行政职权的税务机关，那么，作出撤销决定的税务机关或者其指定的税务机关就是被告。

5. 委托或者视为委托税务行政行为诉讼被告的确定。根据《中华人民共和国税收征收管理法》第二十九条规定，除税务机关、税务人员以及经税务机关依照法律、行政法规委托的单位和人员外，任何单位和个人不得进行税款征收活动。这就是说，根据法律、行政法规可以委托税务机关、税务人员以外的单位和人员进行税款征收活动。如果纳税人、扣缴义务人对受委托的单位和人员的具体税务行政行为不服而提起税务行政诉讼的，作出委托行为的税务机关是该起诉讼的被告。根据《中华人民共和国行政诉讼法》第二十五条第四款规定，由行政机关委托的组织所作的具体行政行为，委托的行政机关是被告。

税务机关在没有法律、法规或者规章规定的情况下，授权其内设机构（如机关的科、处、室等）、派出机构（如税务所）或者其他组织行使税收的管理、征收的税务行政职权，应当是视为委托。当事人不服其具体行政行为，提起诉讼的，应当以该行政机关为被告。同时，根据《最高人民法院关于执行〈中华人民共和国行政诉讼法〉若干问题的解释》第二十条第二款规定，行政机关的内设机构或者派出机构在没有法律、法规或者规章的授权的情况下，以自己的名义作出具体行政行为，当事人不服提起诉讼的，应当以该行政机关为被告。

（六）税务行政诉讼的第三人

税务行政诉讼的第三人指的是与提起税务行政诉讼的具体行政行为有利害关系，通过申请或者法院通知形式，参加到诉讼中来的纳税人、扣缴义务人或者纳税担保人。根据《中华人民共和国行政诉讼法》第二十七条规定，同提起诉讼的具体行政行为有利害关系的其他公民、法人或者其他组织，可以作为第三人申请参加诉讼，或由人民法院通知参加诉讼。

税务行政诉讼的第三人的特征：

1. 税务行政诉讼的第三人是原告、被告之外的纳税人、扣缴义务人或者纳税担保人，并且必须是法律关系的主体。

2. 税务行政诉讼的第三人是同被诉的具体行政行为有利害关系的纳税人、扣缴义务人或者纳税担保人。这种利害关系指的是而且仅仅是法律上的权利义务关系。

3. 税务行政诉讼的第三人参加税务行政诉讼必须是在诉讼开始之后和诉讼结束之前。

4. 税务行政诉讼的第三人在法律上有独立的诉讼地位，有权提出自己的诉讼请求，在法庭上可以发言、辩论，对第一审判决不服有权提起上诉。其参加税务行政诉讼是为了维护自己的合法权益，并不依附于原告或者被告。

5. 税务行政诉讼的第三人参加税务行政诉讼的方式有两种，一是主动申请参加诉讼，二是可以由人民法院依职权通知其参加诉讼。

第五节 税务行政诉讼的证据与举证责任

一、税务行政诉讼的证据

（一）税务行政诉讼的证据概述

税务行政诉讼的证据指的是一切用来证明税务行政案件事实情况的材料。首先，税务行政诉讼证据是一种材料。这种材料是由当事人收集并提交给人民法院或者由人民法院在必要的时候依照职权调查取得的。其次，税务行政诉讼证据的用途是用来证明税务争议案件事实的，即用于支持原告或者被告的主张的。至于当事人所提供的证据能否证明其主张，能否正确反映案件事实，应当由人民法院认定。最后，税务行政诉讼的证据包括可定案证据和一般证据。可定案证据指的是能够准确、充分、客观地反映税务争议案件真实情况，由人民法院依法认定的证据。一般证据指的是用来证明税务行政争议案件情况的材料。

（二）税务行政诉讼证据的种类

根据《中华人民共和国行政诉讼法》第三十一条规定精神，税务行政诉讼的证据主要包括七种：

1. 书证。书证是指用文字或者图画、符号记载的表达人的思想和行为，用来证明税务行政案件事实的书面文件和其他物品。书证是税务行政诉讼中最常见和最常用的一种证据，因为税务机关在税务行政管理过程中所作出的具体税务行政行为，大多是以书面形式作出，如处罚决定书等。

一般来说，税务行政诉讼的书证，都是税务机关在法定的权限范围内行使税务行政管理职权制作的公文性文书，包括命令、决议、决定、通告、指示、信函、证明文书等。

2. 物证。物证指的是用来证明税务行政诉讼案件事实的物品或者痕迹。物证以其存在状况、外部特征或者属性来发挥证明案件事实的作用。在税务行政诉讼过程中，物证不仅是查明案件事实的有效手段，而且是检验、鉴别其他证据真实性、可靠性的客观依据。

税务行政诉讼案件的物证可以是原物，但是不要求必须是原物；经过法定程序制作的复制品、照片等同样具备证明力。

3.视听资料。视听资料指的是以录音磁带、录像带、电影胶片、电子计算机或者电子磁盘存储的作为证明税务行政诉讼案件事实的音响、活动影像和图形。视听资料主要包括记录声音的录音资料,记录图像的录像资料与电影资料,存储数据、信息的计算机资料等。

视听资料一般具有一定的科技含量,有高度准确性、逼真性和动态直观性的特点,但是视听资料一旦被篡改、伪造,不借助科技手段往往难以甄别。

4.证人证言。证人指的是不属于本案的诉讼参加人,但是了解本案的有关情况,人民法院认为应当向其收集或者调查证据,或者经人民法院通知到庭作证的人。证人应当是了解税务争议案件的情况的人,与诉讼案件的审理结果没有法律上的利害关系,而且只能是自然人。这个自然人能正确表达自己的意志,能够认识到作证的法律后果并且有承担相应法律责任的能力。证人证言就是证人所作的陈述。

5.当事人陈述。当事人陈述指的是当事人在诉讼中向人民法院所做的关于案件事实情况的叙述。当事人是行政诉讼证据的主要来源之一,所以当事人不仅要向法院陈述他所知道的、对案件具有法律意义或者证据意义的事实材料,而且还应当提出请求,对应当解决的一切问题提出意见等。

由于当事人是税务行政法律关系的主体,与案件有利害关系,所以其陈述往往只对自己有利,有可能存在虚假性。

6.鉴定结论。鉴定结论指的是鉴定人接受委托或者聘请,运用自己的专门知识和现代科学技术手段,对税务行政诉讼中所涉及的某些专门性问题进行检测、分析、判断后,所作出的具有结论性的书面意见。鉴定结论包括当事人向法院提供的和人民法院要求法定鉴定部门或者指定其他鉴定部门提交的两种。

对鉴定结论可以在法庭上质证,当事人还可以申请补充鉴定或者重新鉴定。

7.勘验笔录、现场笔录。勘验笔录指的是税务机关工作人员或者人民法院审判人员对能够证明税务行政诉讼案件事实的现场或者对不能、不便拿到法庭上的物证,就地进行分析检验、测量、勘查后作出的记录。

现场笔录指的是税务机关工作人员对实施具体行政行为的现场情况所做的书面记录。

以上证据必须经过法庭审查属实,才能作为定案的依据。

(三)税务行政诉讼证据的特点

税务行政诉讼的证据是用来证明案件事实情况的材料,它与刑事诉讼证据、民事诉讼证据以及其他行政诉讼的证据有共同之处。但是税务行政诉讼的证据也有其自身的特点，主要包括：一是证据的范围广泛，如前所述，税务行政诉讼的证据有七个方面，其中现场笔录是刑事诉讼证据、民事诉讼证据所不具备的。二是证据来源特定，即税务行政诉讼案件的证据主要来自税务行政程序中，并且主要是由作为被告的税务机关提供给人民法院的。三是举证责任的承担主体是税务机关，在税务行政诉讼中，税务机关必须提供作出具体税务行政行为的证据和所依据的规范性文件，否则就要承担不利的法律后果。四是对证据的审查阶段和方式具有特定性，即税务行政诉讼的任何证据都必须经过法庭查证属实，才能作为定案的依据。

二、税务行政诉讼的举证责任

（一）税务行政诉讼的举证责任概述

税务行政诉讼的举证责任指的是在税务行政诉讼活动过程中，当事人对自己的主张必须提供相应的证据，以证明自己主张。根据《中华人民共和国行政诉讼法》第三十二条规定，被告对作出的具体行政行为负有举证责任，应当提供作出该具体行政行为的证据和所依据的规范性文件。这就是说，税务机关在税务行政执法程序中的证明责任构成了在税务行政诉讼中承担说服责任的基础，对税务机关来说，税务行政诉讼举证责任实际上是其行政程序证明责任的延续，而纳税人、扣缴义务人或者纳税担保人在税务行政执法程序中承担的举证责任构成了它在税务行政诉讼中承担推进责任的基础。

（二）税务机关担负税务行政诉讼举证责任的原因

和作为原告的纳税人、扣缴义务人或者纳税担保人相比，税务机关在执法行为中居于主导地位，在它作出具体行政行为之前，就应当把必要的和可能的事实都调查清楚；税务机关拥有各种合法而又必要的方法、手段实施调查，也就是收集证据的方法手段多样，查证举证能力强，对证据的取舍、分析能力强，以及实际掌握多数的税务行政证据。可见，客观的事实成就了税务机关在税务行政诉讼中负举证责任的可能性，也构成在税务行政诉讼程序中负主要举证责任的原因和基础。

（三）税务机关的举证规则

1. 全面履行举证责任。税务机关承担举证责任的范围包括向人民法院提交作出具体税务行政行为时的事实依据和所依据的规范性文件。之所以要说明所依据的规范性文件，根据诉讼法的立法意思，规章以下的规范性文件不具有适用力，但是具备证据的效力，即规章以下的规范性文件是否合法，由人民法院鉴别，但是它可以作为作出税务机关具体行政行为的动机的证明。

2. 遵守举证的时间要求。根据《最高人民法院关于执行〈中华人民共和国行政诉讼法〉若干问题的解释》第二十六条规定的精神，税务机关应当在收到起诉状副本之日起 10 天内提交答辩状，并且提供作出具体税务行政行为时的证据、依据；税务机关不提供或者无正当理由逾期提供的，人民法院将认定引起争议的具体税务行政行为没有证据、依据，从而判决撤销被诉讼的具体税务行政行为。

3. 不得自行向原告和证人收集证据。税务机关在作出具体行政行为之前应当先取证后裁决，到诉讼阶段，税务机关已经具备了作出裁决的依据，同时，在税务行政争议进入诉讼程序后，已经属于司法管辖范围，作为当事人一方的税务机关必须在人民法院的指挥下进行诉讼活动。但是当人民法院要求当事人提供或者补充证据时，税务机关可以取证。根据 1991 年 6 月 11 日最高人民法院《关于贯彻执行〈中华人民共和国行政诉讼法〉若干问题的意见(试行)》第二十八条规定，作为被告诉讼代理人的律师，同样不得自行向原告和证人收集证据。

4. 依据人民法院要求提供或者补充证据。根据《中华人民共和国行政诉讼法》第三十四条规定，人民法院有权要求当事人提供或者补充证据。作为当事人一方的税务机关，有应人民法院要求而提供、补充证据的义务。如法院发现税务机关提供的证据不足以充分证明其提出的主张，或者是税务机关只提供对自己有利的证据，或者是税务机关出于其他原因没有完全交出自己掌握的证据，或者是税务机关原来提供的证据存在瑕疵，或者是原告追加诉讼请求，以及某项证据的成立需要其他证据的佐证等，税务机关必须应人民法院的要求提供或者补充证据。

第六节　税务行政诉讼的起诉与受理

一、税务行政诉讼的起诉

(一)诉

1. 诉的概念与特征。诉字面的意义指的是告知，有倾诉、诉说、控诉、控告等意思。

在税务行政诉讼中，诉的主体只能是税务行政诉讼的当事人，即包括税务机关和纳税人、扣缴义务人或者纳税担保人。诉的内容是可以依法请求保护的行政权益，该行政权益必须是税务行政实体法所规定的，依法可以向人民法院提出请求的，既符合行政实体法的规定，又符合行政诉讼法的规定。纳税人、扣缴义务人或者纳税担保人提起诉的前提必须是认为自己的合法权益受到侵害，即税务行政法律关系处于非正常状态。诉只能向代表国家对行政争议行使审判权的人民法院提出。

程序意义上的诉，是指当事人根据《中华人民共和国行政诉讼法》的规定，向人民法院提出保护合法权益的请求。这是纳税人、扣缴义务人或者纳税担保人所享有的一种诉讼权利。所以它是法律规定的一种保护行政权益的手段。实体意义上的诉是指当事人通过人民法院向税务机关提出实体权利的请求，即实体法规定的权利义务。

诉讼是讼争的一方或者双方将致讼的原因、内容、主张及理由告知、倾诉于听讼之人，以求讼的息解活动。可见，诉讼的构成必须具备控方(原告)、承控方(被告)、听讼方(审理)等三个条件。

税务行政诉讼的诉指的是认为自己的合法权益受到税务机关具体行政行为侵犯的特定纳税人、扣缴义务人或者纳税担保人，要求具有管辖权的人民法院予以司法保护的请求。所以说，诉对纳税人、扣缴义务人或者纳税担保人来讲，是其向人民法院提出保护自己合法权益的请求和向对方当事人，即税务机关提出实体权利的请求；对人民法院来讲，诉是人民法院对某一具体税务行政案件行使审判权的前提和起点。

2. 诉的要素。诉的要素指的是构成一个诉所必不可少的能使诉特定化的因素。确定诉的要素，便于人民法院受理案件，便于对方当事人答辩和便于人民法院审理案件。税务行政诉讼中诉的要素包括诉的主体、诉的标的和诉的理由。

(1)诉的主体。诉的主体即诉的当事人。当事人是诉的要素之一，没有当事人或者当事人不合格，诉就不能成立。没有当事人，就不存在权利义务之争。因为诉是当事人依法向人民法院提出保护自己合法权益的请求，如果没有当事人，就没有人向人民法院提出保护的请求，诉就不能成立；如果诉没有相对方，或者对方不明确，诉讼也就无法进行。所以行政诉讼法规定了原告的资格、被告的资格，要求原告要有明确的被告。

(2)诉的标的。诉的标的就是诉讼客体，即当事人与人民法院之间的诉讼权利和诉讼义务所指向的客体对象。诉的标的一般由原告请求决定，这是其提出诉讼的原因。因为税务行政诉讼的当事人所争执的核心问题是具体行政行为的合法性问题，所以税务行政诉讼的客体就是被诉的具体税务行政行为。所以税务行政诉讼中诉的标的，是人民法院裁判的对象，确定诉的标的有利于当事人的攻击、防御，有利于人民法院划分诉讼管辖和正确适用程序，同时，诉讼标的是判断是否重复起诉的标准。

(3)诉的理由。诉的理由指的是原告为了支持自己的诉讼请求所提出的事实及法律上的依据。诉的理由一般包括三方面的内容：一是引起当事人之间法律关系发生、变更或者消灭的事实，这是确认权利义务状态的根据；二是行政权益受到侵犯或者发生争执的事实，这是用于请求司法保护的根据；三是双方都是属于符合条件的当事人的事实，这是用于认定当事人及其权利义务承担人资格的根据。

3.诉的种类。从诉的请求内容划分，诉可以分为确认之诉、撤销之诉、变更之诉和行政赔偿之诉。

(1)确认之诉。确认之诉指的是原告请求人民法院确认其与被告之间存在某种行政法律关系的诉，包括肯定的确认之诉和否定的确认之诉。前者是当事人请求人民法院确认某种法律关系存在，目的在于肯定自己所享有的实体权利；后者是当事人请求人民法院确认某种法律关系不存在，目的在于否定自己所应当承担的义务。

(2)撤销之诉。撤销之诉指的是原告对具体行政行为不服，请求人民法院撤销该具体行政行为。只要行政相对人认为行政机关的具体行政行为侵犯其合法权益，或者不服该行为，就可以向人民法院提起诉讼，要求撤销该具体行政行为。人民法院在对该行为审查后，如果存在不符合法定成立要素、证据不足或者适用法律中的一项错误，就可以判决撤销该具体行政行为。

(3)变更之诉。变更之诉指的是当事人请求人民法院改变或者消灭其与对方当事人之间现存的行政法律关系的诉。包括程序上的变更之诉和实体上的变更之诉。根据实体法的规定，某些法律关系可因一定的行为或者事实而成立，也可以因一定行为或者事实而消灭。变更之诉是双方当事人对其现存的法律关系无异议，只是对现存法律关系是否变更或者如何变更有争议；双方当事人争议的是具有法律意义的事实，在人民法院对案件作出判决之前，现存的法律关系仍然不变。

(4)行政赔偿之诉。行政赔偿之诉指的是原告要求人民法院判决行政机关赔偿因具体行政行为违法而侵犯其合法权益造成的损失。根据《中华人民共和国国家赔偿法》的精神，行政赔偿是行政机关承担的一种法律责任，是一种独立的诉讼形式。

（二）税务行政诉讼的起诉

税务行政诉讼的起诉指的是纳税人、扣缴义务人或者纳税担保人认为税务机关的具体税务行政行为侵犯其合法权益，依法请求人民法院通过国家审判权给予司法救济的诉讼行为。税务行政诉讼的起诉是行政诉讼的启动程序之一（另一个启动程序是受理）。

1. 税务行政诉讼起诉的条件。税务行政诉讼的起诉必须符合法律规定的条件，这些条件包括：

(1)原告是认为税务机关的具体行政行为侵犯其合法权益的纳税人、扣缴义务人或者纳税担保人。这就是说，提起税务行政诉讼的原告只能是纳税人、扣缴义务人或者纳税担保人，税务机关或者其他与税务行政行为无关的公民、法人或者其他组织不能提起税务行政诉讼；而且，原告只有在认为其合法权益受到侵害时才能提起税务行政诉讼。

(2)必须有明确的被告。即原告知道是哪一个税务机关作出具体的税务行政行为，并在起诉状中明确列出作出该具体行政行为的税务机关。

(3)有具体的诉讼请求。人民法院审理税务行政案件采取“不告不理”的原则，它表明行政相对人不以起诉的方式提出对具体行政行为的司法审查要求，人民法院不予受理，而且原告没有提出的诉讼请求，人民法院不得受理。也就是说，原告的起诉状要有明确的针对性，即针对特定的被告，就特定的具体行政行为提出明确的诉讼请求。

(4)有明确的事实依据。原告必须提供能够支持自己诉讼请求成立的事实和证据，包括税务机关作出具体行政行为的事实和证据、原告认为该具体税务行政行为违法或者显失公正的事实和证据，以及认为该具体行政行为侵害其合法权益的事实和证据。原告提出事实以证明自己符合法定的起诉条件，可以防止滥诉。

(5)属于人民法院的受案范围和受诉人民法院的管辖。对税务具体行政行为的争议，有的是属于人民法院解决的范围，有的是属于其他国家机关解决的范围，所以要看是否属于人民法院的受案范围。即使是属于人民法院的受案范围，还必须根据《中华人民共和国行政诉讼法》的管辖规定，在具有管辖权的人民法院提起诉讼。

2. 税务行政诉讼起诉的期限。

(1)税务行政诉讼的期间与诉讼时效。期间指的是从起始时间到终止时间经历过的时间。在实体法中，期间可以分为法定期间、指定期间和约定期间，而在程序法中只有法定期间和指定期间两种。

根据1991年6月11日最高人民法院《关于贯彻执行〈中华人民共和国行政诉讼法〉若干问题的意见（试行）》第一百零一条、第一百零二条以及《中华人民共和国民事诉讼法》第七十五条、第七十六条规定，期间的计算以时、日、月、年计算。期间以时、日计算的，其开始的时、日，不计算在期间内；期间以月、年计算的，期间届满的日期，应当是截止那个月的相应于开始的那一天。行政诉讼的期间以开始之日的次日起计算，期间不是以月的第一天计算，一个月为30日。期间届满的最后一日是节假日的，以节假日后的第一日为期间届满日。期间不包括在途时间，也就是法律文书在期满前交邮的不算过期。

诉讼时效指的是当事人不行使提起行政诉讼权利达到一定的期间，即丧失请求人民法院保护其权利的一种法律制度。

（2）当事人对需要税务行政复议前置而提起诉讼的期限。根据《中华人民共和国行政诉讼法》第三十八条规定，申请人不服复议决定的，可以在收到复议决定之日起15日内向人民法院提起诉讼，复议机关逾期不做决定的，申请人可以在复议期满之日起15日内向人民法院提起诉讼。《税务行政复议规则》根据《行政复议法》的精神，在第二十二条中具体规定，对应当先向复议机关申请行政复议，对行政复议决定不服再向人民法院提起行政诉讼的具体行政行为，复议机关决定不予受理或者受理后超过复议期限不作答复的，纳税人及其他当事人可以自收到不予受理决定书之日起或者行政复议期满之日起15日内，依法向人民法院提起行政诉讼。

这里的15日是属于法定期间的规定，人民法院和当事人都无权变更，一旦超过该期限将产生不利的法律后果，特别是申请人一旦超过规定时限，将导致向人民法院寻求司法救济权利的丧失。

（3）当事人直接向法院提起诉讼的期限。纳税人、扣缴义务人及纳税担保人对税务机关作出的如下行为，既可以提起税务行政复议，也可以直接提起行政诉讼：书面通知银行或者其他金融机构冻结存款和扣押、查封商品、货物或者其他财产税收保全措施，以及税务机关未及时解除保全措施，使纳税人及其他当事人合法权益遭受损失的行为。税务机关作出的书面通知银行或者其他金融机构从其存款中扣缴税款和变卖、拍卖扣押、查封的商品、货物或者其他财产的强制执行措施。税务机关作出的罚款、没收财物和违法所得以及停止出口退税权的行政处罚行为。税务机关不予颁发税务登记证、发售发票和不予开具完税凭证和出具票据和不予认定为增值税一般纳税人以及不予核准延期申报、批准延期缴纳税款的行为。税务机关作出的取消增值税一般纳税人资格的行为。收缴发票、停止发售发票。税务机关责令纳税人提供纳税担保或者不依法确认纳税担保有效的行为。税务机关不依法给予举报奖励的行为。税务机关作出的通知出境管理机关阻止出境的行为。根据《中华人民共和国行政诉讼法》第三十九条规定精神，纳税人、扣缴义务人及纳税担保人直接向人民法院提起诉讼的，应当在知道作出具体行政行为之日起3个月内提出。

这里规定的3个月是纳税人、扣缴义务人及纳税担保人得到税务机关制作的处理文书并且在送达回执上签字或者盖章，才算是知道。因为从实体上讲，纳税人、扣缴义务人及纳税担保人对税务行政决定知道与否将涉及税务机关行政行为的效力。这就是税务行政行为，特别是涉及相对人权利与义务的具体行政行为必须履行告知程序的原因。

如果出现税务机关不制作文书、不送达文书的，根据最高人民法院《关于贯彻执行〈中华人民共和国行政诉讼法〉若干问题的意见（试行）》第三十五条规定，当事人只要能证明具体行政行为的存在并符合其他起诉条件的，人民法院应予以受理。

（4）诉讼期限的延长。根据《中华人民共和国行政诉讼法》第四十条规定精神，纳税人、扣缴义务人及纳税担保人因不可抗力或者其他特殊情况耽误法定期限，在障碍消除后的10日内可以申请延长期限，由人民法院决定。这里，不可抗力指的是不能预见、不能避免和不能克服的客观，包括来自自然与社会的原因。而所谓其他特殊情况，就可以有更广范围的理解，可以由人民法院酌情决断。

二、税务行政诉讼的受理

税务行政诉讼的受理指的是人民法院对纳税人及其他当事人的起诉进行审查，对符合法律规定的起诉条件的案件决定立案审理的诉讼行为。人民法院在接到原告的起诉状后要对其内容和形式进行审查，并根据审查的结果作出受理或者不予受理的裁定。受理应当遵循依法受理、充分保护诉权、复议前置和选择救济并存，以及不告不理原则。

（一）审查起诉

1. 起诉内容的审查。人民法院组成的合议庭对原告的起诉内容进行如下方面的审查：对起诉中的原告、被告是否合格的资格审查；对原告提起诉讼的要求是否明确的内容审查；对原告是否提供相应事实依据的事实根据审查；对是否属于人民法院受案范围和受诉人民法院管辖的管辖审查；对原告是否在法定期限内提起诉讼的期限审查；对原告提起税务行政诉讼在形式上是否符合法律要求的形式审查；对诉讼要求的内容是否经过必要的复议程序或者重复诉讼的审查等。

2.对起诉审查的处理。

(1)决定受理。对符合受理条件的，也就是原告即纳税人或其他当事人认为具体税务行政行为侵犯其合法的权益；有明确的税务机关作为被告；有具体的诉讼请求和事实依据；属于该人民法院受案范围和受诉人民法院管辖。人民法院应在接到起诉状之日起 7 日内立案，并及时通知当事人。

(2)对受理条件有欠缺或者基本证据不足的，要求作为原告的纳税人及其他当事人限期补正，当事人按期补正后，经审查符合受理条件的，从当事人补正后交人民法院之日起 7 日内立案。否则裁定不予立案。

(3)人民法院经过合议庭合议，认为不符合受理条件的，在接到诉状之日起 7 日内作出裁定，通知原告不予受理。

(4)当事人可以在接到人民法院不予受理的裁定书之日起 10 日内向上一级人民法院提起上诉。

(二)对税务行政诉讼受理的法律效力

税务行政诉讼的受理指的是人民法院通过审查原告的起诉，认为符合法律规定的起诉条件，决定立案审理，从而引起税务行政诉讼程序开始的一种行为。人民法院对税务行政诉讼受理，就会产生相应的法律效力，即确定了当事人的法律地位，也就是纳税人或其他当事人获得原告的法律地位，税务机关具有被告的法律地位；人民法院取得对该案件的审判权，如果不经过法定的程序，任何人、任何组织都无权改变或者解除这一诉讼法律关系；诉讼时效中断，人民法院对原告的起诉决定受理，意味着审判程序的开始；表明税务机关与行政相对人之间的争议由行政程序进入司法程序，司法权开始制约税务行政权，人民法院享有对该税务行政争议的裁定权；对于被诉的具体税务行政行为，人民法院的受理并不产生停止执行的效果。《中华人民共和国税收征收管理法》第八十八条规定，纳税人、扣缴义务人、纳税担保人同税务机关在纳税上发生争议时，必须先依照税务机关的纳税决定缴纳或者解缴税款及滞纳金或者提供相应的担保，然后可以依法申请行政复议；对行政复议决定不服的，可以依法向人民法院起诉。

第七节　税务行政诉讼的审理

税务行政诉讼的审理程序是国家审判机关为了解决税务行政争议，运用司法程序而依法实施的整个诉讼行为及其过程。税务行政诉讼的审理程序一般包括第一审程序、第二审程序和审判监督程序。

一、税务行政诉讼的第一审程序

（一）第一审程序的概念

第一审程序是从人民法院裁定受理到作出第一审判决的全部诉讼程序。第一审程序是第二审程序和审判监督程序的基础，没有第一审程序，就不可能有第二审程序和审判监督程序。

（二）第一审程序的特点

税务行政诉讼的第一审程序只有普通程序，没有简易程序和特别程序。

（三）审理前的准备

审理前的准备指的是人民法院为了保证审判工作顺利进行和案件正确、及时的处理，在案件受理之后至开庭之前，依法进行的准备工作。

1. 组成合议庭。人民法院审理税务行政案件，不适用简易程序，应当确定审判人员（可以全部由审判员组成，也可以由审判员与人民陪审员共同组成），依法组成合议庭，这是行政诉讼案件与其他诉讼案件的重要区别。合议庭是行政诉讼合议审判制度的基本组织形式。合议庭的组成人员必须是三人以上的单数。

2. 及时将起诉状副本送达被告。从立案之日起的5日内将起诉状副本送达被告，被告税务机关应当在收到起诉状副本之日起10日内，向人民法院提交作出具体税务行政行为的有关证据材料，包括所依据的规范性文件，并提交答辩状。税务机关不提供，不影响案件的审理。人民法院在收到税务机关提交的答辩状后的5日内将副本送达原告（如果有第三人参加诉讼的，一并送达）。

3. 审查诉讼文书和证据材料。通过审查诉讼文书和证据材料，目的是让合议庭的审判人员全面了解案情，特别是可以明确审理的重点和难点，如果证据不全，可以让当事人补充证据；如果存在需要更换当事人的，可以决定更换或者追加当事人;如果存在需要合并审理的案件,可以一并审理;如果发现可能导致证据灭失或者其他紧急情况的,可以决定采取证据保全措施等等。

4.审查被告提供的作出具体行政行为的事实依据和所依据的规范性文件。特别是税务机关发现成为被告而改变原来具体行政行为的,应当将改变的结果告知人民法院,人民法院进行审查是否有进行诉讼的必要。纳税人及其他当事人在税务机关改变具体行政行为以后不提起诉讼的,人民法院应当就新的具体行政行为进行审理。

5.在开庭前的3日内将开庭的地点、时间等通知当事人及其他诉讼参与人。如果是在少数民族地区,人民法院应当为不通晓当地民族语言文字的诉讼参加人提供翻译。

(四)开庭审理

开庭审理指的是人民法院在当事人和所有诉讼参加人的参加下,全面审查认定案件事实,并依法作出裁决的活动。开庭审理是人民法院行使国家审判权的重要阶段,也是当事人行使诉权的重要阶段。开庭审理一般包括如下阶段:

1.庭审准备。庭审准备是审理前的准备继续,该阶段主要做好两件事,一是依法告知当事人和其他诉讼参与人出庭日期。鉴于开庭日期是人民法院根据审理前的准备情形单方面决定的,因此开庭3日前人民法院应当用通知书通知当事人、诉讼代理人、证人、鉴定人、翻译人员按时出庭。二是发布开庭审理公告。凡是法律、法规没有规定需要保密的案件都应当发布公告,内容包括案由、当事人名称、开庭的时间、地点等。

2.宣布开庭。宣布开庭是案件进入法庭调查前的必经阶段。这一阶段的活动主要由书记员和审判长进行。首先书记员查明原告、被告、第三人、诉讼代理人、证人、鉴定人、翻译人员是否到庭并将结果报告合议庭,同时宣布法庭纪律;经过人民法院两次合法传唤,原告无正当理由拒不到庭的,视为申请撤诉。其次是审判长宣布审判人员、书记员名单,宣布案由,核对当事人。告知当事人的权利义务,询问是否要求回避;如果有要求回避的,依法定程序办理。最后,审查诉讼代理人的资格和代理权限。

3.法庭调查。法庭调查的中心任务是听取当事人对案件的充分陈述和提供证据材料,听取证人提供的证言,出示各种物证、书证和视听材料,宣读勘验笔录和鉴定结论,全面核实证据,揭示案件真相。所有与该案件有关的证据都必须经过当事人验明、确认后才可以作为定案依据。

4.法庭辩论。法庭辩论是当事人、第三人及其诉讼代理人就案件事实和适用法律向法庭阐明观点、申明理由的活动。法庭辩论是在审判长指挥、控制下的辩论。具体包括原告及其诉讼代理人发言、被告及其诉讼代理人答辩、第三人就诉讼代理人的发言或者答辩和相互辩论等。辩论终结时，由审判长按照原告、被告、第三人的顺序依次征求他们的最后意见。

5. 合议庭评议。法庭辩论结束后，审判长宣布休庭，合议庭全体成员对案件进行评议。评议的主要内容是，案件事实是否清楚，证据是否充分，案件如何定性，责任如何划分，适用何种法律等。最后经过表决，形成合议庭对案件的判决意见。

6. 宣读判决。宣读判决是将判决的内容向当事人和群众宣告。宣读判决有当庭宣判和定期宣判两种，前者是法庭审理后，经过评议作出决定，立即复庭由审判长口头宣告判决文书或者主要内容的活动；后者是经过审理后，人民法院另行确定日期宣告判决书的活动。宣读判决一律公开进行，并且应当由本合议庭成员进行。

（五）撤诉

撤诉指的是原告在立案到宣告判决或者裁定之间的诉讼过程中，主动撤回诉讼的请求，申请人民法院终止诉讼程序的活动。撤诉是原告诉权行使的体现，但是，是否允许撤诉则由人民法院决定。撤诉分申请撤诉和视为撤诉。

原告撤诉，可能是税务机关在纳税人及其他当事人提起税务行政诉讼之后，改变了原来的具体行政行为，已经达到或者部分达到原告的愿望，也可能是迫于税务机关的压力，原告不得已而撤诉。所以在原告申请撤诉的时候，人民法院必须进行裁定，看其撤诉是否损害国家、社会或者他人的权益，看税务机关撤销、改变其所作的具体行政行为是否合法。如果是原告自愿并且明确提出，符合法律规定，并且是在判决裁定之前，人民法院就可以准许其撤诉请求。

根据《最高人民法院关于执行〈中华人民共和国行政诉讼法〉若干问题的解释》第四十九条规定，视为撤诉的情况是指原告或者上诉人经合法传唤，无正当理由拒不到庭或者未经法庭许可中途退庭的，可按撤诉处理。

二、税务行政诉讼的第二审程序

（一）税务行政诉讼第二审程序的概念

税务行政诉讼的第二审程序指的是上级人民法院对下级人民法院就第一审税务行政案件所作的判决和裁定，在其发生效力之前，由于上诉人的上诉，对案件进行审理的程序。第二审程序的结果是人民法院作出终审判决或者裁定，所以又称上诉审程序或者终审程序。

（二）上诉成立的条件

上诉指的是税务行政诉讼程序中的当事人不服人民法院作出的一审判决或者裁定，在第一审的判决、裁定生效前，向第一审的法院的上级人民法院提出的，要求对第一审的判决、裁定进行复查的诉讼活动。

上诉人即对人民法院第一审的判决、裁定不服，向上一级人民法院提起上诉的人，必须符合法律规定的条件。一审程序中的原告、被告和第三人都有权提出上诉。上诉的对象只能是第一审人民法院作出的未生效的判决和裁定，并且是在收到判决书之日起的15天内、收到一审裁定书的10日内，向作出一审判决或者裁定的法院的上级人民法院提起上诉。

（三）上诉的受理和法律后果

1. 上诉的受理。上诉的受理指的是二审人民法院收到上诉状后，对上诉主体资格及上诉状进行审查，依法决定是否为上诉案件立案，开始第二审程序的活动。当事人的上诉可以通过原法院提出，也可以直接向第二审人民法院提出。根据最高人民法院《关于贯彻执行〈中华人民共和国行政诉讼法〉若干问题的意见（试行）》第七十三条规定，上诉状通过原人民法院提出的，应当按照对方当事人的人数提出副本。当事人直接向第二审人民法院上诉的，第二审人民法院应当在5日内将上诉状发交原审人民法院。原审人民法院或者第二审人民法院收到上诉状后，应当立即通知对方当事人。

人民法院接收上诉案件后，应当全面审查第一审法院认定的事实是否清楚，适用的法律、法规是否准确，程序是否合法，是否在受上诉的范围内等。

2. 上诉受理后的法律后果。人民法院在上诉受理后，将产生相应的法律后果，主要有：当事人，不论是作为一审原告的纳税人及其他当事人，还是作为一审被告的税务机关，在第二审程序中各自享有诉讼的权利和承担诉讼的义务；在二审程序中，提起上诉的是上诉人，对方是被上诉人。根据《关于贯彻执行〈中华人民共和国行政诉讼法〉若干问题的意见（试行）》第七十六条规定精神，在第二审程序中，税务机关不得改变其原来作出的具体行政行为（在一审程序中，只要在人民法院作出判决或者裁定之前，税务机关均可改变原具体行政行为）。纳税人及其他当事人不能因为税务机关的具体行政行为改变而提出撤诉，但是享有除此之外的对上诉权的处分权力，即当事人可以在人民法院作出终审判决之前撤回上诉。

（四）上诉的审理

上诉的审理可以采用开庭审理和书面审理的方式进行。如同一审程序，开庭审理指的是在法院合议庭的主持下，根据法定程序对当事人之间的税务行政争议案件进行审理，查明案件事实，适用相应法律、法规，并最终作出裁判的活动。而书面审理则是指人民法院只对当事人提交的上诉状及答辩状以及其他书面材料和证据进行审查，不需要诉讼参加人出庭，也不需要向社会公开就作出判决或者裁定的活动。

第八节 税务行政诉讼的法律适用

一、税务行政诉讼法律适用概述

税务行政诉讼的法律适用指的是人民法院依照法定程序，将法律规范具体运用到税务行政诉讼案件中，从而对被诉具体税务行政行为的合法性进行审查的活动。

尽管审查的是税务行政案件，但是税务行政诉讼法律适用的主体是人民法院。税务机关作出具体税务行政行为是第一次适用法律，其对象是纳税人、扣缴义务人的行为事实；在税务行政诉讼程序中，人民法院是第二次适用法律，其对象是具体税务行政行为，是对第一次法律适用的审查。税务行政诉讼法律适用的效力高于税务机关作出具体行政行为时法律适用的效力。税务行政诉讼法律适用原则上只解决税务机关具体行政行为的合法性问题。

二、税务行政诉讼法律适用的范围

税务行政诉讼是对具体税务行政行为的合法性进行审查的司法活动。人民法院在查明案件事实之后，必须明确以成文的法律、法规来判断具体税务行政行为的合法性问题。根据《中华人民共和国行政诉讼法》第五十二条规定，人民法院审理行政案件，以法律和行政法规、地方性法规为依据。地方性法规适用于本行政区域内的行政案件。人民法院审理民族自治地方的行政案件，并以该民族自治地方的自治条例和单行条例为依据。可以作为人民法院处理税务行政诉讼案件的标准和尺度，确认当事人之间权利与义务的有：

（一）法律

法律指的是全国人民代表大会及其常务委员会根据宪法，并依照法定立法程序制定的规范性文件。可以作为税务行政诉讼案件审判依据的法律主要包括《中华人民共和国行政处罚法》、《中华人民共和国国家赔偿法》、《中华人民共和国行政复议法》、《中华人民共和国税收征收管理法》、《中华人民共和国外商投资企业和外国企业所得税法》和《中华人民共和国个人所得税法》等。凡是涉及税收管理、征收以及税务行政诉讼活动的，都属于这些法律调整的范围。法律在税务行政案件审判依据中居于首要地位。

（二）行政法规

行政法规指的是国务院根据宪法和法律的有关规定，为领导和管理国家各项行政工作，依照法定程序制定的各类规范性文件。可以作为税务行政诉讼案件审判依据的行政法规主要包括《中华人民共和国税收征收管理法实施细则》、《中华人民共和国发票管理法》、各税种条例或者暂行条例等。

行政法规的效力等级低于法律，但是高于行政规章。在全国范围内具有普遍的约束力。

（三）地方性法规

地方性法规是指由省、自治区、直辖市以及省、自治区人民政府所在地的市，以及经国务院批准的较大市和经济特区的人民代表大会及其常务委员会，根据法律、行政法规和本行政区域的具体情况和实际需要，按照法定程序制定的各种规范性文件。

人民法院审理税务行政诉讼案件，可以将地方性法规作为依据之一，但是地方性法规只适用于本行政区域内发生的税务行政诉讼案件。如果是对外出经营的纳税人、扣缴义务人作出具体税务行政行为，以作出该具体行政行为的税务机关所在地的地方性法规为依据。

（四）自治条例、单行条例

自治条例是民族自治地区的人民代表大会根据宪法和法律的规定，结合本民族的政治、经济、文化特点而制定的，保护民族区域内自治制度在本地区得以全面实施的一种综合性条例。

单行条例是民族自治地区的人民代表大会适应当地的民族特点，为解决某一方面的专门性问题而制定的条例。

自治条例、单行条例都是行政法的表现形式，它与地方性法规居于相同的效力等级，人民法院审查税务行政诉讼案件时，以该民族自治地方的自治条例和单行条例为依据。

三、行政规章在税务行政诉讼中的参照作用

《中华人民共和国行政诉讼法》第五十三条规定，人民法院审理行政案件，参照国务院部、委根据法律和国务院的行政法规、决定、命令制定、发布的规章以及省、自治区、直辖市和省、自治区的人民政府所在地的市和国务院批准的较大市的人民政府根据法律和国务院的行政法规制定、发布的规章。

如果税务机关的具体行政行为是根据符合法律和行政法规的规章作出的，人民法院就应当适用该规章，维持税务机关作出的原具体行政行为，最高人民法院在《关于贯彻执行〈中华人民共和国行政诉讼法〉若干问题的意见（试行）》的第七十条规定，人民法院作出判决或者裁定需要参照规章时，应当写明"根据《中华人民共和国行政诉讼法》第五十三条规定，参照规章（条、款、项）的规定"；如果税务机关的具体行政行为是依据不符合法律、行政法规原则精神的规章作出的，人民法院可以不适用该规章，判决撤销原具体税务行政行为。可见人民法院审理税务行政诉讼案件参照税务行政规章时，必须以事实清楚、证据确凿为基础，参照的规章必须以其合法、有效为前提，而且，参照适用规章必须符合诉讼法的立法宗旨和基本原则。

四、对具体税务行为适用法律、法规的审查

税务机关在作出具体行政行为时，往往适用了不该适用的法律、法规，或者是没有适当地适用法律、法规。如错误适用法律或者错误适用法律中的条款，或者适用尚未生效或者已经失去效力的法律、法规，或者是纳税人、扣缴义务人的行为没有违法却适用了法律予以制裁等。

人民法院在审理具体税务行政行为时，对事实审查的同时还必须对法律适用进行审查，主要包括：

（一）对具体税务行政行为违反法定程序的审查

《中华人民共和国税收征收管理法》等规定税务行政程序的目的是为了保证税务机关正确、及时地行使税收征收、管理职权，人民法院在审理具体税务行政行为时，既审查实体法，也审查程序法。也就是审查税务机关作出具体行政行为是否符合法定的程序规定，是否经过调查、取证、裁决等程序，其调查、取证的手段和方法是否合法等。如果具体税务行政行为违反法定程序，人民法院就应当不附加任何条件地判决撤销该具体行政行为。

（二）对具体税务行政行为超越职权的审查

税务机关和税务人员在作出具体税务行政行为时，超越了法律、法规规定

的职权或者授权、委托的范围，属于越权行为。税务机关具体税务行政行为超越职权的表现主要有：一是越权行使了其他国家机关的权力，如稽查办案人员变相羁押纳税人等；二是税务机关越权行使了其他行政机关的权力，如吊销企业的营业执照等；三是税务机关超越了级别行使职权，如设区市的国家税务局行使批准延期缴纳税款权力，或者如省国家税务局进行一般纳税人资格认定等；四是税务机关对其辖区以外的纳税人、扣缴义务人实施具体行政行为；五是税务机关超越了法定范围和处罚幅度，甚至采用法律、法规没有规定或者明令禁止的手段和方式，如对某纳税人的违法行为处以六倍的罚款，或者在采取税收强制措施时将纳税人生活必需品也列在其中。无论是何种形式的越权，人民法院都将判决该具体税务行政行为无效。

（三）对具体税务行政行为滥用职权的审查

税务机关或者税务人员在作出具体行政行为时，背离法律规定的目的、原则和立法精神，夹杂个人的不良动机，没有考虑法律、法规规定的应当考虑的因素或者考虑了法律、法规规定的不应当考虑的因素，在适用法律、法规时任意解释，反复无常，前后矛盾，或者是强人所难，不正当地拖延等，通过表面合法的手段达到非法的目的和意图。人民法院在审查具体税务行政行为时，发现有滥用职权的，应当判决撤销该具体税务行政行为。

（四）对税务机关不履行或者拖延履行法定职责的审查

人民法院在审查税务机关不履行或者拖延履行法定职责时，主要审查三方面的内容：一是该职责是否属于税务机关必须履行的法定职责；二是税务机关或者税务人员是否以明示或者默示方式拒绝、拖延履行法定职责；三是不履行法定职责的行政争议，是否是由作为行政相对人的纳税人或者扣缴义务人申请税务机关处理的某项事务，税务机关或者税务人员拒绝或者不予答复引起的。对税务机关不履行或者拖延履行法定职责的行为，人民法院可以判决税务机关在法定期限内履行法定的职责。

五、税务行政诉讼法律规范适用的选择

行政法体系中经常存在不同规范之间前后、上下、左右不相一致、矛盾甚至抵触的情况，人民法院在审理税务行政案件的过程中发现对同一法律冲突或者法律关系存在着两个甚至多个的法律规范或作了不同的规定，人民法院如果适用这些不同规定，将产生不同的判决结果。这些冲突体现在：一是较低层次法律规范与较高层次法律规范的层次冲突；二是相同等级法律规范之间、不同部门法律规范之间的同级冲突；三是新旧法律规范之间不衔接和矛盾的

新旧冲突；四是特别法律与普通法律之间的特别冲突。对于这些冲突，人民法院在审理具体税务行政行为的合法性时，必须对有冲突的法律规范进行审查和选择。人民法院对法律规范的选择遵循的一般原则有：

（一）优先适用较高层次法律规范的原则

人民法院在审理具体税务行政行为的合法性时，在不同级别和层次的法律规范之间，如果较低层次的法律规范同较高层次的法律规范相抵触，应当优先适用较高层次的法律规范。也就是说，部门法与基本法冲突的，应当适用基本法；行政法规、地方性法规与法律冲突的，应当适用法律；地方性法规、地方性规章与相应的行政法规相冲突的，应当适用行政法规等。

如果是地方性税收法规与财政部、国家税务总局的税务行政规章之间产生冲突的，可以提请国务院裁决。如果国务院裁定适用地方性法规，则依国务院裁定适用。如果国务院裁定适用财政部、国家税务总局的税务行政规章，则需要提请全国人民代表大会裁决。

（二）越权制定的法律规范无效的原则

《中华人民共和国立法法》对于法律、行政法规、地方性法规、自治条例和单行条例、规章的制定权限都有详细的界定，《行政法规制定程序条例》和《规章制定程序条例》在程序上作了进一步的规定，但是现实中还是有不少越权制定法律规范的现象，如有的行政机关并未获得法律上的授权就发布了规范性文件，构成横向越权，侵犯了其他有权机关制定规范性文件的权利，该法律规范显然是没有法律效力的，法律审查时不能予以适用。人民法院在审查具体税务行政行为时适用法律规范也应当遵循越权无效这一基本原则。

（三）特别法律规范优于普通法律规范的原则

普通法是有立法权限的机关就一般事项制定的调整某一领域一般的社会关系的法律、法规；特别法是有立法权的机关就某一领域中特定事项制定的、调整特定社会关系的法律、法规。在同一层级法律效力的规范性文件之间发生特别法法律规范与普通法法律规范冲突时，人民法院一般优先适用特别法法律规范。

（四）新的法律规范优于旧的法律规范的原则

新的法律规范生效以后，旧的法律规范一般就相应地失去效力。但是有可能存在旧法失效以前发生的具体行政行为，在新法生效的时候提起诉讼，人民法院在审理这一类案件时应当遵循新的法律规范优于旧的法律规范的原则。也就是说，在先前制定的法律规范与后来制定的法律规范对同一事项作出不同的规定时，应当根据新法废除旧法、后法优于前法的原则，确定它们的法律效力。

(五)法不溯及既往的原则

法不溯及既往的原则是在《中华人民共和国立法法》第八十四条得到确定的,该条规定,法律、行政法规、地方性法规、自治条例和单行条例、规章不溯及既往,但为了更好地保护公民、法人或者其他组织的权利和利益而作的特别规定除外。我们知道,法的溯及力是指对于它们生效以前的案件有无效力,我国法的溯及力以不溯及既往为原则,人民法院在审理具体税务行政行为时必须遵从。但是《中华人民共和国税收征收管理法》第八十六条关于违反税收法律、法规应当给予行政处罚的行为的年限规定,属于特别规定,应当优先适用。

第九节　税务行政诉讼的判决、裁定和决定

一、税务行政诉讼的判决

(一)税务行政诉讼判决的概念

判决指的是人民法院审理行政案件终结时,根据事实和法律以国家审判机关的名义,就行政案件所作出的处理决定。

税务行政诉讼的判决指的是人民法院代表国家,对被诉的税务具体行政行为是否合法,作出的具有法律约束力的判定,以及对被诉的具体税务行政行为的效力作出的权威性的处理。税务行政诉讼的判决是人民法院行使国家审判权的结果,也是当事人保护自身利益而希望得到的结果,其实质是确认权利或者法律事实,也就是使税务机关与纳税人、扣缴义务人的行政权利义务关系明确,使不稳定的法律事实得到确认,使行政违法行为受到制裁。

(二)一审税务行政诉讼判决的种类

1. 维持判决。维持判决指的是人民法院对具体税务行政行为进行审查后,认为税务机关作出的具体行政行为合法有效,依法予以维持的判决。根据《中华人民共和国行政诉讼法》第五十四条第一款规定,具体行政行为证据确凿,适用法律、法规正确,符合法定程序的,判决维持。这就表明维持判决必须有三个同时具备的条件,一是证据必须确凿,即案件的事实有相应的证据证明,这些证据真实、可靠并且对待证事实有证明力,证据与证据之间协调一致,对案件事实构成完整的证明。二是适用的法律、法规正确,即该具体税务行政

行为必须具有法律、法规所规定的事实条件，税务机关的行为必须在法律、法规的授权范围之内，而且其行为必须符合法律、法规的目的、原则和精神；该具体税务行政行为所适用的法律规范必须是有效的。三是必须符合法定的程序，即必须符合法定的方式、形式、手续、步骤和时限。

维持判决是人民法院对税务机关具体行政行为的肯定，是对纳税人及其他当事人要求的驳回，是人民法院对业已形成的税务行政法律关系的认可。

2.撤销判决。撤销判决指的是人民法院通过对具体税务行政行为的审查，认为税务机关作出的具体税务行政行为存在违法的情况，依法予以撤销的判决。根据《中华人民共和国行政诉讼法》第五十四条第二款规定精神，如果具体税务行政行为存在主要证据不足，适用法律、法规错误，违反法定程序的，或者超越职权、滥用职权中任何一项的，人民法院就可以判决撤销或者部分撤销，并且可以判税务机关重新作出具体行政行为。撤销判决可以是把税务具体行政行为全部撤销，也可以是部分撤销，也可以是判决撤销同时责令税务机关重新作出具体行政行为。

具体税务行政行为违法是人民法院判决撤销的前提。而具体税务行政行为违法有五种表现形式：

一是税务机关作出具体行政行为的主要证据不足。证据是认定案件事实的基础，税务机关必须在掌握充分、必要的证据的前提下，才能作出影响纳税人、扣缴义务人合法权利的行为。如果主要证据不足，就意味着该事实要件不存在或者该事实的性质不能确定，也就是税务机关的具体行为缺乏必要的事实依据。当然这里所说的主要证据指的是税务机关赖以作出具体行政行为的基本事实和据以认定该事实的存在所必需的证据。同时，根据《中华人民共和国行政诉讼法》第三十四条规定精神，税务机关可以应人民法院的要求提供或者补充证据，如果税务机关能够补足主要证据的，人民法院就可以不判撤销原具体税务行政行为。

二是税务机关的具体行政行为适用法律、法规错误。税务机关在作出具体行政行为时，不论该行为是赋予纳税人、扣缴义务人权利，还是课以税务行政相对人义务，都必须有法律依据，这是依法行政的最基本要求。适用法律、法规错误指的是税务机关作出具体行政行为时错误地援引了法律、法规。如法律适用错误或者适用了错误的条款，适用了过时、无效或者尚未生效的法律、法规，应当适用特别法却误用了一般法，应当并罚而未并罚，不应当并罚却并罚，或者法律、法规引用不具体明确等。

三是税务机关违反法定的程序。税务机关违反法定的程序指的是税务机关实施具体行政行为时违反法律、法规规定的方式、方法、手续、步骤或者时限等。违反程序的情况可能是税务机关在作出具体税务行政行为时缺少、遗漏或者更改了法定程序中的某一步骤；可能是缺少必要的形式，如没有出示税务检查证就进行税务检查；可能是违反法定的顺序规定，如在作出税务处罚决定之前必须先告知而税务机关在作出处罚决定之后才履行告知手续；可能是超过法定的时限作为，如复议机关在收到税务复议申请后的15天内既不予以受理，又不作出不予受理决定；也可能是违反法定的方式，如调取账簿必须开列清单等。

四是税务机关超越职权范围作为。我们知道，税务人员的职权是为了完成税收管理征收告知而设置的，具有公务性，它不属于行使者个人的权益，一方面税务人员的职权是代表国家执行税收管理征收的权力，具有强制力，纳税人、扣缴义务人负有服从的义务；另一方面，税务行政职权一旦被赋予，税务人员就不能随意放弃，否则就是失职。税务机关超越职权范围作为的表现主要有：税务机关使用了不属于该机关拥有的权力篡夺行为，如变相羁押涉税违法者；超越事务管辖权、地域管辖权或者时间管辖权的行为；下级税务机关行使了应当由上级税务机关行使的权力的层级越权；内设机关对外行使职权的主体越权；以及超越法定数额的越权等等。

五是税务机关滥用职权。税务机关在行使自由裁量权时，如果存在不符合法律规定的目的，有专断或者反复无常，有考虑了不相关的因素和不考虑相关因素，以及有不作为或者延迟作为当中的一种情况的，就属于滥用自由裁量权，纳税人、扣缴义务人有提起行政诉讼的，人民法院就可以判决撤销原来的具体税务行政行为。

3.履行判决。履行判决指的是人民法院经过对税务行政案件的审理，认定税务机关具有不履行或者拖延履行法定职责的情形，作出责令税务机关履行其法定职责的判决。《中华人民共和国行政诉讼法》第五十四条第三款规定，被告不履行或者拖延履行法定职责的，人民法院经过审理，可以判决其在一定期限内履行。

税务机关不履行法定职责指的是税务机关对法律、法规规定其应当履行的某种义务明确拒绝履行、拖延履行或者不予答复的行为。适用履行判决必须具备一定的条件，如纳税人、扣缴义务人向主管税务机关提出了合法的申请，要求税务机关作出一定的行政行为，并且这种申请符合法律规定的条件与形式；被申请的税务机关对纳税人、扣缴义务人依法负有履行职责的义务；税务机关有不履行或者拖延履行法定职责的行为，而不履行或者拖延履行又没有符合法律规定或者认可的理由。

税务机关不履行法定职责的形式可以是作为，也可以是不作为，前者表现为税务机关拒绝纳税人、扣缴义务人的申请，后者可以是税务机关未在法律、法规规定的期限范围内履行应当履行的职责，也可以是税务机关未在规范性文件或者内部工作规程要求的时限内履行该作为的义务，甚至是在可比条件下，或者是显而易见的情况下拖延不办的(根据应决事项的难易程度、税务机关的客观条件、处理同类事项的惯用时间等进行综合判断)，都可以认定为不履行法定职责。

如果是税务机关拒绝履行法定义务的，人民法院经过审理后，有充分证据证实纳税人、扣缴义务人申请的事项符合法定的条件，就可以判决税务机关在一定的期限内履行其法定的职责；如果税务机关的拒绝履行违法，但是无法认定纳税人、扣缴义务人的申请符合法定的条件，人民法院只能判决先撤销税务机关作出的原税务行政行为，并判决税务机关重新作出具体行政行为。如果纳税人、扣缴义务人起诉的是税务机关不予答复的行为，人民法院能够确认纳税人、扣缴义务人的申请是合法、合理的，就可以判决税务机关在规定的时间内履行义务以及履行职责的内容；如果人民法院无法确定纳税人、扣缴义务人的申请是否合法、合理的，就只能判决税务机关在一定时间内履行法定职责，至于应当如何履行，由税务机关自行作出决定。

4.变更判决。变更判决指的是人民法院审理税务行政案件时，运用国家审判权直接变更被诉的具体税务行政行为而作出的判决。

一方面，税务行政执法有其专业性强的特性，行政审判人员对税收专业不一定熟悉，所以审判人员对税务人员作出的具体行政行为以必要的尊重是应该的。另一方面，按照国家职能分工原则，审判机关与行政机关应当互相尊重彼此拥有的权力，即使运用审判权制约行政权，也应当根植于不过分干涉的基础上。但是合理地赋予人民法院可以变更具体行政行为的权力，不仅是有效保护行政相对人合法权益的需要，因为赋予行政相对人更多的寻求人民法院救济的途径，是对原本处于劣势地位的行政相对人与处在优势地位的行政机关的一种逆向平衡，同时也是实现行政审判任务的需要。

但是人民法院对行政机关具体行政行为的变更判决是有前提的，根据《中华人民共和国行政诉讼法》第五十四条第四款规定，行政处罚显失公正的，可以变更判决。所以税务行政处罚显失公正是人民法院适用税务行政诉讼案件变更判决的前提。税务行政处罚显失公正的表现主要有：一是对涉税违法行为的处罚畸重畸轻，也就是税务机关的实际处罚与被处罚的纳税人、扣缴义务人的实际违法行为应当受到的处罚存在明显过重或者过轻的现象。二是纳税人、扣缴义务人违法情节、后果相同,处罚结果不同;或者是税务机关对违法情节、后果完全不同的纳税人、扣缴义务人课以相同的处罚。三是税务机关实施的行政处罚超越必要的限度,如在实施税收保全或者强制执行措施时,把属于纳税人、扣缴义务人必需的生活用品也列在其中,而新修订的《中华人民共和国税收征收管理法》对此有明确的界定。四是税务机关在实施行政处罚的时候违反择其最善的原则,即税务机关在实施税务行政处罚的时候,如果同时有两种或者多种可供选择的手段,应当选择那些对纳税人、扣缴义务人影响较小的手段。五是税务行政处罚反复无常,没有一定的准则或者标准。

人民法院审理税务行政案件,不能变更加重对纳税人、扣缴义务人的处罚,也不能对税务机关未予处罚的行为直接给予处罚。

5. 驳回诉讼请求。驳回诉讼请求指的是原告在起诉状中提出的被告不作为不成立,或者是被诉的具体行政行为不合理但是合法,或因法律、法规的改变需要变更或者废止的,人民法院经过审理,判决驳回原告的诉讼请求的行为。

驳回诉讼请求是采纳学术界的主流观点增设的判决形式。根据《最高人民法院关于执行〈中华人民共和国行政诉讼法〉若干问题的解释》第五十六条规定精神,人民法院应当驳回纳税人、扣缴义务人税务行政诉讼请求的情形有四种:一是纳税人、扣缴义务人起诉税务机关不作为的理由不能成立,即人民法院经过审理,税务机关如果不存在作为的义务,或者是尽管税务机关存在实际上的不作为,但是人民法院不能就此认定税务机关违法;或者是尽管税务机关的不作为行为是违法的,但纳税人、扣缴义务人苦于拿不出有力的证据,也只能判决驳回纳税人、扣缴义务人的诉讼请求。二是被诉的具体税务行政行为合法但存在合理性问题。我们知道,行政诉讼只对具体行政行为的合法性进行审查,而不能对其合理性进行审查,即使纳税人、扣缴义务人认定税务机关或者其上级机关事后认为原具体行政行为不合理,也无法进行变更,所以人民法院只能以不干涉属于税务机关自由裁量权范围的决定为前提而判决驳回诉讼请求。三是被诉的具体税务行政行为合法,但因法律、政策的变化需要变更或者废止的,即从作出税务具体行政行为的时候看,税务机关所依据的法律、法规或者政策是合法的,但是在税务机关作出具体行政行为决定与纳税人、扣缴义务人履行该决定之间发生法律、政策的变化需要变更或者废止的情况的,人民法院只能驳回纳税人、扣缴义务人的诉讼请求(如果相关的法律、政策已经被修改了,纳税人、扣缴义务人可以以同一事实和理由提起新的行政诉讼)。四是其他应当判决驳回诉讼请求的情形。由于应当判决驳回诉讼请求的情形无法穷尽列举,所以用一条兜底条款规定,具体由审判机关掌握。

6.确认判决。确认判决指的是人民法院通过对被诉具体行政行为的审查,认为被诉的具体行政行为无须履行、无可撤销的内容、不能成立或者无效时,对行政机关或者组织的具体行政行为所作出的判决。这也是在诉讼法之外增设的诉讼判决形式。《最高人民法院关于执行〈中华人民共和国行政诉讼法〉若干问题的解释》第五十七条规定,人民法院认为被诉具体行政行为合法,但不适宜判决维持或者驳回诉讼请求的,可以作出确认其合法或者有效的判决。

人民法院还可以对税务具体行政行为作出确认违法或者无效的判决,当出现下列情况可确认判决:一是税务机关不履行法定的职责,但判决责令其履行法定职责已无实际意义的时候;二是被诉的具体行政行为违法,但不具有可撤销的内容的;三是被诉的税务具体行政行为依法不成立或者无效的。

(三)税务行政诉讼案件的二审判决

税务行政诉讼案件的二审判决是第二审人民法院适用第二审程序进行审理后对税务行政诉讼案件所作的判决。税务行政诉讼案件的二审判决主要有如下形式:

1.维持原判。维持原判指的是二审人民法院通过对上诉税务行政案件的审理,确认原审行政判决认定的事实清楚,适用法律、法规正确,从而作出的驳回上诉人的上诉,维持原审判决的判决。

维持原判必须具备两个条件,一是认定事实清楚,即第一审的判决对税务具体行政行为合法性的裁判有可靠的事实基础和确凿的证据支持,也就是原审的每一个判决事项都有相应的事实根据支持,每一个事实都有充分的证据证明,每一个证据都是依法取得的真实证据。二是适用法律、法规正确,即第一审判决在正确认定事实的基础上,严格按照法定程序,准确适用了法律法规的规定,从而对所争议的税务具体行政行为作出公正的判决。

2.依法改判。依法改判指的是二审人民法院通过对上诉税务行政案件的审理,判决改变原审判决对被诉具体行政行为合法性的判定。它是第二审人民法院以判决形式直接改正第一审法院错误的判决。根据《中华人民共和国行政诉讼法》第六十一条规定,第二审人民法院审理上诉税务行政案件依法改判的情况有:一是原审判认定事实清楚,但适用法律、法规错误。即肯定事实部分,这是改判适用的前提;同时,一审由于错误地适用了法律、法规,所以构成改判的理由。二是原判决认定的事实不清,证据不足,或者是违反法定程序可能影响案件的正确判决。前者是所认定的事实缺少证据的支持，导致一审判决发生错误；后者是程序的不公正或者不合法导致人民法院的审判不可能客观公正。

人民法院审理上诉税务行政案件，需要改变原审判决的，应当同时对被诉的具体税务行政行为作出判决，也就是说，第二审人民法院改判时应当对原审判决和被诉的税务具体行政行为的合法性都作出判决。

3. 撤销原判、发回重审。撤销原判、发回重审指的是二审人民法院经过对上诉税务行政案件的审理，认为原审判决认定的事实不清，证据不足，或者由于违反法定程序可能影响案件的正确判决，或者原审判决遗漏了必须参加诉讼的当事人的诉讼请求，或者原审法院不应当受理，所作出的撤销原审判决，将案件发回原审人民法院，要求原审人民法院重新审理并作出判决的裁定。

根据《最高人民法院关于贯彻执行〈中华人民共和国行政诉讼法〉若干问题的意见（试行）》第七十八条规定，第二审人民法院发回第一审人民法院重新审理的行政案件，原审人民法院应当另行组成合议庭进行审理。也就是原合议庭的成员都必须更换，避免原来的成员对案件的思维定势，或者偏见的存在。

二、税务行政诉讼案件的裁定

税务行政诉讼案件的裁定指的是人民法院针对税务行政诉讼程序问题所作出的司法裁决。实际上，税务行政诉讼案件的裁定是人民法院对涉税案件中程序问题所作出的处理决定，一般不涉及实体问题。它在诉讼的任何阶段都可以作出（一个案件可能有多个裁定）。税务行政诉讼案件的裁定除了不予受理、驳回起诉和管辖异议可以依法提起上诉外，其他的都不能提起上诉。

根据《最高人民法院关于贯彻执行〈中华人民共和国行政诉讼法〉若干问题的意见（试行）》第七十一条规定精神，税务行政诉讼案件裁定的适用范围主要有起诉不予受理、驳回起诉、诉讼期间停止具体行政行为的执行或者驳回停止执行的申请、财产保全和先予执行、准许或者不准许撤诉、中止或者终结诉讼、补正判决书中的笔误、中止或者终结执行以及其他需要裁定的事项等。而根据《最高人民法院关于执行〈中华人民共和国行政诉讼法〉若干问题的解释》第四十四条规定，人民法院应当裁定不予受理或者已经受理必须驳回起诉的情况主要有：

1. 原告的请求事项不属于行政审判权范围的，即不属于税务行政诉讼案件受案范围的起诉事项。如税务机关与原告在工程款项结算问题上产生争议，不是行政行为导致的结果，属于民事案件。

2. 起诉人无原告诉讼主体资格的，如起诉人是适格原告的下属机构，起诉人不是具体税务行政行为的直接对象并且与被诉的具体行政行为不具有利害关系等。

3. 起诉人错列被告并且拒绝变更的，如作出某具体行政行为的是具有执法主体资格的稽查局，而原告起诉的是与之平行的征收局，人民法院告知原告必须变更被诉对象，而原告拒绝更换的，人民法院有权裁定不予受理或者驳回起诉。

4. 法律规定必须由法定或者指定代理人、代表人为诉讼行为的，未由法定或者指定代理人、代表人为诉讼行为的。如某十一岁少年在彩票摸奖中意外所得但拒缴个人所得税，被地方税务局稽查局处理后提起税务行政诉讼，由于该起诉人不具备完全诉讼行为能力，根据法律规定必须由法定代理人代为诉讼。

5. 由诉讼代理人代为起诉，其代理不符合法定要求的。我们知道，受当事人、法定代理人的委托，委托代理人可以进行行政诉讼，根据《最高人民法院关于贯彻执行〈中华人民共和国行政诉讼法〉若干问题的意见(试行)》第二十四条规定，当事人委托诉讼代理人，应向人民法院提交授权委托书。委托书应载明委托事项和权限范围，并经人民法院审查同意。

6. 起诉超过法定期限且无正当理由的。起诉超过法定期限包括诉讼法第三十九条、第四十条《贯彻意见》第三十五条和《若干解释》第四十一条以及另有法律的规定等。

7. 根据《中华人民共和国税收征收管理法》规定必须复议前置的情况，起诉人未履行复议手续。

8. 起诉人重复起诉的。重复起诉的情况可能是具有共同管辖的两个人民法院同时收到起诉状的，也可能是对已经判决的同一事实和行为不提起上诉而是再提起诉讼的。

9. 已撤回起诉，无正当理由再提起诉讼的。

10. 起诉标的为生效判决的效力所羁束的。这是对税务具体行政行为合法性的拘束力问题的规定。被诉的税务具体行政行为如果是在其他生效的行政判决书中已经被确认，纳税人、扣缴义务人就不能提起行政诉讼。这是因为法院的审判对税务具体行政行为合法性的认定有约束力，如果纳税人、扣缴义务人提起诉讼而人民法院再次受理，可能出现对同一税务具体行政行为的合法性作出不同的认定，当事人就无法执行生效的判决。

11.起诉不具备其他法定要件的。

三、税务行政诉讼的决定

税务行政诉讼的决定指的是人民法院对税务行政诉讼过程中发生的就判决、裁定范围以外涉及诉讼的事项所作的判定。税务行政诉讼的决定一经作出,即具备法律效力,当事人必须遵守和执行。

税务行政诉讼决定的适用范围主要有:

(一)作出管辖变动决定

下级人民法院对其管辖的第一审税务行政案件认为需要由上级人民法院审判的,可以报请上级人民法院决定。上级人民法院有权审判下级人民法院管辖的第一审税务行政案件,也可以把自己管辖的第一审税务行政案件移交下级人民法院审判。有权管辖的人民法院由于特殊原因不能行使管辖权的,由上级人民法院指定管辖。人民法院管辖权发生争议的,由争议双方协商解决,协商不成的,报请他们的共同上级指定管辖。人民法院确定这种管辖变动时,应当以决定方式进行。

(二)作出合并审理决定

《最高人民法院关于执行〈中华人民共和国行政诉讼法〉若干问题的解释》第四十六规定,人民法院可以决定对一些税务行政诉讼案件进行合并审理,如两个(或者两个以上)税务机关分别依据不同的法律、法规对同一事实作出具体税务行政行为,纳税人、扣缴义务人不服向同一级人民法院提起诉讼的;税务机关就同一事实对若干个纳税人、扣缴义务人分别作出具体税务行政行为,纳税人、扣缴义务人不服分别向同一级人民法院提起诉讼的;在诉讼过程中,作为被告的税务机关对作为原告的纳税人、扣缴义务人作出新的具体税务行政行为,原告不服向同一级人民法院提起诉讼的。以及人民法院认为可以合并审理的其他情形。

(三)作出是否延长诉讼期限的决定

纳税人、扣缴义务人因不可抗力或者其他特殊情况耽误法定期限的,在障碍消除后的10日内,可以向人民法院提出要求延长起诉期限的申请。人民法院在街道申请后,经过审查,如果认为该申请有正当理由,即可作出延长起诉期限的决定,如果认为当事人的申请无正当理由,则应当作出依法驳回当事人申请的决定。

(四)作出有关人员回避的决定

当事人认为审判人员(包括书记员、翻译人员、鉴定人和勘验人)与本案有利害关系或者有可能影响公正审判的其他关系，有权以口头或者书面方式申请审判人员回避。审判人员也可以自己申请回避。书记员、翻译人员、鉴定人和勘验人是否回避由审判长决定；审判人员是否回避由院长决定。如果由院长担任审判长，是否回避由审判委员会决定。回避的决定必须在申请人申请的 3 日内作出决定。

（五）作出采取行政诉讼强制措施的决定

根据《中华人民共和国行政诉讼法》第四十条规定，诉讼参与人或者其他人员有以暴力、威胁或者其他方法阻碍人民法院工作人员执行职务或者扰乱人民法院工作秩序等六种情况的，人民法院可以根据情节轻重予以训诫、责令具结悔过或者处以一千元以下的罚款、15 日以下的拘留等强制措施。

（六）作出提起再审的决定

对于已经发生法律效力的判决、裁定，发现有违反法律、法规规定，需要再审的，应当由人民法院的院长提交给审判委员会。审判委员会作出是否再审的决定。

第十节　税务行政诉讼的执行程序

一、税务行政诉讼执行概述

税务行政诉讼案件的执行指的是人民法院执行组织和享有执行权的税务机关依照法定程序，运用国家强制力，强制义务人履行已经发生法律效力的人民法院的税务行政案件判决、裁定和行政赔偿决定书、行政赔偿调解书以及税务机关的具体税务行政行为所确定的义务的活动。

税务行政诉讼的执行程序不是必经程序，如果当事人自动履行了其法定的义务，就不存在执行程序。税务行政诉讼的执行程序应当具备的主要条件有：一是执行机关实施的执行行为依据是已经发生法律效力的法律文书，包括行政判决书、行政裁定书、行政赔偿判决书和行政赔偿调解书；二是该法律文书必须有可以执行的内容，即确定义务人的具体义务的执行标的，如给付义务（即赔偿）、重新作出具体税务行政行为的义务等；三是必须以义务人在法定期间逃避或者拒绝履行义务为前提，即被执行人有能力履行而拒不履行的；四是申请人民法院执行的，必须由权利人在法定有效期间内提出申请，审判人员移交或者其他人民法院交办委托，才能生效。当事人有依法向人民法院申请强制执行的权利，但是这种权利是受保护期限限制的。申请人是公民的，申请执行行政判决书、行政裁定书、行政赔偿判决书和行政赔偿调解书的期限为1年，申请人是法人的，期限为180日。

二、税务行政诉讼的执行主体、根据和对象

(一)税务行政诉讼的执行主体

税务行政诉讼的执行主体指的是税务行政诉讼执行法律关系的主体，包括执行组织、执行当事人和执行参加人等。

1. 税务行政诉讼的执行组织。税务行政诉讼的执行组织指的是依法有权进行税务行政诉讼执行活动，采取执行强制措施的国家机关。

人民法院有对发生法律效力的税务行政裁判行使强制执行的权力，《最高人民法院关于执行〈中华人民共和国行政诉讼法〉若干问题的解释》第八十五条规定，发生法律效力的行政判决书、行政裁定书、行政赔偿判决书和行政赔偿调解书，由第一审人民法院执行。第一审人民法院认为情况特殊需要第二审人民法院执行的，可以报请第二审人民法院执行；第二审人民法院可以决定由其执行，也可以决定由第一审人民法院执行。第八十九条规定，行政机关申请人民法院强制执行其具体行政行为，由申请人所在地的人民法院受理；执行对象为不动产的，由不动产所在地的基层人民法院受理。基层人民法院认为执行确实有困难的，可以报请上级人民法院执行，上级人民法院可以决定由其执行，也可以决定由下级人民法院执行。

享有执行权的税务机关也可以进行税务行政诉讼的执行。根据《中华人民共和国行政诉讼法》第六十五条规定，公民、法人或者其他组织拒绝履行判决、裁定的，行政机关可以向第一审人民法院申请强制执行，或者依法强制执行。根据《中华人民共和国税收征收管理法》第四十条规定，从事生产、经营的纳税人、扣缴义务人未按照规定的期限缴纳或者解缴税款，纳税担保人未按照规定的期限缴纳所担保的税款，由税务机关责令限期缴纳，逾期仍未缴纳的，经县以上税务局(分局)局长批准，税务机关可以采取书面通知其开户银行或者其他金融机构从其存款中扣缴税款；以及扣押、查封、依法拍卖或者变卖其价值相当于应纳税款的商品、货物或者其他财产，以拍卖或者变卖所得抵缴税款的强制执行措施。税务机关采取强制执行措施时，对前款所列纳税人、扣缴义务人、纳税担保人未缴纳的滞纳金同时强制执行。法律的明确授权使得税务机关成了税务行政诉讼的执行主体。

2.税务行政诉讼执行的当事人。税务行政诉讼执行的当事人指的是申请人和被执行人。申请人一般是指执行根据所确定的享有权利的一方当事人。即在当事人拒绝履行人民法院发生法律效力的判决、裁定或者行政机关的具体行政行为时,向人民法院申请执行的一方为申请执行人,对方当事人就是被申请执行人。税务行政诉讼执行的当事人就是第一审税务行政案件中为原告、被告或者第三人的税务行政案件当事人。纳税人、扣缴义务人可以成为申请人,也可能成为被执行人;税务机关可能成为申请执行人,也可能成为被申请执行人。由于税务机关本身具有强制执行主体资格,所以也可以充当执行人。

3.税务行政诉讼执行的参与人。税务行政诉讼执行的参与人指的是执行组织的执行人员和税务行政诉讼执行当事人以外的参与税务行政诉讼执行程序的人。其中包括执行异议人和协助执行人。前者指没有参加执行程序的案外人,对执行标的有主张的实体权利,因提出异议而参加执行程序的人;后者指执行标的物的占有者或者与完成执行有密切联系并负有不可推卸的协助义务的单位和个人。

(二)税务行政诉讼的执行根据

税务行政诉讼的执行根据指的是税务行政诉讼执行申请人据以提出执行申请和人民法院据以采取执行措施的生效法律文书。税务行政诉讼的执行根据包括已经生效的人民法院制作的法律文书和税务机关制作的已经生效的法律文书。

1.人民法院的生效行政判决书。行政判决书是人民法院就税务行政诉讼当事人的行政争议所做的处理决定,把这种判决内容依一定格式制作而成的法律文书,就是行政判决书。人民法院对税务行政案件的判决书的形式包括:维持被诉的税务具体行政行为、判决撤销或者部分撤销被诉的税务具体行政行为、判处变更被诉的税务行政处罚、判决确认被诉的税务具体行政行为合法或者违法、判决被告履行法定职责等。人民法院作出了判决,就意味着界定了税务行政诉讼当事人的权利和义务,负义务一方的当事人拒绝履行,行政判决书就成为税务行政诉讼的执行依据。

2.人民法院的生效行政裁定书。行政裁定书是人民法院就税务行政案件的诉讼程序问题所作出的处理决定,把裁定内容依一定格式制作的法律文书,就是行政裁定书。人民法院生效的行政裁定主要有具体的执行内容,可以作为税务行政诉讼的执行依据。如财产保全裁定书、先予执行裁定书以及诉讼期间停止具体行政行为的执行裁定书等。

3. 人民法院的生效行政赔偿判决书。人民法院作出的有关金钱赔偿、返还财产或者恢复原状等行政赔偿判决，都是税务行政诉讼的执行依据。

4. 税务机关的生效行政处理决定书。税务机关依职权作出的、生效的处罚决定书、没收非法所得的决定书等，是税务机关依法执行的依据；税务机关申请人民法院执行其作出的具体行政行为时，其提出的执行依据就是行政处理决定书。

5. 税务行政复议决定书。根据《中华人民共和国行政复议法》第三十三条规定精神，申请复议的纳税人、扣缴义务人逾期不提起税务行政诉讼又不履行复议决定的，税务机关可以依法强制执行，或者申请人民法院强制执行。如果是维持原税务具体行政行为的复议决定，由作出具体行政行为的税务机关执行或者向人民法院申请；如果是变更具体行政行为的决定，则由复议机关执行或者向人民法院提出强制执行申请。

(三)税务行政诉讼的执行对象

税务行政诉讼的执行对象指的是税务行政诉讼的执行依据所确定的、税务行政诉讼组织的执行活动或者行为所指向的客体，一般是指财物。

三、税务行政诉讼的执行措施

税务行政诉讼的强制执行措施，指的是享有税务行政案件执行权的人民法院或者税务机关依照法定程序，执行根据依法强制不履行法律文书所确定义务的当事人履行义务的方法和手段。

(一)税务机关的强制执行措施

1. 扣押、拍卖商品或货物。根据《中华人民共和国税收征收管理法》第三十七条规定，对未按照规定办理税务登记的从事生产、经营的纳税人以及临时从事经营的纳税人，由税务机关核定其应纳税额，责令缴纳；不缴纳的，税务机关可以扣押其价值相当于应纳税款的商品、货物。扣押后缴纳应纳税款的，税务机关必须立即解除扣押，并归还所扣押的商品、货物；扣押后仍不缴纳应纳税款的，经县以上税务局(分局)局长批准，依法拍卖或者变卖所扣押的商品、货物，以拍卖或者变卖所得抵缴税款。

2. 采取税收保全措施。根据《中华人民共和国税收征收管理法》第三十八条规定，税务机关有根据认为从事生产、经营的纳税人有逃避纳税义务行为的，可以在规定的纳税期之前，责令限期缴纳应纳税款；在限期内发现纳税人有明显的转移、隐匿其应纳税的商品、货物以及其他财产或者应纳税的收入迹象的，税务机关可以责成纳税人提供纳税担保。如果纳税人不能提供纳税担保，经县以上税务局（分局）局长批准，税务机关可以采取包括书面通知纳税人的开户银行或者其他金融机构冻结纳税人的金额相当于应纳税款的存款或扣押、查封纳税人的价值相当于应纳税款的商品、货物或者其他财产在内的税收保全措施。

3.税收强制执行措施。根据《中华人民共和国税收征收管理法》第四十条规定，从事生产、经营的纳税人、扣缴义务人未按照规定的期限缴纳或者解缴税款，纳税担保人未按照规定的期限缴纳所担保的税款，由税务机关责令限期缴纳，逾期仍未缴纳的，经县以上税务局（分局）局长批准，税务机关可以采取包括书面通知其开户银行或者其他金融机构从其存款中扣缴税款和；扣押、查封、依法拍卖或者变卖其价值相当于应纳税款的商品、货物或者其他财产，以拍卖或者变卖所得抵缴税款在内的强制执行措施。

税务机关还可以通知出境管理机关阻止欠税人出境，根据《中华人民共和国税收征收管理法》第四十四条规定，欠缴税款的纳税人或他的法定代表人需要出境的，应当在出境前向税务机关结清应纳税款、滞纳金或者提供担保。未结清税款、滞纳金，又不提供担保的，税务机关可以通知出境管理机关阻止其出境。

税务机关在采取以上措施的时候，必须注意：

(1)对扣押的鲜活、易腐烂变质或者易失效的商品、货物，税务机关根据被扣押物品的保质期，可以缩短前款规定的扣押期限。

(2)纳税人在前款规定的限期内缴纳税款的，税务机关必须立即解除税收保全措施；限期期满仍未缴纳税款的，经县以上税务局（分局）局长批准，税务机关可以书面通知纳税人的开户银行或者其他金融机构从其冻结的存款中扣缴税款，或者依法拍卖或者变卖所扣押、查封的商品、货物或者其他财产，以拍卖或者变卖所得抵缴税款。其他财产，包括纳税人的房地产、现金、有价证券等不动产和动产。

个人及其所扶养家属维持生活必需的住房和用品，不在税收保全措施的范围之内。机动车辆、金银饰品、古玩字画、豪华住宅或者一处以外的住房不属于这里所称的个人及其所扶养家属维持生活必需的住房和用品。税务机关对单价五千元以下的其他生活用品，不采取税收保全措施。

(3)纳税人在限期内已缴纳税款，税务机关未立即解除税收保全措施，使纳税人的合法利益遭受损失的，税务机关应当承担赔偿责任。

税务机关采取强制执行措施时，对前款所列纳税人、扣缴义务人、纳税担保人未缴纳的滞纳金同时强制执行。

个人及其所扶养家属维持生活必需的住房和用品，不在强制执行措施的范围之内。这里所称的个人所扶养家属，是指与纳税人共同居住生活的配偶、直系亲属以及无生活来源并由纳税人扶养的其他亲属。

(4)采取税收保全措施、强制执行措施的权力，不得由法定的税务机关以外的单位和个人行使。

(5)税务机关采取税收保全措施和强制执行措施必须依照法定权限和法定程序，不得查封、扣押纳税人个人及其所扶养家属维持生活必需的住房和用品。机动车辆、金银饰品、古玩字画、豪华住宅或者一处以外的住房不属于这里所称的个人及其所扶养家属维持生活必需的住房和用品。税务机关对单价五千元以下的其他生活用品，不采取税收强制执行措施。这里所称的个人所扶养家属，是指与纳税人共同居住生活的配偶、直系亲属以及无生活来源并由纳税人扶养的其他亲属。

(6)税务机关滥用职权违法采取税收保全措施、强制执行措施，或者采取税收保全措施、强制执行措施不当，使纳税人、扣缴义务人或者纳税担保人的合法权益遭受损失的，应当依法承担赔偿责任。

(7)税务机关扣押商品、货物或者其他财产时，必须开付收据；查封商品、货物或者其他财产时，必须开付清单。

(8)税务机关、税务人员查封、扣押纳税人个人及其所扶养家属维持生活必需的住房和用品的，责令退还，依法给予行政处分；构成犯罪的，依法追究刑事责任。

(二)人民法院对税务行政相对人采取的强制执行措施

1. 冻结、划拨纳税人、扣缴义务人的存款。人民法院根据执行裁定，可以依法通知金融机构不准被执行纳税人、扣缴义务人提取使用或者转移自己的存款，或者通过金融组织将被执行纳税人、扣缴义务人的存款从其账户上，按照人民法院协助通知书规定的数额划入申请执行的税务机关专用账户，以抵缴税款。

2. 查封、扣押、拍卖被执行纳税人、扣缴义务人的财产。人民法院可以对被执行纳税人、扣缴义务人的财产就地封存，不准任何人转移或者处理；可以把被执行纳税人、扣缴义务人的财产送到指定场所加以扣留，不准被执行纳税人、扣缴义务人占有、使用和处分；可以对已经查封、扣押的财物以公平竞争的形式出价，确定被拍卖财产的价金，并将其出卖给最高价格的买进人，就其卖得价金抵交税款等。

人民法院在采取以上强制执行措施时，必须注意：

(1)采取以上强制执行措施时,必须报经人民法院院长批准。

(2)被执行人是公民的,应当通知本人或者其成年家属到场;被执行人是法人的,应当通知其法定代表人或者主要负责人到场。拒绝到场的,不影响执行。

(3)对查封、扣押的财产造具一式两份的清单,由在场人签章,被执行人与人民法院各保留一份。

(4)冻结、查封、扣押和拍卖被执行人的财物,以不超过执行标的为范围,同时注意不能触及被执行人及所抚养家属的生活必需品和生活必需费用。

(5)由于执行不当给对被执行财产造成损失的,由人民法院承担责任。如果人民法院指定被执行人负责保管,因被执行人的过错造成损失的,由被执行人承担责任。

(三)人民法院针对税务机关履行判决、裁定可以采取的相应措施

根据《中华人民共和国行政诉讼法》第六十五条规定精神,作为税务行政诉讼当事人一方的税务机关,同样必须履行人民法院发生法律效力的判决、裁定。如果税务机关拒绝履行判决、裁定的,第一审人民法院可以采取以下措施:

1.对应当归还的罚款或者赔偿金,通知银行从该税务机关的账户内划拨。法律赋予人民法院从当事人账户中直接划拨款项的权力不仅适用于对纳税人、扣缴义务人,同样也适用于对拒绝履行生效法律文书的税务机关。但是从税务机关经费账户上划拨款项的前提有三:一是税务机关拒绝履行生效的法律判决或者裁定;二是应作为当事人之一的纳税人、扣缴义务人的申请;三是划拨的款项只限于应当归还的罚款和应当支付的赔偿金。

2.在规定的期限内不履行的,从期满之日起,对该税务机关按日处五十元至一百元的罚款。人民法院可以对税务机关采取执行罚的手段,迫使税务机关履行应当履行的义务。如果税务机关拒绝缴纳,人民法院同样可以从该税务机关的账户直接划拨。

3.向该税务机关的上一级税务机关或者监察、人事机关提出司法建议。接受司法建议的机关,根据有关规定进行处理,并将处理情况告知人民法院。司法建议是一种间接执行措施。司法建议是人民司法的一项重要制度,它是人民法院行使审判权时,对与案件有关但不属于人民法院审判所能解决的问题,向有关单位或者个人提出合理建议,以促使问题的解决。

4.拒不履行判决、裁定,情节严重构成犯罪的,依法追究主管人员和直接人员的刑事责任。负责执行的人民法院将有关犯罪事实材料转移给同级人民

检察院，由人民检察院负责依法追究主管人员和直接人员的刑事责任。

5.对主要负责人或者直接责任人处以一千元以下的罚款。根据《最高人民法院关于执行〈中华人民共和国行政诉讼法〉若干问题的解释》第九十六条规定精神，税务机关拒绝履行人民法院生效审判的，人民法院可以对税务机关的主要负责人或者直接责任人处以一千元以下的罚款。需要注意的是，这条处罚属于并处范围，可以与第三点的司法建议并用。

四、税务行政诉讼的执行中止和执行终结

（一）税务行政诉讼的执行中止

1.税务行政诉讼执行中止的概念。税务行政诉讼执行中止指的是在执行过程中，由于法定事由的出现，暂时中断执行，待事由消失后，执行程序再继续进行的程序制度。

2.税务行政诉讼执行中止的事由。根据最高人民法院在《关于贯彻执行〈中华人民共和国行政诉讼法〉若干问题的意见（试行）》的第九十五条规定，人民法院应当裁定中止执行的情形包括：

一是申请人表示可以延期执行的。申请执行已经生效的法律文书是申请人的权利，在不影响社会公共利益和他人权利的前提下，申请人可以在一定范围内处分自己的权利，包括要求延期执行法律文书，人民法院应当尊重申请人的选择。和民事诉讼以及其他行政诉讼不同的是，申请人是纳税人、扣缴义务人的话，其要求中止执行税务行政诉讼的生效法律文书，人民法院经过审查，如果不是迫于压力，而是自己意愿的准确表达，当然可以裁定执行中止。但是，如果是税务机关作为申请人，人民法院是否应当裁定中止执行呢？由于税务机关的权力来自于《中华人民共和国税收征收管理法》等的授权，是宪法、法律的执行机关，税务机关无权放弃或者处置自己的职权。所以对税务机关的申请中止执行，人民法院应当在维持税收秩序和保护纳税人、扣缴义务人合法权利之间作出权衡。

二是案外人对执行标的提出确有理由的异议的。在税务案件执行过程中，案外人对执行标的提出与法律文书所确定的内容有不同的意见，并主张实体权利的，称为执行异议。这里所谓的确有理由指的是案外人提供了充分的证据或者经过执行员调查取证，认为继续执行会侵犯或者可能侵犯案外人的合法权利等。执行员对执行异议进行审查后认为执行异议确有理由的，应当报请院长批准，裁定中止执行。

三是作为一方当事人的公民死亡，需要等待继承人继承权利或者承担义

务的。作为税务行政诉讼当事人一方的纳税人、扣缴义务人拒绝履行生效的法律文书规定的义务，税务机关申请人民法院强制执行。如果被执行的纳税人、扣缴义务人是公民，而且正好该公民死亡了。由于当事人的死亡导致有关的权利义务失去了承受人，执行工作就无法进行。等待死亡当事人的承继人承担义务后再继续执行。

四是作为一方当事人的法人或者其他组织终止，尚未确定权利承受人的。被执行的纳税人、扣缴义务人是法人或者其他组织的，如果该法人或者其他组织被撤销或者解散，其所享受的权利和所承担的义务由谁承受还未确定的，执行程序应当中止。

五是人民法院认为应当中止的其他情形。这是兜底条款，就是以上规定外的其他不可预料的情况，如被执行人失踪等，人民法院可以根据实际情况作出中止执行的裁定。

当事人对中止执行的裁定不得上诉，也不得申请复议。当中止执行的原因消失后，应当立即恢复执行。

（二）税务行政诉讼的执行终结

1.税务行政诉讼执行终结的概念。税务行政诉讼的执行终结指的是在税务行政案件判决、裁定执行开始后，由于出现了某种法定的特殊原因使得执行工作没有必要或者不可能进行下去，并且将来也不再执行，从而结束执行程序的制度。

2.税务行政诉讼执行终结的事由。根据最高人民法院《关于贯彻执行〈中华人民共和国行政诉讼法〉若干问题的意见（试行）》第九十五条规定精神，税务行政诉讼执行终结的事由主要包括：

一是申请人撤销对税务机关执行申请的。作为当事人一方的纳税人、扣缴义务人可以根据自己的意愿，在不损害国家利益和他人权利的前提下，处分自己的权利，申请撤销自己提出的执行申请，是其放弃要求执行权利的表现，经过人民法院的批准，执行程序即告终结。

二是据以执行的法律文书被撤销的。生效的法律文书是人民法院据以执行的依据，如果出现生效的税务行政处理决定书被税务机关自己或者上级撤销，法院的生效判决经过再审程序可以被原判决、原裁定撤销，也可能被上级人民法院撤销的情况，执行就失去了依据，所以只能终止执行。

如果法律文书的部分内容被撤销，未被撤销的部分应当继续执行。

三是作为公民的纳税人、扣缴义务人死亡，无遗产可供执行，又无义务承担人的。在执行过程中被执行人死亡，有遗产可供执行或者有义务承担者的，应当中止执行，待确定继承人或者更换被执行人后，再恢复执行。作为公民的纳税人、扣缴义务人死亡，无遗产可供执行，又无义务承担人的，就只能终止执行。

第二十三章　税务行政赔偿

第一节　税务行政赔偿概述

一、税务行政赔偿的概念

税务行政赔偿指的是税务机关及税务人员在行使职权过程中违法侵犯纳税人、扣缴义务人合法权益并且造成损害，国家对此承担的赔偿责任。《中华人民共和国税收征收管理法》第八条规定，纳税人、扣缴义务人对税务机关所作出的决定，享有陈述权、申辩权；依法享有申请行政复议、提起行政诉讼、请求国家赔偿等权利。

1.税务行政赔偿是国家的责任赔偿，即税务行政赔偿的主体是国家，而不是税务机关或者税务人员。国家与税务机关、税务人员之间存在委托代理的法律关系，虽然税务机关实施税务管理、税收征收活动时都以所属税务机关的名义进行，但是在法律上它是代表国家实施的，无论合法或者违法，其后果都由国家承担。所以在税务行政赔偿中，税务机关是赔偿义务机关，而不是赔偿主体；税务人员不对受害的纳税人、扣缴义务人承担赔偿责任；国家承担税务行政赔偿的整体责任。

2.税务行政赔偿是国家对税务行政侵权行为所承担的赔偿责任。我们知道，国家是国家赔偿的主体，而国家赔偿是对国家权力活动中的侵权行为，由国家承担赔偿责任的法律制度。它包括民事赔偿责任、司法赔偿责任、军事赔偿责任等。行政赔偿属于国家赔偿中的一个组成部分，而行政赔偿又包括所有由国家机关实施的行政侵权所引起的责任赔偿，税务行政赔偿包含于行政赔偿的范畴。特定的赔偿责任是与特定的侵权行为相对应的，税务行政赔偿是而且只能是国家对税务行政管理过程中的侵权行为承担的赔偿责任。

3.税务行政赔偿是国家对税务机关及税务人员的侵权行为承担的赔偿责任。它包括三个方面的内容：一是只有税务机关及税务人员执行税务行政职权的行为，才能引起税务行政赔偿的发生；二是税务机关及税务人员执行税务行政职权时，侵犯了纳税人、扣缴义务人的合法权益，没有侵犯纳税人、扣缴义务人的合法权益，就不存在税务行政赔偿问题；三是税务机关及税务人员侵犯纳税人、扣缴义务人合法权益的职务行为，只有在违法的情况下作出的，才能引起税务行政赔偿的发生。

4.税务行政赔偿是国家对其合法权益受到税务行政侵权行为损害的纳税人、扣缴义务人承担的赔偿责任。能够提起税务行政赔偿请求的只能是纳税人、扣缴义务人，而具备提起税务行政赔偿请求资格的纳税人、扣缴义务人，必须是存在其合法权益受到税务行政权力侵害的事实，也就是其依法享有的人身权、财产权受到税务机关及税务人员的侵害，才能提出赔偿请求。

二、税务行政赔偿的违法归责原则

（一）违法归责原则

违法归责原则指的是税务机关及税务人员在执行职务过程中，违反法律、法规造成纳税人、扣缴义务人权益损害的，国家即承担赔偿责任。1995 年 1 月 1 日起实施的《中华人民共和国国家赔偿法》第二条规定，国家机关和国家机关工作人员违法行使职权使公民、法人和其他组织合法权益造成损害的，受害人有依照本法取得国家赔偿的权利。也就是说，国家赔偿以行政人员行为违法为归责标准，而不问过错的有无。

不同国家对行政赔偿采取不同的归责原则，如法国采用以公务员过错原则为主，无过错责任为辅的原则，美国采取以主观过错与违法双重归责原则，我国采取的是违法原则。

（二）税务行政违法归责原则的适用

1.税务行政违法。税务行政行为违法包括税务机关及税务人员所实施的法律行为违反法律、法规的规定；税务机关及税务人员的事实行为违反法律、法规规定，或者在法律没有明确规定的情况下违反法律的一般原则；税务机关及税务人员具有法定的义务而不作为；税务机关及税务人员滥用职权或者在行使职权过程中没有尽到合理注意的责任。

2.税务行政违法归责原则的适用。税务行政违法是致害行为违法，而不是致害结果违法。因为致害结果可能是由于合法行为引起的，如税务机关依法对拒绝履行纳税义务的纳税人、扣缴义务人实施税收保全措施，尽管产生了对纳税人、扣缴义务人损害的结果，但是税务机关不承担赔偿的责任。我们知道，合法行为引起的损害，只产生修补问题，不引起赔偿。

税务行政行为违法包括作为违法和不作为违法。税务行政作为违法既包括法律行为违法，如税务行政处罚中认定的事实缺乏必要的证据支持，也包括法律事实违法，如税务人员泄露在实施税务检查时了解到的企业的技术秘密等。税务行政的不作为违法指的是税务机关及税务人员负有法定责任而不作为导致纳税人、扣缴义务人合法权益的损害。

三、税务行政赔偿责任的构成要件

税务行政赔偿责任的构成要件指的是国家承担税务行政赔偿责任所必须具备的前提条件。税务行政赔偿责任的构成要件主要包括：

(一)损害事实

税务行政赔偿是国家对税务机关及税务人员在行使职权过程中所造成的损害承担的补偿性法律责任，损害的客观存在是确立税务行政赔偿责任的前提。

1.损害的性质。税务行政行为造成的损害必须是已经发生的、确实存在的事实，也就是受害的纳税人、扣缴义务人能够拿出充分的证据证明其利益的获得已经确定，正是由于税务机关及税务人员的违法行为才导致其合法权益受到损害。同时，这种损害不是一般人所共有的，因为税务机关是代表国家公共利益行使职权的，一切享受公共利益的人都必须承担某种合理的负担，也就是缴纳税收，这种因为纳税负担造成的损失不能引起国家赔偿。需要特别注意的是，违法的利益不受法律的保护，不引起国家赔偿责任。

2.损害的特点。税务行政行为对纳税人、扣缴义务人造成的损害主要指的是合法财产权的损害，而且是指直接的损害，也就是如果不发生税务行政侵权行为，纳税人、扣缴义务人必然能够获得的权益，对于该必然获得权益的损失，国家承担赔偿责任。

税务行政赔偿不是完全责任赔偿，而是只承担一定的赔偿责任。

(二)侵权行为主体

税务行政侵权行为的主体主要是指税务机关和税务人员。税务机关包括各级税务局、税务分局、稽查局和税务所；税务人员指的是依法行使税收管理、征收权力的自然人。

1.税务机关的内设机构没有以自己的名义直接对纳税人、扣缴义务人行使职权的权利，如果出现越权行为并且导致纳税人、扣缴义务人合法权益受到损害的，该税务机关必须承担赔偿责任。

2. 税务所在自己权限范围内实施的侵权行为，由其自身作为赔偿主体；如果是超越权限范围作为导致侵权行为的发生，该税务所所在的税务局是承担赔偿责任的义务机关。

3. 法律、行政法规规定负有代扣代缴、代收代缴税款义务的扣缴义务人，在履行法律、行政法规的规定的代扣代缴、代收代缴税款义务时，是以委托税务机关的名义作为，其行为后果由该税务机关承担。

（三）执行职务的行为违法

职务行为指的是税务机关及税务人员行使职权、履行职责的行为。构成税务行政赔偿要件的执行职务的行为违法包含两方面内容，一是致害行为必须是税务机关、税务人员执行职务的行为；二是该执行职务行为必须是违法的行为。税务机关、税务人员执行职务的行为具体包括：

1. 税务机关为实现管理目的，就具体事件或者对特定的纳税人、扣缴义务人作出直接产生法律效力的行为，如税务行政处罚、税务行政许可、采取税收保全或者强制执行措施、税务检查等。

2. 税务机关及税务人员为了实现税务管理、税收征收目的而实施的不产生或者不直接产生法律效果的行为，以及完全不符合法定必须形式的行为。如送达等。

3. 税务机关负有法定职责而不作为的行为。

（四）因果关系

税务机关及税务人员的职务侵权行为与纳税人、扣缴义务人受到损害的结果之间具有因果关系，即它们之间存在必然的、内在的和本质的联系。国家只对因税务机关及税务人员违法行使职权所引起的纳税人、扣缴义务人的合法权益的损害承担赔偿责任。这里，违法行为是原因，损害事实是结果。

第二节　税务行政赔偿范围

一、税务行政赔偿范围概述

（一）税务行政赔偿范围的含义

税务行政赔偿范围指的是国家对税务机关及税务人员在行使税务行政职

权时侵犯纳税人、扣缴义务人合法权益造成的损害、承担赔偿责任的领域。根据《中华人民共和国国家赔偿法》规定精神，国家对违法行使职权的具体税务行政行为和事实行为造成的损害予以赔偿，而与行使职权无关的个人行为造成的损害和因受害人自己的行为导致的损害以及法律规定的其他免责情形不予赔偿。可见，税务行政赔偿范围指的是导致税务行政赔偿责任的原因行为的范围，即国家对哪些事项承担赔偿责任，对哪些事项不承担赔偿责任。

（二）税务行政赔偿范围的特殊问题

根据《中华人民共和国国家赔偿法》第二章第一节规定精神，税务行政赔偿的范围包括对财产权的损害赔偿以及税务行政赔偿的免责事由。但是对一些行为，如抽象税务行政行为等，国家是否承担赔偿责任，该章没有列举排除事由，所以在实务中易产生争议，为此有必要特别给予关注。

1.抽象税务行政行为。抽象税务行政行为与具体税务行政行为不同，它是指税务机关不针对特定的事项和不特定的纳税人、扣缴义务人制定普遍性行为规则的行为。

尽管我国没有对抽象行政行为违法是否予以赔偿给予明确规定，但是，抽象税务行政行为往往是通过具体税务行政行为实施的，其对纳税人、扣缴义务人造成的损害与具体税务行政行为并没有实质的区别，所以也应当列入国家赔偿的范围。

2.税务行政自由裁量行为。税务行政自由裁量行为指的是法律、法规对税务行政行为的条件、幅度、方式的规定有选择的范围，税务机关可以在法定幅度和范围内进行斟酌、选择而实施的行为。

税务行政自由裁量行为造成对纳税人、扣缴义务人的损害包括两种：一是因违法而引起的损害，如不履行职责或者滥用职权，这属于税务机关及税务人员的违法行为，国家应当承担赔偿责任。二是因不合理而引起的损害，如畸重畸轻等，这属于一般不当，国家不予赔偿。

3.税务机关对税务人员的管理行为。税务机关对税务人员的管理行为包括公务员的奖惩、任免、培训、考核、离退休、工资和休假等决定，是属于内部行政行为的范畴，受特别权力关系规则的调整，不能提起行政诉讼，由此引起的争议由税务机关按照《国家公务员管理条例》解决。

如果税务机关对税务人员的管理行为违法，侵犯了税务人员的合法权益并且造成损失，通过其他行政程序无法获得救济的，可以请求行政赔偿。

4.税务行政事实行为。税务行政事实行为指的是税务机关在行使行政权的过程中作出的不直接决定纳税人、扣缴义务人实体权利义务的行为。

税务行政事实行为不属于行政诉讼范围，因为税务行政诉讼解决的是税务机关行为的法律效力问题，而事实行为对纳税人、扣缴义务人不产生法律效力，不对纳税人、扣缴义务人有拘束力，所以不存在是否撤销问题。但是事实行为侵权造成损害的，为恢复纳税人、扣缴义务人的合法权益，可以提起赔偿请求。

5.法律规定行政机关最终裁决的具体税务行政行为。法律规定行政机关最终裁决的具体税务行政行为在学理上称为终局行为。纳税人、扣缴义务人不能对终局行为提起行政诉讼，但是《中华人民共和国国家赔偿法》并没有将终局行为排除在国家赔偿范围之外。也就是说，具体税务行政行为导致合法权益损害的，纳税人、扣缴义务人可以提起国家赔偿的请求。

二、财产权损害赔偿

在税务行政赔偿领域，财产权指的是狭义意义上的权利，即具有直接经济内容的权利，包括物权、债权、知识产权、继承权、经营权和物质帮助权等。

税务行政行为财产权赔偿的范围：

(一)侵犯财产权的税务行政处罚

侵犯纳税人、扣缴义务人财产权的税务行政处罚主要包括：

1.罚款。罚款是税务机关依法责令违法的纳税人、扣缴义务人承担额外财产负担的处罚形式。罚款是税务机关对违法纳税人、扣缴义务人实施惩处的最常用的手段之一，《中华人民共和国税收征收管理法》对纳税人、扣缴义务人违反税务登记、账簿、凭证管理、纳税申报和接受税务检查等规定的，都作了相应的罚款规定。由于罚款是对纳税人、扣缴义务人财产权的侵犯，所以在处罚的适用条件、种类和数额幅度上都有明确的规定，税务机关必须严格遵守。

根据《中华人民共和国国家赔偿法》第四条第一款规定精神，税务机关及税务人员在行使税务行政职权时有违法实施罚款，侵犯纳税人、扣缴义务人财产权的，受害的纳税人、扣缴义务人有取得赔偿的权利。

2.没收。没收是税务机关依法将纳税人、扣缴义务人的非法所得和非法财物强制无偿收归国家所有的一种处罚形式。如《中华人民共和国税收征收管理法》第二十二条规定，增值税专用发票由国务院税务主管部门指定的企业印制；其他发票，按照国务院税务主管部门的规定，分别由省、自治区、直辖市国家税务局、地方税务局指定企业印制。未经前款规定的税务机关指定，不得印制发票。

同时，第七十一条规定，违反本法第二十二条规定，非法印制发票的，由税务机关销毁非法印制的发票，没收违法所得和作案工具，并处一万元以上五万元以下的罚款；构成犯罪的，依法追究刑事责任。

税务机关没收纳税人、扣缴义务人财物必须严格依照法律、法规的规定进行。税务机关违反法律、法规规定没收纳税人、扣缴义务人财物导致其财产权受到损害的，国家应当承担赔偿责任。

（二）能力罚损害赔偿

能力罚指的是税务机关依法限制或者剥夺违法纳税人、扣缴义务人某项法律上行为的制裁措施。

1.违法停止发票供应。发票指的是在购销商品、提供或者接受服务以及从事其他经营活动中，开具、收取的收付款凭证。

根据《中华人民共和国税收征收管理法》第七十二条规定，从事生产、经营的纳税人、扣缴义务人有本法规定的税收违法行为，拒不接受税务机关处理的，税务机关可以收缴其发票或者停止向其发售发票。

停止发票供应是一种很严厉的制裁措施，根据《中华人民共和国发票管理办法》第二十条规定，销售商品、提供服务以及从事其他经营活动的单位和个人，对外发生经营业务收取款项，收款方应当向付款方开具发票。纳税人、扣缴义务人一旦被停止发票供应，其正常经营秩序必然受到影响。如果税务机关违法实施停止发票供应的制裁措施，造成纳税人、扣缴义务人合法权益损害的，受害人可以提起国家赔偿请求。

2.违法停止办理出口退税。为了鼓励企业参与国际竞争，国家对出口企业实施退税的优惠政策。企业从税务机关办理出口退税，是一种获利行为，而税务机关停止办理纳税人的出口退税，就是对其实施的制裁。

法律对停止办理出口退税有前置性条件规定，这就是《中华人民共和国税收征收管理法》第六十六条规定的，以假报出口或者其他欺骗手段，骗取国家出口退税款的，由税务机关追缴其骗取的退税款，并处骗取税款一倍以上五倍以下的罚款；构成犯罪的，依法追究刑事责任。

对骗取国家出口退税款的，税务机关可以在规定期间内停止为其办理出口退税。

如果税务机关违法实施停止办理出口退税，致使纳税人合法权益受到损害的，纳税人可以向税务机关提起国家赔偿要求。

（三）违法采取税收保全和税收强制措施的损害赔偿

为了确保税款的足额、及时入库，法律赋予税务机关在必要的时候可以扣押商品、货物，拍卖扣押物品，采取税收保全和税收强制措施。即对未按照规定办理税务登记的从事生产、经营的纳税人以及临时从事经营的纳税人，由税务机关核定其应纳税额，责令缴纳；不缴纳的，税务机关可以扣押其价值相当于应纳税款的商品、货物。

但是税务机关在实施这些强制手段的时候，必须严格遵照法律规定的程序、时限、步骤和权限执行，否则就有可能滥用职权，从而导致侵害纳税人、扣缴义务人的合法权益。税务机关违法实施财产强制措施的情况包括五个方面：一是无权税务机关实施该行为，如扣押后仍不缴纳应纳税款的，没有经县以上税务局(分局)局长批准，就拍卖或者变卖所扣押的商品、货物，以拍卖或者变卖所得抵缴税款。二是不履行法律规定的必要手续，如税务机关扣押商品、货物或者其他财产时，没有开付收据；查封商品、货物或者其他财产时，没有开付清单。三是没有对财产尽到保管的义务，如对扣押的鲜活、易腐烂变质或者易失效的商品、货物，税务机关没有根据被扣押物品的保质期，缩短前款规定的扣押期限。四是强制对象错误，对不属于强制对象的财物采取强制措施，侵犯了不相干人的合法权益。五是违反法定的期限，如纳税人在前款规定的限期内缴纳税款的，税务机关没有立即解除税收保全措施等。

如果税务机关违反法律规定，违法采取税收保全和税收强制措施等损害纳税人、扣缴义务人合法权益的，国家必须承担赔偿义务。根据《中华人民共和国税收征收管理法》第三十九条规定，纳税人在限期内已缴纳税款，税务机关未立即解除税收保全措施，使纳税人的合法利益遭受损失的，税务机关应当承担赔偿责任。第四十三条规定，税务机关滥用职权违法采取税收保全措施、强制执行措施，或者采取税收保全措施、强制执行措施不当，使纳税人、扣缴义务人或者纳税担保人的合法权益遭受损失的，应当依法承担赔偿责任。

(四)违法征收的损害赔偿

征收指的是税务机关根据法律、法规的规定，向纳税人、扣缴义务人无偿征集财物的行为。

法律、法规赋予税务机关征收税款的权力，但是税务机关行使该权力的时候必须有法律的依据，否则就属于越权。税务机关违反征收税款的情况主要表现为：一是越权实施税收的开征、停征以及减税、免税、退税、补税，没有依照法律的规定执行。《中华人民共和国税收征收管理法》明确规定，任何机关、单位和个人不得违反法律、行政法规的规定，擅自作出税收开征、停征以及减税、免税、退税、补税和其他同税收法律、行政法规相抵触的决定。二是税务人员在法律规定的情形下没有回避，即税务人员征收税款，与纳税人、扣缴义务人或者税收违法案件有利害关系的，应当回避而没有回避。三是无法律依据多征、不征或者少征税款，如税务人员索贿受贿、徇私舞弊、玩忽职守，不征或者少征应征税款；滥用职权多征税款或者故意刁难纳税人和扣缴义务人，以及违反法律、行政法规的规定提前征收、延缓征收或者摊派税款的情况。四是超越职权范围，征收税款，如国家税务局和地方税务局没有按照国务院规定的税收征收管理范围分别进行征收管理，违反预算级次，实行税款混库。五是拒绝有实际困难并且符合法律规定的纳税人延期缴纳税款的要求，即纳税人因有特殊困难，不能按期缴纳税款的，经省、自治区、直辖市国家税务局、地方税务局批准，但执行机关拒绝延期缴纳税款。六是税务机关征收税款时，没有给纳税人开具完税凭证。扣缴义务人代扣、代收税款时，纳税人要求扣缴义务人开具代扣、代收税款凭证的，扣缴义务人拒绝开具。税务机关违法征收税款，造成纳税人、扣缴义务人损失的，纳税人、扣缴义务人有权要求获得国家赔偿。

另一种情况是没有获得授权的人员违法征收税款的，即未经税务机关依法委托征收税款的，责令退还收取的财物，依法给予行政处分或者行政处罚；致使他人合法权益受到损失的，依法承担赔偿责任。

三、税务行政赔偿的免责范围

税务行政赔偿的免责指的是国家对某些在税务行政管理过程中发生的损害不承担赔偿责任的情形，也就是如果存在法定的可以免除赔偿责任的事实和理由存在，则免除国家行政赔偿责任。根据《中华人民共和国国家赔偿法》第五条规定精神，国家不承担赔偿责任的情形有：

（一）税务人员实施与行使职权无关的个人行为

税务人员在从事与税收的管理征收有关的事务、实施职务行为时，他（她）属于公务员，其行为的法律后果属于国家，由此造成的损害，引起的行政赔偿责任就属于国家；当他（她）以自然人（公民）的身分作为，实施与职务无关的行为，行使的是公民权利或民事权利，其法律后果是民事责任，由自己承担。

（二）受害的纳税人、扣缴义务人自己行为致使损害发生的

受害的纳税人、扣缴义务人自己行为致使损害发生或者扩大的，是纳税人、扣缴义务人对自己的侵权，过错责任在于其本身，后果应当由其自身承担。根据“过失相抵”原则，尽管税务机关具备侵权行为责任，但是纳税人、扣缴义务人存在过失或者过错，包括主观故意和过失，所以在实践中往往把受害纳税人、扣缴义务人的过错与国家行政赔偿责任进行抵消，在赔偿损失时，减轻或者免除国家的赔偿责任。

(三)法律规定的其他情形

国家不承担赔偿责任的情况有多种多样,法律不可能一一列举,因此采取概括式的兜底条款。就税收征收、管理领域而言,大致包括有不可抗力和第三人过错等。

1.不可抗力。不可抗力主要是指不能预见、不可避免并且不能克服的客观情况,也就是由于自然或者非自然的原因产生的使行为人——包括税务人员与纳税人、扣缴义务人——无法抗拒的力量。不可抗力在行政法上也是当事人的免责事由。

需要注意的是,不可抗力是税务机关及税务人员的免责事由,但不是税务机关及税务人员实施违法行为的正当理由。

2.第三人过错。第三人过错指的是纳税人、扣缴义务人遭受的损害是由于第三人的过错造成的。因为第三人过错致使损害发生的,法律上的侵权行为主体是第三人,而不是税务机关及税务人员,所以国家不承担赔偿责任。

第三节　税务行政赔偿的主体

一、税务行政赔偿请求人

(一)税务行政赔偿请求人的概念

税务行政赔偿请求人指的是依法有权向国家请求税务行政赔偿的人。即因税务机关及税务人员违法行使职权行为而使其合法权益受到损害,依法请求国家予以赔偿的纳税人、扣缴义务人。税务行政赔偿请求人具有如下特征:

1.税务行政赔偿请求人必定是税务行政关系中处于相对人的一方,也就是说,税务机关不可能提起税务行政赔偿请求。当然这里所说的相对人既包括其合法权益受到税务机关具体行政行为侵害的直接相对人,也包括受违法行为侵害的第三人。

2.税务行政赔偿请求人是其合法权益受到税务行政活动中的违法行为侵害的人。这里包括三方面的意思,一是对税务行政相对人的侵害是发生在税务行政管理过程中,其他不属于行使职权范围造成的侵害不能提起税务行政赔偿请求,只能提出民事或者刑事赔偿请求;二是属于税务机关及税务人员违法行使职权造成的侵害,如果属于合法行使职权导致的侵害,不能提起税务行政赔偿请求；三是必须是对相对人造成合法权益的侵害，这种侵害不仅发生在税务行政管理过程中，而且是由具体的行政行为引起的。

3.税务行政赔偿请求人必须是以自己的名义请求赔偿的人。也就是说，不能代表他人或者以他人的名义请求国家赔偿，只能是当事人表达自己的意志、为了保护自己的合法权益而提出税务行政赔偿。

4.税务行政赔偿请求人是纳税人、扣缴义务人。在税务行政法律关系中，税务行政相对人只能是纳税人、扣缴义务人。如果该相对人属于作为公民的纳税人、扣缴义务人死亡时，其继承人及其他有抚养关系的亲属可以作为税务行政赔偿请求人；如果该相对人属于作为法人或者其他组织终止时，承受其权利的法人或者其他组织有权要求赔偿。

(二)税务行政赔偿请求人的资格

税务行政赔偿请求人资格指的是特定的纳税人、扣缴义务人成为税务行政赔偿请求人所应当具备的实体法条件，是纳税人、扣缴义务人请求赔偿义务机关履行赔偿责任的法定条件之一。即税务行政赔偿请求人资格解决的是什么样的纳税人、扣缴义务人享有税务行政赔偿请求权，可以按照法定的期限和方式要求赔偿义务机关确认和履行赔偿义务。根据《中华人民共和国国家赔偿法》规定，只要其合法权益受到税务机关及税务人员行使职权的行为侵害的纳税人、扣缴义务人，就享有国家赔偿请求权，就可以成为税务行政赔偿请求人。

税务行政赔偿请求人资格包括实体上的资格和程序上的资格两类。实体上的资格指作为请求人应当具备什么样的主观利益，程序上的资格指请求人行使请求权要具备什么样的行为能力。确认税务行政赔偿请求人的实体资格必须遵循的规则有：

1.税务行政赔偿请求人必须是自己的合法利益受到侵害的纳税人、扣缴义务人。这里包括两方面的意思，一是代为他人请求或者委托他人请求的纳税人、扣缴义务人都不能成为适格的税务行政赔偿请求人。二是这种侵害必须是已经发生，是客观存在的，是对特定的纳税人、扣缴义务人的损害，并且是直接受到税务行政侵权行为的损害。

2.税务行政赔偿请求人必须是其所受损害与税务行政活动中违法行为存在因果关系的纳税人、扣缴义务人。税务行政赔偿请求人在提出税务行政赔偿请求时，必须指出损害系由税务机关及税务人员的侵权行为所引起，是否存在因果关系，可以由税务行政赔偿义务机关或者人民法院认定。

3.税务行政赔偿请求人的赔偿请求事项必须符合《中华人民共和国国家

赔偿法》的规定。税务行政赔偿请求人只能对自己财产权中的物质损害提出赔偿请求，而不能对诸如精神损害等提出赔偿请求。

税务行政赔偿请求人资格的程序性要件一般参照《民法通则》和《中华人民共和国行政诉讼法》的规定执行。如18周岁的正常人可以自己行使税务行政赔偿请求情况等。

（三）税务行政赔偿请求人的范围

根据《中华人民共和国税收征收管理法》第八条规定，纳税人、扣缴义务人对税务机关所作出的决定，享有陈述权、申辩权；依法享有申请行政复议、提起行政诉讼、请求国家赔偿等权利。也就是说，纳税人、扣缴义务人有权提出国家赔偿的请求。而《中华人民共和国税收征收管理法》第四条规定，法律、行政法规规定负有纳税义务的单位和个人为纳税人。法律、行政法规规定负有代扣代缴、代收代缴税款义务的单位和个人为扣缴义务人。可见，纳税人、扣缴义务人包括公民、法人和其他组织。同时，根据《中华人民共和国国家赔偿法》第六条规定，受害的公民、法人和其他组织有权要求赔偿。

1.公民。公民是指具有特定国籍的自然人，包括中国公民和外国公民。受税务行政侵权行为损害的公民在实体上都具有税务行政赔偿请求人的资格，对外国公民，在行使税务行政赔偿请求权时，与中国公民享有同等的权利和必须履行相同的义务。根据《中华人民共和国国家赔偿法》第六条规定，受害的公民本人是税务行政侵权行为的侵害对象的，其本人就是税务行政赔偿的请求人。受侵害的公民死亡的，赔偿请求资格便转移到其继承人和其他有抚养关系的亲属。当然，如果继承人丧失继承权，就失去了税务行政赔偿请求人的资格。如果受害公民是属于限制行为能力或者属于无行为能力的人，其法定代理人可以代为行使税务行政赔偿请求权。

2.法人。根据《民法通则》第三十六条规定，法人是具有民事权利能力和民事行为能力，依法享有民事权利和承担民事责任的组织。其存在要件包括依法成立、有必要的财产或者经费、有自己的名称、组织机构和场所以及能够独立承担民事责任。作为税务行政赔偿请求人的法人包括：一是受害的法人，即其合法权益遭受税务行政行为直接侵害的法人；二是受害的法人终止的，承受其权利的法人或者其他组织就是税务行政赔偿请求人。

3.其他组织。其他组织指的是合法成立、有一定的组织机构和财产，但又没有取得法人资格的社会组织，如依法登记领取营业执照的私营独资企业、合伙企业、合伙联营型企业等。其他组织终止的，承受其权利的法人或者其他组织可以作为税务行政赔偿的请求人。

二、税务行政赔偿义务机关

(一)税务行政赔偿义务机关概述

税务行政赔偿义务机关指的是代表国家处理赔偿请求、支付赔偿费用、参加赔偿诉讼的税务机关。也就是由实施侵权行为的税务机关或税务人员所在的税务机关作为赔偿义务机关。

作为税务侵权赔偿义务机关的税务机关，在办理赔偿事务、履行赔偿责任的过程中必须承担一定的义务，具体包括及时受理和处理赔偿请求，参加税务行政复议和税务行政赔偿诉讼，及时、充分地履行赔偿义务和依法办理追偿事务。

(二)税务行政赔偿义务机关的确认

《中华人民共和国国家赔偿法》第七条、第八条对税务行政赔偿义务机关的确认作出了具体的规定，主要包括：

1.税务行政赔偿义务机关确认的一般情况。税务机关及税务人员行使行政职权侵犯纳税人、扣缴义务人的合法权益造成损害的，该税务机关就是赔偿义务机关。其中，税务机关以自己的名义发布命令，税务人员负责执行，导致纳税人、扣缴义务人合法权益受到损害的，发布命令的税务机关当然就是赔偿义务机关。如果税务机关没有明确的命令，税务人员在执法过程中根据具体情况自行决定实施侵权行为的，由于存在职务委托关系，应当视为是该税务人员所在的税务机关实施的行为，该税务机关必须作为赔偿义务机关。

2.共同侵权的税务行政赔偿义务机关。税务行政执法行为一般是具有独立执法资格的税务机关实施的行为，也就是说，一般不会出现共同侵权的情况。但是作为特例，主要包括：一是税务人员与其他有关机关进行联合执法，如参与整顿与规范市场经济秩序行动的，所有参与联合执法的行政机关都是共同的赔偿义务机关；二是共同赔偿义务机关之间负有连带责任，受害的纳税人、扣缴义务人可以向共同赔偿义务机关中的任何一个赔偿义务机关要求赔偿，该赔偿义务机关应当先予赔偿，然后要求其他行政机关负担部分赔偿费用。

3.法律、法规授权的组织。根据我国法律实际，法律、法规的授权，必须是法律、法规或者规章明文规定的授权，规章以下的规范性文件的授权只能视为委托。《中华人民共和国税收征收管理法》第四条规定，法律、行政法规规定负有代扣代缴、代收代缴税款义务的单位和个人为扣缴义务人。这就表明，扣缴义务人属于法律、法规授权的组织，其在行使职权时侵犯纳税人的合法权益造成损害的，该扣缴义务人为赔偿义务机关。

受税务机关委托的组织或者个人在行使受托职权时侵犯纳税人、扣缴义务人的合法权益造成损害的，委托的税务机关为赔偿义务机关。也就是说，在委托行政中，受税务机关委托的组织及工作人员以委托税务机关的名义对外活动，其行为的后果属于委托的税务机关，当受托的组织执行职务侵权时，由委托的税务机关作为赔偿义务机关，但在赔偿损失后，作为赔偿义务机关的税务机关有权责令有重大过失或者有主观故意的受托组织或者个人承担部分或者全部赔偿费用。同时，《中华人民共和国税收征收管理法》第七十八条规定，未经税务机关依法委托征收税款的，责令退还收取的财物，依法给予行政处分或者行政处罚；致使他人合法权益受到损失的，依法承担赔偿责任；构成犯罪的，依法追究刑事责任。

4.税务机关撤销时的赔偿义务机关。由于我国的政治经济体制处于不断的改革过程中，作为对经济体制最为直接反映的税制，也处在不断的调整和适应之中，其直接的体现就是税务机关的设立、合并与撤销十分频繁，为了保证受害纳税人、扣缴义务人赔偿请求权的实现，根据《中华人民共和国国家赔偿法》第七条规定精神，负有赔偿义务的税务机关被撤销的，继续行使其职权的税务机关为赔偿义务机关；没有继续行使其职权的税务机关的，撤销该赔偿义务机关的税务机关为赔偿义务机关。

5.税务所作为赔偿义务机关。根据《中华人民共和国税收征收管理法》第十四条规定，税务所属于税务机关的一种，它本身具备法定的权利和必须履行的义务。税务所在法律、法规和规章的授权范围内行使职权时侵犯纳税人、扣缴义务人的合法权益造成损害的，视为自己的侵权行为，该税务所是赔偿义务机关。而《中华人民共和国税收征收管理法》第七十四条规定，税务所可以作出罚款额在两千元以下的处罚决定，如果税务所超越职权范围实施税务行政处罚的，作为其派出机关的税务机关是赔偿义务机关。

税务所执行其主管税务机关交办的任务时侵害纳税人、扣缴义务人合法权益的，应当视为是受委托的侵权行为，委托的税务机关是赔偿义务机关。

6.经过税务行政复议的赔偿义务机关。纳税人、扣缴义务人不服税务具体行政行为提起复议，复议的结果有三种可能：一是维持原状，二是减轻处罚，如部分撤销某些处罚决定，三是加重处罚。根据《中华人民共和国国家赔偿法》第八条规定精神，经过复议机关复议的，最初造成侵权行为的税务机关是赔偿义务机关；但是复议机关的复议决定加重损害的，复议机关对加重的部分履行赔偿义务。也就是说，复议机关与原侵权税务机关不是共同赔偿义务机关，不负连带责任，而是对各自侵权行为造成的损害承担责任。

第四节　税务行政赔偿的程序

一、税务行政赔偿程序概述

（一）税务行政赔偿程序的概念

税务行政赔偿程序指的是受侵害的纳税人、扣缴义务人依法取得国家赔偿权利，税务机关或者人民法院依法办理税务行政赔偿事务应当遵守的方式、步骤、顺序和时限等手续的总称。对受侵害的纳税人、扣缴义务人来说，税务行政赔偿程序是自己依法取得国家赔偿权利的途径和手段；对税务机关来说，税务行政赔偿程序是约束和规范其办理赔偿事务，及时履行赔偿责任的规程。可见，税务行政赔偿程序一方面可以保障受侵害的纳税人、扣缴义务人依法取得和行使税务行政赔偿请求权；另一方面可以规范税务机关受理和处理赔偿请求的手续，及时确认和履行赔偿责任。

（二）税务行政赔偿程序的特征

和其他赔偿程序比较，税务行政赔偿程序有其自身的特征，主要包括：一是当事人法律地位的不对等性。税务行政赔偿程序的一方当事人是作为请求赔偿的纳税人、扣缴义务人，而另一方则是作为赔偿义务机关的税务机关，税务机关本身拥有执法权，在行政法律关系中，税务机关居于支配、管理和单向影响的地位，而纳税人、扣缴义务人则处于被支配、被管理和受影响的地位，他们之间的法律地位是不对等的。二是前置程序的要求。税务行政赔偿只能在损害发生之后进行，是属于事后程序。受侵害的纳税人、扣缴义务人单独提出税务行政赔偿请求的，必须经过赔偿义务机关的先行处理。也就是说，没有经过作为税务行政赔偿义务机关的税务机关的先行处理，纳税人、扣缴义务人不能单独提出税务行政赔偿请求。三是举证责任的合理分配。在税务行政赔偿程序中，举证责任应当在赔偿请求人和赔偿义务机关之间进行合理分配，即作为请求人的纳税人、扣缴义务人应当对遭受损害的事实、税务机关及税务人员实施侵害行为的事实、因果关系的事实承担初步举证责任，提供初步的证据证明；作为赔偿义务机关的税务机关对没有事实侵害行为或者侵害行为合法、没有因果关系和受害人的自身过错承担举证责任。

税务行政赔偿程序具备与其他行政赔偿程序共同的特点，主要包括：一是明确划分单独提出赔偿请求的程序和一并提出赔偿请求的程序，为受害纳税人、扣缴义务人提供多种救济途径。单独提出赔偿请求是指税务机关及税务人员的违法行为已经被确定，赔偿请求人仅就赔偿问题提出请求；一并提出赔偿请求是指赔偿请求人在申请税务行政复议或者税务行政诉讼时，一并提出税务行政赔偿请求。二是为受害纳税人、扣缴义务人确定取得国家赔偿权利提供时间上的保障，如《中华人民共和国国家赔偿法》第三十二条规定，赔偿请求人请求国家赔偿的时效为二年；而第十三条规定，赔偿义务机关自收到申请之日起2个月内依规定给予赔偿。三是确立共同赔偿义务机关和连带赔偿义务，防止赔偿义务机关之间互相推诿，方便受害的纳税人、扣缴义务人寻求赔偿等。

二、税务行政赔偿的行政程序

（一）税务机关先行处理程序

1.税务机关先行处理程序的概念。税务机关先行处理程序指的是作为赔偿请求人的纳税人、扣缴义务人请求税务行政赔偿请求时，先向作为赔偿义务机关的税务机关提出赔偿请求，双方就有关赔偿范围、方式、金额等事项进行自愿协商或者由税务机关决定，从而解决赔偿的一种程序制度。《中华人民共和国行政诉讼法》第六十七条第二款规定，公民、法人或者其他组织单独就损害赔偿提出请求，应当先由行政机关解决。税务机关先行处理程序的确认包括两种途径，一是作出侵权行为的税务机关承认其行为违法；二是通过税务行政复议或者诉讼程序确认其行为违法。

2.赔偿请求的提出。根据《中华人民共和国国家赔偿法》第十二条规定，要求赔偿应当递交申请书，也就是一般以书面的形式提出国家赔偿请求。而且对申请书有一定的规范性要求，主要包括：一是形式上的要求，如必须注明受害人的姓名、性别、年龄、工作单位和住所，法人或者其他组织的名称、住所和法人代表或者主要负责人的姓名、职务，申请的时间等。二是内容上的要求，如必须清楚表达具体的要求、事实依据和理由等。三是对例外的规定，如果赔偿请求人书写申请书确实有困难的，可以委托他人代书，也可以口头申请，由赔偿义务机关记入笔录。

3.税务行政赔偿决定。税务机关接到纳税人、扣缴义务人的赔偿请求后，必须进行赔偿案件审理。审理的主要内容包括：一是依法确认违法的具体税务行政行为是否给纳税人、扣缴义务人造成实际损害；二是查清纳税人、扣缴义务人所受的损害与已经确认的违法行为有无因果关系;三是决定是否对纳税人、扣缴义务人实施赔偿。如果要进行赔偿,税务机关在制作处理决定书时,其内容应当包括赔偿请求及其理由、税务机关认定的事实、赔偿处理决定的内容(如具体方式和标准)以及赔偿请求人的诉权等。

(二)税务行政复议处理的赔偿要求程序

纳税人、扣缴义务人在税务行政复议程序中,可以提出税务行政赔偿请求,因为《中华人民共和国行政复议法》第二十九条规定,申请人在申请行政复议时可以一并提出行政赔偿请求,行政复议机关对符合国家赔偿法有关规定应当给予赔偿的,在决定撤销、变更具体行政行为或者确认具体行政行为违法时,应当同时决定被申请人依法给予补偿。同时《税务行政复议规则》第四十二条第二款规定,申请人在申请行政复议时没有提出行政赔偿请求的,复议机关在依法决定撤销或者变更原具体行政行为确定的税款、滞纳金、罚款以及对财产的扣押、查封等强制措施时,应当同时责令被申请人退还税款、滞纳金和罚款,解除对财产的扣押、查封等强制措施,或者赔偿相应的价款。以上规定与《中华人民共和国国家赔偿法》要求一致,该法第九条规定,赔偿请求人要求赔偿,应当先向赔偿义务机关提出,也可以在申请行政复议和提起行政诉讼时一并提出。

三、税务行政赔偿的司法程序

(一)税务行政赔偿的司法程序概述

税务行政赔偿的司法程序指的是人民法院受理税务行政赔偿请求的程序。根据《中华人民共和国行政诉讼法》第六十七条规定,公民、法人或者其他组织的合法权益受到行政机关或者行政机关工作人员作出的具体行政行为侵犯造成损害的,有权请求赔偿。公民、法人或者其他组织单独就损害赔偿提出请求,应当先由行政机关解决。对行政机关的处理不服,可以向人民法院提起诉讼。赔偿诉讼可以适用调解。可见,我国行政赔偿诉讼适用行政诉讼程序,属于行政诉讼中的一个特殊类别。

(二)税务行政赔偿司法程序的内容

1. 税务行政赔偿的起诉条件。税务行政赔偿请求人提起行政赔偿诉讼必须具备一定的条件,主要包括《中华人民共和国行政诉讼法》第四十一条的规定,即一是原告必须是具体税务行政行为侵犯其合法权益的纳税人、扣缴义务人。二是有明确的被告。三是有具体的诉讼请求和事实依据。四是属于人民法院受案范围及受诉人民法院管辖。五是根据该法第六十七条规定,即纳税人、扣缴义务人单独就损害赔偿提出请求，应当先由税务机关解决。这是提起税务行政赔偿请求的前提条件。六是在规定的期限内起诉，即从侵害行为被确认为违法之日起，当事人提出赔偿请求的时效为二年。

2.税务行政赔偿诉讼的审判组织及审理方式。税务行政赔偿诉讼的审判组织适用合议制。合议制是由几名审判员或者审判员、陪审员共同审理案件的制度。根据《中华人民共和国行政诉讼法》第六条规定，在我国，人民法院审理行政案件一律实行合议制。同时第四十六条规定，人民法院审理行政案件，由审判员组成合议庭，或者由审判员、陪审员组成合议庭，合议庭的成员是三人以上的单数。

需要注意的是，根据《中华人民共和国行政诉讼法》第六十七条规定，赔偿诉讼可以适用调解。行政赔偿诉讼可以适用调解的主要原因是，诉讼客体是受害人的个人权利即取得国家赔偿的权利，这种权利具有可以自由处分的性质，只要不违反法律，不损害他人权益，任何人不得干预。当然人民法院进行调解时，必须是在当事人自愿和事实清楚的基础上进行，既不能牺牲受害的纳税人、扣缴义务人的权益，也不能损害国家的利益。

3.税务行政赔偿诉讼的举证责任分配。作为原告的纳税人、扣缴义务人承担初步的举证责任，即证明损害已经发生，并且该损害是由于税务机关及税务人员的违法行为所引起的。而作为被告的税务机关，也就是赔偿义务机关则必须证明其行为是合法的，或者是该行为从未实施过，即证明其行为属于免责范围，并可以提出纳税人、扣缴义务人所受损害不是税务机关行为造成的证据以及其他有利于自己的证据等。

在税务行政赔偿诉讼中，赔偿义务机关不得就具体税务行政行为是否合法而收集有利于自己的证据，但是可以收集有关损害以及损害原因、第三人过错和受害人自己过错的证据。

4.税务行政赔偿诉讼裁判的执行。税务机关是国家的执法部门，本身应当是守法和执法的模范，对于人民法院的行政赔偿诉讼裁判必须严格执行。如果税务机关拒绝履行生效的裁判，根据《中华人民共和国行政诉讼法》第六十五条规定精神，税务机关拒绝履行判决、裁定的，第一审人民法院可以对税务机关采取四个方面的措施：一是对应当归还的罚款或者应当给付的赔偿金，通知银行从该税务机关的账户内划拨；二是在规定期限内不执行的，从期满之日起，对该税务机关按日处五十元至一百元的罚款；三是向该税务机关的上级机关或者监察、人事机关提出司法建议，接受司法建议的机关根据有关规定进行处理，并将处理情况告知人民法院；四是拒绝履行判决、裁定，情节严重构成犯罪的，依法追究主管人员和直接责任人员的刑事责任。

第五节　税务行政追偿制度

一、税务行政追偿概述

税务行政追偿制度指的是税务机关在对税务行政赔偿请求人进行赔偿后，依法责令有故意或者重大过失的税务人员、受委托的组织或者个人承担部分或者全部费用的制度。

税务行政追偿是行政追偿的一个重要组成部分。其法律依据有二：一是根据《中华人民共和国国家赔偿法》第十四条规定，赔偿义务机关赔偿损失后，应当责令有故意或者重大过失的工作人员或者受委托的组织或者个人承担部分或者全部赔偿费用。二是根据《中华人民共和国行政诉讼法》第六十八条第二款规定，行政机关赔偿损失后，应当责令有故意或者重大过失的行政机关工作人员承担部分或者全部赔偿费用。由此可见，追偿的主体是国家，但是具体的追偿事务由税务机关来完成；追偿的对象是税务人员、受委托的组织或者个人；追偿的前提是税务人员、受委托的组织或者个人存在的主观故意或者重大过失。这里的主观故意指的是税务人员明知自己的行为会造成后果，仍然希望或者放纵这种结果发生；重大过失指的是税务人员应当预见自己行为的后果，由于疏忽大意，玩忽职守，导致损害的发生。是否存在主观故意或者重大过失，由税务机关裁量。

二、税务行政追偿的性质

税务行政追偿的实质就是税务机关代表国家对有故意或者重大过失的税务人员、受委托的组织或者个人行使行政追偿权。追偿权产生的基础是国家与被追偿者之间存在特别权力关系。追偿既以赔偿为前提，作为赔偿义务机关的税务机关只有在赔偿受害人的损失后，才能对责任人实施追偿权；又依赖于国家赔偿责任而存在，是国家追究违法行使税务行政职权且有主观故意或者重大过失的税务人员或者受委托的组织或者个人的内部行政责任形式。所以税务行政追偿制度接近于国家对违法税务人员的一种惩戒。

三、税务行政追偿的条件

税务机关实施税务行政追偿，必须满足一定的条件，主要包括：一是税务机关在根据税务行政赔偿协议书、决定书或者人民法院作出的已经生效的判决、裁定或者调解书履行了赔偿义务，已经向赔偿请求人，即受到损害的纳税人、扣缴义务人支付了赔偿金。二是只能向有主观故意或者重大过失的税务人员、受委托的组织或者个人行使行政追偿权。三是实施税务行政追偿必须遵守实效和程序的要求。四是在决定被追偿人承担赔偿费用的多少时要考虑其所犯过错的大小和经济状况，即在一个合理合法的范围之内。

四、税务行政追偿的范围

税务机关有权代表国家对有故意或者重大过失的税务人员、受委托的组织或者个人行使行政追偿权，令其承担部分或者全部费用。但是税务机关在行使追偿权、确定追偿金额时，应当考虑过、责相当和承受能力，为此，一般应当遵循：一是追偿的范围，以税务机关支付的损害赔偿金额为限。在税务行政诉讼案件处理过程中支付的办案经费、诉讼费用等不能由被追偿人承担；如果请求人放弃部分请求权，税务机关也相应减少给付的，减少部分不能追偿；如果被侵害的纳税人、扣缴义务人放弃全部请求权，税务机关没有支付赔偿金的，不能追偿。二是如果税务机关因为自己的过错支付了过多的赔偿金的，超额部分无权追偿。三是追偿的数额大小应当与过错程度相适应，过错程度严重，就必须多支付赔偿款，反之，则少赔。四是应当考虑被追偿者的经济状况，追偿的数额应当在其合理的承担范围之内，也就是说，只能追偿其薪金与津贴，而不能涉及其他个人财产和家庭财产与收入。五是追偿数额的确定一般应当与被追偿的税务人员、受委托的组织或者个人协商。

五、税务行政追偿的程序

税务行政追偿程序指的是作为赔偿义务机关的税务机关，对被追偿人，即有故意或者重大过失的税务人员、受委托的组织或者个人就追偿问题作出处理的程序。税务行政追偿程序的内容主要包括：一是追偿的时效，即一般是在税务机关支付了赔偿金后即可以开始实施追偿事宜；二是确定被追偿人，也就是确定在执行职务中有主观故意或者有重大过失的税务人员、受委托的组织或者个人；三是实施追偿的具体方式，一般是由追偿人与被追偿人协商进行。协商不成的，税务机关可以作出合适的决定。

主要参考书目

1.［美］古德诺著，王元译：《行政与政治》，北京，华夏出版社，1987。

2.［日］盐野宏著，杨建顺译：《行政法》，北京，法律出版社，1999。

3.［美］威廉·韦德著，楚建译：《行政法》，北京，中国大百科全书出版社，1997。

4. 翁岳生（台）编：《行政法》，北京，中国法制出版社，2002。

5. 王民扬著：《法国行政法》，北京，中国政法大学出版社，1997。

6. 张正钊等编：《比较行政法学》，北京，中国人民大学出版社，1998。

7. 罗豪才主编：《行政法学》，北京大学出版社，1996。

8. 刘杰等主编：《行政法学》，北京，中国人民公安大学出版社，2001。

9. 杨建顺著：《行政法学》，北京，法律出版社，1998。

10. 孙萍等编：《行政法学》，武汉大学出版社，2002。

11. 姜明安主编：《行政法学》，北京，法律出版社，1998。

12. 胡建淼著：《行政法学》，北京，法律出版社，1998。

13. 王连昌主编：《行政法学》，成都，四川人民出版社，1993。

14. 叶必丰著：《行政法学》，武汉大学出版社，1996。

15. 陈新民著：《行政法学》，台北，台湾三民书局，1995。

16. 周佑勇著：《行政法原论》，北京，中国方正出版社，2000。

17. 姜明安主编：《行政法与行政诉讼法》，北京大学出版社、高等教育出版社，2002。

18. 张树义著：《行政法与行政诉讼法学》，北京，高等教育出版社，2002。

19. 杨建顺等主编：《行政法与行政诉讼法学》，北京，中国人民大学出版社，2003。

20. 胡建淼主编：《行政强制》，北京，法律出版社，2002。

21. 周佑勇著：《行政不作为判解》，武汉大学出版社，2000。

22. 叶必丰、周佑勇著：《行政规范研究》，北京，法律出版社，2002。

23. 金国坤著：《行政程序法论》，北京，中国检察出版社，2002。

24. 杨小君著:《我国行政复议制度研究》,北京,法律出版社,2002。

25. 江必新等编:《行政复议法释译》,北京,中国人民公安大学出版社,1999。

26. 宋雅芳主编:《行政复议通论》,北京,法律出版社,1999。

27. 刘剑文著:《税法专题研究》,北京大学出版社,2002。

28. 王成栋、张兴祥著:《行政复议法论》,北京,中国政法大学出版社,1999。

29. 陈清秀(台)著:《行政诉讼法》,台北,翰芦图书出版有限公司,1999。

30. 孙际泉、王亚琴著:《中国行政诉讼法》,北京,中国政法大学出版社,2001。

31. 姜明安著:《行政诉讼法学》,北京大学出版社,1995。

32. 应松年著:《行政诉讼法学》,北京,中国政法大学出版社,1996。

33. 黄杰、白钢主编:《行政诉讼法及配套规定新释新解》,北京,中国民主法制出版社,1999。

34. 甘文著:《行政诉讼证据司法解释之评论》,北京,中国法制出版社,2003。

35. 张树义著:《寻求行政诉讼制度发展的良性循环》,北京,中国政法大学出版社,2000。

36. 甘文著:《行政诉讼司法解释之评论》,北京,中国法制出版社,2003。

37. 阎黎平著:《发达国家诉讼制度》,北京,时事出版社,2001。

38. 吕立秋著:《行政诉讼举证责任》,北京,中国政法大学出版社,2001。

39. 黄学贤、杨海坤著:《新编行政诉讼法学》,北京,中国人事出版社,2001。

40. 皮纯顺等主编:《国家赔偿法释论》,北京,中国法制出版社,1994。

41. 应松年等主编:《行政处罚法理论与实务》,北京,中国社会出版社,1996。

42. 袁曙宏著:《行政处罚的创设、实施和救济》,北京,中国法制出版社,1997。

43. 杨小君著:《行政处罚研究》,北京,法律出版社,2002。

44. 袁登明著:《发达国家赔偿制度》,北京,时事出版社,2001。

45. 刘静仑著:《比较国家赔偿法》,北京,群众出版社,2001。

46. 薛刚凌著:《国家赔偿法教程》,北京,中国政法大学出版社,1997。

47. 马怀德主编:《国家赔偿法学》,北京,中国政法大学出版社,2001。

48.《最高人民法院司法解释小文库》编写组编:《国家赔偿司法解释及相关法律规范》,北京,人民法院出版社,2002。

后 记

个人所得税起征点的讨论、农业税的取消等引起的反响如此之大，说明公众对税收，特别是对税收法律的关注是空前的。由于税收与纳税人、与每一个公民是如此的息息相关，研究税收法律逐渐成为显学，而与这种热切关注不相匹配的是，我们还缺乏一本适合有志于研究税收法律的莘莘学子的基础性读本，一本能够体现当前税收立法现状、税收执法流程的书。希望本书对有兴趣研究税收法律问题的读者有一定的帮助。

与手握公权力的税务机关相比，纳税人无疑处于相对的弱者地位——传统的意向是在道德上同情弱者，因为道德是弱者的利器；与其从草根情怀出发，对弱者寄予同情，不如让广大纳税人能够掌握法律的武器，因为纳税人法律意识的提高，是促进税务执法人员规范执法的最基本力量；而作为与税收法律息息相关的当事人，不论是条件、能力还是其他因素，绝大部分纳税人既不可能系统全面了解税收法律，也不可能追溯一则法律条文的来龙去脉，更不可能深入领会法律文本后面的微言大义，所以为广大纳税人奉献一本通俗易懂的税收法律读物就成为市场的急需；希望本书能够对广大纳税人有所裨益。

作为税收法律执行者的税务工作人员，由于分工的不同，征收岗位不一定了解稽查的工作程序，稽查人员不一定掌握管理岗位的法律行为依据；由于所学专业的不同，或许对自己执法行为的法律意义知其然而不知其所以然，因此，规范税务执法行为，分析税务执法行为的法理意义，就成为本书的重点。

1999 年，我开始本书写作时，女儿冰之刚要上小学，到本书杀青付梓，她已是中学生了，这期间既有自己才思驽劣的因素，也有苦于法律、法规快速变更的原因，三易其稿的艰辛，难以言表。

税务行政法学还是一块处女地，之所以捋袖尝蟹，目的是要抛砖引玉，在方便税务工作者执法的同时，能够引起有志于税收法律研究的广大同仁的重视——这不仅是作者的希望，更是千千万万纳税者的期望。

在本书出版之际，我要感谢罗豪才、张树义、常英等老师直接或者间接的指导、关心和帮助；特别要感谢安徽大学出版社为本书的出版所做的各项工作。

曾金渊

2006 年 2 月